# 教養としての
スポーツ人類学

寒川恒夫編

大修館書店

## はじめに

　「スポーツは文化である」,「スポーツを文化として見る」,「スポーツ文化」, こうした言いまわしが, 近年, 研究者の間のみならずメディアにおいても見聞きするようになった。また, 学習指導要領体育科篇にも, スポーツを文化として理解することの重要性がうたわれるようになった。

　そうした背景として, 現代社会に占めるスポーツの影響力の大きさが過去とはくらべものにならないほど大きくなったことにともなって, スポーツそのものが思索対象として面白くなったとする意識の形成が挙げられる。スポーツ現象のその中に社会と文化が投影されている, 凝縮されていると一般に気づかれ始めたのである。スポーツを「する」と同じ程に, スポーツを「考える」ことが魅力的と受け止められ始めたのである。

　スポーツに凝縮・刻印されている文化と社会を文化人類学の方法によって読み解いていく。本書は, そうした意図の下に編まれた。もちろん, 文化人類学ばかりで事が成就するわけではなく, スポーツ科学（そしてその前身たる体育科学・体育学）の知的財産が大いに増員されることになった。

　ともあれ, 民族スポーツ, 国際スポーツ, 過去スポーツ, 武道, 舞踊, 遊び, 養生, 癒し等々の行動, それにこれらと関わる身体を異文化理解と自文化理解の展望の下に分析する試みが, 本書において着手された。

　本書によってスポーツが孕む豊かな文化世界に関心をもっていただけたら, それは執筆者一同の望外の喜びとするところである。

　　　　　　　　　　　　　　　　　　　　　　　　　　　寒川恒夫

# contents

## 1部　スポーツ人類学のエッセンス …… 1
1. スポーツ人類学のパースペクティブ …… 2
2. フィールドワーク：スポーツを描く方法論 …… 14
3. スポーツの起源と伝播 …… 22
4. スポーツと観光 …… 29
5. スポーツと身体の文化 …… 37
6. スポーツと神話・儀礼・宗教 …… 45
7. スポーツと文化変容 …… 52
8. スポーツとエスニシティ・ナショナリティ …… 58
9. スポーツと文化化・教育 …… 67
10. 舞踊と文化 …… 75
11. 遊びと文化 …… 83

## 2部　スポーツ人類学のアンソロジー …… 91
1. 終わらない創造・バリ島のケチャ Kecak Dance …… 92
2. イスラーム女性とスポーツ …… 96
3. 舞踊する身体の文化 …… 102
4. おどりの言語化 …… 106
5. タイム・アロケーション・スタディのフィールドワーク …… 110
6. 観光と阿波おどり …… 116
7. 綾子舞の文化伝承 …… 121
8. 民俗舞踊の教育―文字や言葉に多くをたよらない伝統文化の体験学習― …… 125
9. 沖縄の観光と民族スポーツ …… 131
10. ユンノリ遊びとナショナリズム …… 135
11. わが国の舟競漕の地域類型 …… 139
12. 民族スポーツ「博多祇園山笠」の社会組織 …… 144
13. ハイランドゲームスに見るエスニシティ …… 149
14. バスク民族スポーツの観光化変容 …… 153
15. エスノサイエンスの身体―Kewa族の例から― …… 157
16. アイルランドのスポーツと文化 …… 161
17. タイの子どもにみる遊びの文化化 …… 165
18. 北米先住民のボール・ゲーム（球戯）の分布と特性 …… 169
19. 祝園神社「居籠綱引」の信仰基盤 …… 174
20. モンゴル相撲「ブフ」のシンボリズム …… 179
21. スコットランド・フォークフットボールの文化 …… 183
22. ナーダム際の競馬文化 …… 187
23. ペーロンの身体技法 …… 192
24. 傀儡子相撲の伝承組織 …… 196

25　アイヌのからだ文化 200
　26　柔道のルールと文化 204
　27　サッカーにみるブラジル文化 209
　28　人種とスポーツをめぐるアメリカの言説―黒人は天性のアスリートか？― 214
　29　高校運動部活動のフィールドワーク 220
　30　武道の身体 225
　31　ハンガリーの舞踊文化 230
　32　大衆化したサムライ文化「神旗争奪」相馬野馬追 234

## 3部　民族の生活とスポーツ 239
　1　日本 240
　2　中国・少数民族運動会 242
　3　朝鮮半島 244
　4　台湾 245
　5　中央アジアの遊牧民 246
　6　メコン河流域の稲作民 247
　7　オセアニア 248
　8　エスキモー（イヌイット） 249
　9　カナダの木こり競技 250
　10　中南米 251
　11　アフリカ・エジプト 252
　12　アルプス 253
　13　イタリア都市部 254
　14　ゴトランド 255
　15　スコットランド 256
　16　バスク 257
　17　相撲 258
　18　武器系・打突蹴系格闘技 259
　19　ボールゲーム 260
　20　ボートレース 261
　21　馬のスポーツ 262
　22　牛のスポーツ 263
　23　動物闘技 264
　24　おどり 265
　25　空のスポーツ 266
　26　盤上遊戯 267
　27　養成法・癒し 268

さくいん 271

# 第1部
# スポーツ人類学のエッセンス

# 1 スポーツ人類学のパースペクティブ

　スポーツ人類学はスポーツを文化人類学（民族学・民俗学）の方法によって研究する学問である。しかし，もちろん，文化人類学の研究方法のみで十分であるというのではない。とりわけ概念は研究遂行上の要件であるが，そもそも研究対象であるスポーツをどう考えるかひとつとっても，スポーツ科学のこれまでの成果に頼ることになる。つまり，スポーツ人類学はスポーツ科学と文化人類学の学際領域といえる。それゆえ，どのような問題を展開するかという研究の着想は，スポーツ科学と文化人類学の関心のそれぞれから生起することになる。スポーツ科学と文化人類学のいずれに研究の足場を置くにせよ，2つの科学からのアプローチによってこの分野に固有の知的情報が蓄積されることになるのである。

## 1 スポーツ人類学の研究対象

　スポーツ人類学の研究対象はスポーツである。それでは，スポーツをどのように考えるか。一般にスポーツを定義する時，その基礎としてよく引き合いに出されるのが，語源的情報である。学問の言葉として用いるに際し，日常用語として用いられた長い歴史を尊重しようとするのである。そこで，①「スポーツ」は英語である sport の訳語として昭和になって日本語として定着したが，それ以前の大正・明治時代には「運動・競技・運動競技」の語が訳語としておこなわれていたこと，②英語 sport はもともとアングロ・サクソン人の言葉ではなく，ローマ人が使ったラテン語の deportare にさかのぼること，③ deportare は「ある場所から別の場所へ移動する」から転じて「心を塞いだ状態からそうでない状態へ移す」すなわち「気晴らしする，遊ぶ」を意味し，この「遊ぶ」の原義はその後変わらず一貫して今日の sport の動詞に引きつがれ，④しかし他方，のちに古フランス語において名詞形を生じ，そこにおいて遊び方を特定して「戸外でおこなう遊び」，さらにイギリスの16世紀からは「狩猟」，そして19世紀後半には「運動競技」を意味の第1位とし，この「運動競技」の意味で国際語化したこと，が確認された。そしてそれぞれの研究者のそれぞれの研究関心に応じて，スポーツの定義がさまざまに案出されていった。

　例えば，今日なお人気のあるフランス人のジレ[1]の定義は「スポーツとは遊びとしておこなう運動競技である」とするものだが，1948年に公表された時の彼の意図はアマチュアリズムのプロパガンダにおかれていたため，「遊び」の意味は「プロが経済的利益のためにおこなうのとちがった自己目的的いとなみ」とごく制限されたレベルでとらえられていた。しかも，そこでは，自己目的的にスポーツをする「個人の心理」がスポーツ定義の立脚点に求められるという特徴を有していた。これに対し，ジレの37年後に『スポーツ人類学入門』を著したアメリカ人のブランチャード[2]は「ルールが課す制約の中で身体を使っておこなう競争的活動であり，それは文化の構成要素として遊びや労働としての分量をもつ」と定義している。ジレとブランチャードのちがいは，前者がアマチュアリズムの

下にヨーロッパのスポーツ史を書こうとしたのに対し，後者がグローバルな視点からいわゆる未開社会と過去社会と現代社会におこなわれるスポーツを文化の問題として比較することを目的とした，その目的のちがいに発している。また，前者は個人心理，後者はデュルケームのいう「社会的なるもの」を定義の立脚点に求めたともいえる。

このように，スポーツの定義は何を問題とするかの意識に出るものであるため，本書でもスポーツ人類学の研究に適合的な概念が求められることになる。そこで，スポーツを文化の問題として通時的と共時的に研究するという立場からは，ブランチャードの定義がよりふさわしいと言える。ただし，ブランチャードが挙げた定義に基づきつつも，スポーツが宗教や法などの文化文脈にしばしば現れる状況を重視して「遊びと労働」以外の分量をももつことを加えることにしよう。

スポーツ人類学で対象とするスポーツの概念はブランチャードのものがすぐれていると現時点では判断されるが，しかしこのことはスポーツ人類学が扱う問題が彼のスポーツ概念の枠内におさまらねばならないことを言うものではない。つまり，スポーツ人類学が扱う問題の広がりはスポーツに限られないのである。競争の形をとらない遊び，それに舞踊，さらに身体をも研究対象とするのである。これらはブランチャードの視界から除かれたものであったが，スポーツ人類学がその篭のひとつを置いているスポーツ科学（そしてその前身である体育科学・体育学 Körperkulturwissenschaft）の伝統的関心事であったのだ。

もっとも，身体については説明が必要であろう。ドイツ語圏の体育科学研究者は身体に対する関心を勝利を目指すトレーニングのような積極的な身体訓練法（Körperübung）と，健康をめざすマッサージや沐浴など消極的な養生法（Körperpflege）とに分け，両者を重要な研究対象としてきたのである。こうした「身体への形成的関心（ドイツ語圏ではこれを身体文化（Körperkultur）と呼んでいる）」を不可欠な基礎の1つと考えるスポーツ人類学では，それゆえ，身体にまつわる文化は重要な研究対象となるのである。とりわけ医学的・解剖学的身体観とはちがった，例えば気功の身体などエスノサイエンスとしての身体観，さらに，人間の動きは文化によって制約を受けているとの考えから提出された身体技法（technique du corps）の概念は，スポーツの技術や姿勢・構えの分析とも関わって，スポーツ人類学に独自の彩りを保証してくれるのである。つまりスポーツ人類学でいうスポーツとは，上述した諸対象をも含めた最広義の総称なのである。

話を戻して，スポーツを全体として定義することを並んで，その内部を区分する必要がある。スポーツ人類学がより強く貢献する部分を強調するためである。

スポーツは時代と社会を問わず文化としていとなまれていたという立場からすれば，人類がこれまでに展開したスポーツの全体がスポーツ人類学において扱われることになる。それはそれで結構なのではあるが，スポーツ科学においては過去の諸時代のスポーツ（これを過去スポーツと呼ぼう）はスポーツ史が，現代のスポーツはスポーツ社会学がもっぱら研究してきた実績がある。平安時代の蹴鞠やドイツ中世の剣術を人類学的に研究するといっても，史料による歴史的再構成という史学方法論の手続きを踏んだ上での話なのであって，そうした史的先行研究は大いに尊重されなければならないのである。しかし，我々が生きている今の世界に目をやれば，そこにはIOCを頂点として築かれた国際スポーツ（19世紀にイギリスで形成された近代スポーツの20世紀グローバリゼイション発展型）と，特定の社会・民族・地域におこなわれる民族スポーツが並存しているさまが見えてく

**トラチトリ球技者テラコッタ（紀元前1300〜800）**

**トラチコリ球技風景テラコッタ**
**（紀元前200〜紀元後200）**

る。民族スポーツはいわゆる大航海時代以後にヨーロッパ人の宣教師，商人，軍人，行政官，人類学者などによって記録されたもので，その広がりは南北アメリカ，アフリカ，オセアニア，アジアに及んでいるが，19世紀と20世紀にはヨーロッパからの報告（そのもっとも新しいものは欧州連合EUが1988年と1990年に催した「伝統的ゲームに関するヨーロッパ国際会議」の成果報告である）もおこなわれ，その結果今日となっては世界の各地に民族スポーツのおこなわれることが確認されている。しかもそれは，近代国家の中で少数民族の立場に置かれた人達に限らず，一国の政治と経済の中枢を占めて国家経営に直接的にたずさわるいわゆる主要民族にも見られることが明らかとなったのである。伝統的，民俗的，土着的，先住民的とさまざまに形容されるスポーツが民族スポーツ (ethnic sport) であり，これは国際スポーツ (international sport) の対極にあるスポーツ類型であって，スポーツ社会学がこれまでもっぱら国際スポーツを扱ってきたのに対し（これには訳があって，ヨーロッパ近代市民社会の研究として始まった社会学が今日その延長である国際社会を独自の研究対象としていることと関わっているのだ），民族スポーツはスポーツ人類学に適合的な対象であるといえる。

こうした民族スポーツは一見してとても古そうである。実際，中国の龍舟競漕やメキシコのトラチトリのように史的・考古学的にその古さが確認されるものもあるが，中には日本の相馬地方の神旗争奪やバリ島のケチャのように明治時代になって，また1930年代に創作されたものもある。しかもケチャなどはバリ島民でなくドイツ人の画家によって創られたものであったのだ。こうしたいわゆる「創られた伝統」としての民族スポーツも，しかし実はスポーツ人類学にとって極めて重要な研究対象なのである。

創られた民族スポーツは，しかし，何の基盤のないところから降って湧いたように出現するのではなく，何らかの前身や母体が存在し，それに新しい必要から手が加えられたというのが実情である。この意味なら，「創られた」といってもよいし，「変容した」と言ってもよいのである。いずれにせよ，伝統というのは，日本の伝統芸能でよく言われる守破離の精神をもち出すまでもなく，不変不動として在るのでなく，絶えざる変化の中に置か

れていると観る方がよい。ボブズボウムが言うような特定個人あるいは特定集団によって何かある強力な意図の下に「創られ」ようが、また絶えざる「変容」の到達点にあるものであろうが、民族スポーツはこの意味で生きているのである。こうした生きた民族スポーツは、研究者のフィールドワークによっていったん文字あるいは映像に固着され、分析考察のためのデータとなる。

ケチャダンス

　民族スポーツは、民族概念の実体説と状況説のいずれに立とうとも、世界のグローバリゼイションの中で20世紀に出現した国際スポーツとは違った民族アイデンティティに立つスポーツカテゴリー（あるいは民族文化を体現するスポーツカテゴリー）を表示するのに用いる概念といえる。国際スポーツが国際社会を基盤とするのに対し、民族スポーツはこれをおこなう特定の人間集団に担い手が限られるという意味で「閉じた」といってよい。もちろん、ウォーラーステインの世界システム論をもち出すまでもなく、民族スポーツを担う人達の社会や国家は世界に対して閉じているのではなく接合しているのだが、それにもかかわらず当該民族スポーツの実施が彼らにとどまっている事実は重要である。我々は文化の中にも太陽暦と太陰暦、キリスト紀元とイスラム紀元など世界に開放・接合しているものと閉じられたものとがあることを認めなければならないのである。さて、当該社会に閉じられた民族スポーツという発想は、日本の柔道の場合のように、次に開放と接合つまり国際スポーツ化という問題を生起させる。同一種目ながら民族スポーツとして在るレベルと国際スポーツとして在るレベルの文化的在り様は異なっているのであるが、こうした問題を導き出すためにも、民族スポーツと国際スポーツという概念は重要なのである。スポーツに民族を冠するこの言葉は今のところ当該社会の人たちが自分たちの言葉として使っているというのではなく、研究者の分析概念としてあるのだが、そこには、当該スポーツの中に民族と関わる多様な文化的諸問題を展開しようとする意思と期待が込められているのである。

　スポーツ人類学は、このように、民族スポーツを研究対象とするところに独自性の基盤をもっているのであるが、もちろん過去スポーツや国際スポーツをも問題にする。文化人類学の近年の研究動向を踏まえて著された『文化人類学キーワード』（山下・船曳編, 1997）では「スポーツ」がとりあげられ、スポーツが文化人類学にとって重要なテーマであることが述べられているが、そこに理解されているのは国際スポーツ（同書では「近代スポーツ」と表記される）なのである。国際スポーツの文化人類学的研究はとても魅力的であり、例えばアメリカの人類学者マカルーン[3]は1984年に「オリンピックと現代諸社会の見世物論」を著しているのだ。またブランチャードはチェスカとの共著である『スポーツ人類学入門』（1985）において今日的諸問題つまりスポーツとジェンダー、スポーツとバイオレンス、スポーツと国際政治、スポーツとエイジングといった問題の重要性について言及している。これらの問題は第一義的に国際スポーツが展開する中で生じたものであり、これまで社会学がとりあげてきた分野であったが、ブランチャードは文化人類学からの独自の接近の可能性について次のように発言するのである。「例えば、エスキモー社会における男女格差のメカニズムおよびその格差がエスキモーのスポーツにどのように反

映しているのかについての情報は，我々自身の社会における女性のスポーツ参加の問題研究に光を投げかけてくれる。」

通文化的（文化比較的）研究は文化人類学が得意とする方法論であり，こうした文化人類学が開発してきた視点からのアプローチによって，国際スポーツの研究は更に幅広いものとなる。本書でも国際スポーツを扱った論文が用意されているが，全体としてはまだ発展途上の領域であり，今後は社会学との緊密な連携によって研究が展開されることが期待される。

## 2 スポーツ人類学の理論モデル

ここに言う理論モデルとは実証済みの真実命題ではなく問題の立て方の意味であり，ここでは19世紀以来スポーツ人類学がどのような問題を扱ってきたか，より正確には人類学の中で広義のスポーツがどのような理論モデルによって研究されてきたかが述べられる。人類学の学説史を反省すると，個々の理論モデルはたえず批判と検証にさらされているが，ある理論モデルが検証によって決定的に反証され，その結果新しい理論モデルにすっかりとって代られるといったものではない。例えば，世界のすべての文明は古代エジプトから一元的に広まったとするスミス・ペリーの説はゆきすぎとして今日では顧みられず，またラドクリフ・ブラウンの構造機能論は，その方法論から歴史を排除した点が文化の動態的研究に不都合とされたものの，しかしそれでもなお文化伝播論や構造機能論の有用性は変わることなく認知されており，日々新しい問題の解決に適合する形に細部を改善する努力がつづけられている。このように，古い理論モデルは流行おくれであっても（そしてそれは常識化したがゆえに流行遅れと称される場合が多いが），なおも新しい理論モデルと競合的に並存するのであり，研究者の熱い関心を再びひきつける可能性をもっている。研究者は新しい理論モデルの開発と共に古い理論モデルの活用法に意を用い，全体としてスポーツ人類学のパースペクティブをより広いものにしていく仕事をするのである。

## 3 通時的理論モデル

起源や変化変容，伝播などスポーツを時間軸にそって考えていく理論モデルのうち，スポーツの起源について，これを人類学で正面からとりあげるということは際立った形ではなされなかった。

むしろ，ある概念の副産物としてスポーツの起源が云々される状況にあった。ある概念とはイギリスの人類学者タイラーが1871年の『原始文化』で提示した残存（survival）である。彼によれば，もともと宗教的儀式や労働など真面目な事柄として社会の中で重要な働きをしていたものが，時の経過と共に（あるいは別の社会に伝わったために）もはや元来の機能を喪失し，ただの迷信や因襲として，いわば盲腸のような退化器官の如くに生き残っているものがある。こうした現象を彼は残存と呼び，遊び（games）もその1つであると論じたのである。タイラーの意図は残存を手がかりにして文字をもたない時代の人類史を再構成するところに置かれていたが，タイラーののち遊びの通時的研究に関心をもつ人類学者の間で「遊びの残存起源説」として展開されていった。例えば1886年に Journal of the Anthropological Institute of Great Britain and Ireland 誌の15号に

「石蹴り遊びの歴史」を寄せたクロンビーはその書き出しに次のような文を用意している。
「子どもの遊びが，しばしば，彼らが目にする大人の真面目な営みの物まねであること，また遊びはそのようにして一旦子どものものとなるや，手本とした大人の真面目な営みが存在をやめたのちもなお，世代から世代へと子どもの間で受けつがれてゆくということは，周知の事柄である。かくして子どもは，大人達がはるか昔に放棄してしまったにもかかわらず，弓矢で遊びつづけるのだ。無邪気に見える多くの子どもたちの遊びは，過去の時代とキリスト以前の時代の不可知の残存を宿しているのである。」人類学者が遊びの起源を労働や宗教に求める残存説を好んだのは，遊びよりも真面目ごとを優先する当時の社会通念が原因していることが考えられるが，いずれにせよ残存起源説は1870年代から欧米で盛行し，そしてその影響は日本にも及んだ。例えば昭和17年に公刊された柳田国男の『子ども風土記』は残存起源説によって日本の子どもの遊びの始まりを説明しており，以後日本民俗学では遊びの起源の説明はもっぱらこのことに従っている。

残存起源説はその影響が体育・スポーツ史にも及んでいる。我々はドイツのディーム[4]をその1人に数え上げてよいであろう。彼は大著『スポーツの世界史』(1960)の第1章を「宗教的起源と原始民族」と題し，その冒頭で「すべてのスポーツ（Leibesübung）は元来宗教的であった。」と断じたのである。

もちろん，今日の研究では，残存起源説の有用性は認めつつも，スポーツの起源をすべて残存によって説明することは困難であると考えられていることも付記しておこう。この問題それに変容と伝播については，さらに本書の「スポーツの起源と伝播」を参照されたい。

## 4 構造機能論

文化をさまざまな要素の有機的統合体と見て，諸要素の関係性のネットワークはどのようなものがあるのか，個々の要素が統合体全体の中で互いにどのように関連しあっているのか，また全体の中でどのような役割を果たしているのかを問題とする立場を構造機能論という。1920年代にイギリスのマリノフスキーとラドクリフ・ブラウンによって提唱されたパラダイムであり，立論の不可欠の前提に対象社会に入ってのフィールドワークを据えたところに特徴があった。このパラダイムにより，スポーツも，当該社会の宗教や政治，親族組織，威信などなどと密接に関わって実践されていることがいっそう明瞭に示されることになった。ファース[5]がオセアニアのティコピア島のティカと呼ばれる槍投げについて論じた「ティコピアの槍投げ競技」(1930)はその好例であり，「未開スポーツprimitive sportの社会学研究」と副題されていた。

スポーツの構造機能論研究と関わって，スポーツ文化複合[6]の概念が提唱されている。この立場はスポーツを次のようにみる。すなわち，一定の社会関係を有する人達が，優劣を判別する社会的約束事であるルールに従い，ルールから導かれるスポーツ技術（スポーツ的身体技法）を用いてパフォーマンスを展開し，そしてそうした営みが社会的に存在することをフェア

蹴鞠

カンボジア王の水の祭り

スイス相撲シュビンゲンの試合会場

プレーの精神や聖婚世界観などなど当該社会の精神文化が支え保証している…と。これはもっとも単純化した形であり，種々の儀礼，経済，マスメディアなどなどがふつう添加する。そしてこうした在り様を一般化して言えば，スポーツは優劣判別ルールを核に当該社会の精神文化・社会文化・技術文化のそれぞれに属する諸文化要素が相互依存的に関係しあって成立している体系（複合体）であるといえる。この概念は第一にフィールドワークをする時に何を調べればよいか調査項目の青写真の役目をするが，そこで求められているのは，諸要素の記述と並んで，諸要素間の全体的な関係のあり様について考えることである。この関係のあり様が当該スポーツ文化複合に自他を区別させる特徴を与えるからである。

こうした考えは次のようなスポーツ観を生む。すなわち時代と社会を問わずスポーツは文化諸要素の複合体であるという"構造"を共有するが，しかし，構成諸要素の具体的内容と諸要素間の関係のあり様において違いをもつ…と。そこでスポーツ文化複合の概念は，第二に，平安時代の蹴鞠とカンボジア王の水の祭りのボートレースとスイス相撲のシュビンゲンとIOCが展開するオリンピックなどなど時空を越えたスポーツの文化比較を可能にするのである。

## 5 文化化と社会化

子どもがその社会の約束ごとすなわち文化を内面化して社会成員化していく過程を文化化あるいは社会化と呼ぶ。そして遊びを社会化・文化化の媒体として研究することは文化人類学においてはとても人気が高かった。

遊びが子どもの発達にとって重要であるという認識は，「ほめられる遊びをして育った子どもは誉められる市民になるが，誉められない遊びをして育った子どもは誉められない市民になる」と述べた古代ギリシアのプラトンに既に認められるところであり，19世紀後半には人間の子も動物の子も遊びの中で将来の生活に必要な諸能力を身につけていくといういわゆる遊びの生活準備説として知られていたが，20世紀に入るとアメリカの人類学者ボアズの研究グループが展開した「文化とパーソナリティ論」つまり個人のパーソナリティ形成に及ぼす文化の役割研究という大きい問題領域の中に取り込まれて新しい展開をみてゆく。ミードがニューギニアの調査によってまとめた『三つの未開社会における性と気質』(1935)で説いた"ままごと遊びは母性本能ではなく，その子の性が置かれた文化状況による"との結論は，人間の行動決定に対する文化の（遺伝に対する）優位を示した，当時としては衝撃的なものであり，遊びの文化化・社会化研究におけるフィールドワ

ークの有効性をうまく示すものとなった。遊びの文化化・社会化の研究は心理学によるところが大きいのであるが，ミードがとったフィールドワーク手法は，心理学がおこなう実験的手法とは質をちがえたものであり，文化人類学の遊び研究の独自性が提案されることになった。

こうした新しい手法による成果の1例として，ウィブルスワスディ・アンダーソン[7]がタイについてまとめた『タイの田舎における子どもの遊び―文化化と社会化からの研究』（1980）が挙げられる。チュラロンコン大学の博士論文として提出されたこの研究は，人口160人のバン・クラン村における徹底した参与観察による詳細な遊戯記述に特徴があるが，それは，子どもは遊びに刻印された文化コードを内面化するとの考えから，1つ1つの遊びがもつルールを含めた約束事の全体を丁寧に取り出し文字化する仕事であった。

遊びの文化化・社会化研究では子どもが遊びの中で文化を内面化してゆく受動過程が強調される傾向があったが，今日では，子どもが遊びの中で文化コードを修正し，また創造してゆく能動過程についても研究がなされるようになっている。

## 6 象徴論

人間行動を何かある意味の表出とみて，これを読み解いていく立場を象徴論と呼び，人間行動を合理的な欲求充足として説明することから人類学を開放するものとして，1960年代から注目され始めた。象徴論は，それゆえ，コミュニケーション論や解釈学，時には深層心理学とも関係して展開されるが，スポーツを扱った研究の代表例としてギアーツの「ディープ・プレイ―バリの闘鶏に関する覚え書き」（1973）が挙げられる。

しかし，象徴論こそ意識しないものの，儀礼的スポーツを象徴とみて，これを解釈する研究は既に19世紀から数多くおこなわれていた。チェロキー・インディアンのラクロスを扱ったムーニー[8]の「チェロキーの球技」（1890）は初期の好例であり，そののちクリッケベルク[9]の「中央アメリカの球技とその宗教的象徴性」（1948）が出る。またアルシャンボー[10]の『ラオスのボートレース―1つの文化複合―』（1972）などなど，実に枚挙にいとまがない。宗教の文化文脈に現れるスポーツすなわち儀礼的スポーツが多くの人類学者の関心をひきつけたのは，それが世界観や宇宙論といった当該社会の文化を基礎づける意味体系のシンボルとみなされたからに外ならなかった。

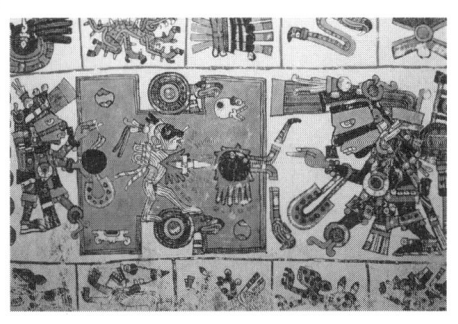

**コデックス・ボルジアに描かれたアステカ 光の神と闇の神の球技戦**

## 7 観光人類学

社会学が近代市民社会を研究してきたのに対し，人類学はいわゆる未開社会や伝統社会をもっぱら扱ってきた。そこで人類学者は，未開社会や伝統社会が近代化によってどんどん変わっていく事態に危機感をいだき，消滅しつつある文化を今のうちに記録することが自らのつとめと考え，果敢にフィールドワークを展開した歴史があった。そうした多くの人類学者にとって，観光は伝統文化を破壊するもっとも目につく，苦々しい営みと映り，

フィールドノートに観光のことが記述されることはまずなかった。

しかし，観光を展開しているのは外ならぬ調査地の人々であり，彼らは手持ちの伝統文化を観光客が喜びそうな形に変えつつ，これを提供することで経済収入を得るという，いわば観光は近代化（あるいは「世界システム」への接合）という新しい社会状況に対するしたたかで主体的な適応戦略であると見抜くことで，観光を文化研究の恰好のテーマと理解し始めたのである。

こうした場合，観光客に提供される伝統文化には音楽や食などさまざまなものがあるが，舞踊や民族スポーツも重要な観光資源になっている。バリ島におこなわれるケチャは観光伝統舞踊の代表であり，またフランスとスペインの国境にまたがって生活するバスク人のところでは夏の3ヶ月間バスク民族スポーツ大会が村々で催され，その年の春には日程がネット上に配信されて世界中から観光客を呼び寄せている。また韓国の慶尚北道清道郡には，1万2千人収容の全天候型闘牛ドームが建設され，闘牛を公営ギャンブルとする法律のもと，温泉・闘牛・ギャンブルをセットとする一大観光政策が2004年3月からスタートした。

国内でも阿波おどりやヨサコイソーラン祭り，またエイサーと大綱引を核とする那覇の大琉球祭り，さらに5月5日の浜松の凧合戦，1トンの御輿を担いで5kmを走るタイムレースである博多の祇園山笠，長く重い竿頭の操り方を競う採点競技である秋田の竿頭祭りなど，観光民族スポーツは実に盛んである。

観光は社会・文化の変容や開発の問題と密に関わっている。外部から観光のアイデアと大量の資金が導入され収益がそっくり外部に環流される仕方の観光開発はもはや批難され，今日では，当該地の住民が主体的に取りくむ参加型が増えている。インドネシア政府が近年始めた「地域に根ざした持続可能なインドネシア観光戦略」はその例であり，そこにはニアス島の高跳びや格闘技など民族スポーツがサーフィンな

**韓国の全天候型闘牛ドーム**

**沖縄のエイサー**

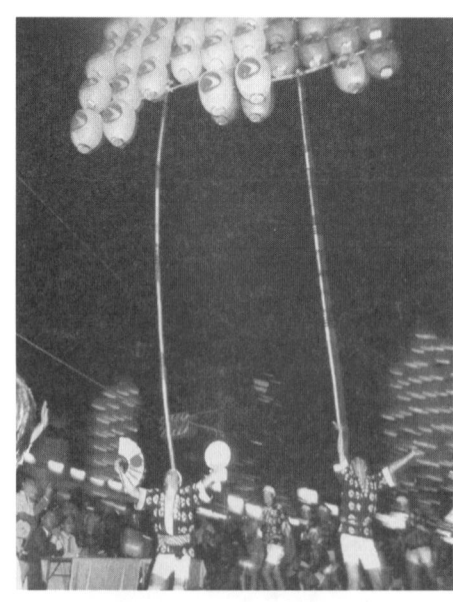

**採点競技としての秋田の竿頭**

どマリンスポーツと共に推奨されている。観光化民族スポーツは、エコ・ツーリズムを含むエコ・スポーツと共に、対象社会の文化を動態的に考える重要なメディアなのである。

## 8 アイデンティティ

私は何者であるのか。こう問う心理をアイデンティティと呼ぶ。そして人はいく種類ものアイデンティティをもっているのがふつうである。個人のレベル，家のレベル，地域のレベル，民族や国それに地球のレベルである。アイデンティティは自他の区別を立てるところに生じるのであり，民族のレベルで発現したものをエスニシティ，国のレベルで発現したものをナショナリティと呼んでいる。

こうしたさまざまなレベルのアイデンティティ形成にスポーツは関わっている。この問題についてこれまで注目されてきたのは国際スポーツによる地球人アイデンティティ（国際社会人アイデンティティと言ってもよい）形成の問題であり，IOCが展開するオリンピックの国際交流・国際平和運動がその手本とされてきた。また，一見グローバルながら特定の政治的意図をもっておこなわれるものに，旧英領植民地諸国家がおこなうコモンウェルス・ゲームスがある。

オリンピックやコモンウェルス・ゲームスのように民族や文化を異にする複数の国の人々が展開するのとはちがって，国家の中の少数民族が自己のエスニシティ形成と存在の主張をめざして催すスポーツ大会がある。イギリスにおいてスコットランド人が営むハイランドゲームスであり，フランスとスペインに住むバスク人の民族スポーツ大会であり，またアラスカの先住民が催す「世界エスキモー・インディアン・オリンピック」であり，また近年始まったブラジル先住民スポーツ大会である。こうした大会では民族スポーツを実施するのが特徴であり，またたいていのところでは大会が観光イベントの性格をもっている。

多民族国家の中の少数民族が民族スポーツ（民族舞踊を含む）によってエスニシティ醸成をはかる企ては，国連の世界先住民年宣言にも支えられて，今後さらに拡大することが予想されるが，主要民族がナショナリティ醸成のため

ニアス島の高跳び

コモンウェルズ・ゲームス
第12回大会の記念コイン

ロッホ・ローモンド村のハイライトゲームス・ポスター

1 スポーツ人類学のパースペクティブ 11

に民族スポーツを展開する場合もある。そうした例の1つは韓国であり，韓国は1948年の建国以来伝統文化の掘りおこしと復活を国策として展開し，これによって韓民族意識の醸成をはかろうとした。そのために全国民俗芸術競演大会が毎年催されることになり，大綱引，車戦，石合戦，ブランコなど数多くの民族スポーツが大会の重要種目として位置づけられた。この間の事情は李承洙の博士学位論文『創られた韓民族スポーツ』（早稲田大学，2003）に詳しい。

スポーツとアイデンティティの問題は，さらに民族スポーツが国際スポーツ化する際の精神文化変容の問題も生起させる。日本の民族スポーツとして始まった柔道が国際化ののちに経験したカラー柔道着問題は，柔道衣の白に込められた日本的シンボリズムへの拒否反応であり，日本エスニシティとグローバル・アイデンティティの葛藤をめぐる問題領域を拓く。さらに，日本が明治以降に満洲や台湾などで展開した武道による植民地経営つまり皇民化政策もスポーツとアイデンティティ問題の1つであり，そしてそもそも国際スポーツそのものがイギリス型アイデンティティのポストコロニアリズム的変容として検討され始めているのである。

## 9　身体をめぐる理論モデル

身体の問題は，文化人類学においてこれまであまり取り上げられてこなかった。裸身に種々の色を塗布する身体彩色，裸身をさまざまに傷つける身体変工，尋やエルなど身体寸法，身体をモデルにした建築文化などがせいぜいであったが，1936年にモースが身体技法の概念を提唱することで，身体を文化の問題として本格的に研究する道が開けた。私達の日常の動きは，生まれてからの絶えざる文化化・社会化によって，当該社会がよしとする動き型（ハビトゥス）になっている。私の動きは自由に見えて，実のところ所属する文化によって規制されている。モースはそうした身体技法として飲食，座，排便，あいさつなど日常の立ち居振る舞いから，マッサージ，性交，分娩，舞踊さらにスポーツまで，人間の動きのおよそ一切をとりあげたのである。

文化人類学における身体の研究を促進したもう1つの理論モデルは認識人類学であった。この立場は文化を知識の体系とみて，当該社会成員がもつ世界の認識法・分類法を彼らの言葉によって記述する点に特徴があった。ここでは調査者の言葉・分析概念は背景に退き，対象社会の言葉が何より手がかりとなる（そしてそれゆえに調査者の恣意によらない客観的データが収集されると信じられた）。このことから認識人類学は（エティックな研究に対し）イーミックな研究と呼ばれ，またその対象はエスノサイエンスと呼ばれる。そこ

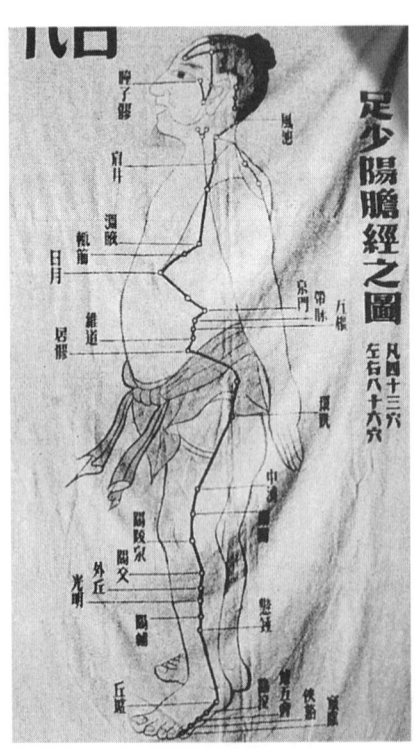

経路図

では認識・分類が科学（サイエンス）的であるか否かは問題にならない。江戸時代まで鯨は魚と分類される，その意味の世界こそが問題になるからである。

認識人類学は，初め，植物分類や動物分類の分野で成果を挙げたが，人間の身体についても関心が向けられた。本書に納められたKewa族の身体は，その例である。解剖学とはちがったエスノサイエンスとしての身体地図の情報を世界中から集めることはスポーツ人類学にとって重要な仕事である。ツボや丹田といった概念は，気功導引・養生法・マッサージや武道・日本舞踊が技法を展開する時の青写真になっているからである。

さて，身体技法の問題を更に深めるには，ハビトゥスとしての動きをどのように表記するかという方法論上の問題を解決しておく必要がある。動きの表記には認識人類学で重視する対象社会の人達の言葉も大事だが，調査者・研究者の分析概念も有用であり，その中にはバイオメカニクスの言葉と共にドイツのマイネルが拓いた運動学（Bewegungslehre）の言葉，さらにはスポーツや舞踊の世界で個々の動きを表示する言葉が含まれることになろう。身体技法の表記法について，スポーツ科学は独自の大きい貢献が可能なのである。

身体技法の概念はスポーツ科学で使うスポーツ技術に相当するもので，ソシュールのいうラングとしての文化コードとみてよい。日本人が身体技法を大いに変化させたのは明治であったが，学校と軍隊において展開した体育・教練・スポーツは，在来身体技法の変容に極めて影響があったものとして，今後改めて研究される必要があろう。そしてこのまなざしは，身体技法を超えて，身体の国民化という問題を拓くことにもなる。

（寒川 恒夫）

> **Question**
> ・スポーツ人類学の研究対象について説明せよ。
> ・民族スポーツと国際スポーツのちがいは何か。
> ・身体をスポーツ人類学の問題として論じる必要性は何か。
> ・少数民族が民族スポーツに期待するところは何か。
> ・スポーツ文化複合の考え方を使って今関心があるスポーツを説明せよ。

## 引用文献

1) ジレ・ベルナール（近藤等訳）：スポーツの歴史，白水社，1952．
2) K. ブランチャード，A. チェスカ（寒川恒夫訳）：スポーツ人類学入門，大修館書店，1988．
3) MacAloon, J.: Olympic Games and the Theory of Spectacle in Modern Societies, in: MacAloon, J., (ed.), Rite, Drama, Festival, Spectacle, 241-280, Philadelphia: Institute for the Study of Human Issues, 1984.
4) Diem, C: Weltgeschichte des Sports, Stuttgart: Cotta Verlag, 1971 (3. Auflage).
5) Firth, R.: A Dart Match in Tikopia, in: Oceania, 1: 64-98, 1930.
6) 寒川恒夫：スポーツ文化複合．体育の科学，41-2：139-145，1991．
7) Anderson, W.: Children's Play and Games in Rural Thailand, Bangkok: Chulalongkorn University Social Resarch Institute, 1980.
8) Mooney, J.: The Cherokee Ball Play, in: American Anthropologist, 3-2: 105-132, 1890.
9) Krickeberg, W.: Das mittelamerikanische Ballspiel und seine religiöse Symbolik, in: Paideuma, 3: 118-190, 1948.
10) Archaimbault, C: La course de pirogues au Laos, Ascona: Artibus Asiae Publishers, 1972.

# 2 フィールドワーク：スポーツを描く方法論

## 1 フィールドワークの概要

　文化人類学や社会人類学におけるフィールドワーク（fieldwork）とは，観察者が調査対象とする社会の特定のコミュニティに1年以上滞在しながら，現地の人々との交流を通して，その社会の様々な社会的，文化的現象を克明に記録し，最終的には人類学的「事実」を紡ぎ出そうとする営みのことである。

　調査対象となる社会に1年以上という単位で滞在するのは，これがライフサイクルの1つの単位となっているからであり，その中で生活を営んでいる人々の生き方や考え方，あるいは行動の様式や社会のシステムを身につけていくことが，その社会をより深く理解できると考えられてきたからである。とりわけフィールドワークを実践する上で，必須の条件とされてきたのが，現地語の習得である[1]。日常の生活で使われている言葉は，慣習的な表現の方法や文脈による含みの違いなどによって，その意味する内容も異なることが多く，通訳を介しただけでは十分理解が得られないと考えられてきた。そこで調査者には，現地の言葉の習得に努めながら，調査地となる社会へ積極的に参加するとともに客観的な目で観察をおこなうことが要求されてきた。こうした経験の積み重ねによって，現地の人々の語りの奥に潜んでいる考え方のプロセスやその意味するところが，しだいに理解できるようになる。人類学では，このようなフィールドワークの方法を「参与観察（participant observation）」と呼び，一人前の人類学者になるための「通過儀礼（rite of passage）」と位置付けてきた。

　以上のような人類学的フィールドワークの方法が，まさに人類学の中核に据えられるようになるのは，ポーランドに生まれて，後にロンドン大学で社会人類学を学んだブロニスロウ・マリノフスキー（Bronislaw Kasper Malinowski）やケンブリッジ大学で社会人類学を学んだアルフレッド・レジナルド・ラドクリフ＝ブラウン（Alfred Reginald Radcliffe-Brown）によって描かれた民族誌の登場をみてからである。1922年は，マリノフスキーの『西太平洋の遠洋航海者』とラドクリフ＝ブラウンの『アンダマン島民』が刊行された年であり，学説史上画期的な意味を持つとされている。そもそも人類学という学問は，人類の歴史の再構成を試みる学問として19世紀に欧米で誕生しており，それはいわゆる社会進化論に基づいて展開されてきた。しかし，マリノフスキーの人類学的思考は，文化というものは社会を構成する個人の基本的欲求や必要を充足させるための機能を果たすものであり，それは生物学的，心理学的，社会的諸条件によって規定されるとして，古典的進化論の中でも，とりわけ「残存」という概念に対して痛烈な批判を浴びせた。また，ラドクリフ＝ブラウンは，伝播主義のパラダイムに限界を感じ，デュルケームの社会学理論をベースにして，社会を有機体になぞらえることで，社会全体に対して果たす機能に研究を限定した。そして社会関係の網の目である「社会構造」こそが観察可能な事実であると考え，その中に身を置く人間を問題にしたのである。この考え方には，制度

や慣習についての起源や発展といった関心が一切盛り込まれなかった。

マリノフスキーとラドクリフ＝ブラウンの登場は，従来の人類学（民族学）のあり方を根底から覆すとともに，まさに近代人類学の扉を開くことにもなった。そしてこの近代人類学の最大の特徴が参与観察という手法にあったわけである。

近代人類学の象徴的な地位を獲得したフィールドワークは，人類学の主要な研究方法として今日に至っている。しかしながら，今日のフィールドワークは，マリノフスキーの時代のそれとは必ずしも同じ状態にあるとはいえなくなっている。もっとも大きな違いを生み出したのが，対象となる社会のとらえ方である。マリノフスキーの時代のフィールドワークは，その対象が「未開」と呼ばれてきた社会であり，それは外界との接触を持たない，閉ざされた社会であると措定されてきた。しかし，このように位置づけられてきた社会は，国民国家へと帰属し，政治的にも経済的にも外界からの影響を受けるようになった。その後「発展途上国」や「開発途上国」あるいは「第三世界」という概念でくくられる地域の一部へと吸収されることで，世界経済システムへと包摂されるという理解が持たれるようになった。これにより，事実上，未開社会は消滅したのである。このような社会に対する認識の変化によって，人類学者の関心は歴史のある複雑な社会にまで広げられていった。社会学はもとより，歴史学や経済学といった周辺諸科学の研究成果を取り入れつつ，ミクロな社会のあり方をマクロな社会との関係性の中で理解するようになった。調査者は調査地と関係する歴史資料や行政資料あるいは統計資料，さらには近隣諸民族などについて描かれた民族誌などを積極的に利用することが求められるようになり，人類学研究もフィールドワークにのみに甘んずるのではなく，調査対象となる社会を地域的にも時代的にもより大きな脈絡の中で位置づけていくことが，人類学者自らによって自覚されるようになったのである。

## 2　スポーツ人類学のフィールドワーク

これまで述べてきた文化人類学や社会人類学に見られるフィールドワークのあり方は，スポーツ人類学が対象としてきたスポーツという文化現象の研究においても有効かつ学問的な独自性を与えるものとして，研究の中心的な方法に据えられてきた。ただし，スポーツに注目するという意味においては，スポーツ固有の問題も取り扱うという特徴を持つことになるわけで，そのためにはスポーツ学（スポーツ科学）の研究の蓄積を大いに利用することになり，人類学のフィールドワークにのみ，依存しているわけにはいかないといえよう。

こうしたスポーツ人類学の折衷主義的な立場は，人類学とスポーツ学の両方の領域にまたがる学問分野としての独自性を持ち，その目指す方向性もスポーツ人類学ならではの応用的な問題を取り扱うことが望まれている。K. ブランチャードら[2],[3]は，スポーツ人類学の貢献を次の3つの側面から説明している。1つ目は，スポーツ社会学やスポーツ心理学のような既存の専門学を理論的に補完する。2つ目に人間行動の中にみられるスポーツの重要性を明らかにする。そして3つ目として，「最後に，そしてたぶんもっとも重要なことなのだが，スポーツの人類学的研究の中で取り上げられた問題は，しばしば直接もしくは間接に応用価値の効果をもっている。人類学的見通しによって可能となった，全体的な社会の，あるいは個別的な論理のプログラムによる解決策や潜在的な解決策は，より明確

にスポーツに関係する仕事にたずさわる人たち，たとえば，コーチ，体育教師，校長，レクリエーション指導者たちにとって，大いに関心があり，かつ価値があるものとなるはずである。スポーツに特化した人類学の発展は，これらの貢献を上記の人たちに，より明らかで，利用しやすいものにしつつある」（英文からの抄訳）としている。その言わんとするところは，人類学の研究成果や知見を社会が直面している諸問題の解決に利用させるという，いわば実践活動と結びつく人類学を目指すところにある。このような人類学とは，医療人類学，教育人類学，都市人類学，環境人類学，開発人類学などのような「応用人類学（applied anthropology）」と同様の志向を持つ人類学であると理解することができる。つまり，スポーツ人類学は応用人類学のカテゴリーに属する人類学と位置づけてよい。

こうした立場にあるスポーツ人類学は，やはりフィールドワークにおいても，スポーツという現象をとらえるための特筆すべき考え方を持っている。その1つに「スポーツ文化複合」という概念に基づくフィールドワークがある。寒川[4]によれば，スポーツ文化複合の提唱は，「『民族スポーツを当該社会の文化文脈の中で読み解く』姿勢を最低限保証するため」のもので，「スポーツを，種々の文化要素の相互依存的複合体とみる立場である」と説明する。スポーツ文化複合を構成する文化要素は，三側面に分類される文化全体のカテゴリーのどこかに含まれており，それは「①人と人との関係を規制する社会文化，②価値と関わる精神文化，③自然を人間にとって有用にしたりあるいは物を作ったり，操作することに関わる技術文化」の諸要素に分類される。スポーツ文化複合の考え方は，「民族スポーツのフィールドワークにあたって，一体何を調べればよいのかについてのアドバイスしてくれる，いわば調査のための青写真といえる」ととらえられているわけである。

以上のような，スポーツ文化複合の考え方は，たしかに有効性をもつものではあるが，現在では若干の問題点も指摘されるようになっている。それは文化を要素の集合体ととらえようとする見方に対しての疑問である。仮にスポーツ文化が複合体であると考えることはできたとしても，それぞれの文化要素は一体不可分なものであり，すべてが一体化するところで文化的バウンダリーを形成しているとする考え方もできる。このような考え方に基づくなら民族スポーツを文化の文脈の中で読み解いていく場合に，文化要素別にカテゴライズしていくことが，果たしてどの程度の意味を持つのか。また実際のフィールド場面で，対象ならびにそれと関連する様々な事象を文化要素別に分類することが，どこまで可能なのかという問題をはらんでいる，と指摘することが可能となる。

このような視点とは別に，スポーツそのもののパフォーマンスを1つの単位としてとらえ，それを外側ないしは内側から理解していこうとする考え方も提案されている。宇佐美[5),6)]は民族誌を描いていくための視点として，スポーツという行為が特定の社会の中に存続するという事実は，当該社会がそのスポーツを何らかの形で選択ないしは受け入れたことの証であると理解し，スポーツ・コミュニティないしはスポーツ集団を取り巻く社会に注目して，その関係を記述するための外側からの見方と，スポーツの担い手たちによって生み出される独特の意味や言説の世界の記述を目指す内側からの見方が存在する，という立場を取っている。そして「両者は構造的機能的依存関係にあるので，完全に分離させる事はできないが，どちらかにウエイトの置かれた記述となる」とする考え方を示した。また，そのためには人類学の学説史を学び，その分析的な視点を携えて調査地に赴くことを提案している。これをメガネにたとえて，スペクトルの異なるメガネを掛け替えること

で，見えないものが見えるようになると述べている。

しかし，こうした記述に向けての外側からの調査と内側からの調査は，同一の方法と視点によって明らかにすることができないことから，ある程度の調査経験を持っていないと実施することが困難であるという弱点を持っている。

このようにスポーツ人類学のフィールドワークについては，現在でも調査者自らが試行錯誤を繰り返しながら，様々な方法が試みられている。

**レヴィ・ストロースは1935-1939年の間ブラジルにおいて先住民のフィールドワークをおこなう**

フィールドノート 　　　調査地と調査対象民族

移動中の光景 　　　調査中のレヴィ・ストロース 　　　レヴィ・ストロース近撮

## 3 フィールドワークの諸問題

スポーツ人類学のフィールドワークに関わる諸問題は，人類学の中で議論されている問題とほぼ同様である。ここでは近年話題となっている議論を取り上げ，それをスポーツ人類学の場面に対置させて説明することにしたい。

従来，フィールドワークには次のような説明がつきまとってきた。調査者が当該社会に入るにあたって，現地の人々との信頼関係を作り上げる必要がある。これを人類学ではラポール（rapport）と呼んできた。現地に受け入れられることによって，調査者の存在は徐々に透明化して，現地の人々に意識されなくなる。以上は古典的なフィールドワークの教本の語りである。しかし，現実の場面をみるとフィールドワークをおこなう調査者は，フィールドが海外であるなら，調査する国の政府機関，あるいはその地域の大学や研究センターといった受入機関に対して，研究計画を示し，調査許可（時には調査許可書や調査が可能なビザ）を得なければならず，また調査地の行政機関などにも調査申請をし，その

許可が必要とされる場合も多い。このような手続きをへてフィールド入りする調査者は，何らかの権限を持った機関から調査することについてのお墨付きをもらっているわけで，実質的に大きな発言権を持った存在として当該社会で意識される。

　また，外部から来た調査者が，「インフォーマント」と呼ばれる情報提供者や，それ以外の調査地で生活する人々に質問することは，その質問を受けた人々に対して何らかの形で内省を促し，本来，現地の人々が意識していなかったことを意識させ，質問に対する説明的な答えや整合性を持たせるような考え方を作り出させてしまう恐れがある。

　このようなフィールドワークという方法そのものが持つ危うさとは別に，いわゆる文化をどのようにとらえるのか，という問題も存在している。これまでスポーツ人類学が対象としてきたスポーツの多くは，「民族スポーツ」と呼ばれるスポーツである。民族スポーツとは，民族という枠組みの中に共有されるスポーツ的な行為を意味する概念であり，これが民族のアイデンティティや民族固有の文化的地位を保たせてきた。民族スポーツには，少なくともその担い手たちの文化の本質があるとする認識から，この文化が消滅したり，変容する前にこれを調査し，記録していこうとする「サルベージ人類学（salvage anthropology）」の考え方が，ある意味での「民族スポーツ」という認識構造を再生産してきた。サルベージ人類学の根底には，本来「真正な文化（authentic culture）」が存在している，とする考え方が横たわっているからである。

　また，こうした認識は「民族スポーツ」という概念を調査地のスポーツ的行為に付与する力も持つことになる。ほとんどの場合，民族スポーツを実施している民族やそのエリアに居住する人々の間で，そのスポーツ的な行為を民族スポーツとしてとらえていることはなく，それは調査者が民族スポーツであると認定したところで，調査者ならびに，後にその調査を基に描かれる「民族誌」を読んだ人々の中に民族スポーツが創造される。つまり，このことは当該社会の人々，あるいはスポーツ的な行為の担い手の認識とは別のところで民族スポーツという認識が創り上げられていることを意味している。

　さらに，現在目の前で行われている民族スポーツの中に現在の民族的な枠組みに規定される民族のアイデンティティなり，文化の特質が見られると考えることはできたとしても，そこに民族の本質が隠されていると見ることはできない。なぜなら，民族という枠組みは状況的であり，その時々の社会のあり方によって，いかようにも変化するものだからである。この点について１つ例を挙げよう。現在，中国では55の少数民族が国家の認定を受けている。中国共産党は，1953年から本格的に民族識別をおこなったが，その認定基準は①独自の言語，②独自の経済（社会発展段階の共通性），③独自の文化，④共通の感情構造（アイデンティティ＝帰属意識），⑤識別の要求，⑥纏まりのある居住地域，⑦政治的判断，に照らし合わせて判断された。こうした国家主導型の民族認定がおこなわれた背景には，1949年に成立した中華人民共和国が各民族から民族名を自己申告させたところ約400にも及ぶ民族名が提出されたためであった。したがっていくつかの基準を作り，それに照らし合わせて１つの民族の纏まりを国家単位で認定するということがおこなわれたわけである。このような民族識別によって，近隣諸国の民族と同一民であっても認定の際に異なる民族名が与えられたり，いくつかの異なる民族集団を統合し，新たな民族名を付したことで民族の同定に困難をきたすという問題が生まれている[7]。

　このような状況を見る限り，民族スポーツの母体となる民族という枠組みが１つの文化単位になるとは限らないことが理解できよう。したがって，民族スポーツが当該社会の文

化的本質を映し出しているわけではないとするとらえ方も成り立つことになる。

　このような問題とは別に、民族スポーツが国家の体制の中に組みこまれることで、本来の民族スポーツそのものの位置付けが変化することもある。ビルマの伝統スポーツを例に挙げよう。現在、ビルマの伝統スポーツは、「ミャンマー・オリンピック・カウンシル」を頂点として、その傘下にある「ミャンマー・オリンピック委員会」の下に作られた36のフェデレーションの1つである「伝統スポーツ連盟」が統括・管理している。ここで管理される伝統スポーツは、もともと民族スポーツとしておこなわれていたものである。それが国家の政策によって、民族スポーツから国家の伝統スポーツへと立場を変えることで、民族の伝統から国家の伝統へと、意識的なモデルとして構築される場合もある[8]。

　このような状況もまた、スポーツの流動性を感じさせるものであって、そこには民族という枠組みよりも、国家としての政策的な枠組みが強く働いているであろうことを想像させる。つまり、この場合には民族スポーツが持つ固有の文化的バウンダリーを取り除き、国家のスポーツとして政治的に加工されたものととらえることも可能なのである。

　最後に、民族誌の問題についても簡単に触れておこう。ジェイムズ・クリフォード（James Clifford）とジョージ・マーカス（George E. Marcus）の編集により1986年に出版された『文化を書く』[9]は、フィールドワークに基づいて描かれる民族誌が、実は詩学と政治学の産物であることを宣言し、創作的な作品にすぎないことを主張した。民族誌を個性記述とみることもできるが、問題の本質は人類学が科学という枠から外れてしまうことにあった。しかしながら、『文化を書く』の寄稿者の1人であるポール・ラビノウ（Paul Rabinow）[10]が述べているように、フィクションと科学は対立するものではなく、相互補完的な関係にあり、人類学的作品がつくられたものであることを知った上で民族誌に取り組むべきであるという。こうした民族誌そのもののあり方についても、考えていく必要がある。

　以上は、フィールドワークを実施していくための前提として、調査者が考えていかなければならないほんの一部の問題である。

## 4　スポーツ人類学におけるフィールドワークの展望

　これまで述べてきたフィールドワークのあり方は、スポーツ人類学においても継続的に検討していかなければならない問題である。しかし、スポーツ人類学がスポーツという文化に特化した独自の人類学を目指そうとするなら、まずはルールやスポーツ技術（運動技術）といった、スポーツそのものの本質と直接関係する現象に注目することが必要になってくる。

　言うまでもなく、ルールとスポーツ技術は相互に依存的な関係にある。ルールによって、身体の動きは制限されるが、その制限された動きの中で様々な技術を生み出していこうとする。つまり、スポーツをすることとは、スポーツに特化した不自然な動きを身体に刻印することであり、まさに「不自然の中の自然」を身に付ける行為に他ならない。

　このような考えに立つと、「スポーツする身体」が如何に構築されていくのか、といった問題がまさにスポーツ人類学の中心的な課題として浮上してくることがわかる。フィールドワークによって、「スポーツする身体の構築」を明らかにしていこうとすると、これまでの人類学研究と同様に、フィールドに入ってその技術を身に付けていく行為は避けて

通ることのできない方法となる。シャーマニズム研究などに代表されるように，すでにこうした方法は，人類学において試みられてきた。シャーマン（呪術者）になるために，師匠に弟子入りするという方法である。自分自身が徐々にシャーマンとなっていくという身体の経験を通して，シャーマンとしての世界をより深く理解するというわけである。

　スポーツ人類学においても，こうした方法は有効であると考えられている。スポーツをおこなう集団は，その集団内でお互いに理解しうるような経験，関心，あるいはシンボルなどが存在しており，独自の社会的世界を形成している。哲学者であり，また社会心理学者でもあったジョージ・ハーバート・ミード（G. H. Mead）の言葉を借りるなら「ユニバース・オブ・スポーツ（universe of sport）」が生み出されているわけである。

　スポーツが身体に刻印されていく過程については，近年，徐々にではあるが民族誌として描かれるようにもなっており，これらの状況を理解するための概念モデルも提案されるに至っている。たとえば，マルセル・モース（Marcel Mauss）による「身体技法」[11]や，後にピエール・ブルデュー（Pierre Bourdieu）によって展開される「ハビトゥス（habitus）」の概念[12]。また，ジーン・レイヴ（Jean Lave）とエティエンヌ・ウェンガー（Etienne Wenger）による「正統的周辺参加（legitimate peripheral participation）」[13]，あるいはこの概念に基づく「実践コミュニティ（Communities of Practice）」に注目した研究[14],[15],[16]も登場している。また，スポーツ運動学の立場から運動伝承を現象学的，形態学的運動理論によって理解しようとする，金子のライフワークである『わざの伝承』[17]も上梓されており，これらの研究は，いずれもスポーツする身体の構築を目指したフィールドワークを実践していくために非常に多くのヒントを与えてくれる。

　以上述べてきたようなフィールドワークは，ようやく研究の徒についたばかりであり，今後，大きく展開する可能性のある研究領域であると考えられる。

（宇佐美　隆憲）

## Question

- フィールドワークを実施するに当たり，事前に準備しておかなければならないことは何か。
- スポーツを調査する際に，社会との関係をどのように考える必要があるのか。
- フィールドワークと関わる倫理の問題とは何か。
- 人類学者によって描かれた民族誌はどのように理解したらよいのか。
- スポーツ人類学のフィールドワークを実践するためには，とくにどのような知識が必要なのか。

## 引用文献

1) 中根千枝：社会人類学―アジア諸社会の考察．東京大学出版会，1987．
2) Kendall Blanchard, Alyce Taylor Cheska : *THE ANTHROPOLOGY OF SPORT : An Introduction*, Bergin & Garvey Publishers, INC. Massachusetts, X-Xi, 1985.
3) K.ブランチャード，A.チェスカ（寒川恒夫訳）：スポーツ人類学入門．大修館書店，1988．
4) 寒川恒夫：フィールドワークの方法論．体育学研究，41-6，492-496，1997．
5) 宇佐美隆憲：スポーツ人類学の語り方―民族誌を書く―（キーノートレクチャー）．体育学研究，43-1，51-56，1998．
6) 宇佐美隆憲：スポーツ文化の翻訳と記述―スポーツ人類学の民族誌を書く―．東洋大学紀要教養課程編（保健体育），第9号，71-85，1999．
7) 宇佐美隆憲：中国マイノリティ社会の体操教育―民族スポーツにみるエスニシティ台頭の萌し―．国民国家と体操運動，（財）水野スポーツ振興会助成金研究成果報告書（スポーツ史学会），99-106，1994．
8) 宇佐美隆憲：地球儀の上　文化はめぐる『スポーツ』．文化学がわかる，朝日新聞社（AERA Mook），49-53，2002．
9) ジェイムズ・クリフォード，ジョージ・マーカス：文化を書く．紀伊國屋書店，1996．
10) ポール・ラビノウ：社会的事実としての表現-人類学におけるモダニティーとポスト・モダニティー．文化を書く，紀伊國屋書店，441-489，1996
11) M・モース：社会学と人類学Ⅱ．弘文堂，1984（3版）
12) Pierre Bourdieu : *Outline of a Theory of Practice*, Cambridge University Press, 1977.
13) ジーン・レイヴ，エティエンヌ・ウェンガー：状況に埋め込まれた学習　正統的周辺参加．産業図書，1993．
14) 田辺繁治：実践としての呪術．民族学研究，62-3，394-401，1998．
15) 田辺繁治：生き方の人類学．講談社現代新書，2003．
16) Wenger, E. : *Communities of Practice : Learning, Meaning, and Identity*, : Cambridge University Press, 1998.
17) 金子明友：わざの伝承．明和出版，2002．

## 参考文献

Rebert R. Sands : Sport Ethnography. Human kinetics, 2002.

# 3 スポーツの起源と伝播

## 1 起源をどのように考えるか

　あらゆるものは始まりをもつ。スポーツも始まりをもつのであり，このことについて考えることは，スポーツ人類学の重要な仕事の1つである。

　ここでは，スポーツの起源をまず3つのレベルにおいてみることにしよう。1つはサッカーや柔道といった個々のスポーツ種目の起源を扱うレベル，1つは近代スポーツや中世スポーツといった特定の時代精神を刻印された時代個性を扱うレベル，1つは諸々の種目や諸々の時代個性を貫通するスポーツのいわば質についての起源を扱うレベルである。

　さて，サッカーとラグビーは共にボールゲームとしてくくることができるが，互いに別物とみなされている。柔道と相撲も格闘技として同じ仲間だが，やはりちがうと考えられている。このように個々のスポーツ種目が他から区別されるのは，それぞれが明らかに自他の区別が立つ独自のルールをもっているからである。これをスポーツの種個体と呼ぼう。そうした種個体の起源さがしについて，これまで成果を挙げてきたのは文字を手がかりとする歴史学つまりスポーツ史であった。そこで我々はサッカーは1863年にイギリスで結成された Football Association が定めたルールでおこなわれた association football（association が後に assoccer と短縮され，さらに soccer と変じた）が起源であるということ，また柔道は明治15年に嘉納治五郎が創始したものであると言うことを知るのである。

　こうした起源さがしは，そもそも，サッカーとは何か，柔道とは何か，という定義がまずおこなわれ，そうした定義にかなう形のものが1863年と明治15年に初めて認められるという手続きに従っている。そして起源さがしをこのことによって完了とすることは一向にさしつかえない。こうした起源は一回かぎりで生起したため事件史的起源と呼んでよい。ところが，この種の起源は実のところその前身をもっている。サッカーで言えば，ラグビーとの共通祖先である football であり，柔道でいえば江戸時代の柔術である。つまり起源としたのはその前身の進化形にすぎないのである。サッカーも柔道も何もないところから超越的に出現したのではなかったのだ。このように前身をたどり続ける形の起源は系統樹的起源（あるいは進化史的起源）と呼んでよい。

　同じことは時代精神を刻印されたスポーツの起源さがしについても言える。時代精神を刻印されたスポーツをいくつ，どのように立てるかは，歴史家にとって歴史認識と関わる重要な問題であるが，ここではこの微妙な問題には立ち入らないで，よく用いられる形つまり国際スポーツ，近代スポーツ，中世スポーツ，古代スポーツを挙げておこう。

　こうした時代個性スポーツは，刻印された時代精神が異なることを前提に立てられたため，第一に，互いに質をちがえているものと認められる。

　ところが，国際スポーツ形成過程の研究，近代スポーツ形成過程の研究など起源さがしが示しているのは，国際スポーツは近代スポーツのグローバル展開形であること，また近

代スポーツは中世スポーツを母体にしていること，つまり，それぞれの時代精神スポーツは互いに断絶性と連続性をもつということである。質として区別されるというのは断絶性の強調にすぎないのである。

こうした種個体の起源さがしと時代精神スポーツの起源さがしに共通するのは，時の経過の中で間断なく変化しつづけている連続体の中に，何かある意図をもって，かつ何かある基準を導入して，差異化を試みるという態度である。

そこで次に問題となるのは，差異化を施して，次々に前身を見つけていく営みをつづけると，それ以上はさかのぼることができない壁に突き当たることである。例えば，サッカーの前身の football はイギリスでは12世紀までたどることができるが，それより先は文字資料に出ない。また柔道は江戸時代の柔術，戦国時代の小具足・腰の廻り，さらに中世の戦場組討とさかのぼるが，それより古くは手がかりがない。時代精神スポーツについても同様である。

**北斎描く柔術**

こうした壁は過去を再構成する方法論の限界から生まれる。つまり紀元538年といった絶対年代を持ち，またこれを記した当人の精神活動を直接に伝える陳述資料である文字と，やはり絶対年代をもつ考古学的遺物とによって認識しようとする立場すなわち文献史学と伝統的考古学が起源を扱う時に必然的に生じる壁なのである。それゆえ，前身さがしの行きつく先が，つまりスポーツの始まりが文字の現れる古代都市文明（古代ギリシア，古代エジプト，古代メソポタミアなど）に設定されたのはしごく当然のことであった。

しかしこれに満足しない研究者が現れた。民族学を修めた人達であった。20世紀前半における民族学は，とりわけ歴史民族学（文化史的民族学）と呼ばれる分野が採集狩猟の石器時代から古代都市文明に至るまでの壮大な人類文化史の再構成に挑んでおり，着実に成果を挙げていた。彼らは，少し乱暴な言い方をすれば，いわゆる現住未開人（無文字民族あるいは自然民族とも呼ばれたが，人類の古い時代の生活をなおも続けているとみなされた人々）の文化を石器時代の文化と前提した上で，現住未開人のスポーツをもって古代都市文明以前のスポーツを描こうとしたのである。（ところが，言っておかねばならないのは，なにしろ，現住未開人の文化は，いかに古いものと見えようと，それは調査・観察がおこなわれた今の状況であり，絶対年代を特定できない弱点を持っているのだ。）

現住未開人のスポーツは実に豊かで，その種類の多さと文化的・社会的意味の多様性には驚かされてしまう。一見生きていくのが至極困難と思われるカラハリ砂漠のブッシュマンや雪原と氷海に獲物を追うイヌイット（旧エスキモー）でさえ，ありあまる余暇時間と多彩なスポーツを楽しんでいること，さらにスポーツがただの娯楽としてのほかに宗教や裁判，経済や政治，あるいは社会的威信や名声と緊密に結び合っておこなわれていることが明らかにされるにつれ，スポーツの起源は古代都市文明でなく，さらに古い未開社会において論じられるようになった。その代表の一書が1926年にドイツのライプチッヒで出版されたヴォーゲング編集の『すべての民族と時代のスポーツ史』[1]であった。第1章を

飾ったのは当時ドイツで著名の民族学者ヴォイレの手になる「スポーツ民族学(Ethnologie des Sports)」であり、そこにはアフリカ、アジア、オセアニア、南北アメリカの先住民、つまりヨーロッパの白人(コーカソイド)以外の諸民族のスポーツがパノラマのように紹介されていた。

ヴォイレのようにスポーツ史やスポーツの起源を意識したものではないが、同様にいわゆる未開社会のスポーツを広域的に扱った研究に北米インディアンについてのキューリン[2)]のもの、インドネシアとオセアについてのダム[3)]のものがある。20世紀前半のこうした研究では、例えば、台湾の高砂族では村の中で何かもめ事がおき、当事者双方の言い分ではらちがあかない時、神に正邪の決定をしてもらうため神明裁判の闘審として相撲がとられ、勝者の言い分が正しいと判断されたこと、そして同様の闘審がオーストラリアのアボリジニーでは棍棒試合として、また南米ブラジルのボトクド族では棒試合として、イヌイットでは素手の殴打試合としておこなわれていたことが報告された。さらに、インドネシアのタニンバル島では、天の男神と大地の女神との結婚を再現するための綱引がおこなわれ、アフリカのモロッコでは雨乞のために女達が裸になってホッケーを、またアメリカインディアンのヒューロン族では呪医が村は衰えていると判断すると若者にラクロスの実施を命じること、ハワイでは毎年10月に巡ってくる正月(マカヒキ)にボクシングや相撲、競走、板の上に腹ばいになり、スケルトンの要領で急坂をすべる滑降レースのおこなわれること、さらにメキシコの北の高地に住むタラウマラ族は2つのチームが、それぞれのチームに属するそれぞれ1個の木のボールを足で蹴りつづけ、全長350kmを走破するのを競うウルトラマラソンをギャンブルとしておこなうこと、などなどが報告された。

今日我々が知っているスポーツに似たもの、あるいは少し様子がちがっているもの、とにかくその万華鏡のようなバラエティーの豊かさに研究者はすっかり魅了され、スポーツの起源を論じるなら未開社会をおいて外にはないと思うようになった。

もちろん、問題がないわけではない。今日の研究レベルからすると、第1に未開(primitive)という言葉が文明と二項対立的に使われて侮蔑的意味を含んでいること、第2に未開社会と一括される諸社会はたとえ文字は持たなかったにしろ長い歴史をもっているのであり、その過程で文明(とりわけ古代文明)からの影響を受けていることが十分に考えられ、そこで未開社会の文化のすべてを直ちに古代以前とみるのは穏当ではないこと、第3にかつて未開社会とされた諸社会は今日では程度の差こそあれ近代化・国際化していて、そこで、かつて記された民族誌を史料とし、さらにこれに今日の聞き取りフィールドワーク資料を重ねて人類の古代以前を復元しようとする時には、方法論的に相当に慎重を要すること、が挙げられる。しかしここでは詳細に立ち入らない。とにかく、スポー

ボトクド族の棒試合

タラウマラ族のウルトラマラソン

ツの起源を種個体（またボールゲームや格闘技といった類個体）のレベルにおいても時代個性のレベルにおいても，とどのつまりは未開社会のスポーツに求めようとする見方が，それ以後定着していったのである。そしてこの営みは他方で，前身さがしの行きつく先を未開社会あるいは民族学的に再構成された未開時代とすることで，ひとまずスポーツの始まりを文献史学的と考古学的の認識不可の壁から救い出す役割も果たしたのである。

この時，古代と未開時代のギャップつまり文献史学・考古学と民族学との方法論の溝を埋めるのに貢献したのが，イギリスの人類学者タイラーが1871年の著書『原始文化』で提唱した残存（survival）概念であった。文化は社会の中で一定の有用な働きをしているが，時が経つにつれて，あるいは別の社会に伝わった時には，元来の役割が忘れられてただの迷信や因襲となるか，あるいは新しい機能を得るかして存続するものがある。タイラーはこうしたものを残存と呼び，諸社会に残る残存を手がかりに人類文化史を再構成しようとしたのである。

そしてそうした残存の1つにスポーツが数え挙げられた。小石や木の実を使って神意を占った卜占儀礼はサイコロ遊びに，また狩猟具の弓矢は子供の玩具に残存するのである…と。こうした残存は時代と社会を問わない。そこで，古代と未開社会のスポーツを残存によって起源関係の中へ取り込むことが可能となったのである。ここで重要なのは，残存が真面目（serious）行動から遊び（playful, sportive）行動への変化として設定されたことである。真面目な行動は宗教と労働とされ，そしてここからスポーツも生じたとする起源説がそののち導き出され人気を得ていった。この説はスポーツの起源を，あくまで「人間」の「真面目（非遊び）行動」に求めたところに特徴があった。

最後に諸々の種個体（それに類個体）と諸々の時代個性スポーツを貫通する質についての起源を扱うレベルについて述べよう。そしてこのレベルの起源説は，宗教や労働とはちがったところに起源を求めるため，興味深い。スポーツの本質をどう定義するかは，いまだ研究者の間で完全な意見の一致をみないが，それでも「遊び」と「競争」を挙げることに大きい異を唱える人はいない。sportの語源であるラテン語のdeportareは「遊ぶ」を意味し，20世紀に形成された今日常識の国際語としてのsportはもっぱら「競技」と理解されているからである。

遊びの起源について考えるに先立ち「遊び」とは何かの定義をおこなっておくことは有意義なことであるのだが，この問題はそれ自身で一書を残す内容のものであるため，ここではオランダの碩学ホイジンガが『ホモ・ルーデンス』(1938)の中で提示したところに従うとするにとどめ，「遊び」の起源についてこれまでどのような考えが案出されてきたのかについて述べる。

「遊び」の起源のもっとも簡単な説明の仕方は，人間には遊び本能があるとするものである。遊び本能説は，一時期とてももてはやされたが，遊びを遺伝に還元するもので，証明の当否は別にしても，遊び起源の思考停止を要求するもので，遊びを文化の問題として考えようとしているこの場の議論にはふさわしくない。

ホイジンガは遊びを人間と動物の双方について認め，動物も人間も遊ぶことで既にしてみずからが機械的構造体以上の存在であること，すなわち精神活動に従事していると述べて，「遊び」を，物質（Dinge）を精神（Geist）の領域に引き上げる営み，別言すれば自然世界のほかに第2の架空世界を創る営みであると述べている。

遊びのこうした理解を一種コミュニケーション論の形で引き継いで遊びの起源について

発言した重要な研究者に，人類学者にして心理学者のグレゴリー・ベイトソンがいる。
　彼は動物園の猿がじゃれあっているのを観察して，猿は何故「じゃれあう」ことが可能なのか，「じゃれあい」を成立させる根拠は何かと問い，じゃれあう２匹の猿の間に，「これはじゃれあいの遊びである」というコミュニケーションが成立しているからに外ならないと解釈する。このコミュニケーションの境界は微妙で，一方は本当にかみつくことで，簡単に「じゃれあい」を解消させることができる。しかし，いつでも解消しうるがゆえにこそ，「じゃれあい」コミュニケーションは重要なのであり，そこには「これは本物のかみつき合いに見えて，実はそうではない。我々は互いに振りをしあっているにすぎないのだ」というコミュニケーションが確かに存在する。ベイトソンはこうしたコミュニケーションをメタ・コミュニケーションと呼び，人間を含めた動物のコミュニケーション進化過程の中に遊びの起源を見出そうとした。
　我々はベイトソンにならって「競争」の起源も同様に考えることができる。動物は，約束をとりつけあった優劣判別の競争行動を，特定の状況においてとるからである。交尾期に雄鹿と雄鹿が１頭の雌鹿をめぐって，あるいは雄ライオンや雄のトドが複数の雌から或る群れの支配をめぐって激しく闘うことを我々は動物行動学から知っている。そこでは，真剣な闘いながら（肉食動物の場合は餌をとる狩と同様の真剣さをもっておこなうのである），一方が負けを認め，敗北姿勢や敗北動作（通常は闘いの場から逃走する形をとるが，狼のように相手に喉と腹部つまり急所をさらすという種に固有の形をとるものもいる）を示せば，勝者はそれ以上攻撃を加えて相手を死に至らしめることはしない。ここには，我々は真剣に闘っているが目的は互いの生命を奪うことではなく，共通の目的物（雌や地位やナワバリ）をどちらが手に入れるべきかの判別行動をしているにすぎないのであるとのコミュニケーションがとられていることが認められる。こうしたメタ・コミュニケーションが前提して初めて成り立つ闘いは，今日我々が行うスポーツと同じものなのである。
　ベイトソン流の「遊び」と「競争」の起源説は，ことによると人類学のこれまでの方法論の域を出ているものかもしれないが，しかし，①遊びと競争の起源をそれぞれ非遊び，非競争に求めないこと，②遊びと競争を人間に固有でなく，動物と共有するより根源的な行動と位置づけていること，の点において高く評価されるのである。

## 2 伝播

　伝播は文化あるいは文化要素がある社会から別の社会に移動することをいう。我々がよく知っているところでは，漢字や暦，水田稲作は中国から伝わったものであり，またスシは中国から伝わったもの（発酵スシ）を日本的にアレンジし（つまり酢飯スシ），これが今度はアメリカやヨーロッパに伝わっている。このように文化は，これを生み出した社会にとどまらず，いろいろな機会を得て，別の社会に移っていく。アメリカの著名な人類学者ラルフ・リントンは，現在どこの国をとってみても，その国の人が独自に発明した文化が全体の１割を越えるところはまずないと述べたが，この数字が当たっているか否かは別として，ことさように文化は社会の間を動きまわっているのである。
　スポーツも例外ではない。現に我々がおこなっているオリンピック種目に限っても，柔道を除けば，他はすべて明治以後に日本の外から入ってきたものである。
　スポーツの伝播について人類学の分野でこれを問題とした初期の代表者はタイラーであ

った。彼は1879年にFortnightly Review誌（5月号）に発表した論文「ゲイムの歴史」[4]で，例えば凧が東南アジアからヨーロッパに伝播したこと，また島嶼部のマレー人を介してポリネシアの島々にも伝わったこと，またインドの盤上遊戯であるパチシがコロンブス以前にメキシコのアステカに伝わってパトリとなったことを論じた。またドイツ人のアメリカ学者であるクリッケベルクは[5]，南米のアマゾン流域の生ゴムボールゲームが北上してメソアメリカのマヤ・アステカのトラチトリを生み出したことを彼の論文「中央アメリカの球技とその宗教的象徴性」（Paideuma誌，1948）の中で論証した。

伝播は文化の地理的移動であるため，その隔たりの大きさは問題の立て方によってさまざまである。凧の東南アジアからヨーロッパへの移動，盤上遊戯パチシのインドからメキシコへの移動は比較的規模が大きいものであるが，龍舟競漕の中国から日本への移動や，沖縄のエイサー，徳島の阿波踊り，札幌のヨサコイ・ソーランの日本各地への伝播などは比較的規模の小さいものである。

インドネシア・バリ島の凧揚

アステカの盤上遊戯パトリ

伝播研究は，地理的に隔たったところに似た文化がある場合，これを独立発生とみないで，一方から他方への移動とみるところに成り立つ。ゆえに，互いが伝播関係にあることをあらかじめ説明しておく必要があるが，この時に用いられるのが質基準（Qualitätskriterium）という考えである。つまり，似ている点が事物の本性から遠ければ遠いほど，言い換えれば，その事物にとってどうでもよい点が似ていれば似ているほど質基準は成り立ち，伝播関係を想定しうるという考え方である。もちろん質基準には主観がともなうため，慎重に恣意性が排除される必要はあるのである。

質基準によって複数の文化間に伝播関係が想定されたなら，次にそれらの間の移動の順番，別言すれば新古関係を決定する番となる。この時，考古学の型式学が放射性炭素法などの絶対年代測定を基礎にするように，文化も文献史料等による絶対年代を基準にすることが望まれる。歴史民族学的研究が考古学・文献史学に期待するところは大なのである。

文化は伝播した先々で何も変わることなく受容されるというものではない。受け取る側の社会の文化状況に合うように変身しながら定着していく。こうした過程は新解釈（reinterpretation）あるいは文化変容と呼ばれる。

伝播は，このように変容の問題をも惹起するのであるが，また伝播の発信地の同定は起

源地ならびに当該文化の起源問題をも生起せしめる。つまり，起源，伝播，変容は全体で文化の通時的研究を成り立たせるのである。そうした研究例として「"鬼ごっこ"比比丘女の起源に関する民族学的研究」(寒川，2003)が挙げられる。そこでは，アジア・ヨーロッパ・アフリカ・オセアニアにおこなわれる「比比丘女」類似の鬼ごっこの伝播関係が（取り役・取られ役・守り役の3役名称の比較研究から野生動物が家畜を襲うという共通モチーフに発する）質基準によって想定され，さらに分布状態の検討に基づき，はじめ南アジアの穀物栽培民において鳶が鶏を襲うモチーフで始まったものが旧大陸各地に伝播し，伝播した先々で変容を生じたこと，日本の比比丘女も伝播後に仏教的に新解釈されたものであることが論じられている。

　我々は日頃何気なく「日本独自」とか「日本固有」といった言い方をするが，よく調べてみると，それらは日本的変容や新解釈である場合が多い。外から入ってきた文化がどこまで変容したものを独自・固有と認定するのか，これは受け入れ側社会のアイデンティティと関わる問題であるが，他方，何かある政治的意図を持ってその認定がおこなわれた時，それはいわゆる民族教育の問題を生み出す。スポーツについてこうした問題を考えるのもスポーツ人類学の重要な仕事の1つなのである。

(寒川　恒夫)

**タイの子どもの子をとろ子とろ**

## Question

- スポーツの起源の考え方について説明せよ。
- スポーツの起源を探る方法論について説明せよ。
- メタコミュニケーションと残存の2つの概念でスポーツの起源を説明するときのちがいは何か。
- 質基準とは何か，説明せよ。
- 関心があるスポーツ種目や遊びやダンスについて，その起源，伝播，変容を調べよ。

## 引用文献

1) Bogeng, G. A. E. : Geschichte des Sports aller Völker und Zeiten. Leipzig : Verlag von E. A. Seemann, 1926.
2) Culin, S. : Games of the North American Indians. Washington, D. C. : Goverment Printing Office, 1907.
3) Damm, H. : Die gymnastischen Spiele der Indonesier und Sudseevölker. Leipzig : Verlag von Otto Spamer, 1922.
4) Tylor, E. B. : The History of Games, in : Fortnightly Review, 1, May : 733-747, 1879.
5) Krickeberg, W. : Das mittelamerikanische Ballspiel und seine religiöse Symbolik, in : Paideuma, 3 : 118-190, 1948.

# 4 スポーツと観光

## 1 人類学と観光, スポーツ

　最近の観光人類学の状況を見ていると，因習的な人類学を「消滅の語り」と批判し，「生成の語り」のみを有効だとする傾向がある。この傾向に見えかくれするのは，どんな場所，時間にでも出没する「カメレオン」人類学者のような，かつての神話の影である。しかし生成なくして消滅もなく，消滅なくして生成があるわけがない。消滅と生成はコインの裏表であり，一方だけが正しいのではない。人類学を学ぶ者は，2つの視点から文化を観る必要がある。

　現代社会では文化の多様性が説かれる反面，アメリカナイゼーションの別名となったグローバリズムが浸透し，文化の均質化だけが着実に進んでいる。現代スポーツも資本主義経済の世界にとりこまれ，プロ化が進み世界中から選手を集めている。進化という用語も復活してきた。道具類やウェアなどの発達，ルール改訂などあらゆる変更を進化とするのだろう。後者の問題については，進化の行方さえ定まらず，人間的な利害の表面化，利害と妥協が目につく。単線的な進化論の時間は不可逆的で，近代スポーツにすべてが収斂するのなら，近代以前や近代社会の周辺にあるスポーツや遊びは，消滅する運命をたどり，文化の多様性など必要なくなる。近代社会やグローバリズムとは何か，この問題をとらえるためにも，文化の異質性について人類学的に考察し対照することで文化共存のモデルを探るのが，私たちの課題の1つなのである。

　ここではフィリピン，ルソン島北部コルディリエラ山地，イフガオ族におけるエスニックスポーツとツーリズムを例にとる。伝統的な儀礼的競技と遊びがいかにエスニックスポーツとなり，観光資源として活用され近代性を帯びていくのか。その過程をたどるとともに，スポーツ人類学の有効性と可能性を探るのが目的である。

## 2 イフガオ族に見る観光と政治

　イフガオ族の多くが居住するイフガオ州は，ルソン島北部の中央コルディリエラ山地南東に位置する。海抜1000m前後に棚田を築き，水田農耕が伝統的な生業である。バナウェを中心とする大規模な棚田群は，1995年ユネスコ世界遺産に登録され，フィリピンでは棚田の景観を印刷した1000ペソ紙幣が発行された。バナウェ郡の棚田であるのに，登録名は山地域全体を代表するような「コルディリエラの棚田」としてである。棚田はバナウェだけでなくイフガオの他の地域にも，他の諸部族にも存在する。バナウェ以外のイフガオ族や他の山地民にすれば，ユネスコの登録はバナウェ郡の典型的な専横，流用ととれよう。

　この登録は，観光の利害性に敏感なバナウェを中心とした地元政治家やイフガオ州，中央国家，さらにフィリピン内外の人類学者を組み込んだ文化事業の1つである。一地域の

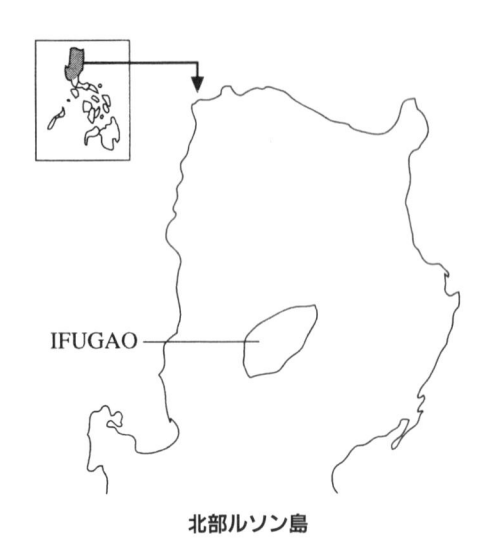

エスニック観光が，近代国家に統合され国際的な承認を受けた例である。

伝統的に共同体が弱いイフガオ社会で，共同性を呼びおこすのは，農耕儀礼の僅かな部分である。その儀礼にスポーツが巧妙に組み込まれていた。実際には，綱引きと相撲が該当する。文化装置としてのスポーツとそのメンタリティが理解できないと，イフガオの社会と文化は理解できないと言える。

毎年4月の後半，イフガオ州内2, 3の地方自治体がそれぞれ主催し，観光省や企業が協賛する祭りのなかで，相撲と綱引きがアトラクションになっている。ある郡では予算の半分を出し，郡下の村々が所定の参加料を納めた残りを州政府，観光省や企業の補助に仰いでいる。この祭りは地元と国会議員，閣僚など政治家を招く政治的なショーに化している。実際，国家予算を握る議員が，地元自治体に予算を与えると公約する。「伝統」文化の復興と地域の活性化には，近代政治を抜きにしては語れないのである。

伝統が廃れるのと同時に，近代化や観光化がすすんだのが，20世紀後半イフガオ族におきた歴史的事件である。伝統的スポーツは，この時すでに儀礼的重要性と社会的機能を失っていた。筆者は，厳密な意味で伝統スポーツを見ていない。社会がすでに変質し，不可能なのである。実際には収集した聞き書きから，イフガオの相撲と綱引きや遊びについて書いた経験がある。イフガオ族での文字使用は，アメリカ合衆国の統治以降に始まるから，彼ら自らが書く主体とはなりにくい。調査は，口頭伝承による記憶にたよらざるをえなかった。しかも古老でさえもが，イフガオ相撲の技法を表す言葉さえ忘れた現実がある。想像しているより早く，伝統は廃れてしまう例である。あるいは言葉をなくすほど，社会変化のインパクトが大きかったと考えられる。伝統とは，文化が十分に意識され，意図的に権力が介入しないかぎり保存されない好例を示すものである。筆者がかかわってきた研究は，イフガオの口頭伝承による歴史の再現についてだったと言える。

イフガオ族が相撲や綱引きをなぜ実践してきたか，また観光化や近代化をどのように受けいれ，儀礼とともに伝統スポーツが一時的に廃れたのか，エスニックスポーツとして再び復興したかについては，イフガオの人たちなりの文化的な理由がある。

スペインによるフィリピン植民地の終わり近く，19世紀後半イフガオの地にカトリック教会をおく駐屯地が4ヶ所できた。外部世界との接触が本格的に拡大するのは，アメリカ統治を受けた20世紀に入って以降のことである。統治の前半，道路が低地からのび，学校教育を受けるようになる。イフガオ族が，意識と社会を変化させた準備期間である。当初イフガオ族は，キリスト教化していないとの理由から，非キリスト教徒部族庁に直轄した山岳州に統合され，アメリカの直接統治を受けた。

20世紀始めに建設された避暑地バギオ市に，太平洋戦争前に移住する者がイフガオでも現れる。戦後バギオで財をなした者が，イフガオの故郷に帰り政治家になる例は多い。1960年代後半まで旧山岳州の準州だったが，イフガオ州として独立し，1970年代初頭に

北部ルソン島

イフガオ州初代知事選挙が実施される。この時期に建設されたバナウェ国営ホテルは，誕生したばかりの州政治における利害の焦点となった。

ホテル建設は当時バナウェ町長だったA.モンディギンが発案し，マルコス大統領に上奏して実現した。しかし彼の子息が初代知事選挙に破れ，知事暗殺未遂事件で首謀者として町長が拘束され失脚した。その後政治的混乱が続き，イフガオの地でも共産ゲリラ＝新人民軍の跳梁を許した。観光の町バナウェでは，銃器を手に監視するフィリピン警察軍を外国人観光客とともに見るのが当たり前だった。

1986年に成立したアキノ政権は新人民軍と調停をはかり，コルディリエラの自治を承認しようと試みたが，直接選挙でコルディリエラの地域住民から否認される。名目上，コルディリエラ自治区を政治的に分離したが，今も実態はない。治安と国家経済が回復したラモス大統領の時代になって，イフガオ州の新人民軍は駆逐された。そのおかげで，観光開発を目的に現在，イフガオの祭宴を繰り広げるに至ったのである。

国際的にみて，1970年代は重要な時代である。現代につながる，国際観光の幕開けの時期だったからである。第3世界の各国が多大な資本を必要とする産業化でなく，低コストで外貨を稼ぐ実際的な観光に目を向け，政策転換したのがこの時期である。バナウェ国営ホテルの建設は，観光政策を打上げたばかりの国家事業の1つであった。

バナウェの観光を語る時，フィリピン人類学の初期設立者で，イフガオ女性と結婚した故オートリー・H.ベイヤー博士を抜きにはできない。1960年代に彼の一族が，バナウェでロッジを経営し，周囲のイフガオがまね始める。木彫品や武具などの工芸品だけでなく，イフガオが威信財として重宝する中国製の陶器を収集し，紹介したのもオートリーの功績だろう。博士は妻の村の人々にマホガニーなど材料を与え，様々なモチーフで木彫品を作らせている。また一人息子は，美術商としてマニラに店を構えた。

実際の観光地としてバナウェが，どの程度外貨獲得に貢献したか正確な数字は用意できない。外国人旅行者の数は限られ，1980年代半ばには10軒にみたなかったロッジやレストランが，現在では2倍ではきかない。濫立ぎみのため，商売にうま味がないと言う。主な観光資源は棚田の景観であり，土産物では安価な品が売れる程度で，手の込んだイフガオの織物や大きな木彫品は売れない。

観光客も当初はアメリカ人が主だったが，政情が安定した90年代以降，ヨーロッパやアジアからの観光客が目につく。経済成長がプラスに転換したフィリピンでは，中産階層を中心に国内旅行の需要が高い。

観光客が幸運なら，のどかな棚田の景観に加え，収穫儀礼の時期に谷を超えて，ドラの音を聞いたり，稀だが報復儀礼の行進に出くわす機会もあるだろう。

イフガオ族が原初的だと想像するかもしれないが，近代化やキリスト教を受け入れている。またF.コッポラ監督の『地獄の黙示録』(1979)後半で，イフガオ族多数がエキストラで出ている。映画ではインドシナ半島のクメール文明らしき寺院の前で，「野蛮」，「未

開」の象徴として，水牛供犠を実践する少数民族の役を演じている。供犠を執拗に映し出すカットは，エキゾティクなものに注がれる視線である。最近公開されたダイレクターズカット版ではイフガオ語の会話シーンがふえ，人間らしく見える。ただ翻訳はなく依然訳の判らない言語として聞こえるから，創出された他者のイメージは変わらない。

この映画で得体のしれない不快な感覚を呼び覚ますのが，エキゾティズムへの反発なら，エスニックツアーにおける観光資源としてのエキゾティシズムとは，どのようなもので，どのように提供されるのだろう。エキゾティシズムは観光客にとって，異なる時空間を実感するため巧みに商品化された，実体とは無関係なイメージそのものである。

## 3 観光開発とスポーツの位置

イフガオ州のバナウェ郡では，3年毎にイムバヤ祭を開いている。このイムバヤ祭とは社会的威信強化の儀礼で，主催する家族の健康，稲と家畜の豊穣を祈るイムバヤ儀礼にちなんでいる。バヤとは，米の醸造酒の意である。このイベントは1970年代に始まったというが，2000年のポスターで始めて気がついた。

また旧準州の庁がおかれたキアンガンは，ゴタッド祭を開いている。これもまた，イムバヤ儀礼の一部にちなむ。なおこの郡は最近イフガオの神話＝詩歌を，ユネスコの文化遺産に登録した。ゴタッド祭は直接見てはいないが，2003年7月にCNNのニュースで紹介されているのを，奇しくもシンガポールのホテルのTVで見ることになった。2003年4月24日から3日間開かれたバナウェのイムバヤ祭を以下に託す。

初日朝，開会式に先立ち，郡下約20か村から人々が行列のために集まる。8時半過ぎ，貴賓席＝桟敷のうえで司会者がオープニングを告げ，村単位で行列が始まる。

先頭に，村名を象ったイフガオの織物がかかげられる。後ろには戦士の格好をした男が数名，槍をかざし踊る。さらに後に生産物を男女が捧げ踊る村がほとんどで，儀礼的な要素を出す村は思いの外，少ない。

彼らの行列は，もともと報復儀礼をモデルにしている。報復儀礼の先頭にはシャーマンが二人，両手に2本の槍を交互にかざし先導する。さらに槍と楯をもつ戦士たちが，槍をつきながら踊り進する。戦士の前には何人かが硬い木を打ってリズムをとるのが，普通なのだが，現代の行列にはなくなっている。音響が大きく，見栄えのする平板ドラに代えた村が多い。ドラは儀礼に欠かせないが，報復儀礼の主旨とはそぐわず，両者がまじりあうことは伝統的になく，意味の変容をおこしていることがわかる。

現代の行列のなかにも，シャーマンと思しき人物がいる。彼は犀鳥の嘴とか意匠をこらしたヘッドギアをつけ，黒い植物繊維でおおわれた葛篭を背負っている。葛篭は過去の慣習だった首狩りの凱旋で，狩った首をおさめたものである。彼に続く戦士の楯には，古い写真では，ムカデが白い線で描かれている。今では，訳の判らない象形に変わってしまった。行進自体が，イフガオ的なイメージでムカデを表したものだが，荒々しい息遣いによるリズムさえ，現代の行列からは聞こえない。

村の特産品を手にした女たち，家畜を背負う男たちは，いずれも昔の装束を着ている。長い行列と強い日射に消耗しながら，顔には誇らし気な表情が浮かぶ。行列が後になる程，現代の衣装に近づいていく。

最初はストーンエイジさながら，石斧から槍へ，褌や腰布の素材が草や蔓から樹皮，樹

布，やがて染色されない綿織物，最後にカラフルな綿織物と変わる。進化論そのままの，イフガオの歴史意識を知ることができる。カトリックに改宗した今は，だれもが下着をつけている。行列が桟敷の前に来ると，ひときわ高くドラを鳴らし踊る。延々と1時間半近く行列が続いた。

イフガオの人たちが観客のほとんどであるが，その中に観光客ばかりでなく，低地から訪れたジャーナリスト，メディア関係，人類学者や学生を含む研究者がまじり，写真やビデオを撮っている。とりわけ異様な風体，行列，踊りに関心が集まる。

**イフガオ州バナウェ郡でのイムバヤ祭**
（イフガオ族による行進と観客，観光客たち。2003年4月，筆者撮影ビデオから写真に編集。）

村びとが舞台前の広場に並び終わり，開会式が宣言される。国歌斉唱の後にイフガオの詩歌が，現代風にアレンジされ歌われる。郡長や地元政治家，訪問客である下院議員などの演説が続く。昼食休憩をとったのは，午後2時半をまわっていた。休憩後，綱引き競技が開かれ1日目が終わる。その夜に予定されていたイムバヤ儀礼は，いつもの停電で翌朝に持ち越された。

2日目朝，広場をはさみ貴賓席用桟敷の向かい側にある市場前で，数か村から集まった10名に満たない祭司たちが，イムバヤ儀礼を実演してみせる。これは他の儀礼もまじり，観光を意識した短縮版である。観客にまじったメディア関係者，研究者の視線が執拗に，儀礼のパフォーマンスを追うが，おそらく手際よく編集し情報化され，商品となるだけで，イフガオの微細な意味にまで立ち入ることはあるまい。神々の憑依をあらわし火をなめる祭司がいたが，それほど注目を浴びない。

広場をはさんだ桟敷の演台に，上院議員が現れ演説が始る。ドラを鳴らしていたインバヤ儀礼の祭司たちは，司会者によって中止を命じられる。その議員はイフガオ文化の特異性と，文化保存について語りだす。一部の聴衆から，その皮肉さをなじる声があがる。演説が終わり，再びインバヤ儀礼の執行が許される。間もなくクライマックスに達し，豚2頭が供犠にかけられ，血なまぐさいシーンをもとめて，マスメディアのカメラが集まる。ほどなく儀礼の実演が終了し，広場に身体全体を黒く塗った人たちの踊りが始ると，儀礼の場にいた観客はそちらの方に関心を移した。

2日目の午後から，本格的にイフガオのエスニックスポーツのプログラムが始る。村落間の対抗戦である。この日から3日目の終了まで，綱引き，ケンケン相撲や腕相撲，足相撲数種などユーモラスだが，基本的に男性による力競べである。その他，葦投げのドゥーハ，丸太の伐採競争，米袋を担いだり，人を背負う競走はリレー形式で争われる。競技はすべてイフガオ族の衣装の着用が義務づけられていた。プログラムの終了間際に，この地方でブルトンと呼ぶ相撲がひときわ見物客の関心を集める。午後遅く，男児の竹登り競争が終わり，司会者が終幕を簡単に告げ，村人たちはそれぞれ家路についた。

このイムバヤ祭では，女性が参加する競技は織物を所定の時間に仕上げる競技のみで，人目につかない。男性による木彫品を作る競争もその類いである。

上に紹介したエスニックゲームと競技はいずれも，彼らの生活実践と儀礼的競技，遊び

**イフガオ州バナウェでのイフガオ相撲**
（大地と水，農耕から離れた様子がうかがえる。
2003年4月，筆者撮影ビデオから写真に編集。）

に密着していた。田での相撲は，相続をめぐり親族内部での争いを解決する手段だし，ドゥーハも田の境界を定める儀礼的な解決法だった。いずれも当事者とその身内が集まるだけで，本来，見せ物ではない。ドゥーハで標的になる時，争う境界線にしゃがみ，背を小さく丸めるのが伝統的な競技であった。しかし観光アトラクションとなった今，立って背中を相手に向けている。綱引き，リレー競技と竹登りは舞台を取り除いておこなうが，相撲，ドゥーハ，足相撲は舞台の上で衆目にさらされる。

　広場の前で1mほどの高さに，木で組んだ1辺約10mの方形舞台で競うようになったのは，明らかに桟敷にいる政治家へ見せるためである。相撲と綱引きは，農耕儀礼の一部であったのに，大地と水から遠くへだたってしまった。

　相撲の優勝戦の後，司会者は，優勝者が次の開催まで3年間の名誉を得たとアナウンスする。優勝者は司会者から賛辞をうけただけで，賞状も記念トロフィーもない。賞金はあるが，勝利者が得るのは名誉や評判である。イフガオ文化は恥の文化に属し，不名誉や体裁の悪さを嫌う。選手は不名誉を掛け金として，優勝をめざしていたわけである。また言葉にだして誇ることは，すでに他者への挑戦，侵害行為と考えられており，こうした行為を若者のあいだに，日頃見かけない。人前での争いなど，滅多に観察できない。

　しかし相撲で優勝した若者は，喜びを笑顔で表し，ぴょんぴょん跳びはねた。他の競技でも審判が，負けた者を勝者に握手させるのは，近代的なフェアプレーの精神が定着してきたのだろう。これらを見る限り，イフガオ族も近代スポーツになれたのかもしれない。

　表彰については，今後変化する可能性が高い。イフガオ州でも低地風にビューティコンテストが流行しはじめ，ミス・イフガオがいる。前年度の優勝者が，次の優勝者に王冠や記念品を手渡す儀式を，目のあたりにすると，イムバヤ祭で競技の優勝者を讃える表彰の方法は，いずれ洗練されることだろう。

　筆者が調査をするハパオ村のあるフンドゥアン郡で，バナウェのイムバヤ祭にあたるのはトゥゴ祭と呼んでいる。これは前述のイムバヤ祭と内容的にそれほど変わらないので繰返しを避け，トゥゴ本来の意味を確認するのみにとどめる。トゥゴとは「始り，稲の稔り，懐妊」の意味があり，農耕暦の農閑期，季節的には乾期にあたる。水量のおちた川辺におり，綱引きプノクや相撲ドパップをとって遊ぶ儀礼全体の名称でもある。イムバヤ祭やゴタッド祭も，このトゥゴの儀礼的遊びを元型としている。

　ハパオ村が儀礼的に対抗するペアであるバアン村はハパオ川の西側にあり，1994年に独立した。バアン村ではプノクのために，蔓で編んだ綱2本と猿を象った人形をこしらえ，猿を中心に綱を結びつけ，川の両側で引きあった。両村の親族紐帯は強く，期待した対抗意識は彼らの口から出てこない。確認できたのは，村の豊穣性を祝う象徴的な意味だけである。稲刈りの数週間後にも，トゥゴを催したものだった。

　そのトゥゴが1960年代末には，すっかり廃れた。90年代の半ばには海外出稼ぎ者が帰

郷し，教会のフィエスタで古着などを賞品に出して相撲をとらせた。最近では別に篤志家が現れ，ハパオ村とバアン村の人たちに賞金を積んでプンオクを復活させている。昨年は川の中で相撲がとられたと言う。それが発展して，別の村が綱引きに加わり，現在3ケ村が争っている。しかし収穫儀礼の終了を徴したプンオクは文化的なコンテクストを失い，収穫後何週間もずれ込んでしまっている。これは共同体レベルで農耕を司った家への敬意を人々が失い，労働交換でも彼の家を優先しないために生じた。農耕サイクルの遅れが原因でもあり，その篤志家の都合に左右されているからでもある。

ハパオ近くの別の村で育ったインフォーマントによると，収穫後の綱引きで勝負がつくと，この猿の人形を流した。あるいは勝負の途中で人形が流れ，自分たちの村でも収穫が終わり，下流の村に交換が可能だと知らせる通信機能を果たしたと言う。

## 4 文化におけるスポーツの優位性

イフガオの世界で相撲や遊びが，因習的な人類学の中であまり深刻に受け止められてはこなかった。相撲と綱引きは伝統的に，季節の変わり目の危機的状況＝飢餓，田の所有をめぐる争いごと，交易にかかわる。日常世界とかかわりながら，それ自体が文化的にみて日常生活から離れた余剰（だから楽しい！）をあらわすのに，スポーツが利用されている。エスニックスポーツとなった今では，イフガオだけでなく観光客にもアトラクションとなり，見せ物色が強くなっている。変化しているが，エスニックスポーツがイフガオのアイデンティティを外部に伝え，同時に観光の資源となっている。

「枠組みのある遊び」[1]ととらえられるスポーツを研究する困難は，日常でありながらスポーツが非日常を体現するあたりに原因がある。スポーツを媒介するメディアとなるのは，具体の身体と運動やパフォーマンス，勝敗，近代社会では数字に表れた成績などであろう。身体の動きは実体的だが，ルールに基づいた世界やその勝敗は，今流行の言葉を借りると仮想現実と呼べるものである。また現代スポーツに目を向ければ，細分化する道具や華麗なスポーツウェア，優勝トロフィー，種々の競技会，国家儀礼のアリーナと呼べそうなオリンピックを始め様々な国際大会など，儀礼が必要で肥大化していく。これもスポーツを介した人間の想像力が，どんな形式にも融通無碍に進展するからだろう。「現実」を構築し実感するために，スポーツが利用されやすいのは，そのためである。

現代社会のオリンピックを100とすると，イフガオ族が伝えるエスニックスポーツの実態は0に近いかもしれない。だが，観光客はそれを期待している。またフィリピン国民として国家に統合され，部族的な伝統がほぼ完全に消えゆくなかで，自らの文化を語り文化的アイデンティティを確立するために，イフガオ族が利用したのが複雑な宗教儀礼などではなく，誰にでもわかるエスニックゲームだった点は示唆的である。そのゲームを利用して観光開発の場を文化復興の場に読み替えた，イフガオ族の知恵と現実がある。この読み替えは，人間に普遍的な象徴操作の例と言えよう。

（熊野　建）

> ## Question
> ・イフガオ族の遊びと儀礼が，エスニックスポーツになったのは，どのような場であるか．
> ・イフガオの儀礼的競技と，エスニックスポーツの相違点をあげ，比較せよ．
> ・2番目の質問で現代スポーツとの違いをあげ，比較せよ．
> ・イフガオ族が観光化するなかで，エスニックスポーツを考案した過程について述べよ．
> ・エスニック観光のなかでスポーツが観光資源になるのはどうしてか．

## 引用文献

1) ベイトソン，G.（佐藤良明訳）：遊びと空想の理論．精神の生態学，新思索社，258-279，2000．(Bateson, G. : Steps to an Ecology of Mind, Ballantine Books, New York & Toronto, 177-193, 1972.)

## 参考文献

Elias, N. : The Genesis of Sports in Antiquity. in "On Civilization, Power and Knowledge", 161-187, The University of Chicago Press, Chicago and London, 1998.
熊野建：イフガオ族のドパップ相撲；ルソン島北部における儀礼的遊びと競争．スポーツ人類學研究，創刊号，1-23，日本スポーツ人類学会，1999．

# 5 スポーツと身体の文化

　身体を科学の対象としてとらえた研究は，人文・社会・自然科学など多岐にわたる。スポーツ人類学は，「文化人類学」と「体育学」の2つの領域の上に発展した複合領域に相当する。その内容は，人類学が扱う身体の「文化的側面」の考察に加え，体育学が重点を置く身体の「動作的側面」の記述や分析におよぶ。

　本稿では，人類学および近接人文科学，そして体育学における成果を踏まえ，「スポーツ人類学」の領域が成し得る身体文化研究の現況と課題を述べる。

## 1 人類学における身体技法研究

　日常のなにげない身体の使い方も，じっくり観察すると興味深い発見がたくさんある。米国の人類学者ヒューズは世界各地で行われてきた休息姿勢の事例を収集し，『サイエンティフィックアメリカン』に発表した[1]。図1を参照いただきたい。左上段から順に，各地に共通する腕のくつろぎ姿勢（301～306），西部のアメリカ・インディアンに見られる腕を肩に置いて休む姿勢（207～210），ナイル川流域やスーダン，ベネズエラに分布する一本足による休息姿勢（22～25.5）と，腕の位置や立ち方の事例が並べられている。三段目以後はすべて座位である。古代中東から伝わった椅座（30～39.5），アラブの床座（41～75），中東の南方と東方に見られる両脚を組んだ座位（76～90），脚を反対側の大腿にのせる結跏趺坐（84），日本に典型的だが世界では特異な正座（102～104），女性特有だが希にモハベ・インディアンの男性に見られる横座り（106～108）欧米人，とくに成人男子の不得意なうずくまり（110～116）と多様である。「休息する」という1つの目的を果たすにも，地域や性別により実にさまざまな姿勢が用いられている（e.g. 図2）[1),2)]。

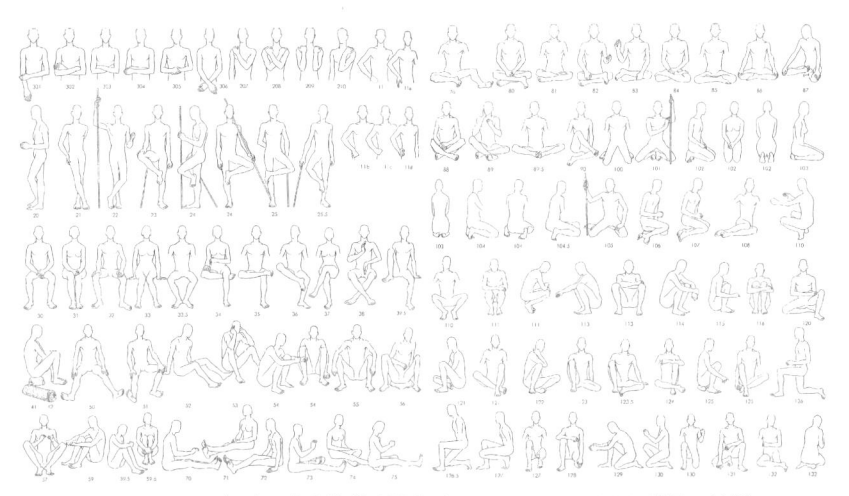

**図1　ヒューズによる休息姿勢の研究**（HEWSE 1957[1]）より引用・転載）

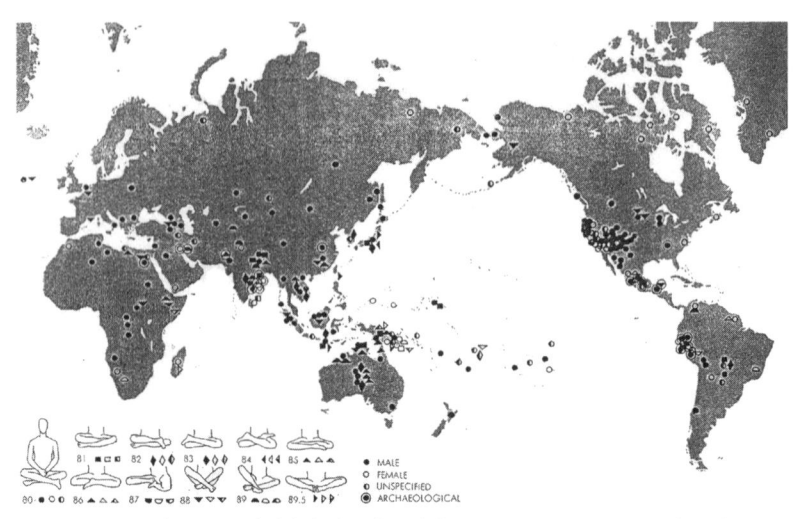

**図2 ヒューズによる両脚を組む座り方の分布**（HEWSE 1957[1]）より引用・転載）
南アジアやアメリカ・インディアンの間にいきわたっている座り方。とくに男性が行う。左右の
脚を反対側の大腿にのせる結跏趺坐（84）はアジア地域にのみ分布し，宗教の修行で使われる。

　フランスの人類学者モースは，立つ・歩く・座る・走る・這うなど，人間のあらゆる姿勢や動作が，たんに生物学的に決定づけられたものではなく，もともと社会的な習慣であると指摘した[3]。彼はこのような人間のさまざまな身体の使い方である「伝統的な様態」を「身体技法」（Les techniques de corps）と呼び，社会によって伝えられるもっとも基本的な技術であるとした[3]。

　モースの身体技法論以降，多くの人類学者が「身体」に着目した研究を発表している。例えば川田は，日本，フランス，西アフリカ内陸部社会の三地域にみる身体技法—とくに作業姿勢，運搬姿勢および休息姿勢を道具や建築物など人間をとりまく物質文化との関連で比較検討した[4],[5]。彼は，運搬姿勢を観察するなかで，ロコモーションの発達過程に関する興味深い議論を展開した。日本の子どもが歩けるようになるまでに通過する「這い這い」の段階が，フランスと西アフリカでは認められないと指摘した。フランスでは，歩行器を含むさまざまな補助器具を使って二足歩行を獲得させようとするのに対し，西アフリカでは，子どもが立って歩けるようになる期間まで母親やそれに代わる者が背負い運搬するという。「立位歩行」を獲得するにも三地域三様の過程を辿ることがわかる。

　このようにみると，「身体技法」は文化によって多様であるだけでなく，いかにその技術を獲得するかといった習得の過程もまた非常に多様であるといえよう。

## 2　近接領域における身体行動・身体表現研究

　人間の身体の用い方は，ヒトの「表現行動」あるいは「表現動作」として，言語学や行動学のコミュニケーション研究でも着目されてきた。姿勢，表情，視線，声の調子，動作，相対する位置などについて，どんな状況で，いかなる意味をもつか，民族や文化による違いはあるのか，生得的か後天的かなど，多様な視点から考究されている。

　例えば，ローレンツ博士の弟子として知られるアイブル＝アイベスフェルトは，文化や学習経験の異なるヒトを対象に情動表出を分析し，それらが文化差をこえてヒトに生得的

にプログラミングされていると指摘する[6]。また，バードウィッステルは，身振り言語は文化によって形成される後天的なものであると述べ，言語学のなかに Kinesics（動作学・身体表現学）という領域を位置づけた[7]。

『マンウォッチング』の著者であるモリスは，生得的なしぐさから文化によって体系化されたしぐさにいたるジェスチャーを次のように段階づけている[8]。①偶発ジェスチャー（あくびのように送り手が無意識に発するしぐさで，受け手には寝むけや退屈の信号となる），②表出ジェスチャー（人間と他の動物が共有する攻撃や逃避時にみられる表情や姿勢），③模倣ジェスチャー（まねることで信号を伝える），④形式ジェスチャー（模倣ジェスチャーを簡略化したもの），⑤象徴ジェスチャー（気分と意見を示す），⑥専門ジェスチャー（特定の専門家が使う），⑦コードジェスチャー（一定の体系に基づいたサイン言語），以上の7段階で，後者になるほど特殊化されていく。つまり文化を超えてヒトとして共通する普遍的・生得的ジェスチャーから，それぞれの文化に特殊で，社会によって決定づけられるジェスチャーへと進む段階を示している[9]。

## 3 伝統スポーツや舞踊における身体技法

### (1) 技法の特徴

モリスが提示した7段階のジェスチャーのほとんどは，スポーツ人類学が対象とする伝統スポーツや舞踊の技法にもみられると考えられる。しかも意図的に様式化され型として伝承されている。例えば，歌舞伎の「見得きり」の技法は，威嚇のジェスチャーを誇張したものである。沖縄県糸満市の船競漕では，航海の神の化身とされる「ヘンサー」（隼：鷲や鷹などの猛禽類）を模した伝統的な漕法「ヘンサー漕ぎ」（図3）が伝承されている[9]。

### (2) 技法の記録法

スポーツ人類学は，「人類学」の手法と身体動作そのものを扱う「体育学」の手法の上に発展したという点で独特である。対象とする技法が社会文化的にどのような意味や役割を持つのか，どのように習得されるのかといった「人類学」がテーマとする問題に加え，「身体のどの部分をどのように動かして行う技術であるのか」といった身体動作の記述をも重要な問題として位置づけている。

動作の記述については，動作名称によるもの，動作を言葉で説明したもの，写真によるもの，動作の図形化・記号化によるものの他に，映像分析（モーションキャプチャー・アナライザー），筋電図法，床版力計測などの運動分析機器類を用いて記録したものなどがある。このうち，機器類による記録法は，体育学のなかでも運動生理学やバイオメカニクスなどの自然科学の領域で使われてきた。この手法では，CGS単位という定量的指標によって記録・比較できるという点で有効であり，これまでにも多くの成果が報告されている。ただし，これらの方法は，「実験室」でのコントロールされた環境において記録できるものであり，伝統スポーツや舞踊が生起する「現場」での適用は難しい。対象に条件を課してコントロールするのではなく，できるだけ自然な状況で記録することが望まれる。スポーツ人類学では，技法そのものの動作特性に加え，主体者が自身の身体をどのようにとらえているかをみる身体意識や身体観をも記述の対象としているため，調査者が主体者に弟子入りして調査することが少なくない。

「御願バーレー」（ヘンサー漕ぎ）：航海安全を祈る儀式的意味合いが強い競漕

(1.1 sec/ストローク)

「上イバーレー」（ピッチ漕法）：勝敗を重視する競漕

(0.8 sec/ストローク)

**図3　船競漕「糸満ハーレー」における漕技法**（波照間, 1997[9]を一部改変）
舟の先頭に座った漕者の1ストロークの映像をトレーシング。「上イバーレー」（下）の漕ぎ方は，櫂の先をあげずにすばやく水面にひき戻す「ピッチ漕法」である。これに対して，「御願バーレー」（上）の漕ぎ方は，櫂の先を肩の位置まで高くあげ，隼の羽ばたきを表現する「ヘンサー漕ぎ」で，神の化身（隼）を模倣・象徴する。

### (3) 舞踊技法の記録法

　近代スポーツが競技の勝敗や結果を重視するのに対して，伝統スポーツのなかでもとくに舞踊は「いかに動くか」といった動きの過程や様式を重視する。振りの忘備録として，調査地で出会った舞踊を記録するためなど，多様な目的のために記録法の考案がなされてきた。ただし，音楽が時間芸術であるのに対して，舞踊は，身体のどの部位が他の部位とどのように関連して，どの方向にどれくらいの速さで動くのか，ともに踊っている人とどのように連動するか，舞台空間ではどのような軌跡を描いて移動するか…など空間的要素を加味した多様な要素がからみあい未だ確立された方法を持っていない。ここでは舞踊の記録法である舞踊譜の大まかな特徴と，土台となっている理論を紹介する。舞踊の記録法の歴史的推移や分類・内容の詳細については，森下（1992）[10]およびハッチンスン（1984；1991）[11],[12]を参照いただきたい。

　舞踊は能楽，日本舞踊，クラシックバレエのように高度に様式化され技法の型が確立されているジャンルと，型として確立されていないジャンルがある。前者の場合はすでに基本となる動作単位「型」に名称がついているため，伴奏音楽に名称と空間移動（フロアパターン）を付記する方法「譜語法」が用いられてきた。図4は日本舞踊の型を記号化し，音楽譜である口三味線とともに記した譜である（『標準日本舞踊譜』）[13]。能楽でもやはり楽譜に型の名称そのものを付記する「型付け」が永く使われており，それぞれの型がどのような動きを示すかは，国立文化財研究所の羽田・松本らによって資料化[13],[14]されている。能楽を学ぶ者に限っていえば，「型付け」に記された譜語によって記録・伝達が可能である。

　しかしながら，「譜語法」は，当該ジャンルに特殊な記録法であり，そのジャンルを知らない者には型の名称を示されてもどんな動きか把握できない。型に名称がついていないジャンルや，即興性を重視したジャンルの舞踊では，より普遍的な記録法を必要とする。ステファノフらは，人体の解剖学的な指標によってクラシックバレエの記録を試み[15]，同様の考え方はベニッシュやラバンに受け継がれている[17],[18]。

**図4 日本舞踊の型と舞踊譜『標準日本舞踊譜』**（国立文化財研究所 1960[13]）より引用・転載）
最上段の「チン　チ……」は三味線のメロディーを口頭で表した「口三味線」。指導者・学習者は口三味線を謡いながら伝承学習する。「すぼめ扇」「一巻持ち」「差し構え」は型の名称。

　現在もっとも広く用いられているのが，ラバンが考案したラバノーテーションで，前述した医学や人間工学の領域だけでなく，ノンバーバルコミュニケーション研究や発達研究で活用されている他，コンピュータによるアニメーション化を経て振り付けにも使われている。図5はラバノーテーションの例である[11]。身体の正中軸を中心に，それぞれの身体部位に対応した縦線欄（Staff：図5-A）を設け，そのなかに各部位の位置や方向・角度などの記号を下から上へと記す（Body Sign：図5-B，Symbol：図5-C）。必要があればスコアの左に五線譜や動きのカウントを併記する。

　ステファノフ，ベニッシュ，ラバンの考案した記録法はいずれも，身体の解剖学的知識を基礎として空間的要素を記号化し，時間的な経過は五線譜およびそれに準じたものを併記するという共通の特性を持つ。そこには，さまざまな動きを解剖学や運動学等の科学的理論を用いて普遍化して記述したいとする志向が読み取れる。

## 4　問題点

　以上，動きの記録法について見てきたが，もっとも広く普及しているラバノーテーションでさえ，読んだり書いたりして使

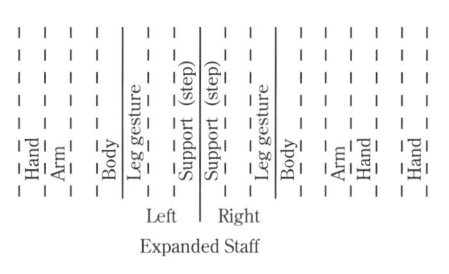

A　縦線欄（Staff）
中心線を軸に左右の動きを記していく

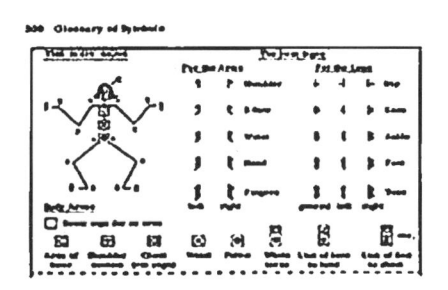

B　身体部位の記号（Body Sign）

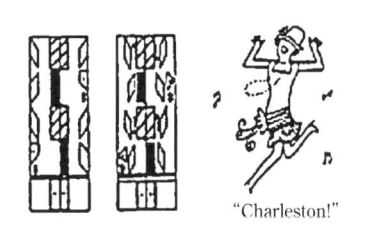

C　記譜の例
黒・白・斜線の四角や三角・平行四辺形などは各部位の高さや位置を示す記号（Symbol）

**図5　ラバノーテーションの例**
（HUTCHINSON, 1991[11]）より転載）

いこなすには専門的な教育機関で訓練を受けなければならず，習得にかなりの時間を要す．また，西欧の解剖学理論にそって人体を区分する見方をもたない場合や，等量の拍節カウントによらない音楽構造をもつ舞踊においては，適用が難しいとされている．日本の伝統的な舞踊にラバノーテーションが適用されていないのは，背景となる身体観や音楽感覚に違いがあるからだと考えられる．

ラバンの後継者であるハッチンスンは，動きを言語のように，Nouns, Verbs, Adverbs に分けている（図6）[11]．Nouns は身体全体および身体の各部位，手具やパートナーであり，Verbs は静止と運動に大別される．運動はさらに伸展・屈曲・回旋などの関節運動やその結果生じる運動の軌跡，Adverbs は動きの時間性・空間性・力動性である．

例えば「手をあげて」という日本舞踊の師匠の言葉を解剖学・運動学用語で説明するとしよう．ここでは，身体部位「手」が Nouns であるのだが，一口に「手」といっても日本語の場合，その指示領域はさまざまである．fore arm（s）（lower arm（s））や upper arm（s）を示すのか，hand（s）を示すのか，両者を含むのかなど，部位の特定が難しい．一方，英語圏の人たちは"raise your hand（s）"というときと"raise your arm（s）"というときでは，その意図に明確な違いがあるという．金田によると，日本語は季節や動植物に関する語彙は豊富だが，人体を表す語彙はきわめて貧弱で，身体の部位の違いに対しても大まかだという[18]．一方，アイヌ語のように身体部位を細かく区別する文化もある[19]．主体の身体観を重視した記録を試みるとき，出発点となる「身体部位」の特定からして困難がつきまとう．そのため，スポーツ人類学者は，身体技法をテーマとしていながら，もっとも基礎的な要素である動きの記述を避ける傾向にあった．

## 5 意義

しかしながら筆者は，記述の際に突き当たるこのような問題こそ，スポーツ人類学の研究でとりあげるべき重要なテーマだと考える．身体に関する言葉は，当該社会のひとたちの身体意識を反映するものであるから，まずは主体の側にたち，主体が使っている身体語をスタンダードな解剖学・運動学用語に翻訳してみることから始めてはどうだろうか．翻

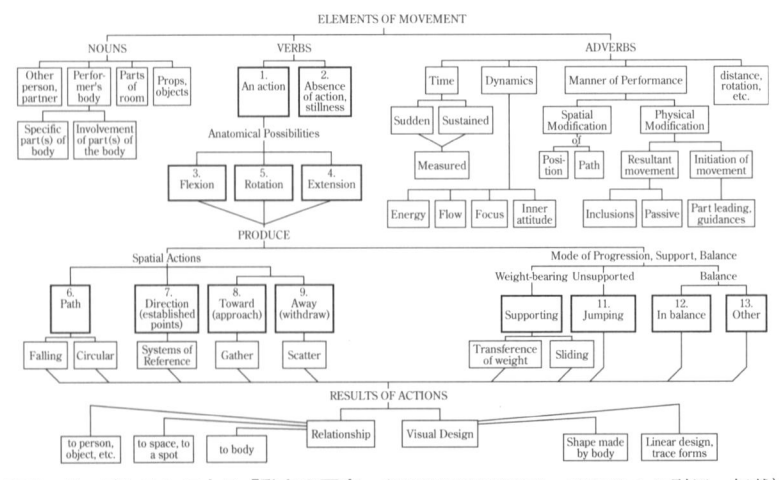

**図6　ハッチンスンによる「動きの要素」**（HUTCHINSON，1991[11] より引用・転載）

訳の際に浮上するさまざまな問題，身体の区切り方（分節性）の違い，動きのとらえ方の違いなどの問題から逃げずに，どのような点が問題か，なぜそうなのかを具体的材料を用いてつきつめていく，それこそ，スポーツ人類学研究の醍醐味であり，近接する諸科学のなかに，スポーツ人類学的視点にたった身体技法研究を位置づける手法を提示すると考える。

## 6 研究の展望 ～学際化への期待～

スポーツ人類学における身体技法研究は，未開拓の領域であり確立された方法がない。それぞれの研究者が，自らの方法を試行錯誤しながら積み上げていく他はない。

昨今，コンピュータ技術の著しい進展により無形文化財や人間国宝の至芸をデジタル化して解析・公開するといった学際的研究がすすんでいる。身体およびその動きを記述する際につきあたる巨大な壁を一足飛びに乗り越えてしまった観がある。立命館大学アートリサーチセンターと学術協定を結び自らの家の芸をモーションキャプチャーで保存するプロジェクトに取り組んでいる片山家能楽保存財団常務理事の片山清司氏は「能の演技とモーションキャプチャーの効用」と題する講演のなかで，モーションキャプチャーによるさまざまな効用を認めながらも「モーションキャプチャーだけで全部覆って記録できるというのは，非常に，公正を欠く部分があって，やはり，旧来どおり，その人の芸談であるとか，日常を取材したような，活字メディアも合わせて，残していかないと。」[20]と，主体の内観や日ごろの伝承場面・習得過程を記録する必要性を提唱している。

片山氏が指摘した点こそ，スポーツ人類学の研究に携わるものが記述すべきテーマであり，デジタル化よってこぼれおちてしまう重要な要素を補い，今後ますます発展するであろう「身体文化」の学際的研究に貢献する道を拓くといえよう。

紙面の都合により，本稿では限られた数の文献のみ紹介するにとどまった。なお，「身体技法」の研究史については，前掲の川田論文[4),5)]ほか，野村論文「技術としての身体：二〇世紀の研究史から」（『技術としての身体』叢書・身体と文化　第一巻），福島論文「序文：身体を社会的に構築する」（『身体の構築学』未発選書　第二巻）に記載された内外の文献を一読し基本的な流れを押さえてほしい。

（波照間　永子）

## Question

- あなたが専攻するスポーツや舞踊の技法を1つ選び，第三者に教える気持ちで言語化せよ。比喩的な表現が入ってもかまわない。
- 上記の技法を複数の動作相（phase）に分け，運動学用語で詳しく説明せよ。コマ送りの図や写真を併記してもよい。
- 電車のなかで座っている人や立っている人を観察し，座り方や立ち方を一定の基準を設けて分類せよ。

## 引用文献

1) HEWES, Gordon. W.: The Anthropology of Posture. Scientific American, 196 (2), 122-132, 1957（太田二郎, 香原志勢編：5 人間と文化. 別冊サイエンス「人間」, 日本経済新聞社, 93-97, 1980）
2) HEWES, Gordon. W.: World distribution of certain postural habits. *American Anthropologist*, 57, 231-244, 1955.
3) MAUSS, Marcel: Les techniques du corps. *Sociologie et Anthropologie*, 363-386, Press Universitaire de France, 1968.（モース著. （山口俊夫・有地亨訳）：第六部　身体技法.『社会学と人類学』II, 弘文堂, 121-156, 1976.）
4) 川田順造：身体技法の技術的側面. 社会人類学年報, 第14巻, 弘文堂, 1988.
5) 川田順造：身体技法の技術的側面―予備的考察. 西の風・南の風：文明論の組み換えのために, 河出書房新社, 64-122, 1992.
6) EIBL-EIBESFELDT, Irenäus: *Der Vorprogrammierte Mensch*. Verlag Frits Molden, 1973（I. アイブル＝アイベスフェルト著（霜山徳爾・岩渕忠敬訳）：プログラムされた人間. 攻撃と親愛の行動学, 平凡社, 17-96, 1977.）
7) BIRDWHISTELL, Ray L.: *Kinesics and Context. Essays on Motion Communication*, Univ. of Pennsylvania Press, 1970.
8) MORRIS, Desmond: *MANWATCHING*. Elsevier International Project Ltd, 1977.（デズモンド・モリス著（藤田統訳）：マンウォッチング：人間の行動学. 小学館, 1980.）
9) 波照間永子：糸満のハーレー―伝統漕法の伝承と変容―. 体育の科学, 48 (11)：871-875, 1997.
10) 森下はるみ：舞踊の科学1. 記録法とその応用. 体育の科学, 42 (2)：283-287, 1992.
11) HUTCHINSON, Ann: A Brief History of Dance Notation. In *Labanotation : The System of Analyzing and Recording Movement*. (Third Edition), Routledge/Theatre Arts Books. 1-5, 1991.
12) HUTCHINSON, Ann: Dance Notation. *The process of recording movement on paper*, Dance Books, 1984.
13) 東京国立文化財研究所編：標準日本舞踊譜. 創芸社, 198, 1960.
　羽田昶；松本擁：狂言の動作単元（一）―和泉流小舞について. 東京国立文化財研究所『芸能の科学14 芸能論考Ⅶ』：129-156, 1982.
14) 羽田昶；松本擁：狂言の動作単元（二）―大蔵流小舞について. 東京国立文化財研究所『芸能の科学15 芸能論考Ⅷ』：55-124, 1985.
15) STEPANOV, V. J.: *Alphabet des Mouvements du Corps Humain*, M. Zouckermann, 1892.
16) BENISH, R. & J.: *An Introduction to Benish Movement Notation*. Horizon, 1956.
17) LABAN, R.: *Principles of Dance and Movement Notation*. Macdonald & Evans, 1956, 1975.
18) 金田一春彦：人体の言葉. 日本語新版（上）岩波新書2, 岩波書店, 179-190, 1996.
19) 知里真志保：第Ⅰ部　人体名彙. 分類アイヌ語辞典（第三巻　人間篇）. 日本常民文化研究所, 1-462, 1954.
20) 片山清司, 赤間亮：能の演技とモーションキャプチャーの効用. 研究代表者八村広三郎：モーションキャプチャー技術による身体動作の分析・比較研究―3次元動画のデータベース化の研究開発―. （平成11年度～平成13年度科学研究費補助金［地域連携推進研究費（2）］研究成果報告書：61-67, 2002.）

## 参考文献

野村雅一：技術としての身体：二〇世紀の研究史から. 野村雅一・市川雅編『叢書・身体と文化　第一巻　技術としての身体』, 大修館書店　8-20, 1999.
福島真人：序文：身体を社会的に構築する. 福島真人編『身体の構築学』（未発選書　第二巻）, ひつじ書房, 1995.

# 6 スポーツと神話・儀礼・宗教

## 1 儀礼的スポーツとは

　ここでいう「スポーツ」とは，オリンピックを頂点とする近代スポーツとはちがって，人類がその出発点から創造してきたスポーツを想定しているのである。スポーツの概念に関しては，多くの所で語られているので，ここでは省略するが，私たちが好むと好まざるとにかかわらず，世界的に存在するエスニック・スポーツを主に意味するのである。
　したがって，オリンピックという大舞台で競争し合うということはないのである。ひっそりと厳かに，あるいは反比例的に荒々しく執り行われるのがその特徴でもある。
　ところで，神話に語られるスポーツ，宗教とかかわるスポーツ，儀礼的スポーツ，どれをとっても，優劣を明確にし数量化する近代的スポーツとは相容れない性格を保有している。ここで言う宗教とは，教主や教典が明確なキリスト教や仏教，イスラム教などのように高度世界宗教とは違って，超自然的存在としての神や精霊を慰撫したり崇めたりする原始宗教を意味する。このような意味合いを付与されて執り行われるのが，儀礼的スポーツといわれるものである。

## 2 儀礼的スポーツ（エスニック・スポーツ）の意味するもの

　スポーツと神話，儀礼，宗教を取り扱った研究は，概ね文化人類学，民族学，民俗学等でなされてきた。かなりの数量になるかと思われるので，ここでは，いたって入手しやすい資料・文献を取り上げることとする。
　K. ブランチャード，A. チェスカは『スポーツ人類学入門』[1]のなかで「儀礼とスポーツ」という小項目を立て，スポーツ過程と儀礼過程は類似した行動パターンを示すことを指摘している。すなわち，スポーツ行動の進化は儀礼的行為にその諸ルーツをもち，儀礼的行為に競技性を強調して特殊化したものが今日のスポーツであることを示唆している。
　儀礼という言葉を理解する時，「儀礼的挨拶」「儀礼的訪問」などと使用することがあるが，まさに形式化した人間行動を意味している。このことは，スポーツ行動でもいえるわけで，とくに近代スポーツは平たく言えば，同じ舞台で同一の行為をしてその優劣を競うことで成立している。これがバラバラな行為をしていたら，優劣を競う行為としては成立しないのである。
　ところが，同一の舞台，行為という取決めが無くなると，スポーツ行動を行う社会の文化的規範に左右されることがある。その社会の伝統的規範や諸価値によってスポーツ行動が変容させられるのである。バスケットを事例としてあげると，1930年代にニュー・メキシコ州のラマー・ナバホ族にバスケットがもたらされた時，彼等は元来の攻撃的で，構造的で，熱狂的な球技を個人主義的で，血縁的で，娯楽的な球技に変容させたのである。
　また，20世紀初頭にイギリス人がメラネシアのトロブリアンド諸島にクリケットをも

たらしたあと，そのクリケットは文化的規範や島民の諸価値観によって「トロブリアンド式クリケット」として，元来の形式を変容させられて，定着するに至ったのである。

儀礼とスポーツの類似性は，その区別をことのほか困難にする。例えば，メラネシアの綱引きで，その共同体の男子と女子との対抗戦が行われる。明らかに力の優位は一目瞭然であり，スポーツとして成り立つのか疑問の余地があるような組分けで行う。当然男組が勝利をするが，それだけで終わらない。敗者を罵り，雄叫びをあげながら，女組に襲いかかり，あけっぴろげに性交を行う。この綱引きがスポーツかどうか，儀礼的行為の添え物ではないかとの主張もあながち的外れではない。しかし，男女対抗の競技性は明解だし，勝敗の決まった後の行動を無視すれば明らかにスポーツである。

次に取り上げるのは，寒川の「スポーツの民族学的アプローチ」（『スポーツの文化論的探究』体育学論叢Ⅲ）[2]である。儀礼としてのスポーツが，当該部族の文化諸要素と如何に有機的に連関して存在してるかを，具体的な事例を取り扱いながら展開している。

スー族の球技は，2種類あっていずれも相手ゴールに球を投入して得点を競う球技である。2種類の差異はスティックの違いで，先端がホッケーと同じように湾曲したものと，先端に網を張ったラケット形式的なものとである（図1）。この球技が儀礼として行われる場合必ず部族を2分割して対抗戦を行うのである。上下，左右，陰陽，男女等のように2分割する双分観念に基づいて，半族対抗戦形式をとるのである。この半族の機能のひとつに，婚姻制度があり，同じ半族から妻を迎えることはできないとする働きがある。

オハマ部族の一方の半族には，大地，女性原理，南，右，他方の半族には空，男性原理，北，左といった対立概念が付与されており，前者の半族は，野牛狩り，トウモロコシ栽培，雨乞いの儀礼的機能を付与され，後者の半族は創造，宇宙の権威といった儀礼的機能を付与されている。ただ，前者の儀礼は後者の参画なくしては役立たないとされている。

オセージ部族では，大地，南，右，戦争対空，北，左，平和の対立概念がそれぞれの半族に付与されている。女性がトウモロコシを植え付ける時に，その種を落とした上から，それぞれ属する半族の対立概念に対応した左右の足跡をつけるのである。また，男性が戦争に出かける時に顔全体に赤顔料を塗るが，それも半族でそれぞれ右手あるいは左手で塗るのである。

ウイネバゴー部族は，大地の人対空の人の対立概念で区分され，前者は戦争と講和の機能を後者は治安維持と野牛狩の機能が付与されている。また，葬儀に関していえば，空の人の半族の遺骨は高台に大地の人の手で置かれ，大地の人の場合は空の人が土中に埋葬するのである。

ところで，スー族の全般にわたって，部族を2分割して対立した機能を何故付与したかというと，スー族の世界観がその根底にあ

**図1　ラクロス競技のラケットとボール**

る。スー族の宗教は，宇宙と人間の対応関係を想定し，世界秩序を存続するためには，宇宙と人間との共存が不可欠であり，それを半族それぞれに付与し，半族が共同作業によって秩序を保つことができると考えていた。したがって，半族間の球技ももとをただせば，世界秩序の存続を維持するための共同作業ということになる。

タイ国北部の焼畑を営むアカ族は，稲の豊作を願ってブランコ祭を行う。期日は8月中に催すというのはどの集落でも共通している。ブランコ祭は，次のような由来をもっていた。世界の創造神は，降雨と日照りを制御することのできる男神と女神をつくった。その夫婦神から新年祭を創始した男神とブランコ祭を創始した女神が誕生した。それは，時を得た日照りと降雨による稲の豊作を保証してもらうためであった。ブランコと豊穣と女性のつながりが見て取れる。

現在，ブランコは学校や公園で見かける遊具であるが，れっきとした競技として創設されたものがある。4年毎に開催される，中国少数民族運動会では，ダブルス，シングルスのブランコ競技があり，一定の時間内に何回鈴を鳴らすかを競うものである。

セイロンには巨大な木のカギをかけ合わせ，綱を付けて引き合う儀礼がある。一方のカギが裂けるまで引き合うものである。このカギ引きには由来神話が附随している。女神とその夫のカギの引き合いで，女神側のカギで男側のカギを裂くというストーリーである。男女対抗のカギ引きであるが，男側のカギが裂けなけれがならない訳がある。それは両集団の通婚は好ましからざるものとして規制されていた。また，女性は自分より身分の上の人と婚姻する習わしであった。女性側はもともと女神を意味し，男側は普通の男性であり，したがってこの結合は好ましからざるものであることから，分離させなければならないことになる。カギが引き裂かれるまで行われるのはこのためであった。このカギ引きは結合が重要ではなく，分離が重要で上位婚をもっぱらとする社会の秩序と安定を計る機能を有しているのである。

ちなみに，わが国でもカギ引きを行っている地域がある。鹿児島県の大隅半島では春祭の一環として，カギ引きを行う。筆者は，「日本の祭祀儀礼とスポーツ」（『スポーツ史講議』）[3]で指摘した。もっとも特徴的なのが，鹿屋市上高隈町の中津神社で行われる「カギ引き祭」である。今日では2月の第3日曜日に行われているが，以前は旧暦の1月の卯の日に行っていた。町を上・下に二分し，毎年交代で雄カギ，雌カギを切り出して神社の境内で引き合うのである。この祭は，前日までにカギになる立木を選定し，祭当日に伐採し境内に運び込む。このカギは神木といわれ，楡や榎といった枝の張った落葉樹が使用される。引き

**中国少数民族運動会でのブランコ競技**

**鹿屋市中津神社での「カギ引き」**

手が枝をつかんで引き合うことから枝振りも選定の条件になる。雄カギは二股の一方の枝を1メートルの所で切断され，男根を象徴している。雌カギは二股か三叉の神木でそのままの状態で使用される。引き合いは，雄カギが下になり突起部分を上に向けて，雌カギを上から掛け合わせて引き合うのである。引き合いはさほど時間はかからないが，掛け合わすことに時間をかける。三回勝負で勝った地域が豊作になるといわれているゆえに，白熱戦が転回される。性的結合を象徴的に表現している儀礼的スポーツである。

次に取り上げるのは，大林の「スポーツと儀礼」(『東京大学公開講座 44』スポーツ)[5]である。広義のスポーツは，儀礼と結びつくことによって大きく発達し，古代オリンピックも死者の祭，死者を祀る儀礼の一部として発達した。その発達の社会的条件として，定住生活をし，村落を形成し，多くの人が生活することが条件で代表的なのが農耕民社会である。狩猟や遊牧を生業形態とする人々は，人口単位が小さいので通常は盛んでないが，年に数回一同に会する機会に盛大に執り行う。

綱引は東南アジアから東アジアにかけてかなりの分布を見るが，儀礼的綱引としては男女対抗の形式をとるところが多く，女性が勝つと豊作が約束されると言われている所が多い。ラオスのルアンプラバンでは春の初めに種まきが行われる。その前に農耕儀礼が行われる。夕方に男女別々の組みが出来て，それぞれの組みが一匹のヘビをあらわし，女組が男組をおいかける。これは女性が雨をあらわし，男性が日照りをあらわすことから，雨が日照りに勝つことをあらわしている。その後男女対抗の綱引となるが，綱はヘビをあらわし，女組が勝つとその年は幸運がもたらされ，男組が勝つと悪いことがおこる。このような儀礼的綱引は，水稲耕作を営む社会で顕著であるが，必ずしもそうではない。インドネシアのタネンバル諸島は畑作であるが，降雨儀礼として綱引を行う。男性的な原理の太陽神ドゥディラーに対し，賛美するいろいろな歌を歌い，二組に分かれて引き合うが，この場合，東西対抗である。そして，ことのほか東組ががんばるのは，東組が勝てば西の綱を東に引っ張り込むことになる。これは，雨をもたらす西からの季節風を引き寄せるという意味があるからだ。

わが国に目を転じてみると，稲作儀礼としての綱引以外の綱引の存在を知らしめてくれたのが小野の『十五夜綱引の研究』[7]である。南九州では旧暦の八月十五夜に綱引を行う地域が現在でも多々ある。小野は昭和31年から47年にわたって，1,400程の集落を民俗調査し，綱引行事を抽出してその特徴を明確化している。十五夜は，広く農作物全体の祭，生活全体の節祭であり，十五夜綱引は稲作儀礼というよりは，南九州の綱引きについてはと限定しながら，八月の節の儀礼としての性格が強いと結論づけている。

マヤ文明時代に球技が行われていたことは知られているが，それが手を使わず腰や尻や肩で天然ゴムで出来たボールをとばすことも驚きであるが，競技場の垂直の壁の上部にさほど大きくない環が取り付けられているその環を通す球技であることには驚かされる。マヤで行われていた球技は，神話が附随していたのではないかと言われている。それは，この世の初めに二人の男の

メキシコの「ウラマ」(腰球)

兄弟がいた。この二人は太陽と月とをあらわしているが，これが暗黒をあらわす色々な神々とボールを使って競技しそれを負かしたという神話である。光明が暗黒を克服して秩序を作ったことを意味している。

次に取り上げるのが，『相撲の宇宙論』に収録されている筆者の「演じられる相撲」[4]である。日本の相撲は，大相撲やアマチュア相撲とはその競技方法が異なる相撲や所作事的な相撲が多い。概してそのような相撲は，祭事に行われるのが大半で「神事相撲」として括ってもよさそうである。栃木県鹿沼市の生子神社や長崎県平戸市の最教寺や京都府相楽郡笠置町の国津神社や岩手県和賀郡熊野神社で行われる子ども泣相撲は，勝った方が「健康で丈夫に育つ」といわれている。勝敗のつけ方はというと泣いた方が勝ちの場合もあれば，逆に負けの場合もある。この相反する勝敗の付け方の根底には，宮参りの慣行に関連するように思える。すなわち，氏子入りするための宮参りの際に，子どもを無理にでも泣かせて，その声を神様に聞かせると言う習俗があることから，子ども泣き相撲は宮参りの考え方に通づると思える。

勝敗を決することは決するが，一勝一負で「あいこ勝負」になるように仕掛けられる相撲がある。埼玉県秩父郡荒川村の船川の千手観音堂では，家内安全や無病息災や厄除けを祈願して，「信願相撲」を行う。祈願者は祈願料をはらい地元の力士に相撲を取ってもらうが，最初の一番で勝った方は次の取り組みで負けることになっている。あいこ勝負が大原則であって，一方が優位になって一方が不利になる事を避ける先人の智恵であろう。これこそ，共同体の秩序を保つ方法なのかもしれない。

一方，勝敗を明確にして，勝った方が良い結果を得る事ができるとして，相撲を取る例がある。愛媛県越智郡大三島の大山祇神社の御田植祭と抜穂祭に「ひとり相撲」がおこなわれる。あたかも相手がいるかのごとく相撲を演じるが，二勝一負で田の精霊が勝つ事になっている。それで，稲の豊作を約束してもらうところに真意がある。石川県羽咋市の羽咋神社の「唐戸山神事相撲」は，上山と下山に分かれて勝負をするが，勝った方が豊作であるといわれる。このように，相撲の勝敗で豊作を約束してもらえると観念して相撲を取る例は枚挙にいとまがない。

また，相撲と称しながらもまったく競技性のない相撲もある。奈良市の柳生周辺の集落の秋祭りには相撲が奉納されるが，この相撲が全く競技性を認める事ができないものである。例えば，邑地町の水越神社での相撲は，互いに手を取り合って引き合い

愛媛県大三島町大山祇神社の「ひとり相撲」
（萩原秀三郎氏撮影）

奈良市邑地町水越神社の「相撲」

ながら旋回する所作を相撲という。折口信夫が「古代演劇論」の中で指摘しているように，手を通して発動する霊魂が相手の霊魂より強ければ勝つ事の具体的所作なのかもしれない。

## 3 儀礼的スポーツの研究展望

　宗教や神話と関わる儀礼的スポーツは，往々にして荒唐無稽な内容を含み，絶対年代を欠き，その伝承過程において大いなる変容の可能性を想起させる。したがって，史的な再構成には耐えきれない。文字を欠く過去の出来事を再構成する方法として，現在残存する未開民族の持つ伝統的な儀礼スポーツを比較検討する事がひとつの方法であろう。また，未開民族でなくても，文明社会に存する儀礼スポーツを未開民族のそれとを比較することによって，取り除かれたり，付け加えられたりした要素を分析して行けば，過去のものに近い形で再構成できるのではないか。ただし，まったく同じものとするのは危険であるので疑ってかかる事が重要である。

　「実際の儀礼の持つ意味を充分に理解するためには，実行者のみならず参加者や見学者をも含んだ全体的な儀礼の場において重層的に生成する，多義的な意味付けや多元的なアイデンティティの主張行為に注意する必要があろう。儀礼の実行者の予期とは異なる参加者・見学者側の反応や解釈，儀礼の実施場面での偶然的な出来事においてこそ，その儀礼が実際の場で持った豊かな意味がかくされている事が多いからである。これは近現代における新しい伝統の創造の試みについて扱う場合，とくに重要な視点である。」[8] この指摘は，儀礼的スポーツの意味を理解する上に欠かす事のできない視点であり，儀礼的スポーツの研究の展望をも示唆するものである。

　第7回を数え，4年毎に開催される「中国少数民族運動会」は，各々の民族の持つ伝統的な競技や遊びを競技性の強いスポーツに変容して実施している。新しい伝統の創造と見る事ができる。しかし，これは伝統の破壊と新しい価値観の強要ではないか。為政者の意図は統合と融合であって，各々の民族のアイデンティティの高揚を願ったものでは無さそうである。

　儀礼スポーツの調査には欠かすことのできない留意点がある。それは調査者たる私たちが，今持っている理解力や洞察力を動員して，実際儀礼スポーツに携わっている人たちに質問する，その質問内容と期待する回答のずれである。ずれどころか，我々が期待する回答等をもってないか，むしろ無いのが普通であって，ただ慣行として実施している場合が多いと思わねばならぬことである。また，すでに調査され報告書が刊行されてる場合は，調査者の解釈や博識が刷り込まれている可能性をも疑ってかからねばならない。

（瀬戸口　照夫）

> ## Question
> ・あなたの身の回りで宗教や神話と関わった儀礼的スポーツを発見できるか．
> ・大相撲のテレビ観戦で，宗教的，信仰的要素をいくつ指摘できるか．
> ・近代スポーツの最たるプロ野球で負けが込むと，ベンチ前に「塩盛り」をするのはなぜか．
> ・儀礼的スポーツとオリンピックの違いと類似性を指摘せよ．
> ・儀礼的スポーツが近代スポーツに変容した事例を上げ，説明せよ．

## 引用文献

1) K. ブランチャード，A. チェスカ（寒川恒夫訳）：スポーツ人類学入門．大修館書店，1988．
2) 寒川恒夫：スポーツ民族学的アプローチ．スポーツの文化論的探究（体育学論叢Ⅲ），タイムス，1981．
3) 瀬戸口照夫：日本の祭祀儀礼とスポーツ．スポーツ史講義，大修館書店，1995．
4) 瀬戸口照夫：演じられる相撲．相撲の宇宙論，平凡社，1993．
5) 大林太良：スポーツと儀礼．東京大学公開講座44，東京大学出版会，1986．
6) 大林太良：日本神話の起源．角川書店，1973．
7) 小野重郎：十五夜綱引の研究．慶友社，1972．
8) 田辺明生：伝統の政治学．儀礼とパフォーマンス，岩波講座文化人類学第9巻，岩波書店，1997．

# 7 スポーツと文化変容

## 1 スポーツと変化

　文化変化（culture change）について調べることは，応用人類学（applied anthropology）の主要な仕事である。変化は人間社会に常にある。環境の変化，人々の変化，考え方の変化，文化の変化，そしてスポーツの変化。変化は必然である。それは歴史の原動力であり，進歩の本質である。変化はとくに20世紀にめざましい。

　人間の知識の総体は，1800年から1900年の間に2倍になり，1900年から1950年でまた倍になり，次の20年でまた倍となるが，その後すぐに毎年倍になるだろうと見積もられている。この数十年の変化の速さと深さを知る上でもっとも手っ取り早いのは，帝国書院の『最新基本地図』を見ることであろう。そこには，たぶんあなたが知らなかった，あるいは忘れ去っていた現実が載っているはずである。

　文化における変化は，発明か伝播かのどちらかで起こる（伝播については第1部3章を参照）。発明もしくは発見は，変化の内的過程である。誰かが新たに稲の刈取脱穀機（コンバイン）を開発し，野菜の品種改良の方法を発見する。発明はスポーツにおける変化の源である。たとえば，バスケットボールの誕生について考えてみよう。1891年に初めて行われたバスケットボールは，意図的な発明であった。

　それまで，アメリカ・マサチューセッツ州スプリングフィールドのYMCAトレーニングスクールでは，とくに冬季の屋内体育・スポーツで苦悩していた。というのは，当時の冬季の屋内種目は，ヨーロッパ系の体操や行進といったたぐいのもので，いわゆるスポーツ種目を備えていなかった。冬季にも屋内でスポーツをしたいという学生たちの不満はつのるばかりであった。この問題を重視した当スクールの体育部主事養成科長ギューリックは体育担当インストラクターのネイスミスに新しい屋内スポーツの考案を命じた。

　ネイスミスは，アメリカンフットボールのタックルを除去することを糸口に，少年時代によく遊んだ「岩の上の鴨」という遊びをヒントにして，とうとう水平のゴールを頭上の

**史上初のゲームで用いた桃の籠とサッカーボールを両手に抱えるジェームズ・ネイスミス**（David G.McComb, *Sports; an Illustrated History*, Oxford University Press, 1998）

高いところに設置してショットしあうというまったく新しいボールゲームを考案した。

ゴールには桃の収穫期に用いる「籠」が，ボールはサッカーボールを用いて，1891年12月21日，史上初のゲームが始まった。この発明は全米各地のYMCAに瞬く間に浸透していった。当時と現在のバスケットボールはかなり違うものになっているが，その歴史は発明が変化を導くという証しになっている。

一方で，スポーツには期待されてもいなければ，意図的でもない発明や発見が起こりうる。たとえば，考古学者は生ゴムの乳液をゴムの固まりに変えられるという過程の発見が最初のゴムボールの開発につながったとみている。

ゴムボールを腰で打ち合うメキシコの伝統球技トラチトリ（稲垣正浩他『図説スポーツの歴史—「世界スポーツ史」へのアプローチ』，大修館書店，1996）

数百年前にヨーロッパ人と接触をもった南米大陸の先住民は，生ゴムの乳液を加熱すると，凝固して弾力がでることを発見した。それは，先住民がこの新しく発明された物質で何かの作業をしているうちに，投げたり，蹴ったり，引っ張ったり，弾ませたりしてうまく扱うようになったのだろうと推測されている。

いつ，どのようにして，こういうことが起こったのか誰もわからないが，有史以前の南米大陸の先住民が，世界で初めてゴムボールでゲームをした人々であることは明らかである。ゴムボールによるゲームの発明は，スポーツにおける変化が一般的な発明や発見以上の結果として，ごく自然に起こりうるという証しである。

文化変化には，実に多くの様態があるが，人類学者がよく口にするのは，文化変化は文化変容と文化化（第1部9章を参照）の過程であるということである。

## 2 同化と拒絶

文化変容（acculturation）とは，文化変化の外的要因の1つで，異なった文化伝統を持つ複数の社会（人間集団）が出会うことで相互に影響しあう際にみられる，変化の過程のことである。文化接触ともいう。

文化変容に近い関係にあるのが同化（assimilation）で，文化変容が文化的過程であるのに対して，同化は社会的過程ととらえる立場もある。また，文化変容を融合（integration）や社会的同化（social assimilation）と区別するために，行動的同化（behavioral assimilation）と呼ぶこともある。

文化変容には，さまざまな型や度合がある。新しい観念は，ある社会に導入されるかもしれないし，拒絶されるかもしれない。文化は，しばしば著しい革新に対して準備ができていないものである。たとえば，キリスト教は15～16世紀の「新世界」の多様な文化装置において導入された。これら多くの事例では，キリスト教の宣教師が去ったわずか2，3年後に，その「新宗教」は忘れさられた。

**チュンキー** (Stewart Culin, *Games of North American Indians*, Vol. 2, University of Nebraska Press, 1992)

それら事例については，その文化の科学技術および経済的基盤がキリスト教の世界観を受け入れるまでに成熟していないと思い込まれていた。スポーツにおける新しい革新は，著しい革新に対して準備されていない，もしくは貢献する文化装置の中に導入されるとき，運命にも似たようなものを経験する。

北米インディアン・マスコギアン族のチュンキーというゲームの場合を考えてみよう。チュンキーは，1人が地面に石盤をころがし，参加者たちが石盤のころがった方向に木の棒を投げて競技するものである。チュンキー石盤がやがて止まるであろう地点にもっとも近づくように棒を投げるのが，このゲームの目的である。

南東部のアメリカ先住民のグループの島およびその周辺の島に居住するイギリス系アメリカ人は，このチュンキーをよく知っており，その用具を入手するところまでいっていた。しかしながら，チュンキーがイギリス系アメリカ人の社会に採用されることはなかった。

文化変容スペクトルの最終局面で，拒絶の反対にあるのは同化である。同化とは，ある文化が他の文化の中に吸収される過程である。文化変容は，一般的に2ないしそれ以上の自律的な文化システムが，互いに継続して接触することによって起こる。もっとも接触が続いても文化変容に至るとは限らないが，軍事力・経済力・文明レベルに関して優位な文化が，それらに劣る文化に接触した時には，前者からの影響で後者の文化システムに大きな変容が起きやすい。

究極的には，支配文化（文化）と非支配文化（非文化）という関係が成立する。例えば，自らの言語や慣習が絶えて久しく，一般のアメリカ人社会に事実上吸収されてきた，ナチェといった多くのアメリカ先住民の事例からもわかるように，同化の過程において，スポーツやゲームを含む副次的社会の慣習の大部分が簡単に失われる。

## 3 シンクレティズム

スポーツが変化する際にもっとも共通する過程は，シンクレティズム（syncretism）として知られている。シンクレティズムとは，異なる文化システムに由来する個々の要素が，新たなシステムのもとに作り替えられる過程をいう。

このシンクレティズムの型は，しばしば宗教的変化の特徴としてみられるが，スポーツ行動が，しばしばシンクレティズムの影響力によって作り替えられることは，すでに多くの事例で述べられている。ここでは，2つの事例をあげておこう。

**(1) リムロック・ナヴァホ族およびミシシッピー・チョクトー族のバスケットボール**

ニューメキシコ州のリムロックでは，バスケットボールは1920年代以来，イギリス系モルモン教徒の間では人気スポーツであった。しかし，ナヴァホ族の間では40年代になっても，彼らの生活の重要な要素にはなっていなかった。

転機は50年代に入ってからで，リムロックの高校での試合に参加を認められてからのことである。その後バスケットボールは，とくに少年たちの間で急速に普及し，50年代初期には，あやとり，スティック・ダイス，フープ＆ポール，モカシン・ゲームなどの伝統遊戯は見捨てられ，その代わりにナヴァホ族は，ここ数十年の間にバスケットボールやベースボールといったアメリカ人のスポーツを採用してきた。

　ベースボールは20世紀初頭にミシシッピー・チョクトー族の娯楽となり，その後にバスケットボール，そして最後にソフトボールが続いた。ナヴァホ族と同様，チョクトー族もまた，これら受け入れた近代スポーツを彼ら自身の伝統の規範と価値に適合するように改造した。

　チョクトー族では，スポーツ競技の性格は社会的距離の要因に直接に結びつけられている。つまり，チョクトー族が共同体内部でバスケットボールをするときには，単純にゲームを楽しむことが競争の問題を凌駕する。全員が勝つことよりも楽しむことに夢中になるのである。

　しかし，チョクトー族の異なる2つの共同体チームが対戦するときには，勝つことが観客と選手を問わず，そこに居合わせた全員の第一の目的とみなされる。他方，チョクトー族のチームが非チョクトー族のチームと対戦する時には，競争の感覚は再び最小限のものとなる。その代わりに，個人のパフォーマンスに価値がおかれるのである。

**(2) ナミビアのブッシュマンのレジャー活動**

　マイケルA.サルターとフロリスJ.G.ファンデルメルヴェの研究によると，2つのクゥ方言を話すブッシュマンの子どもの遊びは，そのほとんどが自然発生的であるという。即興の遊びが遊び仲間と一緒に行われ，一人で遊ぶということはほとんどない。それらのゲームは明確な構造を持つ以上のものであったけれども，大部分は協力的なもので，競争的な面はほんのわずかであった。一般的に，子どもたちの遊びは自

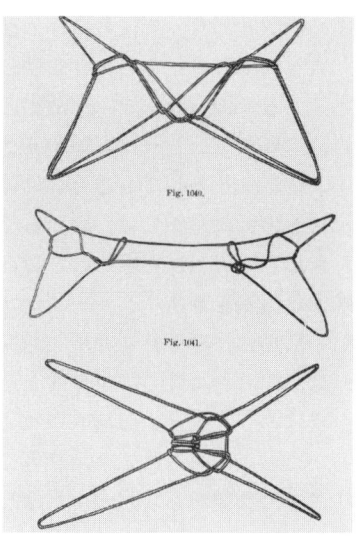

**ナヴァホ族のあやとり**（Stewart Culin, op.cit.）

**フープ＆ポール**（Franklin R.Johnston, *Life and Work among the American Indians*, First Glance Books, 1997）

**モカシン・ゲーム**（Joseph B.Oxendine, *American Indian Sports Heritage*, University of Nebraska Press, 1995）

然の模倣であり，集団の身体的社会的環境を反映したものである。

　大人は子どもたちのような任意の遊びはしない。むしろ，彼らはもっと形式的な遊戯活動をする。彼らのレジャー活動のいくつかは，また自然における競争である。しかしながら，主要なレジャーは非競争的ゲームで，グループの協同による律動的な活動である。競争が行われるとしても，それは控えめで，型にはまったやり方にはとらわれない。ブッシュマンの伝統遊戯では，いつも結果より過程が重要である。

　参加者の異質性と限られた数は，伝統的なクゥのレジャーの構造に関するいくつかの興味ある抑制を課す。グループが背丈と年齢で劇的に並んだように，チームと大きなグループの活動は，標準的に非現実的であった。クゥの組織の低水準と限られた競争量そして攻撃は，明らかに彼らの世界観と遊牧的狩猟採集の生活様式を反映するものであった。

　現代のデータは，伝統的遊牧民クゥと都市化した現代のクゥのレジャー活動の相違を明らかに示している。以下，後者について述べる。
①遊びでは競争と攻撃が少し増していた。
②同時に少数ではあるけれども，非零和ゲームから零和ゲームへの移行があった。
③伝統的に機能本位のレジャー時間の活動は，文化的に非機能的なヨーロッパの活動に取って代わっていた。
④労働とレジャーの認識およびその関係性に著しい変化があった。
⑤伝統的価値システムから離れていくとともに，遊びの好みと取り組み方は変化し，それは大人よりも子どもに顕著である。

　おおむね都市のクゥ，とくに大人のクゥは伝統的な余暇の活動を覚えてはいるが，それらの多くはもはや楽しみではなくなっていた。本来の遊び方は棄てられるか改造され，そこに外国の遊戯が入ってきて，レジャーに対する態度は変化した。この新しいレジャー文化は都市化，定住性の生活様式，融合の促進，そして達成志向の世界との接触がもたらした副産物である。それはバントゥ，ヨーロッパ人，そしてブッシュマンの遊び方と価値観の混合である。

　悲劇的なことに，このクゥ独特のレジャー世界は，多くのナミビア人教育者たちには理解されることも，その価値を認められることもなかった。ほとんどの教師は，ヨーロッパ的環境の下で教育を受け，学校のカリキュラムは主に西欧のレジャー活動と価値システムの中にあったからである。

〔石井　浩一〕

## Question

- 文化変化は，今日の世界で普及している影響力である．過去20年以上にさかのぼって，我々の社会で起こった変化の型について分類し，そのことと平行して，スポーツではどういう変化が起こったのかを述べよ．
- 社会的変化の1つの型は，ある社会階層から他の社会内部への活動に付随して起こる変化である．では，主たる社会的経済的階層と関係するスポーツ行動の型とは何なのか．アメリカと日本の社会双方について述べよ．
- シンクレティズムは，すべての社会において取り入れたスポーツの性格に影響している過程である．アメリカ，日本そしてヨーロッパでフットボール，サッカー，野球，ラグビーといったスポーツが行われているように，シンクレティズムがある特定のスポーツの性格に影響を及ぼすのは，どこまでの範囲なのか述べよ．
- 日本の柔道は，もともと嘉納治五郎が始めた柔術諸流派の一つにすぎなかったが，後に講道館柔道となり，今や世界のJUDOとなっている．どうして，柔術の一流派がここまで大きくなったのか，またその過程でどういう抵抗があったのか述べよ．
- あなたは今，ニューヨークのある中学校のバスケットボールのコーチであるとする．あなたのチームは白人，黒人，日本人，中国系アメリカ人，ユダヤ系アメリカ人すべて3名ずつで構成されている．スポーツ人類学の知識をもとにして，あなたがより効果的なコーチであるうえでの接し方として，どういう方法があるか述べよ．

## 参考文献

日本体育協会監修：最新スポーツ大事典．大修館書店，1987．

Kendall Blanchard : The Anthropology of Sport ; an Introduction, a revised edition. Bergin & Garvey, 1995.

Stewart Culin : Games of the North American Indians. Vol. 1, 2, University of Nebraska Press, 1992.

# 8 スポーツとエスニシティ・ナショナリティ

## 1 20世紀とスポーツ

　20世紀は，近代国家（modern state）の枠組みがこれまで以上に強化されると同時に，その枠組みのもろさと矛盾が露呈した時代でもある。近代国家とは，一定の地域（領土）とそこに居住する人々に対して他国の影響を排して権力を行使（主権）する政治組織のことをいうが，一国民一国家を基本理念としていることから国民国家（nation-state）とも呼ばれる。近代国家のもとでは，さまざまな制度や文化の基本単位が「国家」に収斂され，言語統制や国民文学などの助長によって国民意識が形成され，さらには国民に共有される価値観や生活様式によって国家が総合されていく。

　国家統合をいち早く達成し，近代国家を成立させた西ヨーロッパ諸国は，その後，原材料と製品販売先の確保を求めて海外に植民地を拡大させていくが，その他の世界では植民地支配（あるいは植民地にされるという不安と恐怖）が，国民国家の形成を促進させることになる。20世紀前半は，近代国家の成立に遅れをとり，それゆえに強い国家であることを目指したドイツや日本が覇権を争って戦争が勃発した時代であり，後半は「第三世界」と呼ばれるアフリカやアジアの国々が植民地支配の崩壊のあとを受けて独立し，その後，冷戦構造下での対立と，その終焉を経て国家の再編成へと大きく変動した時代であった。20世紀は，西欧から世界に輸出された近代国家のあり方が常に議論の中心を占め，そのシステムを各地域の人々が，いかに自分たちのものにするか苦慮した時代であった。

　こうした20世紀変動の時代において，国家統合を目指す指導者たちが注目したものの1つに近代スポーツと，その国際大会があった。19世紀後半のイギリス社会で生み出された近代スポーツは，欧米列強による植民地政策のもとで世界に広まり，共通のルールや条件のもとで地域性や民族の壁を超えた交流試合を可能にした。しかも，国家を基本単位として参加する近代スポーツの国際大会は，国民意識の形成や国威発揚といった国内の意識統一を促す上で効果的であった。1936年，49カ国が参加して開催された第11回オリンピック・ベルリン大会は，聖火リレーが初めて導入された大会としても，また，当時，実験段階にあったテレビ中継を実施することによってドイツの技術力を世界に誇示した大会としても知られている。しかし，それ以上にこの大会は，オリンピック組織委員会総裁に就任したアドルフ・ヒトラーが，後進国ドイツの国力とドイツ国民の優位性を世界に示し，ナチス政権下での国威発揚を促すという政治的・軍事的な意味合いの強い大会でもあった[1]。1964年，アジアで初めて開催された第18回オリンピック・東京大会も，東海道新

---

[1] レニ・リーフェンシュタール女史（Leni Riefenstahl 1902—2003年）が製作したベルリン大会の記録映画「オリンピア」（第一部『民族の祭典』，第二部『美の祭典』）は，ドイツの優位と同盟国の栄光を歌い上げた映像としてナチスの国威発揚のためのプロパガンダ映画とみなされた。戦後，彼女はヒトラーの協力者であったとして戦争犯罪を追求されたが彼女が政治や社会に無関心であったことやナチス党員でなかったことなどの理由から最終的に無罪の判決を受け，戦後はおもに写真家として活躍した。

幹線や首都高速道路など都市基盤を整備することによって日本が戦後の復興を果たしたことを国の内外に喧伝するのに大きく貢献したという意味で，国家の威信をかけた大会だったといえよう。また，第二次世界大戦後，植民地からの独立を次々と果たした新興国家が，国内のスポーツ振興に莫大な経済投資を行い，オリンピックやワールドカップといった国際大会への参加を奨励したのも，スポーツが国民意識の形成や国家統合に大きく役立つと考えられたからである。しかし，近代国家の理想である「一国民一国家」という基本理念は，20世紀後半になると，その矛盾やほころびを露呈するようになる。

戦後の世界は，ソ連や東欧など東側諸国の社会主義的・共産主義的イデオロギーと，アメリカに代表される西側の資本主義的・自由主義的イデオロギーが対立し，東西の陣営に二分されてしまった。このような二極対立構造のもと，東西いずれの陣営においても，それぞれのイデオロギーを守ることが優先され，国家内にみられる地域や文化，民族，宗教，言語，生活様式などの違いは軽んじられてきた。

しかし，東西冷戦構造が崩壊すると，旧ソ連はロシア，中央アジア諸国，バルト三国などに分裂した。東欧諸国が次々と社会主義体制から離脱していくなか，ユーゴスラビアでも民族問題，宗教問題，言語の違いなどが一挙に噴き出し，スロベニア，クロアチア，マケドニア，ボスニア・ヘルツェゴビナ，セルビア・モンテネグロの5つの国家に分裂した。旧ユーゴスラビア地域は，もともと30にのぼる民族を抱え，カトリック教徒，正教徒，イスラーム教徒が混在することから常に民族対立の危険性をはらんでいた。第二次大戦後，主要民族の分布にしたがって6つの共和国と2つの自治州からなる連邦国家が結成され，社会主義国家でありながら，東西いずれの陣営にも属さない独自の路線を打ち出していた。また，民族融和政策を進めることにより多民族国家を平和に治めることに成功したとも評されたが，民族間対立の根を削ぐまでには至らず，1991年以降の連邦解体の過程で民族紛争や武力衝突が一気に表面化した。その結果，クロアチアにおけるセルビア人とクロアチア人の武力衝突，ボスニアの内戦，コソボ自治州におけるアルバニア人とセルビア人の衝突など，激しい戦闘が繰りひろげられた。1984年，サラエボ（現ボスニア・ヘルツェゴビナの首都）で開催された第14回冬季オリンピックは史上初めて社会主義国で実施された冬季大会として知られているが，その数年後にこの町が民族紛争の戦火に見舞われ，子どもたちが殺戮される狂気の町と化することを誰が予測できただろうか。

このようなポスト東西冷戦下の状況は，文化を無視しては政治や経済を円滑に進めることができなくなってきたこと，つまり，文化を理解して対処しないと政治や経済も動かなくなったことを意味している。この点に関して，文化人類学者である青木保は「イデオロギーではなく文化という切り口で世界を理解するということが，20世紀の最後の10年で大きな主題になってきたと言える。そして，これはまさに21世紀の世界と人類がかかえるもっとも大きな問題の1つである。もちろん実際には，政治問題もあれば，経済問題もあるのですが，従来はどちらかといえば政治は政治，経済は経済という独立したファクターとして考えていけばすむとされていたものが，政治も文化だし，経済も文化的なファクターを無視してはやっていけないことが明らかになってきた」と指摘している[2]。

20世紀はまさしく「国家のあり方」に人々の関心が集中した時代であり，近代スポーツも国民意識の形成や国家統合に一役買ってきた。しかし，20世紀後半になると，国家

---

[2] 青木保：異文化理解入門．岩波書店，4，2001．

という名のもとに封印されてきた地域や民族の独自性，文化の違いが強く意識され，その自立性が主張されるようになった。それが暴力という形で現れたのが世界各地で生じている民族紛争である。

## 2 エスニシティとは

　エスニシティ（ethnicity）の定義は，研究者の間でも一貫しておらず，日本語への適訳もないことからきわめて取り扱いにくい概念である。また，人種，民族，国民が実態としてほぼ重なり合う社会で暮らしている私たち日本人には，なおさら理解しがたい概念となっている。

　ところで，エスニシティに関連する用語，エスニック・グループ（ethnic group）とは，出自や文化を共有する人びとが他集団との相互交渉を繰り返しながら形成する集団を指し，「民族集団」と訳されることが多い。これに対しエスニシティとは，こうした民族集団固有の文化と結びついた象徴的行為や認識の体系を意味するもので，民族集団が表出する行為や性格を認識のレベルでとらえようとする際の概念として用いられている[3]。したがって，エスニシティ研究の中心課題はアイデンティティの問題に集約され，民族集団への帰属意識や同類意識に関する研究が出発点となっている。

　エスニック・グループのとらえ方には，主に客観的定義と主観的定義の2つの視点があるが，両者は対立する見方というより，むしろ相互補完的なものとして理解しておくべきだろう[4]。客観的定義とは，民族集団の成員間で共有されている諸属性，例えば出自，文化，宗教，身体的特徴，言語など外面的に知覚可能な客観的特性を基礎に民族集団を規定するものである。これに対し主観的定義は，帰属意識，同類意識，共通の価値，共同体的連帯感など成員の心理的過程やアイデンティティを重視するとらえ方である[5]。ここで重要なことは，ある特定の民族集団への帰属は自己だけでなく，他者（他集団の成員）によっても規定されるという点である。集団成員の範囲を画定するエスニック・バウンダリー（ethnic boundary）は，自集団の文化を習得していく社会化の過程を通して内部で形成されると同時に，他集団との相互交渉を繰り返すことによって外部からもつくられる[6]。つまり，帰属意識や同類意識といった民族的アイデンティティは，「同じ」という実感を成員が共有することを前提としているが，他集団との「違い」を認識することによってさらに強く意識されるようになるのである。しかも，異なる集団との関係が対決的なものになればなるほど，他集団とのバウンダリーが明確に意識され，民族意識も強化される。さらにまた，民族集団への帰属意識は，時代や状況とともに変化するものであり，常に意識されるものとも限らない。「旅先で日本人であることをいまさらながら実感させられた」

---

[3] 綾部恒雄「エスニシティの概念と定義」『文化人類学』，アカデミア出版，Vol.1, No.2, 9, 1985。彼は，エスニシティが「民族」でもまたその性格を指す「民族性」でもなく，日本語への適訳がないことを指摘している。

[4] A・アンダーソンは，これまでのエスニック・グループの捉え方について，①客観的定義，②主観的定義，③客観的定義＋主観的定義，④三世代経過説という4つの視点があったことを指摘している。Anderson, Alan B. : *Ethnicity in Canada : Theoretical Perspectives*, Butterworth-Heinemann, 46−47, 1981.

[5] Isajiw, Wsevolod W. : "Definition of Ethnicity" in *Ethnicity* 1, The Multicultural History Society of Ontario, Toronto, 111−124, 1974.

[6] ibid., p.122。イサジフは，エスニック・バウンダリーの形成に関して，社会化の過程を通して内部から形成されるバウンダリーと，他集団との相互行為過程を通して外部からつくられるバウンダリーとの2つがあることを指摘し，これをバウンダリー規定の二重性（double boundary building）と呼んでいる。

といった感想をもらす人が珍しくないように，民族集団への帰属意識は任意的なものであり，時と場所に応じて意識の底から呼びおこされ，また，必要がなければ意識の内にしまっておかれるものである[7]。このように，自集団と他集団とのダイナミックな関係のなかで，人びとの帰属意識やアイデンティティが決まるところにエスニシティの特質があるといえる。この点を，オーストラリア・アボリジニ[8]を例にスポーツとの関連から検討してみよう。

2000年，オーストラリアで開催された第27回オリンピック・シドニー大会の陸上女子400メートルで優勝したオーストラリアのキャシー・フリーマンは，オーストラリア国旗とともに赤と黒に塗り分けられた長方形の中央に黄色の円が描かれたアボリジニの旗をもって場内を一周した。彼女は，1994年にカナダ・ビクトリアで開催された英連邦大会でも，また1997年に開催されたアテネ世界選手権でも同様の行動をとっている。このアボリジニの旗は，どこの国の旗でもない，彼女自身のエスニシティを表象する旗である。彼女が示した一連の行動に対して「オーストラリアの国旗は1つしかない」といった批判も出されたが，この旗の意味を世界に考えさせ，知らせた効果は大きかった。それはオーストラリア社会の中でアボリジニが辿ってきた歴史を知らしめると同時に，先住民であることの誇りを取り戻し，現状を打開していくという強いメッセージが込められていたからである。

オーストラリアでは，1901年，連邦の結成と同時に「白豪主義」が導入され，ヨーロッパ，とくに宗主国イギリス以外からの移民の入国が阻止された結果，アングロ・アイリッシュ系の同質的な社会が形成されていった。その過程において，オーストラリア先住民は支配民族からさまざまな迫害と差別を受け，彼ら独自の言語や文化の破壊と喪失を余儀なくされた。白人との接触が本格的に始まる18世紀までの人口は約30万人と推測されるが，その後，植民地化が進むにつれ土地収奪や虐殺，伝染病などによって1930年代には約5万人にまで激減した。また，先住民の子どもたちを親から強制的に切り離し，寄宿学校や里親のもとに置いて白人社会の中で育てる「同化政策」が100年以上にも渡って実行された。これを体験した先住民の人々を「盗まれた世代（Stolen Generation）[9]」と呼ぶが，この非人道的な政策によって先住民の文化は崩れ，薬物やアルコール依存症の増加，犯罪率や自殺率の上昇といった現代にまで暗い影を残す社会問題を引き起こす要因になったと指摘されている。

オーストラリアが白豪主義から多文化主

**女子400メートル決勝で金メダルをとり，豪州とアボリジニの旗を首にかけるキャシー・フリーマン**　　　　　　　　　Ⓒフォートキシモト

---

7　星野命：民族的帰属意識—エスニック・アイデンティティの任意性．文化人類学．アカデミア出版，Vol.1, No. 2, 35, 1985.

8　オーストラリア大陸全土にわたって居住する先住民の総称．約4〜5万年前の氷河期に東南アジア方面から陸橋づたいに大陸北岸にやってきたと考えられ，採集狩猟生活を営んでいた．現在の人口は約35万人（約1.8％）と推定される．土地所有権をめぐる争いや，劣悪な生活環境などなお未解決の問題を引きずっている．

9　2002年12月，ゴールデングローブ賞音楽賞にノミネートされ，日本でも話題になったオーストラリア映画『裸足の1500マイル（Rabbit Proof Fence）』は，オーストラリア先住民の子どもたちに対する同化教育を題材にしたものである．1931年のオーストラリアが舞台で，先住民の子どもたちを家族から隔離し，白人社会に適応させようとする「隔離政策」の実情が描かれている．

義，すなわちマジョリティ（多数派民族），マイノリティ（少数派民族）の如何にかかわらず，各民族の文化の優れたところを互いに認め，それらの独自性を尊重しつつ共存していこうという政策に転換したのは1972年のことである。第2次世界大戦後，オーストラリアは国防力の整備と経済の活性化のために不足する人的資源を補う必要性に迫られた。そのため政府は，1947年，大量移民導入計画を実行に移すが，イギリスからの移民は期待するほど集まらず，東欧難民，南欧移民，中東系移民を受け入れていかざるをえなかった。その結果，オーストラリアでは急速な多民族化と文化的な多様化が進行し，多民族社会を平穏に保つための新たな政策が必要になった。それが多文化政策の導入であった。

多文化主義は，多様な文化の混在を積極的に評価し，さまざまな民族の文化が1つの社会の中で調和を保つ「多様性の中の調和」の実現を理想としている。こうした理想のもと，オーストラリアは，現在，異文化に対して寛容で包容力のあるユニークな社会を形成しつつある。また政府は，先住民に対しても多文化政策を適用し，土地所有権をめぐる謝罪問題など未解決な問題を多く抱えながらも，これまでの差別の解消と融和に乗りだしている。その結果，先住民も，さまざまな分野で彼ら独自の文化的特質を主張するようになった。自らのエスニシティを表明する旗を手にウイニングランを行ったフリーマンの行動は，オーストラリアのこうした社会変化と決して無関係ではない。すなわち，同質社会から多民族社会への移行，白豪主義から多文化主義への転換といった大きな社会変化の中で，他集団との「違い」を認識することによってオーストラリア先住民としてのアイデンティティがこれまで以上に強く意識されるようになったのである。世界中の人々が注目する国際的なスポーツイベントは，そのことを世界の人々にメッセージとして発信する格好の場であったといえる[10]。言い換えれば，スポーツ文化を含む文化そのものが政治化してきたのが今日の状況であり，文化が政治的な意味を強く持つようになったといえよう。

ところで，エスニシティという概念が現代社会を理解するためのキーワードとして重視されるようになった背景には，1つの社会の中に複数の民族集団が併存し，これらの集合体としてしか国民国家をとらえられなくなってきた現状がある。世界の国民国家の多くは複数の民族集団からなる多民族社会を構成しているが，これら集団間の相互関係は常に対等な共生関係にあるとは限らない。むしろ，人口の上で多数を占め，かつ政治的・経済的に強大な権力を持つ支配的集団と，それに服従する集団との階層的な上下関係を基本構造として成り立っている場合が多い。その結果，支配的な民族集団が国家そのものを代表するケースが多く，そのイデオロギーが外へ向けては国家を代弁するナショナリズムとして表出され，内に向けては国家統合を至上命令とする形でマイノリティ（少数派民族）に同化や服従を強要しがちである。オーストラリア政府がかつて行った「白豪主義」は，まさにその典型的なケースだといえる。

---

[10] シドニー・オリンピックではオーストラリア先住民の文化的要素が多く取り入れられた。開会式には先住民のダンスや伝統音楽が用いられ，トーチは彼らの狩猟具であるブーメランが模されていた。国内の聖火リレーは先住民の聖地であるウルル（エアーズロックとして知られる）をスタート地点とし，第一走者はアトランタ五輪で優勝した女子ホッケーチームの一員で，先住民初の金メダリストになったノバ・ペリス・ニーボンが選ばれた。また，先住民の旗をオリンピック公園や選手村など6カ所に掲げることも認められた。このようにシドニー・オリンピックは先住民文化を尊重し，それに配慮した大会となったが，その一方で「先住民の芸術や文化を見世物にしているだけ」「先住民の不満を一時的に抑えるため」「多種多様な文化や民族の和を大切にしていることを国外にアピールするため」といった批判も続出した。

## 3 民族スポーツとエスニシティ

　エスニシティを考える上でもう1つ重要な点は，民族的アイデンティティの確立やエスニック・バウンダリーを画定する上で欠かせない共通の文化，言語，宗教といった文化的特質は決して不変のものでなく，流動的で可変的なものであるということである。これら文化的特質が時代を超えて常に同じであるという保障はどこにもなく，集団の組織形態でさえ時代とともに変わっていく可能性がある。今日のように異文化間交流が盛んになり，言語や文化の相互学習と異種混淆が促進される時代においては，なおさらのことである。ただその際，祖先から継承されてきた伝統文化が世代を重ねるごとに希薄になっていったとしても，象徴的な関係は保持されていることが多く，民族的アイデンティティが必ずしも失われるわけではない。このような場合，民族音楽や民族舞踊，民族スポーツなどが民族的アイデンティティの象徴となり，民族文化の「再発見」や「再構築」と呼ばれる現象を生じさせやすい。ここで活性化される民族文化は必ずしも伝統的・土着的な文化に忠実な復元・再生であるとは限らず，むしろ時代の客観的状況に合わせて再編されたり，新たに創造されたりするものもある。また，復活した民族文化が本来のものと多少異なっていても，それがその時代や環境において民族的アイデンティティの拠り所として有効であり，自他の区別を象徴するものである限り，つまり，エスニック・バウンダリーを画定する記号となっている限りは十分に意味を持つといえる。しかし，そうした象徴や記号も，何でもよいというわけにはいかず，集団成員が納得し，支持してくれるものでなければ，集団の結束を図るための戦術とはなり得ない。したがって，どのような文化的表象を選ぶかは，現代の民族集団のリーダーたちにとって重要な課題となっている。この点を中国の「少数民族伝統体育運動会」を例に探ってみよう。

　中国は56の民族からなる多民族国家である。もっとも人口の多い漢族と少数民族の人口比率は，漢族が92パーセントを占めるのに対し，少数民族はわずか8パーセントにすぎない。これら55の少数民族が一堂に会し，それぞれの民族に伝わる伝統的な身体運動・身体技法を中国国民ならびに中国に滞在する外国人（観光客も含む）に披露する場が「中国少数民族伝統体育運動会」である。主催は中央政府の国家民族委員会と国家体育委員会で，主営は開催地の省政府が担当している。

　この大会は最初，中国少数民族の文化を尊重するという目的で，1952年，天津で開催された。しかし，その数年後，政府の民族政策に大転換があり，約30年間中断された。これは，1958年に始まる大躍進から1976年の文化大革命終了までの間「民族的なものは反革命」と考えられ，少数民族の文化や言語が否定されると同時に漢化政策が徹底して進められたためである。その結果，多くの少数民族社会では伝統行事の実施が不可能となり，次世代に自らの文化や民族芸能を受け継がせる機会を失っていった。ところが，1978年に入り，改革・開放政策がとられるようになると，「中国は1つ」という基本方針こそ変わらないものの，少数民族に対する寛容な

**騎馬演技**（第5回少数民族伝統体育運動会，1995年昆明にて開催。筆者撮影）

政策が進められ，各民族の文化や言語が再び尊重されるようになった。こうして，1982年，内蒙古自治州フフホトで第2回大会が再開され，その後は4年ごとに開催されている。運動会は，多くの観衆が見守るなか，それぞれの民族が「民族スポーツ」という新しい表現手段を用いて自らの文化を主張する格好の場を提供している。

ところで，「民族スポーツ」と呼ばれるものの特徴を簡単に説明しておこう。サッカーや野球などの近代スポーツは，見ればすぐにそれとわかる身体運動であり，スポーツそのものが他の文化要素から独立して存在しえるが，民族スポーツは各民族の文化と密接に結びついているがゆえにスポーツとしては未分化な状態にある。相撲を例にとると，雨乞いのために裸で相撲をとるイ族の女相撲もあれば，夏草の豊かな茂りを感謝し，家畜の繁殖を天の神に祈るオボ祭りにおこなわれるモンゴル相撲もある。また，フィリピンのイフガオ族では，村人の間でもめごとが生じ，いずれの言い分が正しいかを判断しかねるとき，相撲によって正誤が明らかにされたといわれている。つまり，素手で組み合い，主に投げ技を用いて相手を倒すことを競う相撲ですら，それがおこなわれる文化的脈絡は民族によって異なり，競技の意味も違ってくる。その上，民族によってルールが微妙に違っているため，異なる民族どうしで闘えないという難しさもある。

中国で開催される民族スポーツの祭典「少数民族伝統体育運動会」は，「比賽」と「表演」の二部構成となっている。比賽は，ルールや身体技法などにみられる民族的差異をとりのぞき，共通のルールのもと，より多くの民族が互いに競い合えるようにした競技で，現在，相撲，競馬，龍舟競漕，射弩，秋千〔ブランコ〕，木球など11種目がある。これに対して表演は，それぞれの民族に固有の身体技法を披露するのがねらいで，綱引き〔モンゴル族〕，武術〔回族〕，花鼓舞〔ヤオ族〕，竹跳躍〔リー族〕，跳板〔朝鮮族〕，馬上敬酒〔チベット族〕など100種目以上にのぼっている。

ところで，比賽にしても表演の種目にしても，これらは少数民族が祭りや祖先崇拝といった場で行ってきた身体運動である。それがそれぞれの文化的脈絡から切り離され，少数民族伝統体育運動会という場で演じられるとき，一種の「見世物」になっているのではないかとの指摘がある。民族的な差異を極力排除して競われる比賽種目は，その時点ですでに民族固有の意味や価値を失っており，また，個々のエスニシティを重視する表演種目でさえ，中国の民族村で演じられる観光用のアトラクションと同じではないかと批判されている。さらに，このような大会を国家が率先して開催するのは，改革・開放政策以降，中国が推進してきた民族政策の成功を内外にアピールするためだと見るむきもある。

**ブランコ競技**（第6回少数民族伝統体育運動会，1995年昆明にて開催。筆者撮影）

確かに，比賽や表演種目をそれぞれの民族文化との関連でとらえようとすると，農耕や遊牧の文化と無縁な文脈で繰り広げられるこれらの競技は，エスニック情緒豊かな一種の「見世物」であり，「擬似イベント」であるかのように見える。しかし，今では誰もが「真正性（authenticity）」を疑うことのない近代スポーツですら，その多くが民族スポーツから発展してきたものである。その発展の過程は，特定の民族に固有の身体運動を文化的な縛りから解放し，普遍性を獲得する試みで

あった。ラクロスがアメリカ先住民の間で行われていたラケット競技に由来するからといって，今，大学生が私たちの目の前で行っている競技の真正性を疑う人は誰もいない。それは，カレッジ・スポーツという新たな文脈で新たな真正性を獲得したからに他ならない。これと同様に，少数民族伝統体育運動会の場を，身体運動という手段を用いて民族らしさを表現する舞台装置としてとらえれば，そこにはまた新たな意味と価値が見出され，個々の文化的脈絡で行われていたのとは異質の真正性を見出すことができる。人間が行う社会的行動の意味は文脈に大きく依存し，時や場所，さらには行為者間の関係などによって違ってくる。あるものに付与されている意味や価値は決して不変ではなく，新たな文脈に置かれることによって変化し，また刷新されてもいく。それぞれの民族に伝わる身体運動や身体技法が「民族スポーツ」という名のもとで行われるとき，つまり，農耕儀礼や祖先崇拝の文脈とはまた異なる文脈で実演されるとき，これらの身体運動はまさしく別の「真正性」を身につけたことになる。

　先述したように，中国では一時期，少数民族の言語や伝統行事が否定され，次世代にそれらを受け継がせる機会が失われてしまった。ところが開放後の政策転換により，若者たちが年輩者から伝統芸能を教わり，それを維持・発展させていこうとする気運が高まっている。確かに，若者たちの多くは，伝統的で土着的な文化を忠実に守っていくというより，そこに斬新な工夫や演出を凝らしがちである。しかし，民族的なものは反革命と考えられ，漢化政策が推し進められてきた開放前の状況を考えると，民族スポーツの祭典は，さまざまな課題を抱えつつも，中国少数民族の人々に自らの文化を再認識する場を提供している。この場で復活された民族文化や，新たに創りだされた文化表象は，今の時代や環境における民族的アイデンティティの拠り所となっており，自他の区別を象徴する記号として十分な意味をもっている。国家主導のもとに行われている少数民族伝統体育運動会ではあるが，少数民族の人びとがその企画から運営に至るまで積極的にかかわることによって，徐々に政府の管理下から離れ，国家に対する自らの要求を表明するようにさえなってきている。

## 4　グローバル化のなかで

　今，世界はグローバリズムの流れとリジョナリズム（地域主義）の流れのなかで揺れ動いている。両者は互いに相容れない動きのようにみえるが，実は，世界のグローバル化に呼応する形で地域の独自性がより一層強調されるようになっている。前者はいわば地球を1つの色に染めようとする動きであり，後者は地球をさまざまな色に塗り分けようとする動きである。前者が境界や違いを曖昧にすればするほど，後者は個性を発揮することでそれに対抗しようとする。

　共通のルールや条件のもとで誰もが参加できる近代スポーツ（国際スポーツ）がグローバルな流れに沿っているのに対し，それぞれの民族的アイデンティティを確認する文化装置として機能している民族スポーツは地域性や個性を放つことに意義がある。しかし，「人・モノ・情報」が国家や地域，民族の枠を超えて大量に移動するグローバル化の時代，伝統的・土着的な文化が将来にわたってもそのまま継承されていく保証はない。むしろ，「異種混淆」が進むことによって再編され，新たな地域文化や民族文化が創造されていくと考えた方が妥当だろう。例えば，フィリピン文化はスペインやアメリカ，それにアジアの近隣社会から多大な影響を受けながら形成されてきた。しかし，フィリピンの人々はこ

れら外来の文化を人が衣服を重ね着するような形で受容してきたわけではない。さまざまな外来の文化を吸収しつつ，それをフィリピン社会という体内で一体化させた結果が，今，私たちの目の前に示されている多彩で豊かなフィリピン文化である。したがって，異文化からの「借り物」の装いを一枚一枚剝いでいけば「純粋」あるいは「土着」のフィリピン文化に到達できるというものではなく，今あるフィリピン文化をありのままに受け入れ，それを理解していくことが重要である。さまざまな社会で受け継がれている民族スポーツや民族舞踊も，今後，グローバル化の流れの中で再構築されていく可能性がある。それが観光客を相手に1つのアトラクションとして演じられる場合もあれば，民族交流のためのスポーツイベントとして実施される場合もあるだろう。これらの民族スポーツや民族舞踊が本来の文化的脈絡から切り離して行われたとしても，それを文化の切り売りとして否定的に捉えるのではなく，むしろ民族らしさを表現する舞台装置として肯定的に評価していく視点が必要である。

　民族スポーツの歩む方向は，個々の民族文化と完全に切り離しては存続しえないという点で近代スポーツの歩む方向とは異なるだろうが，それが発信する個性を十分に活かしつつ，全体としてまとまりのあるスポーツ文化を創出する可能性を秘めている。また，近代スポーツの頂点にあるオリンピックが「観るスポーツ」として重要な観光資源となっているのと同様，中国に例をみる民族スポーツの祭典が貴重な観光資源になりえる可能性も有している。

〔足立　照也〕

## Question

・オリンピックやワールドカップなど近代スポーツの国際大会が，国民国家の形成に果たしてきた役割を説明せよ。
・東西冷戦構造崩壊後の世界情勢は，今後のスポーツのあり方にどのような影響を及ぼすと考えられるか。
・第27回オリンピック・シドニー大会は，オーストラリア先住民にとって，どのような意味があったと考えられるか。
・中国で開催されている「少数民族伝統体育運動会」は，国民と少数民族にとって，それぞれどのような場を提供していると考えられるか。
・グローバル化が進むなかで，今後，民族スポーツはどのような役割を担っていくと考えられるか。

## 参考文献

ダフ・ハート・デイヴィス（岸本完司訳）：ヒトラーへの聖火―ベルリン・オリンピック．東京書籍，1988．
Cashman, Richard : *Paradise of Sport. The Rise of Organized Sport in Australia*, Melbourne, Oxford, New York : Oxford University Press, 1995.
Cronin, Mike and David Mayall (eds.) : *Sporting Nationalisms. Identity, Ethnicity, Immigration and Assimilation*, London : Frank Cass Publishers, 1998.
MacClancy, Jeremy (ed.) : *Sport, Identity and Ethnicity*, Oxford. Oxford International Publishers, 1996.

# 9 スポーツの文化化・教育

## 1 文化化とは

　文化化（enculturation）とは，個人が自分の生まれた社会の文化を習得する過程と解釈されている。この概念はアメリカの人類学者ハースコヴィッツ（M.J.Herskovits）により提唱されたもので，それ以降，この概念を用いて，各社会における人間の成長と発達，自己実現の過程や様式を記述・分析し，また文化を異にする社会の文化化の比較研究を通して，人間形成と文化維持などのメカニズムを明らかにしようとしてきたのであった[1]。

　人は文化を身につけて生まれて来るわけではないので，社会の側からすれば，生まれて来る子どもたちを，その社会の文化を身につけた成員として作り上げ，文化を次の世代へ継承させていかなければならない。これは個人の側からすれば，その社会の成員として生きていくために，文化を学習していくことであり，それが文化化である。

　スポーツ人類学は，人間のスポーツや遊びを制度化された文化の一要素とみる立場をとるので，スポーツや遊びがその社会の文化の全体系の中でどのような位置に置かれ，どのような意味と機能をもっているのか，また他の文化要素との関係はどうなっているのか，という問題にかかわることになる[1)]。そこでは，文化変容，文化化，文化維持や変化に対する適応，などと関連して遊びやスポーツを分析することが，スポーツ人類学の共時的研究として，重要な課題になる[2)]。

## 2 ブランチャードによる文化化（近代スポーツと文化化）

　スポーツ人類学という言葉を最初に用いたアメリカの人類学者ブランチャード（Blanchard Kendall）は，スポーツの文化化機能について，サッカーとフットボールの例を出して，それらは，アメリカの社会で成功するための基本的な資質であるチームプレイの価値，競い合うこと，規律，などを学ぶと説明している。それは社会がそのような資質を個人に要求しているからで，時代に応じて，どの社会でも子どもや若者たちは，大人になった時に役立つようなスキルを発達させるゲームやスポーツ的な活動に参加してきたのである。例えば，狩猟社会における槍投げや弓のようなゲームは，狩猟で成功するために必要なスキルを身につけるのに有益であったし，古代のスパルタは戦うための戦士，アテネは英雄の感覚，19世紀のアメリカ人は経営者と技術者を必要として，それに応じて子どもや若者は，そのようなスキルを発達させるように，競技やゲームに従事してきたのである。同様に，アメリカ社会（筆者注：1980年頃を指す）においても，親が子どものスポ

---

[1] 具体的には，未開社会や伝統社会における育児慣行，しつけなどの非定型的文化化（informal enculturation）や，成年式（子どもから成人への移行を社会的に認知する儀礼），入社式，年齢集団（少年，青年など世代毎に区分された集団）などを通しての準定型的文化化（nonformal enculturation）の研究がおもになされてきた。（石川，梅棹，大林ほか編，文化人類学事典．弘文堂，199，1994．）

ーツを選択する際には，親（社会）の価値観が反映されていると，次のようにブランチャードは述べている。

「フットボールよりもサッカーをするべきだという主張は，社会的な価値に基づいている。アメリカ南部の多くの地域では，サッカーは白人の中流階級の活動と見なされている。白人の親たちは，息子や娘にはフットボールをやらせたくないと考えている。フットボールは危険なスポーツと考えており，子どもの安全を思うからだ。しかしながら，怪我の恐さよりも重要なことは，アフリカ系アメリカ人の子どもはサッカーよりもフットボールを行う，ということだ。サッカーは，そのような民族間の相互作用が働いている。サッカーを選択するということは，社会的な価値と社会的な申し立てをしたことになる。子どものためにこのような選択をすることの中に，親が彼らの価値を子孫に伝えることになる。人種差別主義者であろうとなかろうと，スポーツの選択は価値を選択することであり，子どもたちは，このプロセスの結果として文化化されるのである。彼らは自分の文化と社会的な遺産をプレイすることによってではなく，親やコーチによって示された道すじによって学ぶのである。[3]」

ここでブランチャードは，フットボールかサッカーか，という選択のプロセスを通して，子どもたちが文化化される，つまり彼らの属している社会の価値や遺産を学習することを述べている。これは大人から子どもたちへ発信された文化化である。

一方，そのような社会が親が子どもに教え示すことによってなされる文化化ではない方向の文化化という面もある。それはコマーシャリズムに支えられたスポーツを例にしてみるとわかりやすい。川島の指摘するように，バスケットボール，ベースボール，フットボールなど，巨額の資本に支えられて発展した大規模なスペクテイタースポーツとなると，その利潤の追求が，肌の色へのこだわりを払拭させてしまうことになる[4]。従来存在していた，人種的な社会の文化コードは，これらのスポーツでは薄められる。つまり，実力がありさえすれば，出自は関係なくなる。サッカーのワールドカップのアメリカ大会（1994）の開催以来，今日のサッカーのアメリカ代表には，多くの非白人のプレイヤーが入っている。

したがって，このようなスポーツを通して，サッカーは白人優先という人種的な文化コードは，本来的に意味がないという新たな文化コードがうまれることになる。これはスポーツを行う側から発信される社会への文化化と考えることができる。むろん，このような非白人が活躍できるスポーツは，アメリカでも限定的なもので，そのスポーツの中にも，依然として人種的な差別が存在するとする報告は多いが，このような双方向の文化化機能をみていくことは，スポーツや遊びに関するスポーツ人類学の研究では重要な視点になるものと思われる。

## 3 遊びにみられる文化化機能

遊びが社会化機能や文化化機能を持つということは，遊びにその文化が刻印されているからであり，遊びが当該社会の文化コード体系として存在しているということでもある。

そのことを示す遊びの例が，タイの人類学者であるアンダーソン（Anderson）により示されている[5]。アンダーソン（1980）は，タイ南部の村落バンクランの遊び「ムチ打ち」という鬼ごっこについて，村の家族内人間関係を反映した遊びであると説明してい

る。この遊びは次のようなものである。

6人の子どもたちが，母親1人，おばあさん1人，召し使い1人，子ども3人に役割分担され，子どもたちが皿洗いのまねをするところから遊びが始まる。1人が皿を落として割ると，召し使いが母親に告げに行く。すると母親はムチをもって子どものところに走ってくる。これを見て子どもたちはおばあさんのところへと逃げる。おばあさんは孫たちをかばい，追いかけてきた母親に尋ねる。「なぜムチで打とうとするの。」「おばあさん，子どもたちがお皿を割っちゃったの」「心配いらないよ。新しいのを買ってあげよう。」「いいえ，私はお皿がほしいわけではないの。しつけとして子どもたちをこらしめなければいけないの。」こうしたやりとりが続いて，母親は子どもたちへ近づこうとする。子どもたちは再び逃げ出し，母親が追いかけ，1人をつかまえてムチで打てば，いったんやめて，役割を交代して続けられる。この遊びは次のように解釈されている。

「このゲームは子どものしつけを主題としているが，父親は登場しない。タイのこの村では父親は経済的供給者としての役割がもっぱらで，しつけは母親にまかされている。母親は子に対し，愛をそそぐ者としつけを与える者，つまりやさしい存在ともっともこわい存在という両面性をもつが，このゲームではこわい存在として登場する。おばあさんは子どものしつけに関しては特別の権利と責任をもたない立場にあるため，ゲームでもただひたすら孫を甘やかす存在として登場している。召し使いは，職務上主人の側に立つが，これは子どもの目には失敗を告げ口する嫌な奴と映る。[6]」

子どもたちは鬼ごっこの遊びの中に，典型的な家族内の人間関係という大人の世界の文化コードを鋭く見抜き，それを彼らの遊びの中に取り入れているのである。彼らは鬼ごっこという遊びを通して，人間関係について文化化されるように遊びに関わっているのである。

遊びにより子どもたちは社会化，文化化されていくのであるが，それは単に子どもを，その社会の文化コードにあてはめていこうとしているのではなくて，子どもの側から発信されている場合もある。とくに子どもは一方的に文化化されるべき者ではなく，かれら自身文化的な自律性をもった存在として考えられるようになってきた。つまり文化化は，子どもと遊びの双方向の関係からみていくことが重要なのである。

松澤（1985）は，台湾の南部の山地に住む少数民族パイワン族の遊びのフィールドワークを通し，子どもたちが，大人の手伝いの中に遊びを持ち込んでいることを報告している[7]。例えば，湯沸かしをいいつけられた女の子は，薪をくべながら，近くで友だちと縄跳びを楽しんでいるが，時には仲間の年下の子に薪を加えるようにいいつけて自分は遊んでいたりする。それがうまくできないと，彼らに教えながら自分で薪を組むのであった。また，トウモロコシのとり入れを始めた男の子のところに，10名近い仲間が集まる。庭の中央にトウモロコシを積み上げて，夜霧や雨に濡れないようにビニールの布をかぶせることが仕事であるが，幼い子も年長の子も思い思いに中央に向けてトウモロコシを投げる。やがて中央と思われるところに，大きい子が棒切れを立て，その棒切れにいくつのトウモロコシをあてるかを競うのである。大人にとって労働であるものを，子どもたちは，その内容を学びながら，遊びにかえてしまうのである。

このようにして文化化は遊びの中で達成されるが，その行動様式は子ども自らが創り出しながら行われている。文化は子どもにその地域の文化コードとして修得されつつ，彼らにより創造されているといえる。

文化化の理論的な枠組みは，子どもがいかにして生まれた社会の文化を摂取していくの

か，いかなる段階を経て大人社会の一員になるかという視点でのアプローチが主であったが，それでは子どもの個々の行動様式の意味は説明できない。子どもは大人になる途上の過渡的存在である反面，自律的な価値観やコードに従って行動することを，野村は子どもの行動を通して次のように説明している[8]。

　子どもは地面に高低があれば跳んでみようとし，溝があれば飛びこえようとする。社会的には意味を持たないこうした動作は，「生の構造」に属する行動で，「社会秩序の構造」に従おうとする大人のもつ価値や行動様式を否定する要素が多く含まれている。この本能的な「生の構造」は，大人のコードに対して拮抗する力をもち，その結果，総体としての文化を生き生きとしたものにするのである。

　このような視点は，文化を摂取すると同時に，文化を変えて新たに創造して行く側面をも明らかにしていくことになるものと思われる。

## 4　民族スポーツと文化化

　遊びやスポーツによる，民族のアイデンティティの形成，再生産ということは文化化機能の1つととらえることができる。民族スポーツは，これを生み育んだ民族に固有の文化を有しているため，その担い手のアイデンティティの形成，再生産に大いに関与する。

　イギリスのスコットランド地方で行われているハイランドゲームやアラスカのエスキモー[2]やインディアンなどで行われている"世界エスキモー・インディアン・オリンピック"などはその典型である。

　"世界エスキモー・インディアン・オリンピッ

**ブランケット・トス**（出典：稲垣正浩，寒川恒夫ら編　図説スポーツの歴史　大修館書店 1998）

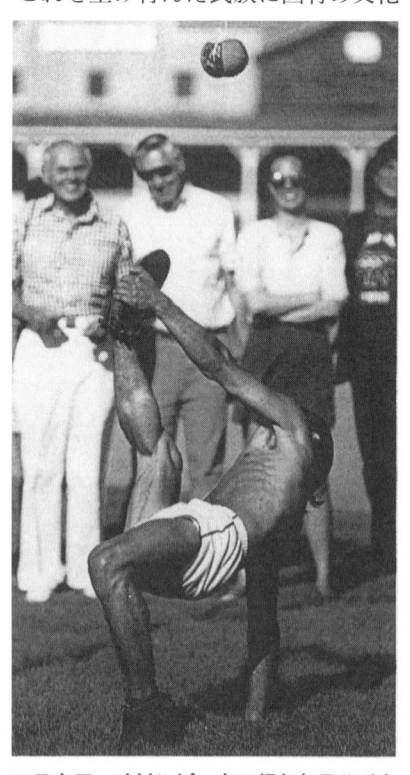

**エスキモーオリンピックで行われるハイキック競技**（出典：稲垣正浩，寒川恒夫ら編　図説スポーツの歴史　大修館書店 1998）

---

2　エスキモーという語には生肉を食べるという意味が含まれているので，彼ら自身が使用している自称語を人類学では用いる傾向にあるが，居住地によりイヌイット（カナダ），イヌピアト（アラスカ北部），ユイット（アラスカ中部・南部）と多様であるため，民族全体の名称として，エスキモーが使われている。（寒川恒夫：遊びの歴史人類学．明和出版，45-47，2003 参照）

**表 WEIOで行われる主なスポーツ**

| 種目名 | 内容 | 由来 |
|---|---|---|
| フォーマンキャリー | 1人で4人の大人を運ぶ競技 | 獲物を効率良く運ぶ方法 |
| ハイキック | ジャンプして的を蹴り，着地する競技で，的の高さを競う。両足と片足キックがある | 鯨を捕まえた時の合図 |
| ブランケットトス | 縫いあげたアザラシの革を広げ，周囲を皆で引っ張って選手をほうり上げ，高さと空中姿勢の美しさを競う | 鯨を見つけるための行為 |
| トーキック | ジャンプしてつま先を蹴りあげて的を蹴る | 氷の上でのバランス感覚 |
| ニールジャンプ | 正座した姿勢から前方へジャンプして両足で着地し，その距離を競う | |
| インディアン・スティックプル | 脂の塗られたスティックを両端から対戦相手が握り，引っ張りあう | 割れかけた氷から素早く別の氷へ移る技術 |
| ナックルホップ | ひじを曲げてつま先とこぶしで進む競技 | 苦痛に対する忍耐 |
| イアープル（耳引き） | 輪にした紐を互いの耳にかけて引き合う | 苦痛に対する忍耐 |
| イアーウェイト | 耳に7キロの重りをつけて運ぶ競技 | 苦痛に対する忍耐 |
| 舞踊 | それぞれの民族の伝統的な舞踊を踊る | 各民族の伝統文化の紹介 |

ク"は，19世紀末に起ったゴールドラッシュのため，アラスカの急速な近代的な開発が進む中で，彼らの伝統的な文化が消失していきつつあった。その伝統文化の維持をめざして始められた競技会である。

1961年にアラスカ州中央部に位置するフェアバンク市が主催して，第1回大会が同市で開かれ，民俗舞踊，ハイキックやブランケットトスなど彼らの伝統的なスポーツが行われた[8]。1970年にフェアバンク市とツンドラタイムズというアラスカ州の新聞社がアラスカ先住民の文化の保存を後援することになり，1973年にはアラスカに住む6つの民族で競技会が行われるようになり，世界エスキモー・インディアン・オリンピック（World Eskimo-Indian Olympics，略してWEIO）という名称の大会になった。その6民族とは，北極海沿岸のエスキモー，内陸部のアサバスカン・インディアン，シベリアの先住民に近い文化をもつアリュート，比較的共通の文化をもつトリンキット・インディアン，ハイタ・インディアン，チムシャン・インディアンである。アラスカの大地でこれらの民族はそれぞれ独自の文化を築いて来たのであった。今日のWEIOで行われている主な競技は表の通りである。

ブランケットトスは縫いあげたアザラシの革を皆で引っ張って選手をほうり上げ，高さと空中姿勢の美しさを競うもので，もともと，鯨を見つけるための行為であった。ハイキックは，両足でジャンプして的を蹴り，着地する競技で，的の高さを競う。この動作は鯨を捕まえた時の合図であったと伝えられている。

このように競技には彼ら伝統的な文化コードが含まれている。彼らがこのような競技会

に集うのは，スポーツで勝敗を争うだけではなく，彼らの先祖からの歴史と文化を確認する場でもあるからである．子どもたちの部もあり，競技会に参加するために，子どもたちは大人からこれらのスポーツを学ぶとともに，日常の遊びの中でも行われている．こうしてエスキモーの民族としての文化コードが伝えられ文化化されるとともに，伝統的な民族の文化を維持していくことが可能になる．文化化は，当該社会を構成する人々の内的一貫性とその文化の存続に寄与するのである．

また本来民族スポーツは，その民族に閉じた文化であるが，WEIOのように多数の民族による競技会が行われるようになると，他の民族の文化を見つめることができる．そしてそれぞれの独自の文化コードを理解することで，異文化を受け入れる素地ができる．このような形の民族スポーツの競技会には，こうした文化化機能もみていくことができる．複数の少数民族間の競技会は中国はじめ，近年になって増えてきており，台湾やブラジル，メキシコなどでも行われている．

## 5 学校教育と文化化

また学校教育における教育の展開も文化化という視点でみることができよう．それは，公教育においては，どのような内容を教えるかという教材は，その社会が子どもにどのような価値を求めているのかということを示しており，その意味では，教育は文化化機能を持っていると解釈できるからである．この視点からすると，学校教育や学校体育で行われている身体的な教材を，文化化機能を用いて分析することは，スポーツ人類学の分野になり得るといえる[3]．

たとえば，今日の日本の学校体育においては，各地に伝わる民俗舞踊が教材として取り上げられている．高等学校では，外国や日本の踊りを通して，それらの文化的背景や動きの特徴を理解するとともに，自国の文化や異文化の理解を深めることができるようにすることが課題としてあげられている[9]．それらの踊りとしてどのようなものが選択されて，そこにどのような文化コードを見い出せるのか，さらにどのような踊りの文化が教育の中に取り入れられるべきなのかということは，スポーツ人類学と教育学との接点を模索する重要な点であろう．さらに高等学校の体育理論の中でも，綱引きや民族スポーツを教材として取り上げる教科書が近年登場している．また小学校3年の国語では，伝統的な祭りとして，秋田県刈和野や沖縄県真栄里などでの大綱引などが教材

**刈和野の大綱引**（毎年2月に行われ，6千人で引き合う，筆者撮影）

---

[3] このような問題を取り扱う人類学として，教育人類学がある．教育人類学は，教育を文化伝達や文化化の制度・慣行・過程ととらえ，それが文化の他の諸側面とどのような構造的・機能的連関をもっているかという視点から研究し，文化伝達に関する一般理論の定式化をめざす文化人類学である．
近年の教育人類学の方法論として，参与観察法に基づいて民族誌を教育研究に適用する教育民族誌（educational ethnography），なかでも，教室場面での精密な行動観察法である微視的民俗誌（micro ethnography）が開発されている．（文化人類学事典，199-200）

として扱われるようになった。これらについて，同様にスポーツの文化化という視点から分析することは十分可能であろう。

　中国においても，吉林省延辺朝鮮族自治州の学校教育では，1980年代の後半から，学校体育の教材として朝鮮族の民族スポーツであるシルム（相撲）やクネ（ブランコ）が取り入れられた。その背景には今日において，延辺の朝鮮族の子ども達はサッカーやバスケットボールなどのいわゆる近代スポーツの方に魅力を感じており，民族スポーツに対する関心が薄らいでいることが，きっかけであった[10]。

　そのために吉林省では，朝鮮族の民族スポーツ（伝統体育）を教員養成学校や中学校など，学校教育の中に教材として取り入れていった。その3年後の1988年には，中学校の教科書に，シルムが教材として加えられた。その意図として次の2つがあげられている[10]。

・伝統体育としてのシルム運動の，正確な動作と技を習得させ，学生たちの興味と積極性を高める
・師範学校の学生はシルム運動を通じて技を覚え，自身のからだを鍛えるとともに，小学校の体育授業でも実施し，我々の民族のシルム運動を継続，発展させる場所になるよう努める

　1986年には，教員養成学校での教材化をはかり，そのテキストの中にシルムやクネ（ブランコ）を取り入れ，出版された。さらに1990年には，小学校5年生と6年生の教科書の中にシルムの技とルールなどが紹介されている。小学校の教材に導入される際，朝鮮族のシルムはけがをする危険性が比較的高かったので，韓国式シルムと北朝鮮式シルムを取り入れて，教材化されたのであった。当初は膝を地面につけて準備が整ったら立ち上がり，その瞬間に競技が始められていたのが，向かい合って立ったまま，取り組みの形をつくり，ホイッスルによって始められるようになった。これにより取り組み開始直後の荒々しさはなくなった。学校教育の教材になる際に，安全面に配慮して，変化したことがうかがえる。つまり，中国朝鮮族固有のシルムの維持ではなく，他のシルムの要素も入れて，朝鮮族の文化維持をはかったとも解釈される。

　これらの教科書は，東北3省（吉林，黒龍江，遼寧省）の朝鮮族の小・中学校にも使われて，多くの朝鮮族の師弟の間で読まれ，実践されている。東北3省の朝鮮族運動大会が毎年行われているが，吉林省以外の省の選手は，これらの教科書に書かれているシルムの技を基礎としてならっているのであった。学校教育において，朝鮮族の文化に教材として触れることで，彼らは朝鮮族としてのアイデンティティを強め，文化化されるのである[12]。同時に学校教育に取り入れられることで，安全面を配慮して危険な技がなくなり，ルールなども簡素化されることにもなる。

　朝鮮族として生まれた者は，朝鮮族としての文化状態の中で育てられていくが，学校教育の中で，技としてシルムの技術体系を学びながら，さらに朝鮮族の文化が内面化される仕組みが用意されているといえ

**中国朝鮮族のシルム**（朝鮮族の紹介パンフより）

る。教育により朝鮮族の文化化が促進されるようになっているのである。

　学校教育の場で展開されることがその当該社会における文化化であるとともに，民族スポーツからどのような価値を取り出し，子どもたちに受け継がれていくのか，さらにどのように文化維持されるのか，について探究していくことは，学校教育や学校体育に新たな視点を注入することになろう。

　これは単に民族スポーツの教材に限定されるものではなく，近代スポーツの教材も同様に文化化機能の視点で見つめることもできるであろう。

（真田　久）

## Question

- 文化化の定義は？
- 近代スポーツを例に文化化について説明してみよう。
- 手伝いを遊びに作りかえて行った例を経験をもとに振り返ってみよう。
- エスキモーオリンピック（WEIO）で行われているスポーツ種目にどのような文化コードが含まれているだろうか？
- 学校体育における文化化について，自分の経験をもとに振り返ってみよう。

## 引用文献

1) K.ブランチャード，A.チェスカ（大林太良監訳，寒川恒夫訳）：スポーツ人類学入門．大修館書店，34，1987．
2) 寒川恒夫編著：スポーツ文化論．杏林書院，7，1994．
3) Blanchard K.：The Anthropology of Sport.: An introduction. Bergin &Garvey, 214-215, 1995．
4) 川島浩平：スポーツと人種．明石紀雄監修：21世紀アメリカ社会を知るための67章．明石書店，124，2002．
5) Anderson W.W.：Children's play and games in rural Thailand:a study in enculturation and socialization, Chulalomgkorn University Social research Institute, 1980．
6) 寒川恒夫：遊び．山口修，齋藤和枝編：比較文化論．世界思想社，103-106，1995．
7) 松澤員子：パイワン族の子どもの生活と遊び．岩田慶治編著：子ども文化の原像．日本放送出版協会，253-272，1985．
8) 野村雅一：子どもの身体運動とイメージ．岩田慶治編著：子ども文化の原像．日本放送出版協会，206-211，1985．
9) 文部省：高等学校学習指導要領解説　保健体育編　体育編．59，1999．
10) 金哲雲：中国朝鮮族シルムの変容に関する研究―民族アイデンティティーとの関係から―．筑波大学体育研究科研究論文集25，81-84，2003．
11) 東北三省朝鮮族師範学校体育教材編纂組織編：中等師範学校民族体育教材．延辺教育出版社，1986．
12) 尹学柱編：中国朝鮮民族文化史大系11:体育史．北京大学朝鮮文化研究所，586，1998．

## 参考文献

Blanchard K.：The Anthropology of Sport.: An introduction. Bergin &Garvey, 1995．
寒川恒夫編著：スポーツ文化論．杏林書院，1994．
岩田慶治編著：子ども文化の原像．日本放送出版協会，1985．
山口修，齋藤和枝編：比較文化論．世界思想社，1995．

# 10 舞踊と文化

## 1 身体のリズミカルな動きによるコミュニケーション

　太古から人々は，折にふれて歌い踊ってきた。ある時は不滅の存在としての神（超自然）を崇め，敬い，祈るために，ある時は動植物の動きを模倣し，自然と一体になり，人間の生を表現するために，さらにある時は楽しみのために集い，興じ，踊った。世界には，日本の雅楽，盆踊り，歌舞伎舞踊をはじめ，インドのカタック，カタカリ，バーラタナッチャム，欧米のバレエ，モダンダンス，ジャズそしてオーストラリア，南米，アフリカで踊られている舞踊等があり，それらは各地域で伝承され，創作され，即興で踊られている。このような舞踊は，祭りや行事の一環として踊られる舞踊と興行を中心とする舞踊，また単純・簡素・容易な動作を自ら踊る舞踊と技巧性・装飾性・芸術性を追及し観客にみせる舞踊，さらに誰でも踊れる舞踊と専門家が踊る舞踊等さまざまに分類することが可能である。

　さて，日本語の舞踊という言葉は，舞と踊という2語からなり，舞は旋回運動を中心とした動きであり，舞楽，能における舞，日本舞踊の上方舞等がある。それに対し，踊りは跳躍運動を中心とした動きであり，盆踊り，念仏踊り，歌舞伎の踊り等がある。一般的に舞は静的であり，貴族的であり，水平方向の動きであるのに対して，踊りは動的であり，庶民的であり，垂直方向の動きである。ただし，舞にも跳躍運動があり，踊りにも旋回運動があるため，動きだけで両者を区別することはできない。

　では，諸外国において舞踊はどのように表現されているのだろうか。英語のダンスという言葉は，サンスクリット原語のtanhaに語源をもち，〈生命の欲求 desire of life〉を意味するといわれる。チベット語のtangka，ドイツ語のTanz，フランス語のdanse，スペイン語のdanzaなどのダンスを意味する言葉は，いずれも生活の経験や喜びの中でのリズミカルな活動の欲求や生命的欲求の意味を含み，ギリシャ語のteneinは，ラテン語から発し，緊張，伸展，支えるなど身体の主要な動きに関する語と語源的にはつながるといわれる。周期的なリズムをもつバイタルパワーと感情の高揚が結びついた運動として人間の〈生〉の本質につながる活動の意味を内蔵しているとされる。

　また，J. ミドルトン (1985)[1)] によれば，ウガンダのラグバラ語では舞踊をオンゴ (ongo) といい，この言葉は同時に歌をも意味している。また踊るという動詞は，オンゴトズ (ongo tozu) と表現し，歌を歌いながら歩き，ステップを踏む意味である。筆者の調査によれば，ナイジェリアのヨルバ語では，舞踊を表す言葉はジョ (jo) とミ (mi) があり，エチオピアのアムハラ語では，エスケスタ (eskesta) という。ジョは，場所の移動をともないながらリズミカルにある一定の動作パターンを反復するときに使い，ミは，場所を移動することなく身体を動かすときに用いる。エスケスタは，「なめらかに (eskes)」という言葉からきているとされ，とくに肩を中心に動かす動作をさす。このような事例からも明らかなように，さまざまな地域において舞踊という言葉が存在し，いろ

いろな意味を内包している。そしてそれは，社会的・文化的な脈絡の中でとらえねばならないのは言うまでもない。

そして舞踊のとらえ方も様々である。例えば，舞踊とは身体による非言語コミュニケーション，実際のジェスチャーと虚のジェスチャーが一体となり有機的に構成されシンボル化されたもの，神への信仰や社会的な活動の象徴，生業形態や社会の慣習など日々の生活とかかわる行為，音楽とプレイと結びついた表現，祝祭性の核となり，人間の生命を強化し，時代と階層と人々の好みのままに生成された表現，民族性，地域性，時代性，個性等とかかわった「感じのあるひと流れの動き」，のように多様な見解を見出すことができる。これらを総じて言えば，舞踊は，言葉や文字では表現できない，自然・社会・歴史・個性と結びついた身体のリズミカルな動きといえるのではないだろうか。

さて，本稿ではアフリカの舞踊を事例にしながら，舞踊と社会・文化とのかかわりを検討したい。なぜなら，アフリカの社会においては，文字のかわりに舞踊や音楽が，情報伝達手段として発達したと考えられているからである。ただし，アフリカの舞踊は，単に文字の代償機能としてのみ存在しているのではない。アフリカの人々にとって，舞踊は生活そのものであり，喜怒哀楽の感情，あるいは神に捧げる祈りや感謝の心を表現する方法であり，文字や言語以上に雄弁に語りかける身体表現としてなくてはならないものである。したがって，アフリカの舞踊を研究することは，舞踊の本質とは何か，を探るうえで重要であり，アフリカの社会や文化を深化して理解するために必要である。

これまでのアフリカ研究は，微小な社会の，消滅しかかっていた伝統的な文化・社会に関する研究が多かった。しかし今日では，都市化が進み，近隣のエスニック・グループや諸外国からの人材や物資や情報にあふれ，それまでの伝統的な生活様式や思考法あるいは世界観が変化しているところの動態的な社会であり，文化を国家という枠組みでとらえることが重要であるという指摘もある。それを踏まえて独立国を守ったエチオピアに照準をあて，国立劇場と国立舞踊団における舞踊を検討したい。

## 2 エチオピアの概観

エチオピア（エチオピア連邦民主共和国）は，東経33-48度，北緯3-18度に位置し，旧約聖書にも現れるシバの女王の国として有名である。伝説によると，ソロモン王とシバ王国の女王との間にできた男子メネリクが，エチオピア王国を築いたといわれている。国土の面積は約110万km²（日本の約3倍），人口6,430万人（2000年，世銀）。（図1参照）。エチオピアは「民族のモザイク」と呼ばれるように100を越す言語と文化が存在する，複雑な成り立ちの国でもある。エチオピアは，きわめて高低差があり，高地エチオピアと低地エチオピアに分けてみることができる。アムハラ族が中心に生活している高地エチオピアは，高原性気候ですごし易いが，酸素が希薄である。これに対し低地は，降雨量が少ない砂漠気候や乾燥サバンナ，熱帯に属し厳しい生活が要求される。気候は大雨期（6月中旬から9月下旬）と小雨期（2月中旬から4月中旬）があり，伝統的には1年が13ヶ月（1ヶ月がすべて30日で，13ヶ月目は5日か6日しかない），1日が12時間と考えられている。

農業が就業人口のおよそ4/5を占めるが，内戦と干ばつによって生産量は極度に減少し，また機械化はあまり進んでいない。作物としてはトウモロコシ，小麦，大麦等の穀物

が栽培されるほか，馬や牛，羊が育てられている。1800 m 以下の雨量の多い地域は，コーヒー豆（主要輸出作物である）やサトウキビの適地である。

主要言語は，アムハラ語，オロモ語，英語等であるが，言語学的にはエチオ・セム系，クシ系，オモ系，ナイルサハラ系の4つに分類されている。また宗教は，多い順に列記すると，エチオピア正教が約55％，イスラム教が約35％，その他が伝統宗教である。

エチオピアでは，現在世界で最古の人類の1つといわれるラミドゥス原人の化石人骨が出土しており，先史時代を考慮すれば世界で長い歴史を持つ国ということができる。AD1世紀から6世紀末までアクスム王国が存在し，13世紀にはソロモン王朝が栄え，19世紀末にはメネリク2世の時代には，ほぼ現在の国境線が確定した。第2次世界大戦中にムッソリーニのイタリアに侵略されたが，皇帝ハイレ・セラシエ1世がイギリスの支援を得て独立を守った。1974年，革命によってエチオピア帝国は倒され，一党独裁の社会主義政権が誕生，のちにメンギスツが大統領に就任した。しかし，ソ連の崩壊にともなって体制移行を余儀なくされ，1993年には領内のエリトリアが独立，エチオピアはメレス首相のもと，連邦共和国となった。今日においても多民族の共存を国家形成の基礎にした新しい試みを行っている。

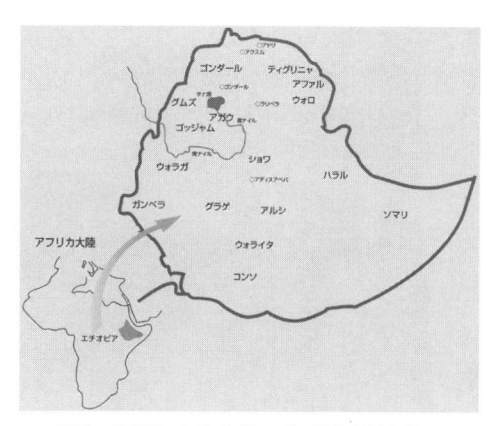

**図1　舞踊にかかわるエチオピアの地名**
（エチオプスアート日本委員会作成）

エチオピアの代表的な食べ物としては，アムハラ人の主食であるインジェラとワットがあげられる。インジェラは，雑穀テフを原料にした，クレープのように薄く丸く引き延ばして焼いたパンで，酸味のある独特の匂いと味がする。ワットは，インジェラといっしょに食べるシチューのようなもので肉や野菜が入っている。人々は，これらを大きな皿に盛り，それをみんなで囲み素手で食べる。飲み物は，蜂蜜酒タッジや地ビール，それにコーヒーがある。エチオピアは，コーヒーの原産国（エチオピアのカファという地名がコーヒーの語源）であり，さらにエチオピア独特のコーヒーセレモニーがある。

コーヒーを飲んだあとは，みんなで歌い踊る場合が多い。舞踊は，このほか民族の祭りに，人生の重要な節目の通過儀礼に，テフなどの農作物の収穫に際して踊られている。

**大きな皿に盛られたインジェラとワット**（筆者撮影）

## 3　国立劇場（旧ハイレ・セラシエ1世劇場）

国立劇場は，エチオピアの誇れる民族文化を，国内はもとより外国の人々に披露してい

る。この劇場には，モダンバンドとフォークロアアンサンブルがあり，専門のダンサー，音楽家そして演劇家が専属団員として所属し，頻繁に舞台で上演している。現国立劇場は，もとはハイレ-セラシエⅠ世劇場として1955年，18世紀フランスの劇場様式をもとに建設された。この劇場ができた背景には，エチオピアの伝統的な舞踊や音楽を保護しようとする動きがあった。その当時，エチオピアでは急激な国際化により，人々は，映画，テレビ，ラジオ，雑誌等により東洋や西洋の影響を受け，とくに民族音楽や舞踊においてはロックンロール等の影響を受けていた。こうした中で，エチオピアの芸術家や知識人たちが，伝統的なエチオピアの舞踊や音楽を保護し，次世代に残すことを目的に建設された。

国立劇場（筆者撮影）

## 4 国立劇場の舞踊

筆者の調査（1997年8月，98年8月，99年2月エチオピアにおけるフィールドワーク）によると，以下のような舞踊が劇場で踊られている。ただし，ここに示す舞踊名は，団員たちが舞踊の名称として使用している言葉をそのまま記述した。そのため，地域名あるいは民族の名称が舞踊名になっている。

(1) ゴッジャム Gojjam，ゴンダール Gonder（アムハラ族）の舞踊

アムハラの舞踊は，前述したエスケスタであり，とくに肩を中心に動かす舞踊であるが，アムハラ以外の人々も踊る。エスケスタでは，肩の動かし方によって，愛の表現や至福の喜び，戦さの激しさ等，さまざまな感情を表現することができる。

(2) ティグレ Tigrigna（ティグレ族）の舞踊

ティグレの舞踊は，太鼓の2拍子のリズムに始まり，エスケスタの部分と歩く部分からなる。ダンサーは，はじめは輪になって踊り，次第に自由な方向に向かい思い思いに踊り，最後に異性のパートナーと組みになって踊る。ティグレのエスケスタは，会話を楽しんでいるかのように踊られる。また，アムハラとは異なり，太鼓が重要なパートを担っているため，太鼓の演奏がないティグレの舞踊は考えられない。

(3) グラゲ Gurage（グラゲ族）の舞踊

グラゲは，アディス・アベバの南に位置する地方で生活している民族であり，グラゲの舞踊では，行動的なグラゲ人の様子が表現されている。上半身を前傾させ，ひざを胸につけるように高く蹴り上げながら踊り，足のリズムにあわせて顔に水をかけるように手をたたきながら踊る。これらの動作は，穀物〈主にバナナの木に似たバショウ科の栽培食物エンセーテ〉を脱穀すると

アムハラ人のダンス：エスケスタ（筆者撮影）

きの動作に由来する，といわれている。
### (4) オロモ Oromo（オロモ族）の舞踊
　オロモは，エチオピアでもっとも大きい民族の1つである。オロモにはエチオピア中部の東から，ハラレオロモ，バレオロモ，アルシオロモ等がある。オロモの舞踊は，乗馬のリズムや動作とかかわりあっている。アルシオロモの女性は，舞踊のクライマックスには首だけを激しく速く何度も回転させ，ショワオロモの男性は，男性の象徴としての獣の鬣を模した鬘をかぶり，牧畜で使うスティックをもって舞踊を踊る。

### (5) ウォロ Wollo（ウォロ地方）の舞踊
　ウォロの舞踊は，アムハラ民族の楽しみとされてきたエスケスタである。男性だけで踊る部分と女性を中心にその周りを男性が回り踊る部分からなる。
　国立劇場では，以上のような舞踊の他に，西部にいるグムズ（Gumez）の狩猟の様子を踊る舞踊，アニュワ人の激しいジャンプをするガンベラ（Gambella）舞踊，東部のハラリ人が住むウォーキングを中心とする舞踊，ラクダとともに生活している東北の地方アファル（Afar）の舞踊，東南部の演劇的要素の強いソマリ（Somali）の舞踊，南部地方のウォライタ（Wolyta），コンソ（Konso）の舞踊なども踊られている。しかし，ケニア国境に近いエチオピアの南部にいる少数民族のコエグ（Koegu）等の人々が踊っている高く飛び跳ねる舞踊は，レパートリーに入っていない。

## 5 舞踊の習得法

　伝統的な舞踊は，特別な教師も稽古場もなく，地域社会で親から子へ伝承されてきたが，国立劇場では，週末と祝日を除きほぼ毎日，体力トレーニングと舞踊の練習が行われている。また今日のアディスアベバでは，プロのダンサーによる舞踊のレッスン場が誕生している。筆者の参与観察（1992年8月，元国立舞踊団団員であり，エチオピアを代表するダンサー，デスタ・ゲブレ Desta Gebre の教室でレッスンを受けた）によると，レッスンは，はじめから終わりまで肩を動かすことを中心に行われた。とくに興味深かったことは，四つん這いになって肩やみぞおち周辺に意識を集中させ，肩の部分だけを動かすことだった。四つん這いになると立った状態より肩や胴体の身体感覚が容易につかむことが可能であり，肩や胴体の動作の感覚を把握する。そして次の段階で立位になり肩を動かす練習をするのである。また一見すると肩を単に上下させているようだが，ゴッジャムではデレベ（Derebe），ズナップ（Sunapp），エンキトゥキトゥ（Enkitukitu）と3種類の動かし方があった。デレベは，ダブルの意味で，足を一回踏み鳴らしながら肩を2回動かすことであり，ズナップは，雨という意味で，雨が降っているように肩を上下させることであり，エンキトゥキトゥは，震わせるという意味で足を一回踏みながら肩を小刻みに震わせるのである。こうした動きを，30分〜90分の間連続して行うのである。

## 6 舞踊と自然・社会・文化

　エチオピアの舞踊は，前述したようにアディス・アベバがあるショア地方を中心にして，北部地方は，主に上半身中でも肩を中心に動かすエスケスタと，南部地方は，主に下半身を中心に動かしジャンプするダンスと大雑把に分けて考えることができる。エスケス

タがなぜこのように踊られるのかに関しては，今のところあまり明らかにされていない。しかし，エスケスタが踊られているエチオピア北部には，タナ湖（青ナイルの源流）やティシサット瀑布等豊かな水の恵みがあること，練習法にも水にかかわる言葉が使われていること，エスケスタを踊りつづけると水や波になったような身体の感覚が生まれること（参与観察の結果）を総合すると，エスケスタは，水の動きや波，あるいは雨などの動きをシンボリックに表現しながら，自然の恵み（超自然）に感謝しているのではないだろうかと推察される[2]。またグラゲの農作業や生活動作を観察した結果，とくにエンセーテの葉から繊維質を取り出す作業（具体的には，立てかけた１枚の板の上に葉を置き，胸のあたりまで持ち上げた片足でそれを押さえ，竹のへらを使って食用としての葉肉をしごき落とす動作）が，ダンスとかかわりがあるのではないか，としつつ舞踊と自然・生活環境とのかかわりを指摘している[3]。

さて国立劇場では，南部の舞踊はレパートリーに加えてもらえないこともあるし，演目にあるとしても南部で踊られている本来の舞踊が，そのまま踊られているわけではない。グムズやガムベラなどの舞踊では，腰の動きを必要以上にエロティックに誇張して踊られていた。これは，南部を蔑視している北部の人々の偏見とかかわっていると考えられる。

## 7 劇場と「伝統的」な舞踊

これまで国立劇場に関して述べてきたが，特記すべきは，それより以前にエチオピア最古の劇場：ハーガーフィクレ（Hager Fikir）劇場が建設されていることである。『ハーガーフィクレ劇場』特別号（1998）[4]には，次のような記述がみられる。「エチオピアにおける演劇は，今世紀の初めメネリクⅡ世小学校で外国の教師が生徒に教えたことに始まる。そこから，エチオピアの芸術家が多く輩出された。しかし，イタリアファシストの侵略により，その活動は途絶えてしまう。ハーガーフィクレ劇場は，1926年エリトリアを植民地化したイタリア人によってアスマラに建設されたもっとも古いオペラ劇場であるが，最初はイタリア人のための劇場で，エチオピア人は，演者としても観客としても使用することはできなかった。一方，エチオピアのさまざまな学校において，演劇活動がアムハラ語や英語で行われるようになった。そして1935年，ハーガーフィクレ劇場がアディスアベバの市内にあるメネリク広場に移築建設されたのである。イタリアがエチオピアを侵略したまさにその日に，結成されたエチオピア国立愛国協会（ハーガーフィクレ劇場）は，エチオピアの人々の愛国心と勇気と独立の精神を具現化したのである。この劇場の創設者であるハーガー・フィクレ・メーバー（Hager Fikir Mahber）は，芸術と芸術家が，人々に愛国心を促し，国の伝統に価値と誇りをもたせ，国民としての結束を促すことを確信していた。」といわれている。

ハーガーフィクレ劇場と国立劇場の事例をみても，人々に単に芸術を提供するばかりではなく，エチオピア国民としての自覚や結束を促す「文化的な装置」としての機能が伺える。

さて，国立劇場で踊られるエチオピアの伝統舞踊は，観客に効果的に見せようとするために，伝統的な舞踊をそのまま踊っているわけではない。たとえば，エスケスタをより高度なテクニックで踊ることはいうまでもなく，舞台において効果的に見せるための小道具やダンサーの配列，エチオピア人らしくみせるための鬘（女性ダンサー）など，伝統的な

舞踊には見られない演出を行っている。さらに，アムハラ以外の民族，とくにエチオピア南部にいる民族の舞踊は，実際とは異なり，アムハラなどの北方の人々に腰の動きが侮蔑的に誇張され踊られていることはすでに述べている。したがって，劇場で踊られている舞踊は，昔から伝承されてきた舞踊をそのまま踊るのではなく，演出した新しい「伝統的」な舞踊ともいえる。J. ハンナ (1965)[5]は，アフリカにおいては，欧米との接触によって伝統的な社会が変貌し，伝統的な舞踊が，社会における重要性を失い，現在踊られている新しい伝統的な舞踊は，地域的・宗教的であるより劇的・娯楽的になり，上演時間を短縮し，衣装を派手にし，野蛮な動きを排除すると指摘している。また舞踊人類学者のアドリーネ・ケプラー (1999)[6]も，同じ動きをしても神にささげるものと観客に見せるものでは意味が異なり，舞踊は，（すべてのシンボリックな体系についても同様だが，）古いフォームを新しい方法で行うことによって新しい意味を創ることができる，としている。エチオピアの伝統的な舞踊も，劇場という新しい空間で，それらしくみせるために演出をして踊ることによって，新しいことを表現することが可能である。伝統的な舞踊を題材にした新しい「伝統的」な舞踊，とも表現できるのではないだろうか。

　創られた伝統という点に関しては，エリック・ホブスボウム (1992) は，『創り出された伝統』の中で，興味深い論を展開している。それによれば，伝統とは古くから受け継がれてきたものと思われがちだが，実はごく最近，それも人工的に創り出されたものであり，まったく新しい目的のために古い材料を用いて斬新な形式の伝統を構築（あるいは捏造）することは，ナショナリズムや帝国主義のイデオロギーの構築に重要な役割を果たしていたのである，と指摘している。ハンナは，新しい伝統的舞踊が劇的・娯楽的になったという指摘にとどまっているが，ホブスボウムの考え方を援用すればエチオピアの「伝統的」な舞踊も次のように推察できる。つまり，アディスアベバの劇場で踊られている「伝統的」な舞踊は，伝統な舞踊という古い材料を用いてエチオピア人としてのアイデンティティ，愛国心，勇気，誇りを示しているとともに，ハーガーフィクレ劇場の誕生で言及したようにイタリアファシストなどのヨーロッパ列強に対するエチオピア人としての独立の精神を示し，結果的には文化的なカウンターアタックを意味しているのではないだろうか。

　しかしながら，エチオピアのアイデンティティとはいうものの，エチオピアの少数民族を蔑視・軽視し，アムハラの優位性を顕在化させることに繋がっているのは皮肉である。

（遠藤　保子）

> **Question**
> ・世界において舞踊はどのような言葉で表現され,その意味は何か。
> ・アフリカの舞踊を研究する意義は何か。
> ・エチオピアの国立劇場はなぜ誕生したのか。
> ・エチオピアの舞踊は,社会や文化とどのようにかかわっているのか。
> ・エチオピアの劇場で踊られている「伝統的」舞踊の意味は何か。

## 引用文献

1) Middleton, John.: The Dance Among the Lugbara of Uganda (Ed.). P. Spencer *Society and the Dance* Cambridge University Press, Cambridge, U.K. 165-182, 1985.
2) 遠藤保子:舞踊と社会―アフリカの舞踊を事例として―.文理閣, 134, 2001.
3) 池田章子:立命館大学大学院修士論文『エチオピアの民族舞踊―ダンスと人々の生活―』(社会学修士), 2000.
4) Eshetu, D.: *The Foundation of Hager Fikir Theatre* (Ed.). Tibebu, Yilma Hager Fikir Theatre Special Issue 出版社不明, 1998.
5) Hanna, J.: Africa's New Traditional Dance, *Ethnomuisicology*, 9, 13-21, 1965.
6) Kaeppler, Adrienne L.: The Mystique of Fieldwork (Ed.). Theresa J. Buckland *Dance in the Field-Theory, Methods and Issues in Dance Ethnography*-Macmillan Press LTD Great Britain, 1999.

## 参考文献

Hanna, J.: To Dance is Human: *A Theory of Nonverbal Communication* Univ. of Texas Press, Austin, 1979.
ホブスボウム,エリック(前川啓治他訳):創られた伝統.紀伊国屋書, 1992.
片岡康子:舞踊の意味と価値.舞踊教育研究会編:舞踊学講義.大修館書店, 2-11, 1991.
松本千代栄:こどもと教師とでひらく 表現の世界.大修館書店, 1985.

# 11 遊びと文化

## 1 文化としての遊び

　「遊び」を研究することは，まるで遊びに没頭する子どもが「楽しい」と感じるように面白い。いうまでもなく，その面白さはなにも笑いを伴うものではない。それはまるで難しい知恵の輪遊びに挑戦している状況に似ており，解けそうでいて解けない，簡単そうに見えて，実に難解なのである。そして，研究はもどかしくも困難な問題に直面することもある（むしろそうした状況に陥ることの方が多いのだが）。さりとて，難しければ難しいほど，その知恵の輪を解いたときの瞬間は何ともいえない爽快感を味わうことができるのである。

　「遊びと文化」。これまたある種の知恵の輪を与えられた気分である。まず手始めに，この2つの言葉の知恵の輪がどうなっているのか解いていこう。まず，「文化」についてだが，文化人類学で最広義に定義されているのは，「人々を取り巻くあらゆる環境に適応するために創り出された行動様式や生活様式」である[1]。むろん，「文化とは何か」という命題は，それこそ無数の知恵の輪を解くようなもので一筋縄ではいかない。したがって，ここでは暫定的に，文化はそうした方法や様式のコード（約束事）として定義しておこう。

　「遊び」も「文化」と同じように定義することが難しい。普段，何気なく使っている「遊び」という言葉だが，あらためて「遊びとは何か」と問いかけてみると，その答えに戸惑う。「子どもは遊ぶことが仕事だ」といった場合，遊びにはプラスのイメージが付与されており，他方，「遊んでばかりいないで勉強しなさい」といった場合には，むしろ否定的な意味合いを含んでいる。また，「夜遊び」や「火遊び」などの言葉は，何やら危険な香りが漂っているし，「仕事も遊びのうちだよ」といった場合には，先ほどの「子どもは遊ぶことが仕事」という意味合いともまったく異なってくる。つまりは日常会話で使わ

**川で遊ぶ子どもたち**
（カンボジア，渡邉昌史氏撮影）

**真剣勝負のビー玉遊び**
（カンボジア，渡邉昌史氏撮影）

れる「遊び」は，用いられ方によってその意味を違えているのである。こうしたことが「遊び」を定義をすることを困難にしている理由の1つにあげられる。

　「遊び」を研究対象としているのは，なにもスポーツ人類学や文化人類学ばかりではない。遊びは人間だけに限られた行動ではなく動物にも認められる行動であるため，動物学や生物学でも取り扱われる研究である。また，人を対象とした研究に限ってみても，教育学や哲学，心理学，社会学などでも遊びを取り扱っている。そうした研究領域までも含めた遊びの定義は不可能に近い。なぜならば，それぞれの持つ関心事項，つまりは問題設定やその研究方法が異なるからである。したがって，遊びを研究対象としていても，教育学であれば遊びの教育的価値を見いだすことに傾倒するし，心理学では遊ぶ人，個人の内面的な状況を重視することになる。

　翻ってスポーツ人類学では研究対象としての遊びをどのようにとらえているのだろうか。その前に，スポーツ人類学でなぜ遊びを扱うのかという根本的な問いについて，ここではごく簡潔に記しておく。スポーツの語源には，気晴らしや遊びという意味合いを含んでいる。そうした語源的意味を鑑みて，スポーツの原義である遊びをもスポーツ人類学では取り扱うのである。

　では，スポーツ人類学でいう「遊び」とは何か。今一度，先ほどの「文化」の定義を思い出してほしい。スポーツ人類学では「文化としての遊び」について考察するが，その文化とは人々を取り巻く環境に適応させるために創られたコードである。それぞれの環境に適応する形態で遊びがあり，そこに暮らす人々が共通認識として遊びとしている行動様式，およびある一定の約束事に則った行為を遊びと見なす。そこには私たちにしてみれば，とうてい遊びとは思えないものもあるかもしれない。逆に私たちにとっては遊びととらえられている行為が，実は何かの儀礼の一部であったりすることもある。したがって，遊びとは何かと定義してしまうことで，特定の行為や行動だけに限定してしまうことになりかねない。かといって，なにを遊びかを定めておかないと，研究の手がかりさえつかめない。したがって，本章でいう「遊び」とは，「当該文化において遊びとして共通認識がなされている，面白さや楽しさを希求する主体的かつ能動的な行為や行動，また義務的なことから解放された休息などの受動的な状態」という広義な意味としてとらえておきたい。

　以上のように，「遊び」とは何かと定義することはかなりやっかいではあるが，逆に固定された枠組みがないからこそ，その研究対象も数限りなく広がる。また自らが開拓者となるべく遊び研究の手のつけられていないような領域に分け入ったり，領域自体を自在に広げたりすることもできるのではないだろうか。なによりも，複雑かつ多くの知恵の輪を解いていく楽しさこそが遊び研究の魅力なのである。そこで，以下では具体的に文化としての遊びの研究はどのようなものかを紹介しながら，その魅力について述べていこう。

## 2　遊びを解き明かす醍醐味

　私たちの先達，古くはプラトンやソクラテスはすでに遊びに注目し，その教育的価値を説いていた。しかし，文化としての遊びについての研究は，19世紀に入ってから本格化した。西欧の研究者たちは，当時植民地としていたような，いわゆる「未開」の地に暮らす人々や当時世に知られていなかったような民族の遊びに注目し，遊びがとるに足らない

ものではなく，むしろ労働や宗教的な儀礼などといった生活における諸要素と深く関わっていることを考察した。なかでもJ.ホイジンガの『ホモ・ルーデンス』[2] (1938)は，遊び研究をするうえで欠くことができないほどの影響力をいまだに持ち続けており，遊びを文化の問題として広く世に知らしめた。ホイジンガは，遊びは文化よりも古く，文化こそが遊びの形式から創られたと説き，世界のさまざまな地域の遊びについて人類学，神話学，宗教学，文学などのさまざまな視点から考察している。

また，ホイジンガと同様に，遊びを文化としてとらえたR.カイヨワは，『遊びと人間』[3] (1958)で遊びを①競争，②運，③模擬，④眩暈（めまい）という4つのカテゴリーに分類した。彼は遊びを分類することで，模擬と眩暈を好む「混沌の社会」から，競争と運を好む「会計の社会」へと文明の進化にともない移行すると主張する。すべての遊びがこうしたカテゴリーに当てはまるわけでもなく，また遊びと社会をモデルにあてはめ進化論的に論じている点には強引さを感じるが，カイヨワもホイジンガと同様に，世界の遊びを網羅的に取り上げ，社会の特性を遊びから読み解く方法を提示している。

ホイジンガとカイヨワは，遊び研究の礎を築くことに多大な貢献を果たしたことは，現在でも折にふれ彼らの研究が引用されていることにみてとれる。彼らの遊びへの関心は非常に広範に渡っており，既存の資料をふんだんに余すことなく活用している印象を受ける。こうした既存の資料を活用する方法により，これまでもある1つの遊びを取り上げ，その起源を解明しようとする試みがなされたり，ある特定の遊びがどの地域にどのくらい広まっているのかといった遊びの分布や伝播の問題を取り扱う研究が行われている。

例えば，寒川は，『遊びの歴史民族学』[4] (2003)のなかで，「比々丘女（ひふくめ）」と呼ばれる鬼ごっこの旧大陸における分布状況を明らかにし，そこから伝播の問題について考察している。この遊びは，鬼が親を先頭としてその後ろに連なっている子どもを捕らえるというゲームだが，日本では「子をとろ子とろ」と呼ばれる昔ながらのある遊びである。こうした形式の遊びは，実は世界各地でみられ，中国では鬼役は鷲，親は母鶏，後ろの子どもはヒヨコという名称になり，チベットなどでは狼が羊を捕らえる遊び，スイスでは鷹が鶏を，またアフリカのカメルーンに暮らす民族の間ではヒョウが鶏を狙う遊びとな

中国の比々丘女（中国少数民族伝統体育運動会，1999，渡邉昌史氏撮影）

図1 比々丘女の分布図（出典：寒川恒夫，2003『遊びの歴史民族学』明和出版，p.17）

っている。寒川はそうした遊びの分布状況から，もともとは野生動物が家畜を襲うというモチーフが原型にあり，その遊びには鶏が登場する地域が多く，また分布状況を鑑みると，おそらく穀物栽培民から発生したものであると結論づけている。日本で「鬼」が登場するのは，この遊びが伝来した後，仏教が民衆の間に浸透する過程で，野生動物に取って代わったのではないかとしている。

文化人類学者の青柳も『「遊び」の文化人類学』[5] (1977) のなかで，遊びの伝播と類似性について，先の比々丘女と呼ばれる鬼ごっこやポロ，ボールゲームなどを例にとり言及している。とくに，北アメリカのインディアンのさいころゲームについて詳しく述べているため，ここでも簡単に紹介しておこう。インディアンといっても，さまざまな部族に分かれているのだが，さいころ遊びはその名称や形，投げ方，得点の換算などの違いは見られるものの，広い範囲で行われているのが特徴的であるという。分布の状況から，何らかの方法でさいころ遊びが広範囲に伝播したことが考えられるが，青柳は他の文化要素（結婚や社会制度，生業形態など）に比べ，遊びは受け入れられやすい，つまり伝播しやすい性質をもつのではないかと述べている。なぜならば，青柳は遊びが余暇活動であり他の文化要素とは切り離されて伝播するため，新しい遊びを受け入れたとしても生業や社会制度などといった，より人間の生存に必要とされる諸文化要素への影響は少ないという立場をとるからである。まずもって，青柳は遊びを余暇活動と限定的に定義してしまっていること，さらには，遊びをあたかも他の文化要素よりも重要性が低いかのごとく論じている点に筆者は疑問を感じざるをえない。しかし，その是非はともかくとして，青柳は伝播や分布から，遊びがどのように社会に受け入れられるのか，また受け入れられた遊びが社会によってはそれに適応するように変容させる例も提示している。著書のなかでは，競争的社会（北西インディアン），協力的社会（ズニ，トンガ），個人的社会（オジブワ，アイヌ）に分類し，個人的社会以外は，社会の特性が遊びにもあらわれていることも例証している。こうした文化の型と遊びの関連性を論じるにあたっても，まず，文化を型にあてはめることができるのかを慎重に検討しなければならず，また，その考察も既存の民族誌に限定されている点に注意しなければならない。

しかしながら，青柳のさまざまな遊び研究の方法や先ほど紹介した寒川の歴史民族学的な研究は，遊びを文化の問題としてどのように扱うか，遊びを巡る問題設定や分析視点，そして問題をいかに説いていくかを謎解きのごとく多彩な例を引きながら展開されており興味深い。

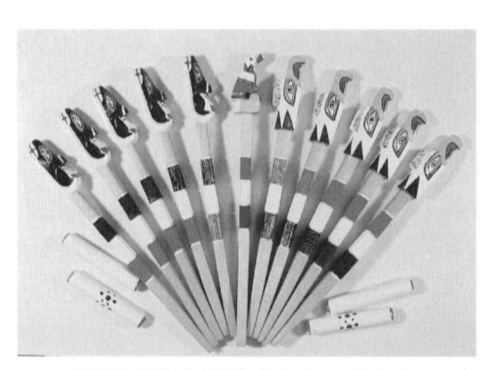

神話に登場する動物をモチーフにした
北米インディアンのさいころ

これまで紹介してきた遊び研究は，その多くが既存の歴史的文献資料や他の研究者によってまとめられた民族誌に依っている。それは伝播や分布などの解明には，広範に渡るデータが必要となるために既存の資料に頼らざるを得ないからである。一方，スポーツ人類学における遊び研究には，「フィールドワーク」という方法を用いることも多い。それは研究者が実際に日本および世界の各地に赴き，「歩く・見る・聞く」ことで，遊びについてのいわば

「生」のデータを収集することから始まる。とくに参与観察という手法は，現地の人々と生活を共にするなかで，彼らにとっての遊びとは何か，彼らの好む遊びとはどのようなものか，なぜそのような遊びに興じるのか，遊びがどのような役割を果たしているか，などといった問題を解くためのデータを得ることができる。参与観察では，自分の問題関心に則した調査ができるし，なによりも生活のなかでの遊びの位置づけ，つまり他の諸要素（労働など）との関連性をより深く考察するには効果的な方法であろう。

　筆者も参与観察という方法で遊びの調査をおこなった。当初筆者は，人間は遊びなしには生きられず，遊びはどの社会でもみられると考えていた。そうしたおり，カナダのとある田舎町で，他の人々とは明らかに一線を画す黒を基調としたオールドファッション風の装いの人々を見かけた。町の人に話を聞くと，彼らは厳格なキリスト教の信者たちであり共同体で暮らしている「フッタライト（Hutterites）」と呼ばれている人々であることがわかった。彼らは，現在でもいわゆる「文明」を拒絶して自動車を使わずいまだに馬車を使い続けている「アーミッシュ（Amish）」と呼ばれる人々と同じ宗派で，「再洗礼派」に属する人々であった。フッタライトは，聖書を基盤とした教義を重んじ，まさに信仰の世界に身を投じて暮らしているのである。ダンスや楽器演奏すら禁じている厳格な社会に「はたして遊びがあるのか」という疑問を抱き，筆者は彼らと生活を共にする参与観察をおこなった。それまでのフッタライトに関する研究書やその他の一般的な書物では，ことさら厳格さを強調するあまり，人々は宗教的な戒律にのみ従って生きているような印象を与えた。しかし，実際に生活を共にしてみると，子どもたちは盛んに遊びまわり，大人たちも共同作業中にみんなで歌をうたったり，ふざけ合ったりする姿がみられた。クリスマスやイースター，洗礼式といった年中行事，および結婚式などにともなう祝宴では，普段，黙々と短時間で食事を済ませるような状況とは異なり，会食を楽しむ様子が見られ，そうした機会には歌をうたいジョークを披露しあう。また，若者たちは農繁期になると夜通し収穫するなどの作業にあたるのだが，彼らは少女たちが夜食を運んでくることを待ちわび，ピクニックさながらの楽しい時を過ごす。

　フッタライトの遊びについては既存の資料や民族誌では多くを明らかにしていない。参与観察により，それまで研究対象にされなかった彼らの生活に織り込まれた遊びと彼らの遊びの解釈について考察することができた。筆者がおこなったフッタライトを対象とした遊びの研究では，遊びは，彼らが宗教的な規範によって縛られた受動的な生活を送っているのではなく，日常生活に遊びを取り込みながら主体的かつ能動的な生き方を実践していること，また，そうした生き方の実践が宗教的社会を常に再構築し持続させている一要因であると結論づけた。

　こうした参与観察には，ある程度の期間が必要となる。それは，文化を違えた人々の生活を肌で経験することであるし，また，当初の「違和感（カルチャーショック）」が「共感」へと変化する過程は，つらくもあり楽しくもある過程である。初めの段階では，彼らにとって調査者は「よそ

**スティックと輪で遊ぶ子どもたち**
（カナダ，筆者撮影）

者」であり，そうしたよそ者を信頼できるかを見極めるため，むしろ調査者が観察されている状況におかれる。こうした段階においては，やはり疎外感を感じることもあり，また生活のペースを把握するまでに時間がかかる。先ほどの「つらい」というのは，こうした初期の段階において感じることである。しかし，いったん「信頼関係」を築きあげれば，彼らとさまざまな経験を共感することができるようになり，調査は徐々に楽しさを増すのである。現地の人々と「信頼関係」を築くことを「ラポール」というが，研究の核心に迫ることができるようになるには，ラポールがあることが前提となってくる。このように，参与観察にはある程度の長期間の時間が必要と述べた意味がおわかりいただけるだろう。1つの社会での遊びを研究するだけでも数年から数十年という歳月を要することもありえ，研究者が生涯のうちで成し遂げられる研究も限られるため，今後遊び研究がより活発になり遊びを巡る民族誌が記されることを期待したい。

　ここでは，遊びをどのような視点からいかなる方法で考察することができるのかを，具体的な研究の例を挙げながら紹介した。大別すると，特定の遊びに注目しその伝播や分布から遊びの社会への受容性や文化の型などを考察する研究と，参与観察という方法で当該社会における遊びの解釈や遊びと他の文化要素との関連性，遊びの構造や機能について考察する研究であった。紙面の制約により，多くを紹介することはできないが，世界の遊びを網羅的に扱った『民族遊戯大事典』は，知的好奇心をくすぐり，遊び研究の導入には最適な書といえるだろう。また，たとえ遊びを主題としていなくとも，多くの民族誌で，生活における遊びについて取り上げている場合がある。原の『ヘアー・インディアンとその世界』[6]（1989）は，アメリカ大陸の極北に暮らす先住民であるヘアー・インディアンの民族誌であるが，この中で原は，彼らの人間観を知る手だてとして「働く・遊ぶ・休む」という3つの概念に言及している。

　また，遊びの学際的な視点からの研究にも目を向けてみると，G. アイゼンの『ホロコーストの子どもたち』[7]（1996）では，文化人類学，社会学，心理学的な視点を織り交ぜながら，ホロコーストという特殊かつ過酷な状況下で生きなければならなかったユダヤの子どもたちが，いかに遊びを通してそうした状況に適応しようとしたのかを歴史的資料や当時の様子を知る人々とのインタビューによって論証している。ここでは，子どもたちが創りだした悲惨な「墓堀ごっこ」や「葬式ごっこ」などの遊びをとりあげ，困難な状況にありながら必死に生きぬこうとする，いわば人間の逞しさを遊びから読みとることができるのである。その他，佐藤郁哉の『暴走族のエスノグラフィー』や，遊び心が感じられる松田道雄の『駄菓子屋楽校』というものがある。前者は，暴走族の「遊び」を通して若者文化の一端を明らかにし，後者は，かつて子どもの遊び空間であり，同時に学習の場でもあった「駄菓子屋」における「遊び」について描かれており興味深い。

## 3　遊びへのさらなるアプローチ

　遊び研究においては，まずもって定義の難しさに戸惑うことは冒頭ですでに述べた。遊びの定義を突き詰めていくと，J. アンリオ（1986）が指摘しているように2つの誘惑に駆られる。1つは「つい，すべてのものに，そしていたるところに遊びを見いだしてしまう」ことであり，2つ目の誘惑は「あるひとつの方法論的な態度を採用して，その結果どこにも遊びを発見することができなくなってしまう」[8] というものである。

まずは暫定的にでも定義をし，第一歩を踏み出してみよう。ここで紹介した，遊びの分布や伝播などを解明する手だてとして広範に渡って歴史的資料や既存の民族誌を活用する方法や，実際にさまざまな地域に出向き，自分の目で生活のなかでの遊びを参与観察する方法，また，1つの学問領域に限定されない学際的な研究，いずれも遊びを他の文化要素との関連性のなかで考察することができる。こうした研究をとおして，人間を取り巻く環境に適応するための知恵と，楽しみながら困難をも克服してきた人間の逞しさと積極的な生き方を，人々が長年培ってきた創造性豊かな文化としての遊びにみることができるのである。

　現代社会における民族を取り巻く環境は，戦争やテロによって引き起こされる多くの事件に反映されるように，決して明るいものとは思えない状況が続いている。しかし，こうした多文化共生の時代にこそ，遊びの研究の意義が見いだせるのではないだろうか。なぜならば，遊びは主体的に自らの環境に関与させる活力となり，また人間の創造性を引き出す格好の要素と成り得るからである。文化としての遊びを研究することは，民族間の相互理解を促進し，いわば「共遊社会（きょうゆう）」を構築する可能性を秘めているのである。

（田里　千代）

> **Question**
> ・自分にとっての「遊び」とはなにか考えてみよう。
> ・自分が暮らしている地域に，その地域特有な遊びがあるか調べてみよう。
> ・旅先で訪れた地域で，人々がどのような遊びを行っているか観察してみよう。
> ・自分が知っている遊びの中から1つ取り上げ，国内でのバリエーション（名称，遊び方など）と世界でのバリエーションについて調べてみよう。
> ・『民族誌』を読み，そこで対象とされている社会における遊びについて読みとってみよう。

## 引用文献

1) 江渕一公：システムとしての文化．文化人類学―伝統と現代―．放送大学教育振興会，53-81，2000．
2) ホイジンガ，ヨハン：ホモ・ルーデンス．（高橋英夫訳），中央公論社，15，110など，1993．
3) カイヨワ，ロジェ：遊びと人間．（清水，霧雨訳），岩波書店，15-55，114-222，1970．
4) 寒川恒夫：遊びの歴史民族学．明和出版，1-24，2003．
5) 青柳まちこ：「遊び」の文化人類学．講談社，98-125，160-197，1977．
6) 原ひろ子：ヘアー・インディアンとその世界．平凡社，234-237，1989．
7) アイゼン，ジョージ：ホロコーストの子どもたち．（下野博訳）立風書房，121-168，1996．
8) ジャック，アンリオ：遊び．（佐藤信夫訳），白水社，13，1986．

## 参考文献

大林太良，岸野雄三，寒川恒夫他：民族遊戯大事典．大修館書店，1998．
佐藤郁哉：暴走族のエスノグラフィー．新曜社，1984．
松田道雄：駄菓子屋楽校．新評論，2002．

# 第2部
# スポーツ人類学のアンソロジー

# 1 終わらない創造・バリ島のケチャ Kecak Dance

## 1 ケチャ

　バリ島を訪れると，あちらこちらの村でケチャを見ることが出来る。白と黒の格子縞の布を腰に巻き，耳に花をあしらったコーラスが何重もの円を形作り，腰をおろして「チャク，チャク」とリズムを唱える中，登場人物に扮したダンサーが踊り，ラーマーヤナ物語を展開する。ケチャの上演は村ごとに行われるため，そのグループは当該村民のみをメンバーとする。そして観光客の支払う料金は，メンバーのギャラに充てられることはなく，村の施設や設備の修繕・整備や新設に用いられる。すなわち，ケチャは村民にとって団結力を強め村意識を植え付けるという意義と効果を有するのである[1]。

　今や伝統芸能の感のあるケチャであるが，実は1930年代，バリ島に居住していたドイツ人画家，ウォルター・シュピースが，サンギャン・ドゥダリという秘儀からコーラスの部分をピックアップして創り出した，つまり外国人による創造物なのである[2]。

　コーラスの振付の大半は，座位の姿勢で挙上した上肢を揺らし，下肢は封じ込められる。非常に容易な振付であるため，農作業や商店経営の合間の練習で十分対応できる。バレエ等の洋舞が，各々のメソッドに従ったトレーニングを積んで下肢を開発し，踊る肉体を造り上げ，さらに作品を体現するための筋肉や表現力を身につけるべく練習を繰り返すのとは対照的であり[3]，いわば生身の身体による舞踊と言える。

　バリ島は1970年代以降，マス・ツーリズムへの発展により観光客が怒涛のように押し寄せた。これに応じるかのように，それまでケチャを持たなかった村でも新しく考案し，上演するようになった。ここではその具体例として，タガス村グヌン・ジャティとブラキウ村プスピタ・ジャヤの2グループについて，コーラスの空間構成と振付における独自性を見出し，今後新たに誕生するケチャについて考えてみたい。

**オーソドックスなケチャ**
（プリアタン村スマラマドヤノケチャ，筆者撮影）

## 2 タガス村（グヌン・ジャティ）のケチャ

　このグループの特色は，①ラーマーヤナ物語中のスグリワ対スバリの兄弟喧嘩を主題とする，②松明と途中登場人物が扱う火炎ボールの炎が照明の役割を兼ねる，の2点にある。1970年から村民の考案したケチャを上演していたが，1972年にインドネシアを代表する現代舞踊家・サルドノ氏が，バリ島の芸術家や村民との共同作業によって完成させ

た[4]。松明の使用は氏の発案による。氏の舞踊作品において，呼吸は重要な要素となっているが，このケチャもヨガの呼吸法をトレーニング法として採用している。

(1) 空間構成

①水平面：入場の直後は円を形作ったが，メンバーの配置は雑然としている。これは1つには火炎からの避難のためである。またグループが，入団と同時に出演させキャリアを積むという方針をとるため，出演メンバーが流動的であるという現状にもよる。

**タガス村グヌン・ジャティのケチャ**（火災の中で兄弟喧嘩を演じるダンサーとそれを取り巻くコーラス，筆者撮影）

②垂直面：コーラスの基本姿勢は立位と座位のみ，かつ全員同一である。そのため空間は平面的となり，個々人の配置は雑然としているが，群は安定し存在感を主張せず，結果としてソリストを際だたせることになる。また冒頭の8分間（全上演時間の1/4）は円形の座位が続き，観客の視線は低い位置に固定されるが，このため，後に立位の隊形になるとギャップが生じ，そこに構築される空間は異なった印象を与える。途中2場面でリフトが入るが，リフトされたソリストは下から松明で照らし出されるため，空中に浮かび上がって見える。

(2) 振付

このグループは，呼吸法を練習するのみで，振付に関しては各自のそれまでの舞踊経験に委ねている。そのためか，振付はあまり複雑ではなく，種類も限られている。

①上肢：冒頭に司祭が聖水を散布する間は合掌しているが，これ以後は挙上して揺らす・翻す，手ばたきの3パターンが認められた。振付以外では，座位では腿の上に軽く置き，立位ではだらりと下げている。軌跡は垂直方向のみであった。しかし上肢の振付はソリストの登場と共に減り，火炎の使用の間は，まったく認められなかった。

②体幹：「チャク，チャク」のリズムに合わせて，左右に揺らすのみであった。これは立位・座位や上肢の挙上・降下とは無関係に行われている。しかしこれも，火炎の使用が始まると，認められなくなった。

③下肢：移動の際の歩行が認められたが，これは，隊形移動に用いられたにすぎない。

## 3 ブラキウ村（プスピタ・ジャヤ）のケチャ

振付はイ・ワヤン・ディビア氏による。氏はバリ島出身のダンサーであり，インドネシア芸術アカデミーで修士号，UCLA で博士号を取得している。渡米後は，洋舞に触れ（実践については不明），その影響を受けた可能性が高い。なぜならコーラスの整然とした空間構成には古典バレエのコール・ドの，また簡易ながらも多様さやテンポの速い振付には，氏の在米した80年代後半以降に展開された，ポスト・モダンダンスの新しい動きの影響が見出せるからである。ラーマーヤナ物語のストーリーを追う内容，舞台空間の中央に据えた燭台の周囲での進行，という点においては他村とは変わらないものの，上記のような洋舞のエッセンスにより，コーラスがストーリーの展開をリードし，ダンサーに絡む

**ブラキウ村プスピタ・ジャヤのケチャ**（コーラスに高々とリフトされるハヌマン（右），筆者撮影）

こともあり，舞台装置として状況を説明するにとどまらず，その存在意義がダンサーと対等である点は，他村のコーラスの位置づけとは大きく異なる。

### (1) 空間構成

①水平面：隊形には8パターンあり，うち7パターンかつ上演時間の9割を円形乃至は円形を原型とする隊形が占めた。円形では，何重もの円と，燭台を中心とする放射状の列が同時に見える。また舞台奥に3列の半円，燭台の周囲と上・下両手前に小さい円を置く等，複数の図形を左右対称に組み合わせたものもあった。このようにコーラスの配列と配置が整然としているため，幾何学的な図形が舞台上に明瞭に浮き出て見える。

②垂直面：全員が同一の基本姿勢をとる他，立位と膝立ち，立位と膝立ちと仰臥位等，複数の基本姿勢を含むこともある。これにより立体感が加味され，空間が面積以上の広がりを感じさせる。またリフトが多用されていた（図3）。とくにハヌマンが仰臥位でリフトされたままコーラスの頭上を移動するシーンは，映画という，伝統舞踊とは関わりの無いところからヒントを得たという。

### (2) 振付

以下に述べるように，上肢・体幹・下肢の各々が多様な振付を有している。これらが組み合わされて実現しているため，振付は複雑さと豊富なパターンを感じさせる。また，週3回は全員揃って練習するのも，必要であり当然であろう。

①上肢：上肢の移動は垂直・水平方向の直線と弧があり，その置かれる位置と描く軌跡は，全身と周囲の空間全体におよぶ。クロスも見せる。揺らす，切るように振り下ろす，壁を塗るように上下させる等もあり，掌だけでも翻す等，バラエティに富んでいる。

②体幹：体幹は，「チャク，チャク」のリズムに対応して常に上下左右に揺れている。頭部，両肩，上肢も揺らし，立位であれば左右への重心移動をともない，座位であれば腰，胡座をかいた下肢も揺れており，全身でリズムを刻んでいる。体幹は直立，前屈や旋回，脱力，ひねりも示し，その間にも揺れている。しかし体幹全体の振付は，同一であることはなく，体幹の各部位が独立して動き，それが組み合わされたものである。

③下肢：振付は，移動の際の歩行の他，べたべた歩く，足踏みする，足先を蹴り上げる，左右へのジャンプ，兎跳び等，多様である。必ずしも移動をともなうものではない。

## 4 新たに創造されるケチャの可能性

ケチャは，外国人によって創造された。その後は，村民やバリ島出身の舞踊家が，当初の形式に則って，新たに各村独自と思われるものを振り付けた。そして1970年代以降に誕生したケチャでは，タガス村（グヌン・ジャティ）はジャワ島出身の現代舞踊家，ブラキウ村（プスピタ・ジャヤ）はUCLAで学んだキャリアを有する者が振付けた。これらは呼吸法，火炎の使用というアイディア，映画からヒントを得たリフト，洋舞の影響を想

わせる振付,複雑かつ緻密な空間構成,テンポの良い場面展開など,従来にはなかった形式を用いており,ここにおいてケチャは新たな創造をなされたということができる。さらにこの段階に到り,ケチャを演じるに適応した身体をトレーニングによって造り上げる必要性が生じており,生身では不可能なものとなりつつある。

　今後も観光客の増加にともない,新たにケチャを上演する村が続出するものと思われる。その際には,舞踊に限らずあらゆる芸能・芸術の分野から,バリ人あるいはインドネシア人に限らずに人材を迎え,様々な趣向を凝らし,よりオリジナリティを発揮したものが創造されるであろう。そしてその振付・構成は,コーラスにとって本業の合間の練習ではこなせないものとなり,日常的なトレーニングを要求されるようになる。さらに多くの観光客を集めるようになれば,上演料収入以外にも,招聘を受けて海外でも積極的な活動を展開するような,プロフェッショナル化の進行,専業としての確立も予想される。新しいケチャの創造は,その作品だけでなく,ケチャのあり方をも変える可能性をも孕んでいるのである。

　しかしコーラスがほとんど円形で座位をとり,「チャク,チャク」という声と共に上肢と体幹を揺らす振付・構成は,村意識の高揚という効果を伴うことからもケチャの本質と言うことができ,これは今後どのようなケチャが誕生しても受け継がれて行くであろう。

（杉山　千鶴）

## Question

・新たに創造されるケチャにはどんなものがあるのか,予想せよ。
・ケチャのような創造と可能性を有する事例を,芸能に限らず列挙せよ。

## 引用文献

1) 宮尾慈良：宇宙を映す身体．新書館,89,1994．
2) 副島博彦：儀礼からアトラクションへ．ユリイカ,8月号,236-239,1997．
3) 本田郁子：日本のコミュニティ型伝統芸能にみる表現戦略．中村敏雄編：スポーツ文化論シリーズ⑨　日本文化の独自性．創文企画,54-59,1998．
4) I Wayan Dibia：Kecak.Hartanto Art Books,59,2000．

## 参考文献

伊藤俊治：バリ島芸術をつくった男．平凡社新書,2002．
杉山千鶴：バリ島フィールドノート．1999．
外山紀久子：帰宅しない放蕩娘,勁草書房,1999．

# 2 イスラーム女性とスポーツ

## 1 女性独自のスポーツ世界

　1993年2月，イランの首都テヘランにおいて，イスラーム女性だけのスポーツ大会，「第1回イスラーム諸国女性スポーツ大会」（1st Islamic Countries' Women Sports Games）が開催された。この大会は，選手，審判，役員，観客，取材記者等，競技期間中大会に関わるすべての人々が女性に限られていた。なぜなら，イスラームにおいては，程度の差はあるものの，女性は親族以外の男性に手と顔以外の自分の身体を見せることが禁じられているためである。外国人であろうとも，スポーツ選手であろうとも，手足を露出する軽快なスポーツ・コスチューム姿は女性にしか見せられないということである。大会後出版された写真集『THE FIRST MEETING』には，当然，男性の目に触れるため，ヴェールを脱いだ女性たちのスポーツ場面は掲載されていない。主に各国選手が様々なヴェール姿で登場した開会式等のセレモニーと，身体を被って競技するイラン女性の射撃・乗馬・スキー，そしてテヘラン市内を走る聖火ランナーの様子のみであった。

　このようなスポーツ大会のあり方は，西欧文化の影響を受けた非イスラーム圏の価値観で考えると，一見，女性のスポーツへの欲求や自律的な行動を抑制しているかのように見える。しかし，彼女たちは，様々な生活場面においてイスラームの教えを遵守しながらも，心地よく自分たちの世界を作り出し，「男女隔離がなされているがゆえに女性の実力が発揮され，社会進出がうながされるという面もある」とも言われている[1]。

　そこで，ここではイスラームの中でもとりわけ服装の制限の厳しいイラン（イラン・イスラーム共和国／Islamic Republic of Iran）に着目し，イスラーム女性の「独自のスポーツ世界」を探ることとする。

## 2 イスラーム女性とヴェール

　イスラーム（Islam＝イスラーム教）においては，地域や時代により程度の差はあるものの，女性にヴェールの着用が義務づけられている。それは，根本聖典である『クルアーン』（al-Qur'ān）の第24章「光り」メディナ啓示31節において，次のような記述があるためである。

　「自分の夫，親，舅，自分の息子，夫の息子，自分の兄弟，姉妹の息子，自分の（身の廻りの）女達，自分の右手の所有にかかるもの（奴隷），性欲をもたぬ供廻りの男，女の恥部というものについてまだわけのわからない幼児，以上の者以外には決して自分の身の飾り（身体そのものは言うまでもない）を見せたりしないよう。」[2]

　イスラームとはアラビア語で「引き渡すこと，委ねること」を意味し，それが「唯一なる神アッラーに自己の全存在を委ねる」という行為を指している[3]。『クルアーン』はその唯一・至高の神アッラーの直接的な言葉であり，教えそのものである。したがって，そ

こに記述されている言葉はムスリム（muslim，神に服従するもの＝イスラーム信徒のこと）にとって絶対的権威を有する。そこで，ムスリム女性たちは当然，この『クルアーン』に恭しく従い，ヴェールを被るのである。

## 3 イスラーム諸国と多様なムスリム

イスラーム諸国とは，イスラームを国教としている，あるいは国民の大多数がムスリムである国々，と解釈することができる。また，一国の全人口に占めるムスリムの割合が80％以上の国（1994年現在，約30ケ国）[4]や，イスラーム諸国会議機構（OIC）に加盟している国（2001，57ケ国）[5]もイスラーム国家と呼ばれている。

しかし，イスラーム諸国と呼ばれる国々の中でも，その「イスラーム度」（戒律を守る度合い）は様々である。つまり，ムスリムが国民人口の大多数を占めたとしても，必ずしもその国が戒律の厳しい敬虔なイスラーム社会であるとは限らない。ムスリムの中には，敬虔なムスリムもいれば，「近代化」の流れを意識しながらも社会改革運動を行おうとするムスリム，そして「世俗的」と形容されるムスリムもいる。イスラーム及びその社会は，様々な時代，地域，さらに階級・階層，世代，ジェンダーなどに属するムスリムたちによって，それぞれの状況に応じた多様なあり方を呈している[6]。

そのような様々なイスラーム諸国の中でも，イランは，国家形成の基盤がイスラームにあるということを明言した憲法をもつことから，とくに厳格にイスラームの教えを遵守している。したがって，女性のヴェール着用は『クルアーン』の教えだけにとどまらず，法律（イスラーム法）によって義務づけられているのである。

## 4 「イスラーム諸国女性スポーツ大会」～ムスリム女性としての誇りと連帯

「第1回イスラーム諸国女性スポーツ大会」は1993年2月13日から19日まで，テヘランにあるアザディ・スポーツ・コンプレックス（Azadi Sport Complex）において開催された。この大会は，当時のラフサンジャーニー大統領の次女であり，イラン・オリンピック委員会の副会長を務めるファーエゼ・ハシェミ（Faezeh Hashami Rafsanjani）が中心となって実現されたものである。彼女は，この大会の開催にあたり，「女性は権利を実現することができるが，同時に，我々のもつ神聖なる義務をしっかりと心に留めてそれを追求することが大切である。スポーツは，我々ムスリムの心と体を正すものである」[7]と述べ，あくまでもムスリム女性としての生き方を前提とした上で，新しいスポーツのあり方を提言したものと考えられる。スローガンは，Friendship & Unity（「友情と連帯」）であり，参加国数は11ヵ国，参加選手数は546名であった。

第2回大会は，4年後の1997年12月13日から19日まで，第1回大会と同様テヘランで開催された。開会式において，ラフサンジャーニー最高評議会議長（前大統領）は，「この大会はイスラーム諸国にふさわしく，スポーツの成果や規範は家族の健康や子どもの教育ために重要である」と奨励し，ファーエゼ・ハシェミICWSSC会長は「ムスリム女性が，この大会を通して，イスラーム諸国における暖かな協力と深い文化交流を行う」と述べた[8]。第2回大会の参加国は25ヵ国，参加選手数は748人であり，第1回大会を上回った。第3回大会は，2001年10月末に開催されたと伝えられている。

表1　第2回イスラーム諸国女性スポーツ大会におけるメダル獲得数

| Country | Gold | Silver | Bronze |
|---|---|---|---|
| | 2nd Games | 2nd Games | 2nd Games |
| Iran | 58 | 55 | 37 |
| Kazakhstan | 35 | 5 | 9 |
| Indonesia | 19 | 13 | --- |
| Kyrgystan | 13 | 10 | 5 |
| Syria | 10 | 29 | 25 |
| Azerbaijan | 7 | 13 | 32 |
| Turkmenistan | 6 | 11 | 41 |
| Pakistan | 3 | 14 | 9 |
| Sudan | 2 | --- | --- |
| Bosnia | 1 | 1 | --- |
| Jordan | 1 | 1 | --- |
| Bangeladesh | --- | 2 | 1 |
| Tajikistan | --- | --- | --- |

第2回イスラーム諸国女性スポーツ大会のパンフレット

## 5　国際大会への志向性～競技スポーツへの果敢なる取り組み

　イラン女性のスポーツの足跡を遡ると，1974年，第7回アジア大会は，中東では初めてテヘランで開催された。当時イランではパーレビ政権下にあり，西欧的近代化を目指して，あらゆる分野において積極的に国際交流を推進していた。女性もヴェールの着用の義務はなく，活発な国際スポーツ大会への参加がみられた。しかし，その5年後には，イラン・イスラーム革命により社会状況は一変した。ヴェールの着用が義務づけられた女性たちの国際大会出場は事実上不可能になった。しかし，近年，緩やかな状況の変化が見られる。1988年のソウル・オリンピックでは射撃競技にオブザーバー参加，1990年の北京アジア大会及び1994年の広島アジア大会では同競技に正式参加した。そして1996年のアトランタ・オリンピックには，やはり射撃競技で正式参加を果たしている。

　このような国際舞台への進出は，イラン女性の競技スポーツへの関心を高め，先の「イスラーム諸国女性スポーツ大会」発足とその後の発展の原動力となったと言えよう。「イラン女性は，他のイスラーム諸国に比べて国際的なスポーツ場面で自分自身を試す機会がない」という当時の現状から抜け出すことを意図して大会は計画されたが，この大会には正式に認められた男性役員が参加していないため（参加できないため）競技レコードも正式に登録されないということが問題として残されている[9]。

## 6　生活文化としてのスポーツ～美と健康と楽しみを求めて

　近年，イランでは一般の女性たちにもスポーツへの関心が高まっている。その理由の1つは，イスラーム革命前には富裕層だけで行われていたスポーツが，革命後には多くの国

民に奨励されたために，徐々にスポーツ施設が充実してきたことにある。

テヘラン市内には，いくつかの「スポーツ・センター」がある。その1つである『ヘジャーブ・スポーツセンター』は古い施設ではあるが，プール，サウナ，トレーニング・ジム等の設備があり，午前中は女性専用，午後は男性専用と時間帯を分けて1つの施設を使用している。スポーツ・センターに集まる女性たちは主に主婦層であり，痩身及び腰痛や肩こりの治療を目的として訪れる人が多いという。

また，若い女性たちは近年，イラン南岸にあるリゾート地であるキーシュ島に出かけ，モータースポーツなども楽しむ。ここでも女性はヴェールを被る義務があるが，取り締まりは比較的緩やかであるという[10]。日常生活におけるイラン女性のスポーツ活動は，美と健康そして楽しみの1つとして様々に工夫がなされ，新たなライフスタイルを生み出している。

## 7 「女の世界」とアイデンティティ

1979年のイラン・イスラーム革命を契機に，ヴェールはイスラーム政権の象徴として，ホメイニーの命によってその着用が義務づけられ現在に至っている。

ヴェール着用の義務は，当初西側諸国から「女性の自由を奪った」とする批判が高まった。国内においてもこれに抵抗する女性はいたが，ヴェールを被ることで男性と対等な立場が得られ，積極的に社会進出する女性も増えていった。

片倉[12]は，「ムスリム社会は『男の世界』と『女の世界』がそれぞれに異なる特徴をもつものとして並存し，それらはまったく同等か，あるいは『女の世界』の方が，むしろ重きをなしていることもある」と，ヴェールの世界を個別の文化としてながめ，男女の対等性を強調する。また，桜井[13]は，「西洋の女性が，『見せる』ことによって自己を表現してきた結果，常に『見られる』存在であることを強いられてきたのに対して，イランの女性は『隠す』ことを強制された代わりに，『見られる』窮屈さから解放されたとみることができる」と，ヴェールの世界を解釈している。イスラームの女性たちは，ヴェールによって「見られる自分」から「見る自分」に変身し，男性と隔離された世界ゆえにかえって自由に自分自身を発揮することができるのであろう。

イスラーム女性のスポーツ行動は，国際大会への参加という課題は残すものの，このような「女の世界」で伸びやかに行われていると見ることもできる。1994年4月，イスラーム女性スポーツ大会連帯会議（Islamic Women Games Solidarity Council）において批准された内規では，「このスポーツ大会はイスラームの規範に照らして開催し，スポーツ分野におけるイスラーム諸国の女性たちの連帯感を強め，ムスリム女性としてのアイデンティティを守っていくこと」が確認されている[14]。

## 8 スポーツ文化の独自性と普遍性

ここで取り上げた「スポーツ」は，いわゆる「近代スポーツ」である。近代スポーツは，そのほとんどが欧米で考案され成熟してきたものである。それらは，オリンピックをはじめとする国際的な競技大会において明らかなように，ひとつの確立した文化として世界共通の内容（ルールやプレイの方法等）をもって理解されている。イスラーム諸国にお

いても，スポーツそのものは同様に解釈されている。しかし，『クルアーン』を基盤として文化及び社会が形成されているため，スポーツという文化もその社会装置との関係において独自のあり方を呈している。「見るスポーツ」の形態はもとより，「見られるスポーツ＝するスポーツ」の形態もそれに影響を受けている。「女性が屋外でスポーツを行う，性別に関わらずすべての人々に観戦の機会が与えられる，男女混合ゲームを楽しめる」などの欧米のスポーツ文化をそのまま受け入れられる土壌をもつ国々にとって自明なスポーツのあり方は，イスラームにおいては，程度の差はあるが，「自文化」ではないのである。

しかし，近代スポーツを推し進めているという側面においては，単なる「自文化主義」ではないのではないだろうか。イスラームにおけるスポーツ文化は，独自の伝統スポーツを頑なに守っているのではない。諸外国と共通する文化財として近代スポーツを受け入れ，それを異なる社会的・文化的土壌の中で行っているというものである。

青木保[15]は「文化のグローバライゼーションによって，やがて世界の文化が均一化してしまうのかというと，それも違う。戦後，憲法や学校制度に始まり，アメリカ化の影響を受け続けた日本ですが，アメリカから見るとまだ「日本異質論」が出てくるぐらい，文化の違いは依然として消えていないのです。確かに，食生活やファッション，経済や社会の制度までグローバライゼーションによって変わるものはたくさんあります。しかし，同時に，文化的社会的に残るものは残っています。私はそれぞれの文化がすべて画一化してしまうとは思いません」と述べている。さらに「文化のグローバライゼーションと異文化は必ずしも対立関係にはなく，グローバライゼーションも受け入れながら異文化は異文化として存在するあり方になるのではないでしょうか」という見解は，イスラームにおける近代スポーツのあり方を映し出しているように思える。

独自の文化の中で，その器にふさわしい形で近代スポーツを享受することもひとつの文化継承のあり方である。また，もう一方において地球規模で共有できるスポーツあり方を模索することも課題と考えられる。「イスラーム―女性―スポーツ」という関係性の図式は，多様な社会変化の中で「個々の国々において，何が異なり，何を共有できるのか」というスポーツの「グローバル化」や「相対化」を考えるひとつの視点となるであろう。

（荒井　啓子）

> **Question**
> ・イスラーム女性が国際大会に出場するには，どのような方法があるだろうか？
> ・「スポーツの国際化」とはどのようなことだろうか？

## 引用文献

1) 片倉もとこ：イスラームの日常世界，岩波書店，92，1995．
2) 井筒俊彦：コーラン（中），岩波書店，194-195，1995．
3) 板垣雄三：イスラーム世界がよくわかる，亜紀書房，12，1998．
4) 岡倉徹志：イスラム世界のこれが常識，PHP研究所，255-259，1994．
5) 片倉もとこ他編：イスラーム世界事典，明石書店，108，2002．
6) 大塚和夫：近代・イスラームの人類学，東京大学出版会，9-10，2000．
7) Iran Women Sports Committee : 1st Islamic Countries' Women Sports Games, 1994.
8) Islamic Countries Women Sports Solidarity : Report of The 2nd Islamic Countries' Women Sport Games, 1997.
9) 前掲資料7)
10) 稲田真司（朝日新聞テヘラン市局）口頭報告2000．及び朝日新聞（2004．2.10朝刊）
11) 桜井啓子：現代イラン，岩波書店，149，2001．
12) 片倉もとこ：イスラームの日常世界，岩波書店，85，1995．
13) 前掲書11)，149．
14) 前掲資料7)
15) 青木保：異文化理解，岩波書店，127，2001．

## 参考文献

加納弘勝：イスラムの女性とイスラムのスポーツ，体育の科学，42－3，1992．
Jennifer Hargreaves : Heroines of Sport, 46-77, Routledge, 2000.
桜井啓子：レザー・シャー期イランの体育行事―その成立過程と役割，オリエント学会，33-2，1990．

# 3 舞踊する身体の文化

## 1 身体のコスモロジー性

　古来，人類はこの大宇宙のなかに自分の体という小宇宙をどう落ち着かせるかということに大きな関心をよせてきた。東洋の人々は自然と語らい，自然や重力のなかに自分を溶け込ませる方法を編みだし，西洋の人々は自然や重力に対抗し，それを克服する，技術を生み出した。

　ところで宇宙とは，天地四方の空間（宇）と無限の時間（宙）のことである。人間は，直接に目に見ることができない自分の体内という自然を，神がつくった大宇宙の，自然の法則にたとえることでまず理解しようとした。そしてつぎに自他を区別し，私の内側と外側の環境との折り合いをつける身体の秩序づくりの技法を生み出したのである。つまり，大小宇宙の法則をまねて，それがどう構成されているかをさぐることが，人間にとってもっとも切実な，私の「身体という場」で考案されたのである。

　こう考えれば，人間にとって民族の踊りを学ぶ理由は，ただ単に共同体の文化や伝統を守るためということなのではなく，その背後にある宇宙単位でのコスモロジー（世界観や宇宙論的意味）を理解しようと努めることなのだということが見えてくるだろう。

　多様な土地に生きている，さまざまな人々の想像力がつくり出したコスモロジーを理解しようと努めながら，宇宙に想像を遊ばせてみると，異なる世界が実は宇宙を通じてつながっているのだと感じられるかもしれない。生きて活動する身体，リズムを刻む身体を，さまざまな角度から考えることは，多様な民族の共生という現代の緊急課題を考える糸口にもつながってくるのである。

## 2 身体文化のメンタリティー

　気候や信仰によって異なる生活感覚が，親から子へ，あるいは仲間と共有され個から社会へと広がり，躾やマナーという共同体の中で守られる規範となって，生活の中で守られるべきスタイルがつくられる。また，食事にかける時間や客人の座る位置などという時間や空間が意味をもった「場」となれば，身体が文化の様相を帯びる。つまり，人々の身に付いたこの生活様式が文化の内実である。だから身体の文化を考えるということは，ただ単に形として身体を見るのでなく，外から目にすることができない精神の内部を身体とのからみで考えようとすることである。

　人類の知恵や集団の思いが，活動する身体という場にどのように映し出されているかを探ること，すなわち，その地域の人々がどんなイメージを有しているかをひもとく鍵が舞踊する身体に内蔵されているのである。それは神話的なイメージを表現する場であったり，精神界の旅を表現するものであったり，さまざまなシンボルの表現であったりする。女性と男性の踊り方，脚の使い方など，決められた踊り方ひとつとりあげてみても，それ

は単なる男女の身体の形や力の大きさからくる違いなのではなく，共同体の重要な約束ごと，たとえば男女の社会的役割の反映であったりする。くり返し訪れる季節や大自然の変化にワクワクする鼓動の高鳴りや沈静するリズムが身体という場に象られると，他者から認識される自分たちの徴という，精神的な意味（象徴作用）が生まれてくる。そして身体に刻まれた技法が記憶の情報基地として文化をひもとく宝庫となるのである。

## 3 信仰と舞踊する身体

　世界の多くの共同体では，人間の力をこえたもの，または神秘的なものを感じるために，いわば神の降臨を求めて，通常とは異なる意識状態（恍惚状態やトランス）に至る技法をもっている。選ばれた少女がトランスに入って神と交流する役目を担ったりするのである[1]。ドラムや楽器を奏で心臓の鼓動とともに回旋しながら踊り，天地の変転を受動する想像力，大きな力への畏敬の念，共生する人々への熱い思い，心地よい体験への知恵などが共同体で共有されるシンボルをともなって示されるのである。

　しかし同じ信仰に根ざしながらも，身に刻印された文化や表現の質は必ずしも同じではない。たとえばダンスという意味も必ずしも同じ物ではない。北米マイノリティ先住民の人々（ネイティブ・アメリカン）の間では，風のそよそよくり返す様子とか，同じような形の窓が並ぶといった，くり返しのパターンをダンスと呼んでいたという説もある[2]。ダンスという概念も地域や歴史文化によって異なるかもしれないのであり，こうした多様な地域のさまざまな表情をもつ身体文化を確かめるためにはフィールドワークが必要となる。次にいくつかの事例をみていこう。

## 4 世界の舞踊する身体

　インドでは神々が踊る。ヒンドゥー教の人々の間では，世界は踊る神によって造られた。南インドの12世紀に造られた左脚をあげて踊るシヴァ神の銅像には，世界の破壊と創造をくり返す宇宙論的意味が表現される（写真）。左脚をあげ，右脚は無知の神を踏みつけている。その脚は知のシンボルである。ところで「踊りの王」シヴァ神は男の神であるが，しなやかに脚をあげて踊るすがたはなまめかしい。インドでは脚はエロティックなのだろうか？　インドの女性は脚を見せたがらないともいう。こうした身体イメージの地域

破壊と創造の神シヴァ神は舞踊の王である。12世紀ごろの南インドの銅像（前掲書[1] P.56 より）

や歴史，宗教における文化差も興味深い材料になる。

　西欧のユダヤ教とキリスト教では，バレリーナは純潔の象徴であるが，教会では女性がなまめかしく踊るエロティックなすがたは不純だと疎まれてきた。しかし教会の外では農民は男女が手をつなぎ接近して踊りに興じている様子が絵画などからも分かる。その理由は何故だろうか？素朴な疑問が生まれればあとは調べるだけである。たとえば，西欧キリスト教のもとでは聖と俗の世界は厳密に分離される。軽やかに踊るバレリーナは理想的な美を求め，肉体を超越した存在として構想されている。天空の神と天国に到達したいと望む人間界をつなぐ天使や妖精である。だから短いチュチュをつけて公共の場で脚を出すことも認められるのである。崇高さを表す光（light）は重さを感じさせずに地上を離れる聖霊の軽快さである軽い（light）にも通じるのである[3]。

　アフリカでは神々のため，また神々を喜ばせるために踊る。今のナイジェリア，ヨルバ族でも神々を称え，また神々と一緒になって踊る。アジアや北米ネイティブ等と同様，生命の源である大地を踏みしめて踊るのが特徴である。こうした宇宙観では，生きているものが住む有形の世界と祖先の霊たちが住む目に見えない世界が，舞踊する身体のなかで出会うのである。霊を呼び，人の身体に取り憑かせる一種のトランス状態（神がかり）になる儀式や祭事も知られている。

　インドネシアのジャワの仏教モニュメント・ボロブドゥール（800年）は，仏教の曼陀羅における宇宙を表している。その遺跡の回廊に彫られたレリーフには仏陀の生涯が描かれ，そのレリーフの中にある踊り方は現在にも受け継がれている。そこでの踊りは，本来は土着の海の神に捧げられるものであったが，イスラム教徒の宮廷で行われたり，仏教の静寂主義を含むヒンドゥー教の神話的要素もありと，異なる文化が共存している。ジャワを統治した歴代の皇室宮廷が王権の象徴として何千人ものダンサーを抱え，宮廷の踊りを独自に発展させた。世界遺産のカンボジア・アンコールワットの遺跡にも多くの舞踊するレリーフがみられる。それらは3つの階層，すなわち上方に広がる天上界，人間などの生きものが住む大地，そして地底に広がる暗い空間という重層的な宇宙を物語る神話的世界の展開からなる。そして天空界にはアプサラと呼ばれるたくさんの踊り手が彫られている。こうした事例からは，舞踊する身体は，その神話的意味だけでなく，身体の政治技術ともいえる機能を考えるきっかけがうまれるかもしれない。たとえば踊り手の身体感覚が舞踊によって解放されるのではなく，むしろ職業としての舞踊を通して刻印されたゆがみや拘束は無かったのか，いわば権力構造を身体的に探っていくような発想である。

　南米ブラジルでも，ヨーロッパのキリスト教的行事と，アフリカの伝統的なダンスとが融合した踊りの祭典，カーニバルがよく知られる。人間の力をこえた大いなる力を感じ，神を招くためにトランス状態に入るカンドンプレの宗教，行事も世界的に知られている。多様な民族が恍惚状態に入って踊るその数は世界中で400以上にも及ぶと指摘される。ダンスを踊る身体には宗教性，社会性，歴史性などさまざま宇宙論的意味が発見されるのである。

　自分をたしかめるために歌や踊りが使われる共同体もある。北米マイノリティのイヌイットの人々は「アイデンティティとは自分を物語ることだ」という。酷寒の地での踊ることは大きな楽しみである。彼らは各自が自分の歌をもち，自分の存在をたしかめるために歌って踊り，また先人の経験も語りや踊りで継承するのである。

　日本でも先祖の霊魂を迎え慰めるための盆の踊りや儀式がある。時空の宇宙に自己が重

なる想像力は，精霊を迎え，慰める歳時としてくりかえされ，祖先という死者の目を通して，現在をみつめる機能も果たしている。

カップルになって踊るダンスから，男女が手をつなぐことさえもない踊りまで，舞踊する身体は，異なる質をもって，自らをこの世界につなぐための多様な動作技法を創り出している。日常と非日常という身体意識のチャンネルを切りかえ，自然や神への畏れという精神の浄化や癒しの技法を含むもの，自分を他者の目で見つめる自己形成という社会化（教育の機能）のため，または国や社会を愛する気持ちを育てる秩序づくりの手段としてなど，舞踊する身体は隠れた文化装置として働いているのである。

（山口　順子）

## Question

- 「身体は文化の最後の宝庫」と言われるが，それはどのようなことか？　舞踊する身体を事例に述べよ。
- 世界の民族の踊りは自分を超えた大きな力に畏敬の念もつことの必要性を示すものが多い。身のまわりの祭りや神事を調べ，舞踊する身体の事例を2つ以上取り上げ，その差異や共通点について述べよ。

## 参考文献

ジェラルドジョナス（田中祥子，山口順子訳）：世界のダンス：民族の踊り，その歴史と文化，大修館，2000．

ポーラ・アンダーウッド（星野淳一訳，原著1993，和訳1998）：一万年の旅路―ネイティブ・アメリカンの口承史，翔泳社，75，1998．

Jowitt, D. : Time and Dancing Image. University of California Press. 29-47, 1988.

Spencer, P., ed. : Society and the Dance. Cambridge University Press, 1985.

山口順子：文化としての身体運動―意味の生まれる場―．宮下充正監修：女性のライフステージからみた身体運動と健康．杏林書院，1-9，1995．

# 4 おどりの言語化

## 1 おどりを言語化するとは

　おどり，いわゆる舞踊の中核はいうまでもなく身体の動きである。それゆえ，おどる者とみる者とのコミュニケーションは，身体そのものを介して実現される。両者の間に生まれるのは，マイケル・ポラニーがいう「暗黙知」による共感覚であり，言葉にはならない何かに満たされる体験をした人も多いだろう。では「あなたが目にしたおどりを第三者にわかるように説明してください」と言われたら，どうするだろうか。大変素晴らしかった，のひと言では何も伝わらない。舞踊は，動きの質や構成，演者の技術，音楽，衣裳，装飾，舞台，照明，観客など様々な要素の調和によって成立しているのである。加えて決して形をとどめる類のものではないことを再認識したとき，すべてを言葉のみで伝えることは不可能だと思い知るだろう。舞踊が，身体と精神，社会と個人，娯楽と宗教といった差異を打破することを称え『世界舞踊史』を著したクルト・ザックスは，誇張と限界をもつ言葉の意味だけでは説明が不充分になると指摘した[1]。とくに民族固有の舞踊においては，その背景に地理，歴史，文化等が深く関わることを忘れてはならない。ジュディス・L・ハンナは，舞踊は身体的，伝達的行動のみならず，文化的，社会的行動であり，時には政治的行動でもあると提言した[2]。舞踊は言葉による説明に限界をもち，かつ多面性をそなえた現象なのだ。しかし我々は研究をすすめる上で，しばしば舞踊――とりわけ身体の動き――を言葉や記号，すなわちある一定の言語に置き換えなければならない局面に直面する。その作業は容易ではないが，まず研究者自身が目的を明確にし，何をどこまで明示する必要があるのかを検討して取り組むことが肝要だろう。そこで大切なのが，言語化に必要な「ものさし」の選び方である。それによって，表現方法も大きく異なる。ここでは身体の動きに焦点をあて，言語の尺度となるいくつかの観点をあげ，それぞれの長所・短所を考えていきたい。

**日本の三匹獅子舞**（観客に囲まれ，神社のかがり火に照らされてタテガミを揺らし舞い踊る。ひとつの舞踊は多くの要素によって成り立つ。）

## 2 言語化のものさし

### (1) 伝承者に使用されている言語

伝承者が実際に用いる言語を，そのまま引用する手法である。伝承の現場では，おどりを身体から身体へと受け継ぐ傾向がある。そのため，言語は伝承の補助的な役割を果たす場合が多い。つまり第三者に説明する目的を担わないため，細かい動きや状態などが抜け落ちやすい。したがって，ある程度おどる側の主体表現となることに注意する必要があり，彼らの意味する内容と一般的な意味との相違や，実際の動きとの符合性などの確認も忘れてはならない。しかしながら，伝承者自身の言語はいくつかの有効な情報を示唆している。まず，ひと流れの動きをフレーズに区切るための基準となりうる。たとえば一見流動し続ける動きであっても，Ａの動きとＢの動きとの組み合せになっている場合，それぞれのかたまりを示す言語があれば判断しやすい。文章でいえば，単語あるいは文節を見極めるようなものである。1字ずつ区切ることで言葉の意味を見失ってしまうような，ポーズの連続に近い状態にまで細分化する事態を避け，躍動感あるフレーズとしてとらえ直すこともできるだろう。また，言語表現を手がかりにして，おどり手側の心がけや美意識，おどりがどのようにとらえられてきたのか，なぜこのような言語を用いたのかなどを検討したり，言語レベルで他地域と比較を試みたりすることも可能となる。

伝承者の手によるおどりの記述，一種の「舞踊譜」が現存する場合がある。音声のみの言語に較べて曖昧さが消え，脈略が比較的整理されている。しかしこの場合も伝承者自身の手で編まれたもの，いわば内部の記録であることには留意したい。地域限定で使われる用語ならば，「　」書きや説明の添付などが必要だろう。また，それらの言語表現が伝承者の間でどれだけ共有されているのかを精査する必要もあるだろう。

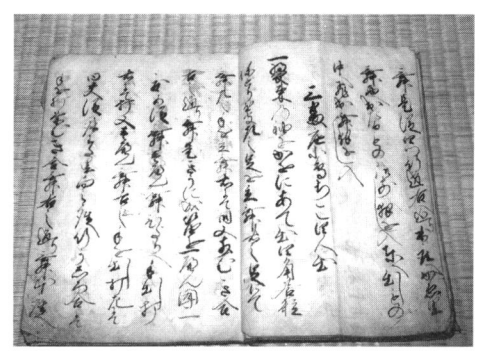

**静岡県周智郡森町小國神社に伝わる舞楽の舞踊譜**
（大場家所蔵古文書；町指定有形民俗文化財）

### (2) 観察者自身の言語

観察者自身が見たまま，感じたままを独自の視点で言語化する手法である。たとえば，「素早い」「激しい」「緩慢な」「跳躍と回転を中心とした」といった漠然とした印象を記すものや，「右手の挙げ下げ」「片足を軸にした自転」など特徴的な動きの断片を記すもの，「蛇のようなうねり」「空気を震わせる走り」と抽象的に記すものなどがある。また，民族舞踊に固有の用語を用いることもある。たとえば日本ならば，ステップに対するナンバ，反閇などの呼称がそれにあたる。しかし一口に跳躍や回転，あるいはナンバや反閇といっても種々あることに注意したい。たとえば跳躍の足の踏み切りと着地の関係をみると，両足→両足，両足→右足（左足），右足（左足）→右足（左足），右足（左足）→左足（右足），右足（左足）→両足というように，いくつかのバリエーションが存在する。これらに高さ，角度，速さ，回数等を補足していけば，単なる「跳躍」だけでは判別しがたい動態の詳細がみえてくる。ただし際限なく言葉を併記することで，かえって第三者の理解を妨げる場合もあるので気をつけたい。また，観察者が属する文化のものさしで他文化のお

どりを表記するときには，言葉づかいに注意が必要だろう。たとえばバリ舞踊の足遣いに「反閉」という用語を用いたり，日本舞踊での重心の上下動に「ルルベ」「プリエ」といったバレエ用語を用いたりすることは適切だろうか。

こうした手法において，どこまで写実的かつ客観的に言語化できるかは，目的にもよるものの，観察者の観察能力および語彙能力にかかっているといっても過言ではない。表現方法によってはきわめて第三者に理解されやすいものになるだろう。なお，他者の手による記述を第三者的に引用する場合には，もとになる記述の主観性・客観性を吟味することを忘れてはならない。

### (3) 動作学の言語

動作学の言語を用いる手法であり，後述するラバノーテーションとも関係が深い。ハンナは，身体の動きを客観的にとらえるためには動作学に基づく分析が必要であるとし，記述法の学習を奨励した[3]。またマーガレット・N・ドゥブラーは，関節構造の解剖学的要素にまで言及し，方向・速度・距離・強度・空間・力性の各視点から絞り込むことの重要性を示唆した[4]。たとえば身体の最小単位の関節の運動を表す言語としては，屈曲—伸展，外転—内転，外旋—内旋などがある。この手法によって各部位の状態が明らかになるが，全身をくまなく記述するには膨大な労力がいるため，実際は必要な関節に絞って詳細をみる場合が多い。また近年は，光学や磁気等を用いて，身体の動きをデータ化する工学的方法も開発されている。

次に力学的な諸要素については，時間軸に沿って身体像を図示したのちに，図上の位置と時間との関係から考察する例があげられる。これらの作業によって，動きの種類，軌跡，頻度，移動の導線といった側面から特徴をあげることが可能になる。こうした記述は比較的客観性が高く，どのような対象も同一レベルで言語化できるという利点をもつ。しかしながらたいていは映像分析をおもな手法としているため，対象映像の精密性および妥当性が求められる。たとえば死角がある場合や，動きを判別しにくい衣裳をつけている場合，もしくはおどり手による違いが歴然としている場合などは，検討の余地があるだろう。

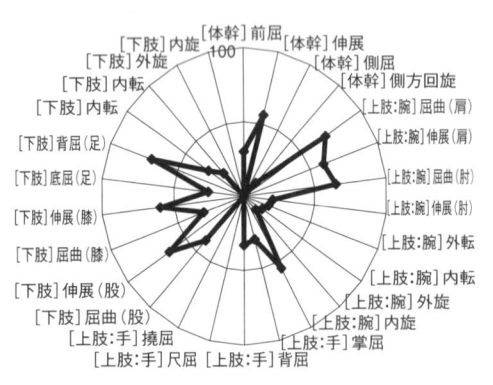

**図1　動作学的分析例** （各部位の運動要素の頻度をグラフ化したもの，筆者作成）

### (4) 体系的な記譜法

これまで多くの研究者や舞踊家らによって提示されてきた体系的な記譜法を用いる手法である。ステップ中心のもの，五線譜に身体部位の位置を書き込むもの，歌詞と身体図を併記したものなど，多種多様だ。その中でも，ルドルフ・V・ラバンが1920〜1930年代にかけて発案したラバノーテーションは，身体部位の動態を一定の法則に従い記号化し，音符のように時間的構成を明示できる点が広く支持されている。ロデリーク・ランゲは，連続した動きの記録を可能にする点が，他の記譜法よりも優れていると評した[5]。端的には，動作学を基盤として時間・空間・力性を軸に拡散と収縮をみていくものであり，各身体部位のダイナミックな特徴が一目瞭然となる。またラバノーテーションを発展させたア

ン・ハッチンソンは，地域差による言語の壁を越えた一種の国際言語であると述べている[6]。地域のみならず，古典舞踊と現代舞踊，芸術舞踊と民族舞踊といった差異にかかわらず，あらゆる舞踊に適用が可能だろう。しかしながら，空間の動態に関していささか明晰さに欠ける点は以前から指摘されてきたことである。また，微細なニュアンス，たとえばアジア舞踊に多い豊かな目の表情やトランス舞踊でみられるような身体の震動といったものは，表記が難しい。さらに，採譜者によって異なる動きとして認識される場合もあり，舞踊譜をもとに再現しようとすると別のおどりになってしまうことも無いとはいえない。記譜にも解読にもかなりの専門性を要するのである。なお，ラバノーテーションは現在も随時改善されているため，学習者は最新の情報を調べるようにしたい。

### 3 言語化は複数の視点から

　VTR技術が発達した現代において，おどりの言語化は映像に基づく場合が多いものの，あらゆる角度からの撮影は不可能に近い。また，動きを言語に置き換えるとは，極端にいえば瞬間を切り取ることでもあり，どこまで現実に忠実な表現が可能なのだろうか。このように，言語化には常に限界がつきまとうことを忘れてはならない。

　もしも，おどりをより詳細に言語化したいならば，目的にあわせていくつかの手法を組み合わせるとよいだろう。たとえば伝承言語からフレーズ化を試み，動作学の言語を用いて身体部位ごとの運動要素を抽出する。視覚的に表わすためには，記号化あるいは図示することも必要だろう。その一方で評論家が使うような一般的な言語で表すことが有用な場合もある。また通史的あるいは地域的に広いフィールドで共有される動きを抽出したときには，それにみあう新たな呼称すなわち言語の考案が求められるかもしれない。何よりも，言語化によって動きの特徴をとらえられたら，それが何を意味するのか，あるいはどんな効果をもたらすのかといったことに思いをめぐらすことが大切だろう。

（弓削田　綾乃）

## Question

・舞踊映像をみて，各自の視点で動きを言語化し，その結果から特徴をあげよ。
・動き以外に舞踊の要素をあげ，それらの言語化についても考えよ。

### 引用・参考文献

1) ザックス・クルト（小倉重夫訳）：世界舞踊史．音楽之友社，9，1972．
2) Hanna Judith.L : To dance is human : A theory of nonverbal communication. Univ. of Texas Press, 3-5, 1979.
3) 同上．, 19．
4) ドゥヴラー・マーガレット・N（松本千代栄訳）：舞踊学原論．大修館書店，80-84，1974．
5) ランゲ・ロデリーク（小倉重夫訳）：舞踊の世界を探る．音楽之友社，83-90，1981．
6) Hutchinson Ann : Labanotation : The system of analyzing and recording movement. Theater arts books, 6, 1977.

# 5 タイム・アロケーション・スタディのフィールドワーク

## 1 個人の行動様式の把握の必要性

　スポーツ人類学では，「スポーツ」や「遊び」を文化的行動の重要な要素としている。そして，文化的行動の中に，社会の意味体系が体現されているととらえる。すなわち，スポーツ人類学研究は，「スポーツ」や「遊び」を文化の一構成要素として把握し，社会・文化の脈絡の中に位置づけることを目的の1つとしている。

　これまでのスポーツ人類学研究は，主に比較的狭い範囲の社会を対象に，個々の事象に焦点を当てて解釈的なアプローチを行ってきた。しかし，そのような方法は，従来の閉鎖的・静態的な社会については一定の有効性を有していたが，社会の近代化・現代化により，今日では限界が生じている。開放的・動態的な社会に変貌している今日，個々の事象を静態的に，かつ当該社会の集団事象として把握することは，著しく困難となってきているからである。しかし，一方，動態的・社会的・文化的全体を直接に把握することも不可能に近い。したがって，社会的・文化的全体を把握するには，個人の行動様式の分析を出発点にせざるを得ない。

　そこで本稿では，個人の行動様式を把握する手法として，個人的行動の量的把握をとおして，人間の行動様式を集団的事象として把握する方法であるタイム・アロケーション・スタディ（Time Allocation study；TAS）を採りあげる。

## 2 タイム・アロケーション・スタディとは

　集団としての人々の行動を量的に把握するのには，タイム・アロケーション・スタディという研究手法が広く用いられている。日本語では「生活活動時間研究」とか「生活時間配分調査」と言われることが多い。タイム・アロケーション・スタディとは，生活時間を時間という指標で測定する手法である。

　タイム・アロケーション・スタディの前提には，人々は自己の欲求が最大限に充足されるように「時間」を様々な活動の中に割り当てるという考え方がある。したがって，生活時間の配分を量的に把握すれば，調査対象とする社会における一定の行動様式を分析することができるとする。しかも，タイム・アロケーションは質的な差異が捨象された「時間」を指標にすることで，地理的条件や経済的条件などの，個別的条件の違いを超えて，人間の行動を客観的に測定し，比較するのに

**聞き取り調査の風景**（ムワチンガ村・ケニア）

**表1 生活活動時間研究（Time Allocation Study）の調査方法**

1. 対象者の記憶に基づく調査方法
   - 1-1. インタビュー法
     過去のある時間帯にわたって活動を聞取り記載する，24時間思い出し法など。
   - 1-2. 日記法
     対象者自身に，ある時間帯の活動の記載を依頼する。
2. 直接観察法
   - 2-1. 個人追跡法
     ある時間帯における1人の対象者の活動を追跡・記載する。
   - 2-2. 定点観察法
     ある時間帯にわたって一定点で観察された人々の活動を記載する。
   - 2-3. スキャンサンプリング法
     ある瞬時（時刻）に観察された活動の記載を集積する。
     - 2-3-1. 定時定点観察法
       ある時刻にある地点で観察された人びとの活動を記載する。
     - 2-3-2. 地域パトロール法
       ある時刻にある地域をパトロールして観察された活動を記載する。
     - 2-3-3. ランダム訪問法
       ある時刻にある世帯を訪問して観察された活動を記載する。ある世帯構成員が不在の場合は，他の構成員に何をしているかを聞き取る。集団の全世帯を均等に訪問することにより集団全体の活動を偏らずに把握できる。
       - 2-3-3-1. 年間スポットチェック法
       - 2-3-3-2. 時間節約型（簡易）スポットチェック法
       - 2-3-3-3. 時間節約型（散発的）スポットチェック法

（門司ほか，2000を改編）

非常に有効な手法とされる。

　この研究手法は，農業経済学では農民の労働時間配分を通じての経済システムの分析に，栄養学では日常的なエネルギー消費量を決定するために，さらに人類学では文明化における'レジャー・タイム'の役割などを明らかにするためになど，様々な学問分野で活用されてきた。

　タイム・アロケーション・スタディには，表1のように様々な方法があるが，それぞれに長短を持ち合わせており，調査して明らかにしたい内容によって用いる方法が異なってくるため，どの方法が適切であるかは一概に言えないが，いずれも個体の活動に着目し，その活動と状態を観察することから集団的事象を明らかにしようとするものである。ここでは，もっとも一般的な「スポットチェック法」を検討してみよう。

## 3 スポットチェック法とは

　スポットチェック法は各世帯を短時間訪問し，その時に各世帯構成員が行っていた個々の活動を記録する作業を繰り返すことによって様々な活動の時間的配分を明らかにする方法であると定義されている。

　スポットチェック法には，無作為スポットチェック法（random spot-check method：RSC法），簡易スポットチェック法（time-saving spot-check method：TSSC法），散発的スポットチェック法（sporadic spot-check method：SSC法）といった3つの方法が考えられている。表2は，スポットチェック法の特徴を示したものである。どの方法を用いても，データ収集の対象は個人であるが，データ分析の対象が集団であることに大きな特徴がある。観察期間は1年であったり，特定の期間だけであったりと目的や条件によって決めることができる。観察時間や回数は，RSC法，TSSC法，SSC法によって異なってくる。行動のカテゴリーやランダム化の度合いは，調査者によって適宜決められる。いずれの方法を用いても，分析方法は，行動の頻度を時間に変換するという点では共通している。

**表2 スポットチェック法の特徴**

| 項目 | 特徴 |
|---|---|
| データ収集の対象 | 個人 |
| データ分析の対象 | 性，年齢別，サブグループなど |
| 観察期間 | 1日，1週間，1ヵ月，1年，特定の期間など |
| 観察時間 | 観察，質問，記録などで，1世帯2-5分程度 |
| 観察回数 | 各人1回以上 |
| 観察時刻 | 通常は日中（日の出＜―＞日の入），夜は困難 |
| 行動のカテゴリー | 細かく分析した上で検討 |
| ランダム化 | 厳密＜――＞簡略化 |
| 分析 | 行動の頻度を時間に変換 |

## (1) 無作為スポットチェック法 (random spot-check method：RSC 法)

集団の各世帯への年間の訪問スケジュールをランダムに作成し，訪問した時点で観察された活動を記載する方法。訪問時刻もランダムにすることにより年間をとおした日中の活動の量的把握を可能にする。世帯が離れている場合や他のインタビューなどと併合して行う場合に有効である。

## (2) 簡易スポットチェック法 (time-saving spot-check method：TSSC 法)

一定の時間帯に全対象世帯を順次訪問する方法。例えば，調査第1日目の午前8時にある世帯を訪問し，その時に世帯構成員がしていたことを観察する。その世帯での観察と質問が終了すると，続けて隣の世帯を訪問し同様の観察と質問を繰り返す。訪問時に留守であった世帯員については，代わりの者から回答を得て，それをその時点での活動として記録する。例えば表3のように，1世帯での観察・質問・記録と次ぎの世帯までの移動に要する時間をおよそ2分弱とした場合，集落全45世帯をちょうど90分で訪問するようにすると，理論的には朝5時から夜の8時まで15時間：900分で各世帯を10回ずつ訪問することが可能であり，それによってある一日の生活時間配分を量的に把握することができる。

## (3) 散発的スポットチェック法 (sporadic spot-check method：SSC 法)

非ランダムな方法を用い，全対象世帯を順次訪問する方法。表3のように，たまたま訪問した時間での活動が記録されることになるが，ほぼ終日調査をすることにより，朝から夕方までの全時間帯にわたって記録をとることができる。しかし，時間帯ごとに観察数が異なるため，各項目の各時間帯の1時間あたり出現割合を求め，それから1日あたりの各活動の配分時間を算出するといった補正を加える必要がある。

ここで，散発的スポットチェック法を用いた事例を紹介しよう[3]。

調査地の背景：ケニア沿岸州クワレ県ムワチンガ村は，サバンナウッドランドの半乾燥地帯で，住民はとうもろこしの栽培，牛・ヤギの牧畜，炭の販売を主な生業としている。対象はミジケンダ・グループに属するディゴ，ドゥルマ族の人々で，人口1,248人（男性569人，女性679人），全214世帯である。公用語はスワヒリ語で，その他にもディゴ語

**表3　一回の訪問における世帯別訪問スケジュール**

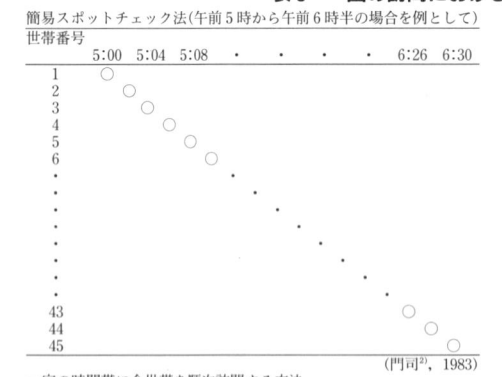

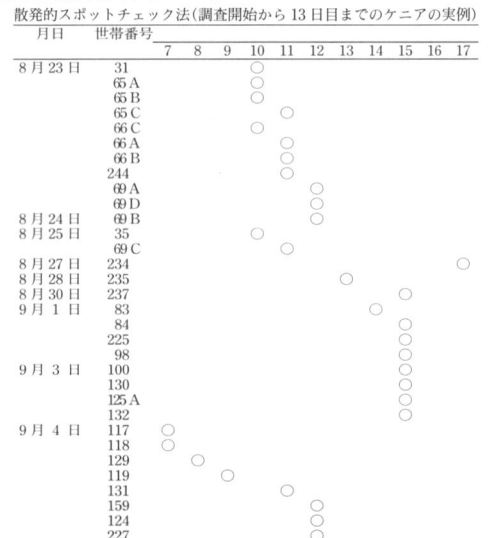

やドゥルマ語が使用されている。宗教はイスラム教徒で，公共の施設としては，モスク，クリニック，小学校がある。

データの収集：各世帯を訪問し，世帯番号（Household Number：HH）および家族構成員の個人番号（ID）をつける。例えば，9月23日の何時にHH何番を訪問し，ID何番が何をしていたかを記録した。敷地内あるいは敷地周辺にいて，直接観察できるものについては直接観察した行動を記録し，不在の者については不在の理由を聞いて行動記録とした。各個人についての行動記録は1回とし，訪問時間帯は，午前6時から午後8時までであった。たまたま訪問した時間での活動が記録されたが，ほぼ終日調査を約1ヵ月実施することにより，朝から夕方までの全世帯にわたる記録となる。なお聞取りは，現地のボランティアフィールドワーカーがスワヒリ語で行い，英語で簡潔に記録した。

データ解析の方法と結果：収集された情報を表4のように項目ごとに整理・分類し，さらにそれらを大きなカテゴリーに再分類する。活動記録の時間帯は，6-10，10-12，12-15，15-18，18-20時の5時間帯に分けて，それぞれの時間帯での出現頻度を集計した。性別に，0-1，2-4，5-9，10-14，15-19，20-39，40-59，60歳以上の8年齢グループをつくり，16の性・年齢グループについて，それぞれの活動の出現頻度を集計した。10歳以上の男女について10-19歳と20歳以上の2群をつくり，それぞれの時間帯での活動7分類の出現割合を算出し，それぞれに観察時間帯の長さをかけて合計することにより，1日（朝6時から夜8時までの14時間）の中で，仕事，家事，学習，社会活動などに当てる時間の長さを算出した。

表5は，10歳以上の男女別の7活動の時間帯別出現数と割合を示す。10歳以上全体では，男性で仕事が31％，社会活動が24％，家事活動が4％であり，女性ではそれぞれ18％，15％，32％であった。図1に示すとおり，20歳以上の男女の仕事時間は各々4.7時間，2.5時間，家事時間は0.5時間，5.1時間であった。仕事で多かったものは，①農作業，②現金獲得活動，③家畜の世話であった。また，Play（遊び）という言葉は，221件観察され，年齢的には1歳から22歳までで23歳以上には使用されていない。内容とし

**表4 行動記録の分類**

| 内容： | | |
|---|---|---|
| 大項目 | 中項目 | 小項目の例 |
| 仕事 | 農作業，現金獲得活動，家畜の世話，家畜の搾乳，編物，野菜・野生植物の採集，漁，家の建築・修理，炭焼き… | 耕す，草取り，店番，籠編み，炭焼き，皿洗い，洗濯，授乳，遊び，睡眠，休息，アイロンかけ，油の用 |
| 家事活動 | 工事・修理，調理・片付け，水汲み，食物採集… | 意，家づくり，祈り，おつかい，オレンジ売り，音楽 |
| 学習 | 勉強（学校），読書 | 鑑賞，買い物，カシュナッツ探し，髪結い，靴の修 |
| 社会活動 | 行事に参加 | 理，結婚式参加，集会に参加，食事の準備，炊事，炭 |
| 食事・水浴び・排泄 | 食事，水浴び | づくり，掃除，洗面，葬式に参加，焚き木集め，大 |
| 余暇活動 | 睡眠，休息，遊び，誰かと一緒 | 工，お母さんと一緒，日光浴，鶏売り，箒売り，訪 |
| 病気・療養 | 病気，病院へ行く | 問，姉と一緒… |

時間帯：6-10，10-12，12-15，15-18，18-20時の5時間帯
年齢：性別に，0-1，2-4，5-9，10-14，15-19，20-39，40-59，60歳以上の8年齢グループ

**表5 1日の時間帯別に見る行動とその数（性別，10歳以上）**

| 時間帯 | 仕事 | | 家事 | | 学習 | | 社会活動 | | 食事・水浴び・排泄 | | 余暇活動 | | 病気・療養 | | 合計 | |
|---|---|---|---|---|---|---|---|---|---|---|---|---|---|---|---|---|
| | 数 | % | 数 | % | 数 | % | 数 | % | 数 | % | 数 | % | 数 | % | 数 | % |
| (男性) | | | | | | | | | | | | | | | | |
| 6-10 | 38 | 26.8 | 8 | 5.6 | 15 | 10.6 | 35 | 24.6 | 17 | 12.0 | 29 | 20.4 | 0 | 0.0 | 142 | 100 |
| 10-12 | 42 | 39.3 | 3 | 2.8 | 20 | 18.7 | 23 | 21.5 | 3 | 2.8 | 16 | 15.0 | 0 | 0.0 | 107 | 100 |
| 12-15 | 15 | 28.8 | 2 | 3.8 | 4 | 7.7 | 15 | 28.8 | 2 | 3.8 | 13 | 25.0 | 1 | 1.9 | 52 | 100 |
| 15-18 | 24 | 27.9 | 5 | 5.8 | 7 | 8.1 | 18 | 20.9 | 10 | 11.6 | 22 | 25.6 | 0 | 0.0 | 86 | 100 |
| 18-20 | 9 | 29.0 | 0 | 0.0 | 0 | 0.0 | 10 | 32.3 | 2 | 6.5 | 10 | 32.3 | 0 | 0.0 | 31 | 100 |
| 合計 | 128 | 30.6 | 18 | 4.3 | 46 | 11.0 | 101 | 24.2 | 34 | 8.1 | 90 | 21.5 | 1 | 0.2 | 418 | 100 |
| (女性) | | | | | | | | | | | | | | | | |
| 6-10 | 23 | 14.6 | 53 | 33.5 | 3 | 1.9 | 17 | 10.8 | 35 | 22.2 | 22 | 13.9 | 5 | 3.2 | 158 | 100 |
| 10-12 | 37 | 23.3 | 45 | 28.3 | 16 | 10.1 | 24 | 15.1 | 20 | 12.6 | 15 | 9.4 | 2 | 1.3 | 159 | 100 |
| 12-15 | 11 | 15.1 | 25 | 34.2 | 1 | 1.4 | 15 | 20.5 | 8 | 11.0 | 10 | 13.7 | 3 | 4.1 | 73 | 100 |
| 15-18 | 19 | 19.0 | 28 | 28.0 | 3 | 3.0 | 20 | 20.0 | 5 | 5.0 | 19 | 19.0 | 6 | 6.0 | 100 | 100 |
| 18-20 | 5 | 13.5 | 18 | 48.6 | 0 | 0.0 | 5 | 13.5 | 2 | 5.4 | 7 | 18.9 | 0 | 0.0 | 37 | 100 |
| 合計 | 95 | 18.0 | 169 | 32.1 | 23 | 4.4 | 81 | 15.4 | 70 | 13.3 | 73 | 13.9 | 16 | 3.0 | 527 | 100 |

| | | | | |
|---|---|---|---|---|
| 男性20歳以上 | 4.7 | 4.2 | 2.5 | |
| 女性20歳以上 | 2.5 | 5.1 | 2.2 | 1.7 |
| 男性10-19歳 | 3.4 | 2.8 | 4.3 | |
| 女性10-19歳 | 2.1 | 4.0 | 2.4 | 2.8 |

□仕事　□家事活動　□学習　□社会活動
■食事・水浴び・排泄　■余暇活動　▥病気・療養

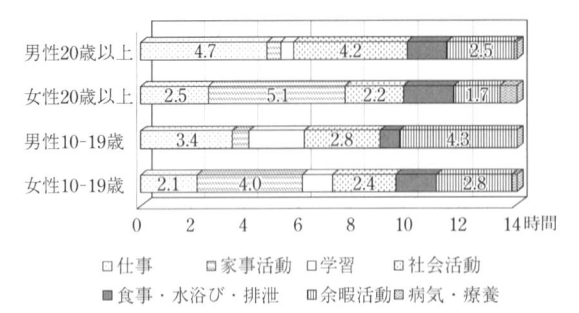

**図1　1日（朝6時から夜8時までの14時間）の中での行動別に見る時間の長さ**

ては，泥遊び，粘土遊び，大人が木で造った子ども用の自転車遊び，主に鳥などを捕獲するために，子どもが木の枝から造ったＹの字になっているパチンコでの遊びなどが見られた。男女による顕著な遊びの違いは，この調査の場合は見られなかった。さらに生業を目的とした「釣り」は11件観察され，8歳から17歳までの男性にしか見られなかった。

　スポットチェック法は，以下の理由から，スポーツ人類学研究でもその活用が期待される。
①一日の中で，スポーツや遊びにあてる時間を，年齢別・性別に知ることができる。
②聞きとった内容によって分類項目が決められるので，地域の特性が見られる。
③「スポーツ」や「遊び」について，あらかじめ設定した基準に基づいて，行動を分類するのではなく，何らの先入観も持たずに実際に観察した行動から，何が「スポーツ」や「遊び」であるのかを抽出できる。
④調査活動の際に，実際の生活の諸相を観察することができるので，タイム・アロケーション・スタディで集めたデータと，実際に自分が見た行動とを重ね合わせて整理することができる。例えば，単に'ボール遊び'といっても，そのボールが市販されているものなのか，布を丸めたものなのか，動物の体の一部を用いて造られたものなのかなどの情報も得ることができる。
⑤ほとんど朝から夜まで村の中を歩くことで，調査対象地の人々と顔見知りになり，調査対象地の社会に入りやすくなる。

　しかしスポットチェック法を用いる際には，以下のような問題点や注意点が挙げられる。
①場所（地理的なもの）でも，時間でも，天気（晴れか雨か）によっても，結果が変ってくる。さらに，簡易スポットチェック法や散発的スポットチェック法は短期間で実施するため，その季節の活動の把握には適しているが，年間の活動を把握するには乾季と雨季で調査を繰り返すなり，毎月定期的に何日間かは行うなどの工夫も必要となる。
②夜間の活動を観察できない。夜の活動まで知るには，すでに行動が行われた後の聞取り調査によらざるを得ないことになる。
③簡易スポットチェック法は一定の時間帯という制約があるので，散在している集落では調査がしにくい。ある程度散在している集落については，散発的スポットチェック法によることになるが，その方法でも，より分散の度合いが大きい集落については，調査時間がかかりすぎるので調査が難しくなる。その場合には，無作為スポットチェック法が採られる。したがって，集落の分散度により，どの方法を用いるべきかを検討する必要がある。
④例えば，「釣り」であっても，生業を目的としたものか，単なる遊びであるかは，容易に判断することができない。実際に子どもの活動を観察すると，遊びながら夕食のおかずとなる魚釣りをし，かつ水浴びもするなど，一度に多くの機能を有する活動をこなしており，生産的活動なのか，自由活動なのか，衛生活動なのかを明確に区別できない。
⑤世帯訪問時に不在のものについては，構成員からインタビューによって何をしているか

を聞くことになるが，それによって直接観察とインタビューによるデータを一緒に扱うことになってしまう。実際に釣りに行ったと言われても，友達が釣りをしているのを見ているだけのときもある。

⑥調査対象地で，子どもと大人とが区分される基準の違いを考慮する必要がある。子どもから大人になるといった場合，通常，子どもの世界と大人の世界が分離されており，成人式などの儀礼を経ることで子どもは大人になる，あるいは大人の仲間入りをする。子どもと大人を区別する基準は，単に身体的な発達や成熟によるばかりでなく，社会的な成熟が問題とされる場合もある。

タイム・アロケーション・スタディから得られた結果は，あくまで人間の行動様式の集団的把握であり，それらが社会・文化全体の中で，どのような意味を有しているかまでは明らかにするものではない。したがって，スポーツ人類学においては，タイム・アロケーション・スタディによって明らかにされた「スポーツ」や「遊び」における行動様式を，さらに自然的・社会的・経済的諸環境との関連で吟味し，それらを社会的・文化的脈絡の中に位置づける必要がある。しかし，そのような位置づけの前提となるのは，個人の行動様式の把握である。タイム・アロケーション・スタディは，いくつかの課題を残しているとしても，現段階において，個人の行動様式を把握し，そこから集団的事象をとらえる出発点として比較的有効な方法と考えられる。

（金田　英子）

> ## Question
> - タイム・アロケーション・スタディとは，どのような特徴を有する研究手法か。
> - スポットチェック法の特徴は何か。また，それにはどのような方法があるか。
> - スポットチェック法を採る場合に，注意すべき点は何か。
> - タイム・アロケーション・スタディは，スポーツ人類学研究においてどのように活用できるか。

### 引用文献

1) 門司和彦：西ジャワ・スンダ農民の仕事―その季節による変動と性・年齢による差異―．東南アジア研究，25巻4号，570-592，1988．
2) 門司和彦，吉見逸郎，中澤港，大塚柳太郎：人類生態学における方法論的個体主義．民族衛生，66巻1号，3-13，2000．
3) 金田英子，門司和彦，青木克己，嶋田雅暁：ケニア沿岸州の一集落における人々の生活と水接触行動．民族衛生，69巻付録，38-39，2003．

### 参考文献

Allen W. Johnson : Quantification in Cultural Anthropology. An Introduction to Research Design, Stanford University Press, 1978.
Daniel R. Gross : Time Allocation. A Tool for the Study of Cultural Behavior, Annual Review of Anthropology 13, 519-558, 1984.

# 6 観光と阿波おどり

## 1 「阿波おどり」という名称について

　阿波おどりはかつて徳島市内で踊られていた盆踊りである。この盆踊りの起源については，他の多くの盆踊りと同様に明らかではない。江戸時代の初期であるとも，それ以前から踊られていたとも言われている。しかし，現存する資料からこの盆踊りが二百年以上前から踊り続けられてきたことは確かである。それを証明する1つは吉成葭亭という画家の屏風絵である。橋の上を大勢の町民が乱舞する様が描かれており，嘉永年間（1848年頃）に描かれたと言われている。また，鈴木芙蓉の「踊絵図」には傘の下で三味線など囃子を奏する者とその横で踊る者が描かれている[1]。この作品が寛政十年（1798）の作であることから，盆踊りが少なくとも二百年は続いていると考えることができる。

　昭和初期，この盆踊りに「阿波おどり」と命名したのは，林鼓浪氏であると言われてきた。日本各地に盆踊りが存在することから，他の盆踊りと混同することを避けるため，徳島の盆踊りを県外で踊るときに「阿波おどり」と名付けたとされている。しかし，平成6年に出版された「阿波おどり」研究誌第2号には『こんな物みつけた』というタイトルで徳島日日新聞紙上（大正5年発行）に「阿波踊り」と書かれている記事[2]が紹介されている。内容は「立太子式祝典奉祝のために11月3日のみ阿波踊りが許可される」とある。盆の時期以外に踊るので，阿波おどりと称したのであろうか。このことから，徳島の盆踊りを「阿波おどり」と称したのは，昭和初期よりも15年も前であることは確かである。その時に「阿波おどり」と名付けたのが林氏であるかどうかは不明である。

　徳島県内で，盆踊りが「阿波おどり」という名称で県民に普及したのは戦後のことであると考えられる。徳島新聞での昭和23年までの記事には「阿波おどり」という名称がほとんど使用されず，どの記事にも「盆踊り」と書かれている。ところが，昭和24年以降では「盆踊り」という名称はほとんど見当たらず，「阿波おどり」という名称が使われているからである。このことから，徳島県内で「阿波おどり」という名称を普及させようとした時期は昭和24年であったと言うことができよう[3]。そのことについて当時の新聞記事に，徳島県，徳島市，徳島商工会議所，新聞社などが「阿波おどりを徳島の観光の目玉として売り出そうとしていた」と書かれていることからも明らかである。

## 2 盆踊りから見せる踊りへの転換

　戦争中に途絶えていた踊りが，戦後，復興する町で踊られるようになったのは，昭和21年のことであった。翌年の盆踊りでは競演会と称して踊りのコンクールが開催され，数々の賞金，賞品が出された。定められた入口から踊り始め，出口まで踊ることにより審査されるという形態は，盆踊りの道行の部分をより強く出すことにつながった。日本の多くの盆踊りは円陣になって踊られている。徳島の盆踊りも円陣で踊られながら，途中で円

を崩し，踊る場を移すために縦列になって進むことはたびたびであった。この様な踊りの成り立ちから考えると，コンクールの時に，入口から出口へと縦列で進む形態はそれまでの盆踊りの形態（円陣と縦列）の一部分を強調したものであった。

競演会はその後も開催され，出場するために踊りを練習し，衣装を揃える団体などが現れるようになった。昭和25年の徳島新聞には，毎年優勝を飾った数団体が後進に途をひらくために無審査組となったと書かれている。これらの団体からは，後の有名連といわれる踊り上手な連（団体）のリーダーが生まれた。踊りの競演は，そのレベル向上に尽くしたという評価を得たが，踊り子を一ヶ所に集める審査場中心主義と批判にさらされることとなり，昭和28年には競演場は廃止され，競演の時代は終わった。

## 3 競演場から演舞場へ

競演場が廃止され桟敷席がなくなったため，阿波踊りの舞台は路上へ移された。道路は観客で混み合い，踊り子達は練習の成果を十分に発揮することができなかった。また，路上での観覧は観客にとっても踊りを堪能できる環境ではなかった。さらに警備の面でも不都合が生じたため，昭和30年には再び桟敷席を設置し，かつての競演場は演舞場と名を改めることとなり，舞台は再び路上から演舞場へと移された。

桟敷席をともなった演舞場は昭和26年には図1のように，徳島市の中心部と，西部，南部に広範囲に広がって設置されていた[4]。ところが昭和30年になると，図2のように，中心部から離れた地区に設営された演舞場は姿を消し，中心部の演舞場のみが残された。

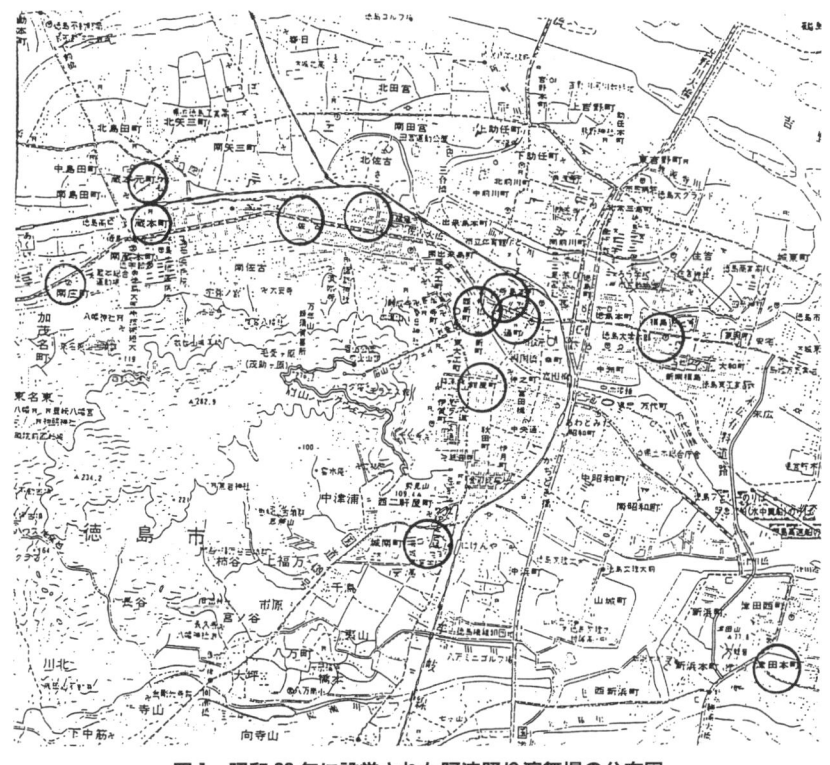

**図1　昭和26年に設営された阿波踊り演舞場の分布図**

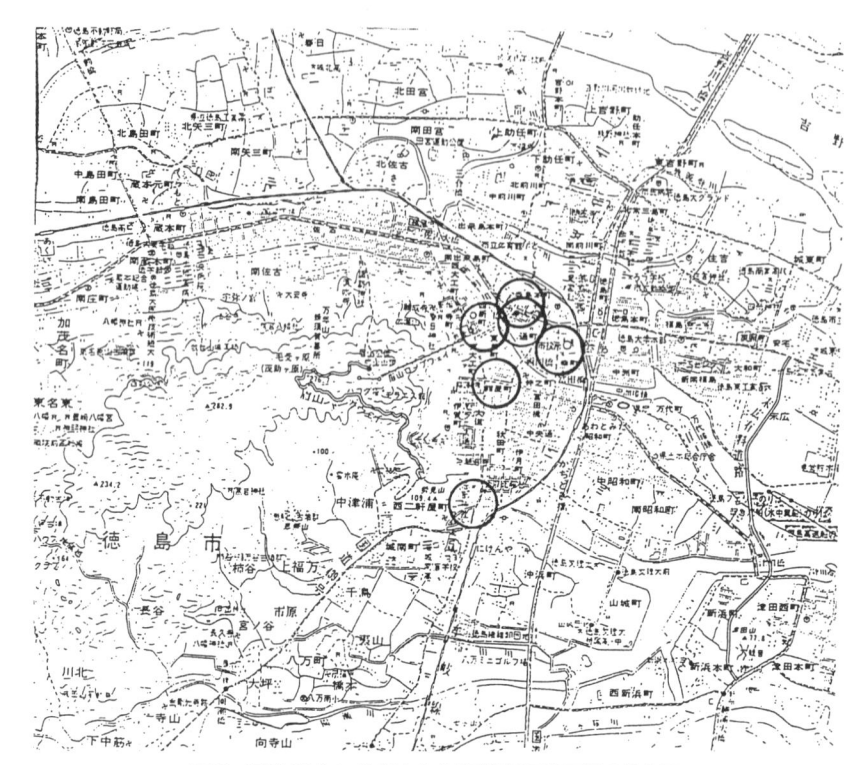

図2 昭和30年に設営された阿波踊り演舞場の分布図

中心部から離れた演舞場には踊り子が集まらないことがその原因であった。西部の佐古，蔵本地区では踊り子を集めるために策を練ったが，踊り子は観客が多く集まる中心部の演舞場を次々と歩いて回る方を選んだ。その結果，中心部以外の演舞場には踊り子だけでなく観客も集まらなくなった。演舞場を設置することにより，人の流れが生まれ，経済が活性化することをねらっていた商店街にとって，踊り子や観客が集まらなくては，演舞場を設置する意味がなかった。これらのことから，踊りを文化として応援するために演舞場が設置されたというよりは，踊りを経済的に利用できるかどうかを重視して演舞場が設置されていたと考えられる。

## 4 阿波おどりと多様な動きの変化

踊り子にとって演舞場で踊ることは，観客に注目されることである。彼らは自分の踊りを洗練させ，他の団体との違いを出すために，自分たち独自の踊りを工夫するようになった。阿波おどりは単純な踊りで，二拍子のリズムにのって踊られる。その踊り方は以下のとおりである。

○阿波おどりの踊り方
＜手の動き＞両手を上に挙げる。
カウント1,2：上に挙げている右手を前に降ろす。
カウント3,4：右手を上に挙げ，左手を前に降ろす。
　これを交互に繰り返す。
＜脚の動き＞

カウント1：右足を前に出す。
カウント2：その足を引き戻して体重をその足にのせる。
カウント3：左足を右足と同様に前に出す。
カウント4：その足を引き戻して体重をその足にのせる。
　これを交互に繰り返す。

　阿波おどりは，二拍子で踊られ，動きの一まとまりはたったの四拍と短く，しかもその動きは単純であるのが特徴である。そのために，動きにアクセントをつけて，8拍や12拍で一まとまりになる動きのリズムパターンを作り出すことができる。また，縦列で踊るために隊列を揃えて踊るようになり，さらに，隊列の組み方を工夫するようになった。男性と女性を別々の隊列で踊らせることによって2つのグループを作り上げ，子どものグループを別に分け，女性が男性の衣装を着て男踊りをする隊列を作る等と工夫がなされた。連（踊りの団体）には演奏集団（囃子）が付き従っていて，他の団体と関係なく自由に，自分たち独自のテンポで踊ることができる。さらに，音楽を止めて，動きを静止させることも可能である[5]。多くの盆踊りは共通の音楽で踊られるので勝手にテンポをあげることも，ポーズをとり静止することもできない。このような阿波おどりの特徴が，多様な動きの変化を生み出すことになったと考えられる。

　日本が西洋化の道をたどる中で，時代に合わずに消え去った踊りもある。保存会等によってかろうじて残されている踊りもある。その中で，阿波おどりは二百年前の盆踊りの骨子を失わずに，しかも現代の人々に合うように踊り続けられてきた。それは，阿波おどりがもっている特性によるところも大きいが，阿波おどりを観光に役立てようと支えてきた人々の存在も，見逃してはならない。

　徳島の郷土芸能である阿波おどりを観光に利用するという考えは見事に当たり，観光資源の少ない土地を潤した。その後，日本の各地で郷土芸能を観光に利用する先鞭をつけたのは徳島の人々であると言えよう。

## 5　阿波おどりの現代における意味

　地域の観光に貢献した阿波おどりは，東京の「高円寺の阿波おどり」を筆頭に日本全国に広まり，「阿波おどり」という名称はもはや徳島の盆踊りを意味するものではなくなった。それは，桟敷席の間を，縦列になって踊る「戦後の阿波おどりの形態」を指すようになった。亡くなった人の魂を慰めるための盆踊りは，その本来の意味を失って，人々を集めるための踊りとなったのである。

　祭りは地域の人々が連帯して1つのことに関わるという側面を持っていた。しかし，現

代社会では祭りをとおして結びつくことが少なくなってきている。その結果，地域の人々とのコミュニケーションも非常に希薄になってきている。犯罪の多い社会や高齢化社会においては地域の人々が連帯する必要性が説かれている。観光のためにフットライトを浴びた阿波おどりであるが，地域で踊られることは減少したようである。観光としての阿波おどりだけでなく，祭の機能としての阿波おどりが元気を取り戻すことを願っている。また，現代的なリズムの音楽や踊りがあふれる中，若者が郷土の芸能に親しむことは自身のアイデンティティを確立することにもつながるであろう。

(中村 久子)

## Question

・戦後の阿波おどりにとって競演会はどのような意味をもっていたか？
・阿波おどりの動きを多様に変化させることができたのは何故か？

## 引用文献

1) 三次昭一郎：徳島藩と阿波踊り．阿波おどり，徳島新聞社，18-24，1980．
2) 板東惄夫編：こんなもの見つけた．阿波おどり 第2号，阿波踊り研究会，1994．
3) 中村久子：新聞記事に見る戦後の阿波踊り—演舞場の成立を中心に—．徳島大学総合科学部健康科学紀要，Vol.5，21-22，1992．
4) 中村久子：新聞記事に見る戦後の阿波踊り—戦後の阿波踊りを支えたもの—．徳島大学総合科学部人間科学研究，第1巻，6-7，1994．
5) 中村久子：阿波踊りにおける多様性について その1．徳島大学総合科学部健康科学紀要，Vol.3，17-18，1991．

## 参考文献

三好昭一郎：阿波踊史研究．徳島県教育印刷K.K，1998．
朝日新聞社徳島支局：阿波おどりの世界．朝日新聞社，1992．

# 7 綾子舞の文化伝承

## 1 綾子舞伝承の里，女谷（おなだに）

　綾子舞は，新潟県柏崎市鵜川地区女谷の，高原田（たかんだ）と下野（しもの）に，およそ五百年前から伝承されてきた古典芸能である。女谷は，柏崎市の中心から南へ16キロ離れたところに位置し，中山峠を超えた，米山を西部に，黒姫山が東部に連なり，すり鉢底のような標高200メートルの鵜川盆地に点在する五部落（高原田，上野，下野，宮原，駒之間）からなる。

　かつては，冬になると4メートル余の積雪をみる豪雪地帯で，部落は雪に埋もれる長い冬を過ごす。隣村の野田村へと続く中山峠は，近年まで冬は死を覚悟に登り降りする危険な峠でもあったといわれ，勢い鵜川盆地に住む人々は閉鎖的になる。山の恵みと清冽な涌き水，寒暖の温度差が農作物や自生の植物をより豊にした。と同時に，厳しい自然と住民の閉鎖性が綾子舞という美しい芸能をこの地に根づかせ，当時のままの姿を守り続けたといえる。以前は，稲作中心で，炭焼きや出稼ぎで暮らしをたててきたこの地区の農民は，農閑期になると一家に集まり，藁仕事に精をだしながら，娯楽として綾子舞を楽しんだ。盛んな頃には，4つの集落に座があり，それぞれ格式を重んじ，芸風をかたくなに守るために，座元の長男にしか教えない「一子相伝」であった。冬期間を稽古にあて，雪解けの頃になると，近隣の村村に巡業の旅に出た。江戸公演もあったと文献は伝えている（「遊歴雑記」，十方庵，1815年）。旅立ちの前には，集落の人々に出来映えを披露する。庄屋の座敷にしつらえた畳3枚分（下野）・畳2枚分（高原田）の舞台で，一日中，えんえんと数十番の演目が続いたという。綾子舞は，長く厳しい冬の慰めに，五穀豊穣を祈る村の鎮守・黒姫神社の奉納舞に，春を待ちわびた喜びを表現する村の大切な芸能であった。

　明治維新前後まで，綾子舞は，鵜川地区のあちこちに伝承されていたとゆうが，明治中期になると，廃絶してしまった集落もある。しかし，下野と高原田の人々は，先祖代々の芸能を誇りにし，両座は競い合いながら，切磋琢磨して芸を守り続けてきた。戦後，古歌舞伎踊りの生きた資料として，学界の注目を集め，全国的に知られ脚光を浴びるようになった。

　近年，舞台の公演数（年間12回～13回）が増え，海外公演もはたしている（2003年，4月，シアトル市）。かつて，3000人の人口を有した両部落は，急激な過疎化が進み，現在は100余名になった。住民の高齢化や少子化で，伝承の担い手の確保が困難になってきてはいるが，古老伝承者の伝承哲学「型を崩してはならぬ。大きな誇りをもって。」は変わらず生きつづけている。

## 2 綾子舞とは

　女性が踊る「小歌踊（こうたおどり）」，男性が演じる「囃子舞（はやしまい）」と「狂

言（きょうげん）」の3種類の芸能を総称したものである。初期歌舞伎踊りの面影を色濃く残しており、芸能史的に価値が高いことから、昭和51年（1976年）、国の重要無形民俗文化財に指定された。現在、黒姫神社祭礼（毎年9月15日）の奉納をかねて、樹齢800年の御神木前に、二間四方の舞殿と、神社の拝殿から舞台までの渡り廊下（橋掛かり）がつくられた現地公開舞台上で演じられている。

綾子舞の由来については確かではないが、以下の起源伝説や仮説が挙げられている。

① 1509年、越後守護職、上杉房能が長尾為景に討たれ自害した。その奥方の綾子がかくまわれたところが女谷で、奥方綾子が伝えた。綾子は上杉房能が京より連れ帰った白拍子であるとする説。
② 中古北面の武士、北国武太夫が、京都北野天満宮の巫女文子の舞を伝えたとする説。
③ 囃子舞や狂言は、江戸中期に京都からきた狂言師が伝えたとする説。
④ 1600年前後、京都を中心に「ややこ踊り」を売り物にして活躍していた、出雲の阿国たち、女歌舞伎の座によって伝えられたという説。

「小歌踊」

女歌舞伎踊り前期の"ややこ踊り"の姿をよく残している。囃子と室町末期頃に流行した小歌の調べにのせた、出羽、本歌、入羽の三部構成の踊りが特徴である。扇の手振り（34種類）の組み合わせと、腰をおとした中腰姿勢、すり足、あや（交）にする足さばきで、前後に移動したり、その場で回ったり、左右の位置を入れ替わったりしながら優雅に踊り、ときには足拍子を踏む。下野と高原田では、人数（下野3人・高原田2人）、踊りの振り、衣装などそれぞれに特色があり、中学生から大学生の女性が踊る（戦前は男性が女装して踊った）。現在、11番の演目が伝えられている。

「囃子舞」

猿若芸の系統を汲むもので、ユーモラスな歌と囃子に合わせて、男性1人が舞う。同じ振りをくり返すものと、囃子歌に合わせて、物真似をするものの2種類にわけら

堺踊（下野）

因幡踊（高原田）

亀の舞（下野）

れる。22番の演目が伝えられた。

「狂言」

　武家の洗練された能・狂言と異なり，古態のままのはつらつとした面白味がある。殿様と冠者の能・狂言風のものと，地域性のある自由な形の地狂言風のものがあり，33番伝えられた。

## 3 伝承の社会組織

### (1) 伝承の財政源

　国の重要無形民俗文化財の指定を受けた，昭和51年（1976年）から平成11年（1999年）まで国庫補助事業（民俗文化財地域伝承活動国庫補助事業）の採択を受けた。年間400万円の予算を，国が50パーセント，新潟県と柏崎市がそれぞれ25パーセントを負担し，座元を中心とした綾子舞保存振興会が，伝承者の養成，記録作成，現地公開の実施，衣装，道具，会場費などの諸経費として使用した。平成12年（2001年）から，市の補助事業として採択され，年間200万円の予算で伝承活動をおこなう。綾子舞保存振興会は市教育委員会に委託され，全面的に市の行政下に入る。

　また，全国組織の綾子舞後援会（理事18名，会員約400名，会費個人一口1000円・団体一口5000円）が教育委員会文化振興会を窓口にして発足している。後援会は，保存振興会の財政面や精神面でのバックアップを目的にしており，年1回の会報を発行し，更なる会員数を増やすべく現地公開に集まる観客に，入会を呼びかけている。

### (2) 伝承活動の展開

①伝承者養成講座（一般社会人向け講座）の開設

　平成3年（1991年）から養成講座がはじまる。座元で伝承活動をしている人達に加えて，伝承者養成の輪を広げ，鵜川地区在住の未経験者，広報を通じて柏崎市在住市民の参加を募り，約40名，年間20回程度の講座を開催している。依頼公演が近づくと各座元が自主的に集中稽古を実施する。講座は「綾子舞会館」（伝承文化活用型交流促進施設・平成11年開館）で行われている。

　両座元の綾子舞はいくつかの点で違いがあり，それが国指定の対象であることから，統合することができない。今後も伝承者養成講座は各座元の実情に即して対応されるが，伝承地が過疎地であるという状況を考えると，地区外からの伝承者受け入れが必要になる。また，離村して綾子舞を離れた中堅若手の復帰への働きかけ，伝承学習に参加している子ども達の講座へのスムーズな移行が期待される。

②伝承学習の活動

　学校における伝承学習は，昭和45年（1970年），鵜川小学校のクラブ活動として発足した。その後，鵜川中学校が小学校と足並みを揃え，小中学校9年間の一貫した伝承学習の体制ができあがった。鵜川小中学校の閉校後は，統合市立南中学校に引き継がれ，現在，小学1年から中学3年まで，52名が南中学校を会場に，月1回程

**綾子舞会館**

度の練習を続けている．踊5演目，囃子舞2演目，狂言1演目のうち，1人1演目を中学3年まで続ける．保護者はもちろん，児童生徒の綾子舞に対する興味や関心が高まり，希望制の伝承学習を進めやすい環境となっている．毎年11月に発表会を開催して，成果を披露する．伝承学習は，豊かな人間性の育成と共に，後継者養成につながる橋渡し策として大変重要である．

綾子舞は，女谷に生きた農民の感性が京の雅を受け入れて，雪に降り込められた農閑期の娯楽として，延年として伝承されてきた．座元と呼ばれる伝承者の高齢化，過疎地域の少子化，風俗や生の価値観の多様化現象などは，綾子舞の文化伝承に多くの課題を残しているが，受け渡された「型」をっちり守りながら，古老伝承者の身体にしみこんだ「経験の気配」を，次の世代に伝承する取り組みが模索されている．

(中村 多仁子)

> **Question**
> ・観光化と綾子舞変容・変質の問題を述べよ．
> ・行政から離れた伝承組織づくりは可能か．

**参考文献**

本田安次：日本の民族芸能Ⅲ，語り物・風流二．木耳社，1970．
服部幸雄：歌舞伎の成立．風間書房，1988．
小笠原恭子：出雲のおくに．中央公論社，1984．

# 8 民俗舞踊の教育
## —文字や言葉に多くをたよらない伝統文化の体験学習—

　民俗舞踊とは「庶民が踊り伝えているもの」「各地の祭りなどで，その土地の人々の手で踊られているもの」「郷土芸能のおどり」「伝統芸能のひとつ」などをさしていわれる。1970年に実技授業「日本民俗舞踊」を開始した時のキャッチコピーは"古能，古歌舞伎，盆踊り"であったが，現在では盆踊りが霊祭りへと変化し，"古能，古歌舞伎，霊祭り"となっている。しかしながら庶民の伝承文化だけに，なにひとつ確証がないことであるらしいのだが，民俗芸能にかかわった多くの先輩達が，そう伝えているので素直に従っているところである。言葉使いをつきつめていないのは，筆者がなによりも「からだでわかる教育」を第一義にしていること，その手段により「感覚を呼び覚ます教育」を目標としていることからくる不充分さなので，お許しいただきたい。大切なことは，論じたり，見たり，聞いたりしただけではわからないことが，からだで学習することによってあきらかになってくることである。古能，古歌舞伎，霊祭りという誇大ともいえるキャッチコピーがかすむほどの実力が民俗舞踊には存在していたのである。

　授業開始から10年間におよぶ学生の感想文（男子40，女子176）をまとめて第50回体育学会で口頭発表した時に得られたまとめは下記3点である。
①知育偏重の体験から，身体で「わかる」ことは人間の根源に関わる深い洞察を得た。
②他の舞踊やスポーツでは感じることができない「感覚」を経験し，こうした体感を深めることが必要であることに気付いた。
③日本固有の「おどり」を踊ることで「日本人としての自覚」を持った。
　さらに最近おこなった調査からも下記3点が得られている。
①伝統芸能といえば，能，歌舞伎ぐらいしか思い浮かばない学生にとって，民俗芸能の存在は，予想をはるかに越える新鮮さを感じさせ，よろこばれている。さらに「伝統」に対する概念を変える役割も果たしている。
②日本人的なことに飢えている学生を十分に満足させている。
③文字や，言葉に多くをたよらない民俗舞踊の体験学習は，学生の身体感覚を呼び覚まし，正しい動き方を教え，日常生活の動き方に示唆をあたえると同時に，内面深くへと影響をもたらした。

## 1 教材となった民俗舞踊

### （1）北海道アイヌ古式舞踊

　一口にアイヌ舞踊といっても，北海道各地にはアイヌの集落が，あちこちに存在し，それぞれに，芸能が存在している。それぞれの土地で，言葉の意味も異なる場合があるので，何処の地方に伝わっている芸能なのかを，しっかり銘記しなくてはならない。素朴な踊りの振りで，誰でも直ぐに楽しめるものである。しかし，それぞれの踊りには，そのおどりが誕生した「ほほえましい物語」の存在があることを忘れてはならない。また，シン

アイヌ古式舞踊（北海道平取）

プルであればあるほど，踊る者に「踊り心」が存在する状態において楽しみたいものである。最初の授業でいきなりやって「大学生になって，こんな簡単な踊りを踊らされるのは嫌だ」との印象を与えてしまった失敗例があった。そういう例外がなければ「もっともバリアフリーの踊り」として，外国人にも大歓迎される踊りである。

なお，アイヌ語には書き言葉がないので，以下に示した踊り名の表記は，昭和60年に国指定を受け記念講演をした時のプログラムの表記および，引用文献の表記によったものである。

①ウェカプ（挨拶の踊り）旭川：久し振りの再会を喜ぶ挨拶の様子を表現したもの。
②チャックピーヤク（雨燕の舞）平取：雨燕が舞うのを見て作った踊り。
③イセポリムセ（兎の踊り）静内：餌を求めて飛び廻る兎の親子の姿を踊りにしたもの。
④チカッ プネ（ホイヤオー）（鶴の舞）静内：丹頂鶴の羽を大きく広げた優雅な舞。
⑤バッタキウポポ（バッタの踊り）帯広：十勝地方に発生したバッタの大群を踊りにした。
⑥クーリムセ（弓の舞）釧路：狭人が奥山で美しい鳥に出会い，この舞が生まれた。
⑦樺太アイヌ：ウンデリーウーンコッコ（熊祭りの踊），ブルブルケ（鳥の踊），イソーニソーニ（舟に乗り込む前の踊）。

(2) 神楽，番楽

日本神話の世界とも，古能とも言われる芸能で，古い時代のおどりの様子を示しており地元では，「舞う」といわれる。

①岩手県 早池峰神楽

民俗学者柳田國男の「遠野物語」の遠野地方の信仰対象としての霊山の1つ早池峰山に，昔は山伏が伝えたといわれる神楽である。舞踊性の高い民俗芸能として注目されており，岳流と大償流がある。

　　初級クラス：子供が中心に舞う「神楽（しんがく）」

早池峰神楽（岩手県大迫）

　　中級，上級クラス：荒舞の基本「三番叟」，女舞の基本「鳥舞」「天女」，権現舞の下舞
　　課外活動（30年）：八幡，竜殿，水無月，天降り，天照五穀，風将，翁，山ノ神

これらの演目は，正課授業では，部分的にしか取り扱うことしかできないが，課外活動では，30年間の伝統ゆえに可能にしている演目である。

②山形県 比山番楽：三番叟

鳥海山一合目にある熊野神社に奉納される芸能の1つで，地元では10歳前後の小学生によって舞われる。初級クラスで取り扱った。

(3) 小歌踊り

歌舞伎の創始者，出雲阿国時代の芸能といわれ，古歌舞伎ともいわれる。当時の流行り歌に合わせて踊られ，舞台芸術としての体裁「出羽，本羽，入羽」がととのっている。

小原木踊（新潟県柏崎）

①綾子舞　新潟県

綾子舞とは，舞，踊り，そして狂言の3種類を総称した芸能をいうもので，阿国時代の面影をもっとも残す芸能として注目を浴びている芸能である。毎年9月15日の黒姫神社例祭の時に現地で公開されている。下野部落，高原田部落が競い合って今日に至っている。

女子中級クラス：「小原木踊」。男子中級クラス：「亀の舞」。課外活動：「常陸踊」。

②鹿島踊　東京都

女歌舞伎が禁止され，現代と同じ野郎歌舞伎に至る前に，若衆歌舞伎時代が存在したが，その名残を留める貴重な芸能といわれる。毎年9月15日の小河内神社の祭礼時に奉納されている。3種類の小歌踊りの中で，もっとも親しみやすい唄が歌われる。

男女初級クラス：「月は八幡」「羯鼓」「桜川」

③徳山の盆踊　静岡県

「越すに越されぬ大井川」で有名な大井川に沿って走っている大井川鉄道に徳山駅があり，毎年8月15日に徳山の浅間神社に奉納される芸能でる。鹿ん舞，ヒーヤイ踊り，狂言からなる芸能の総称である。

男子初級クラス：「鹿ん舞」。

女子初級クラス：ヒーヤイ踊りの「ぼたん」「神すずしめ」「桜花」。

(4) 黒川さんさ踊り（全16曲）岩手県

岩に手形を残し鬼が退散し，岩手県の県名の由来になったと言うが，そのとき農民が喜び勇んで踊ったのが「さんさ踊り」の起源であるという。500年も前のことで，現在では，あちこちに「さんさ踊り」が存在する。授業で取り上げたのは，「黒川さんさ踊り」である。30年，40年ぶりに来た豊作の時に踊ることが許されたといわれる。アンダーラインのあるものは，初級クラス，その他は，中，上級クラスで取り扱う。課外活動では，年一回の学園祭で必ず踊る。本来は結婚前の男性が女性を模して踊ったといわれる。民俗舞踊授業の中で一番，好まれる芸

黒川さんさ踊り（岩手県盛岡）

8　民俗舞踊の教育　—文字や言葉に多くをたよらない伝統文化の体験学習—　127

能である。
1) 輪踊り①庭ならし，②二度踊り（一拍子，二拍子，三拍子）③しし踊りくずし（一拍子，二拍子，三拍子，四拍子）④剣舞くずし（一，二）組み踊り①四つ踊り②入羽③礼踊り
2) 囃子舞①竹の子舞い②おしき舞い

#### (5) 筑子踊　富山県

　筑子唄の起源は古く，六百年代の半ばから歌われていたといわれる。筑子踊は南北朝時代（1318～1392年）に，山深い五箇山に僧侶や吉野朝武士によって伝えられたといわれている。五箇山は近くの白川郷と一緒に世界文化遺産に指定された合掌造りの家並みが，広く知られるところであり，筑子唄も中学校の教科書に採りあげられるほど，日本を代表する古代民謡である。毎年9月26日に，後醍醐天皇の慰霊祭（タママツリ）に白山宮の舞殿で踊られる。囃し方の楽器は，鍬鉄，筑子竹，棒ささら，板ささら，鼓，横笛，銅拍子などで，これらの古代楽器の演奏に合わせて民謡が歌われ，奉納舞が行われる。
　初級クラスで取り扱う：紙垂踊り・ささら・手踊りの3種類の踊りで成り立っている。

こきりこ・びんざさらを持った踊り（富山県五箇山）

こきりこ・しで踊り（富山県五箇山）

### 2　民俗舞踊の身体づかい

　地元のベテラン伝承者の演技は素晴らしい。ニューヨーク公演の後にニューヨークタイムズに絶賛された例や，国際会議で披露した後に，あまりの素晴らしさに急遽シンポジウムがもたらされたという話題がある程である。誰が見ても"かっこいい"の一言に尽きる。目標は，「地元の"かっこいい"踊り」に置く安易にアレンジしたりしてはならない。現在は，オーディオ機器が発達しているので，録画を撮ってクラスで見せることは容易である。問題は，その「"かっこいい"踊り」をどうかみくだいて教育現場に持っていくかということが，もっとも重要なポイントになる。民俗舞踊教育の成功の鍵は，身体使いをどう指導するかが重要な問題点である。

**(1) 目に見えない身体のいとなみに注意する（派手に動く手等の動きに目を奪われない）**
①重心がどちらの足にあるのか（それにより次に踏み出す足が決定する）
②身体の中心，腰はどうなっているか（腰のあり方で，他の部位が必然的に決まる）
　上に手が挙がっていると見えても腰が上を向いたので，手が挙がって見えた。

## (2) 運動呼吸とも思える身体使いに注目する

　人間の呼吸は，規則正しく吐いて吸って，吐いて吸ってと行われているように，動きも力の「抜き」と「入れ」が，規則ただしく行われる。

①動く前には，「ゆるむ」ことが必要である。楽でなければ動けない。
　・子どもが走り出す前に，膝をゆるめ，身体を沈めるように。
　・子どもが幅とびの前に，両膝をゆるめ，身体を沈めたように。

②動く力は大地からもらう。足の裏→腰→末端部。

③足の裏は，地球と人体の接点として重要であり，柔軟で，どんな時も全身を引き受けられるようにしていなければいけない。

　運動呼吸とは足の裏を通じて「大地から力をもらう，大地へ返す」，「もらう，かえす」を規則的に行うこととも言える。

④末端部の動きも「力を入れる→抜く」の連続となる。

## (3) 末端部からは出来るだけ力を抜き，不必要な力を入れてはならない

　末端部というのは，両上肢，頭部，重心のかかっていない下肢の3箇所をさす。

①手に力が入っていると，扇，採り物（持ち物）が，それぞれの機能を生かして使えない。指先の力が抜けないと，扇はひらひらと動かないし，手先のしなやかさも失われる。重さを感じながら動かす。

②末端部の働きは，身体全体のバランスをとる働きと，リードする役割を持つ。大地→足の裏→腰→末端部の順番で動きは伝わるので，手が動きをリードする為には，相当な練習期間が必要となる。

③頭部が楽に動いて仕上がりとなる。
　・黒川さんさ踊りは花笠をつけて踊るのだが，地元の人は，笠の上の花が，踊っているように動き，なれない学生の花は，ぜんぜん動きを見せない。
　・綾子舞の頭部の動きは，独特で「見返り美人」を彷彿とさせる動きをするのだが，未熟な時にはその姿勢をとることが非常に難しい。

## (4) 身体の中心軸が楽にまっすぐにバランスがとれている

　中心軸とは重心のかかっている足の上に上体の背骨が楽に真っ直ぐに乗っていて，その線は，頸椎から先の後頭部へと続いている軸をいう。

## (5) 手順を覚えたら，自由にのびのびと踊れるように，繰り返し練習を積む

## (6) 究極の目標は「にわかの場面で，あわてずに対処できるようにする」ことである

# 3 終章

　前述したように，日本の伝統ある民俗舞踊は最小限のエネルギーで最大の効果をもたらす，腰を入れることを中心にした簡潔な身体技法から成り立っている。高度に発達した文明社会の中で，学生達は，身体能力の減退を招き，腰をしっかり入れるという技法もあまり必要としない日常生活をおくっている。ゆかたではあるが，伝統的衣装を付けて民俗舞踊を踊ることは，必然的に上下動作を数多く訓練することになり，腰を入れ，下半身の柔軟性をつけ，上半身の緊張を解く素晴らしい身体訓練となっている。この身体技法は，日常生活動作のみならず，スポーツその他の身体活動に還元される大きな可能性を持っている。最近脚光を浴びている「ナンバ」の動きは，民俗舞踊そのものである。

また，腰を駆使して古くから伝わる，笛の音，太鼓，歌に合わせて踊ることは，精神面に影響を与え，ストレスの多い現代の学生に精神の安定をもたらし，日本人としての充実感を与えた。
　—地元の人が，そうしているように，終始「生の伴奏」をこころがけることが肝要である。ここにも伝統の素晴らしい力が発揮される。太鼓のリズムも笛のメロディーも言葉や，歌になっているので，学生がまだ独り立ちして踊れない時には，教師が歌いながら，学生と一緒に踊って師範を示すことが出来る。生伴奏の為に，学生の習熟度に合わせてテンポを自由自在に変えることができる！—
　その他
・国際社会にあって，自国の伝統文化を紹介する絶好のものである。
・日本独自の文化でありながら人類共通の基盤をも兼ね備えた存在である。
・発達した現代の科学をもっても証明できない現象を数多くもたらしたものである。
　以上の事柄を総合すると，民俗舞踊とは，かってそうであったように，「生きる活力を生み出すもの」として追体験するものへ多大なメリットを与える存在であることが伺える。科学が進歩し何でもが手に入ったかに見える現代に，便利さのなかで失われた人間の能力を確実に呼び覚ますことが，民俗舞踊教育を体験した学生から伺い知ることが出来た。踊ることで得られる感覚や心は，既成教育の盲点を埋める絶好の教材であろう。
　楽しみながら自国の伝統文化を身につけ，動きの基本を身につけ，生きる活力を呼び覚ます，素晴らしい教育である。

（近藤　洋子）

## Question
・民俗舞踊の1つを挙げ，その踊りの由来を述べよ。
・民俗舞踊の身体使いを端的に述べよ。

## 引用文献

1) 日本民俗舞踊研究会：昭和61年度文化財国庫補助事業調査報告書　北海道アイヌ古式舞踊，1986．
2) 北海道アイヌ古式舞踊連合保存会：昭和60年度　北海道アイヌ古式舞踊連合保存会委託事業　北海道アイヌ古式舞踊・唄の記録，1987．
3) 日本民俗舞踊研究会：昭和59年度文化財国庫補助事業調査報告書　カラフトアイヌ古式舞踊，1985．

## 参考文献

阿国の面影を残す小原木踊り-親しみ易く奥の深い民俗舞踊，比較舞踊研究　第3号，1996/3．62-74．
『21世紀の身体文化を問う／地域に生きる身体文化』「各地に咲いた美しい花・伝統ある民俗舞踊」—生活を彩りいのちをくすぐる　踊らにゃ，そんそん—　月刊　日本女子体育2001年11月号 8-11
「日本民俗舞踊」日本の踊りを知らなきゃそんそん！踊らにゃそんそん！月刊　日本女子体育2003年7.8月号，76-78．

# 9 沖縄の観光と民族スポーツ

## 1 沖縄の民族スポーツ

　沖縄には綱引き，ハーリー（船競漕），闘牛など様々な民族スポーツがある。その多くは村落の宗教的儀礼と結びついた年中行事であり，農業や漁業といった住民の生業と深い関わりをもつ。娯楽として親しまれてきた闘牛が特定の儀礼的意味をもつ日に行われることは稀だが，綱引きは旧暦6月から8月にかけて伝統的に定められた日[1]に，ハーリーは旧暦5月4日に行なう村落が多い。

　しかし，近年は生活スタイルの変化，社会状況の変化などのため，行事そのものの中断，または規模の縮小を余儀なくされた村落もあり，沖縄県内の各村落で民族スポーツが行われる機会は1960年代以降概して減少傾向にあると言える。その一方で那覇市などの都市部を中心に，各村落の年中行事であった綱引きやハーリーを観光資源として活用するために復活させる動きが1972年の本土復帰前後から起きた。そして現在，那覇大綱曳や那覇ハーリーは毎年数万人を越える観客で賑わいをみせている。

　このように，現在沖縄では宗教的儀礼として各村落で受け継がれているものから地域の観光資源として期待されるものまで，様々な性格をもつ民族スポーツが行われている。

　本稿では沖縄の民族スポーツを観光をめぐる動きの中で概観する。なお，本稿における観光とは「異郷において，よく知られているものを，ほんの少し，一時的な楽しみとして，売買すること」[1)]を意味し，それがただちに民族スポーツおよび行事そのものの脱儀礼化をいうものではない。

## 2 観光立県・沖縄

　沖縄県を訪れる観光客は年間480万人を越える（2002年）。観光収入は沖縄県の財政収入のうち県外からの財政移転に次いで2番目に大きな収入源となっており，観光産業は県経済の重要な地位を占めている。

　沖縄観光の歴史は小規模ながら第二次世界大戦以前から始まっている。しかし沖縄県内で観光産業が定着するのは第二次世界大戦後（以降，戦後と記す）のことである。とりわけ，1972年の本土復帰と1975年に開催された沖縄国際海洋博覧会（以降，海洋博と記す）は沖縄観光におけるターニングポイントとなっている。本土復帰以前の観光客数は年間17万人程度であったが，本土復帰した1972年には44万人，海洋博開催の1975年には155万人に達し，以降順調に観光客数を伸ばし現在に至っている。

　また行政側の動きとしても，観光立県をめざし沖縄県議会が1979年に制定した沖縄県観光振興条例をはじめとし，県や各市町村はソフト面，ハード面ともにより良い観光地と

---

[1] 沖縄島内では旧暦6月15日，6月25日，7月15日，8月15日のいずれかに行う村落が多い。村落や日程により綱引きの儀礼的意味は異なる。

なるよう様々な施策を打ち出している。

## 3 観光資源としての民族スポーツ

　1927年に大阪商船が企画した「沖縄の観光　第5回団員募集」のパンフレットによると名所見物のほか，空手や闘牛見物が旅程に組み込まれており，観光の対象として民族スポーツが含まれていたことが分かる。しかし，当時の民族スポーツは観光対象とはなり得ても経済的・社会的・文化的諸効果を生み出す観光資源として機能していたわけではない。

　民族スポーツを沖縄の観光資源として積極的に活用しようとする動きは1971年の那覇大綱挽の復活まで待たねばならなかった。那覇大綱挽は那覇市内の西町，東町，泉崎，若狭が行っていた那覇四町大綱を，那覇市制50周年記念行事の一環として，また文化財の保存と観光立県の資源として役立てようという那覇市長の呼びかけにより復活した。当時の新聞が「奉祝綱から観光綱へ」[2]と表現した那覇大綱挽は，観光客誘致のための綱引きとして期待され，現在に至っている。またその4年後の1975年には那覇ハーリーが海洋博開催を機に「その開催期間中の有力行事として，また沖縄の観光事業の目玉になるように企画され」[3]復活する。そして同時期に県内各地では那覇ハーリーに限らず本土復帰を境に急増する県外からの観光客を意識したハーリーが実施されるようになった。

　ハーリーは元来，漁民の行事であり，同じ地域の住民であっても漁業者以外が行事に関わることはなかった。しかし戦後は漁民の祭りから地域の祭りへと次第に変化していく。県内各地のハーリー行事では，漁業者以外の住民が漕ぎ手として参加する職域ハーリー大会のほか，水上スキーショー，打上げ花火など，豊漁を願い航海の安全を祈るというハー

那覇ハーリーパンフレット　　　　　那覇大綱挽パンフレット

リー本来の文脈とは異なるイベントが同時に開催されるようになった。多様なイベントを行うことで，ハーリーそのものにはそれほど関心のない人たちもイベント目当てに会場に足を運ぶようになり，そこで飲食物など様々なものを購入する。その結果，当該地域に対する経済効果は高まり，ハーリー行事は宗教的儀礼としてだけでなく，観光資源としての役割も担うようになる。そして新聞にプログラム，会場周辺の案内図などを掲載したハーリー行事の広告を出す地域も増えた。

　また，航空会社や旅行会社の中にはハーリーキャンペーンを企画し，ハーリーを観光の「商品」として扱おうとする企業も出てきた。同時に，地元側でも観光資源としてハーリーを効果的に機能させるため行事の運営に関しいくつかの変化が起こっている。例えば那覇ハーリーでは従来の旧暦による日程（旧5月4日）から新暦5月3・4・5日の3日間にわたり実施するという日程の変化，観客数の増加にともなう会場の変更，復活当初から行事を主催していた那覇爬竜船振興会に加え那覇市観光協会も主催者に加わるという運営組織の変化[2]などを挙げることができる。しかしこのような変化を経験してもハーリーが宗教的儀礼であることに変わりはなく，ハーリー開催の数日前には毎年，那覇爬竜船振興会の有志によるハーリー御願（ウガン）とよばれる祈願が那覇市内の拝所にて行われている[3]。那覇ハーリーはそれを構成する文化諸要素のうち，宗教的儀礼と様々なイベントとを時間的・空間的に分けることで，儀礼と観光化によって期待される経済効果との微妙なバランスを保ち続けることが可能であったと考えられる。

　また，観光資源として期待されるハーリーの中には民間企業の主催で行われる儀礼的意味をもたないハーリーもある。沖縄島中部の恩納村万座（おんなそんまんざ）で1984年から開催されている沖縄県知事旗争奪全島万座ハーリーフェスティバル（以降，万座ハーリーフェスティバルと記す）はその好例だろう。これは全日空万座ビーチホテルの開業記念行事の一環として，また万座地域の新たな観光資源となることを期待され，同ホテルの主催で開催されたものである。参加チームも地元・恩納村内のチームから県外や海外からのチームまでと多様である。そして沖縄県内のチームの中にはこのようなハーリー大会のみならず，長崎県のペーロンや海外のドラゴンボートレースなどに積極的に参加し，活動の幅を広げている団体もある。宗教的儀礼としてのハーリーの場合，伝統的な漕法の美しさも重視されるが，ハーリー大会はスピードを競うため，各チームはより速い漕法を工夫し練習する。様々な大会に出場し，ハーリー以外の競漕との交流も深めていく中で，各村落でのハーリーにおいて伝統的な漕法から速さを追求した漕法へと変化が生じた地域や，櫂などの用具に変化が見られた地域も見受けられる。観光資源として新たに行われるようになったイベントが儀礼としての民族スポーツに影響を与えた例は沖縄の民族スポーツでは珍しく，この点はハーリーの観光化に関連する特徴として挙げることができるだろう。

## 4　"観光" と "伝統" の狭間で

　1972年の第一次沖縄振興開発計画の中で政府は沖縄の自然環境と民俗文化の双方を生かし調和させた観光開発を示唆しており，地域活性化の手段として観光開発を選択した自

---

[2] 1978年以降は那覇ハーリー実行委員会が組織され行事を主催している。
[3] 那覇ハーリーでは近年になって新たにウガンを行うようになった拝所もある。（平敷兼哉：那覇ハーリー．沖縄民俗研究15，1995．）

治体では観光資源として地域の民俗文化を活用しようという動きがあった．中でもハーリーは海で行われる伝統的な年中行事であり，観光地としての沖縄の独自性をアピールし得る要素を持ち合わせていた．そのためハーリーは観光化されやすい行事のひとつであったと言える．しかし，住民の中には観光化による変容を危惧する声があったのも事実である．「行事は見せ物ではない」という意識から，"観光"は"伝統"を壊すものとして対立的にとらえる人も少なくなかった．そして行政側の計画とは裏腹に，実際の観光の場面では航空会社や旅行会社の売り出す南国・沖縄というイメージが先行し，観光客にとっても，地元の住民にとっても，沖縄観光は自然環境を楽しむものという認識が広まっていったため，沖縄観光における文化的側面は次第に抜け落ちていった．その結果，特に同様の民族スポーツを行う他地域との差別化を図れなかった地域では行政が期待したような観光資源としての役割を民族スポーツが果たすことはできなかった．

　民族スポーツは宗教的儀礼との関わりが深いため，観光化に対する抵抗感を完全に払拭することは難しい．しかしその一方で地域活性化のための観光資源として利用される可能性は常にあり，近年は住民の間でも伝統文化を観光に活かすべきだという考えは広がりをみせつつある．民族スポーツを地域の観光資源にするという選択をした場合，伝統文化と観光との調和は成功の可否を握る課題として今後ますます重要になってくるだろう．

〈玉山　あかね〉

## Question

- 沖縄観光とのかかわりの中で民族スポーツが果たし得る役割について述べよ．
- あなたの住む地域において民族スポーツが観光資源として成功をおさめた理由，または成功していない場合はその理由を考察せよ．

## 引用文献

1) 橋本和也：観光人類学の戦略―文化の売り方・売られ方，世界思想社，12，1999．
2) 沖縄タイムス：1971年10月10日．
3) 那覇爬竜船振興会：爬竜船再興の趣意書，1974．

## 参考文献

那覇大綱挽20周年記念誌発行・編集委員会：那覇大綱挽20周年記念誌，24，1991．

# 10 ユンノリ遊びとナショナリズム

## 1 ユンノリとは

　ユンノリとは，朝鮮半島に伝わる盤上遊戯である。一種の双六で，古くから朝鮮の代表的な正月の遊びとして伝えられてきた。二人以上で「ユッ」と呼ばれる4つの木片を采として投げ，表と裏の点数によって盤上で駒を進め，より早くゴールにあがることを競うものである。古くは漢字で「樗蒲」，「柶戯」，「擲柶」などと称された。朝鮮半島においていつごろから行われていたかは明らかではないが，14世紀に編纂された書物に「樗蒲」を行ったことが記され，15世紀には「柶戯」に関する記録が残っていることから，既に14世紀には遊ばれていたと考えられている。

　現在の韓国において，ユンノリの歴史や起源に関する言説は多かれ少なかれナショナリズムによる影響を免れていない。本稿では，ユンノリが，いかにしてそのようなコンテクストの中で語られるようになっていったのか，その背景にある歴史や社会をナショナリズムという観点から見直したい。とくに近代において朝鮮社会が直面した日本による植民地化，それに抗う人々と民族遊戯との関係を中心に論を進めたい。

## 2 植民地下のユンノリ大会

　古くより正月に遊ばれてきたユンノリであるが，朝鮮が日本の植民地になった頃から多くの参加者を集めて行う大会形式が誕生している。人数は小規模な大会で40名ほど，大規模な大会では200名以上が参加していた。もっとも盛んだった1920年から1940年までの間には，開催事実を確認できる大会だけでものべ400回を数える。そのうちの半数以上の大会を主催していたのが東亞日報である。同社はその開催目的を，購読者を慰安し，

**東亜日報社の主催で開かれたユンノリ大会の様子を伝える新聞記事**（東亜日報1938年1月18日付）**右はその予告**（東亜日報同年1月11日付）

地方の青年の遊興や親睦をはかるためと紙面で語り，娯楽の機会の提供という意図を明言している。とくに1930年代後半からやはり同社主催の女性ユンノリ大会が始まるが，開催の度に女性の慰安や遊興のために行う，あくまでも文化的な行事であることが強調された。紙面にこそ表れないものの，民間の新聞社ゆえ，読者獲得や販売拡張の意図もあっただろうことは想像に難くない。しかし，当時の東亞日報の置かれていた社会的な状況を考慮するのであれば，その開催目的は，また別の視覚から見つめなおされなければならない。

## 3 朝鮮総督府の言論統制と東亞日報

そもそも東亞日報の創刊が，抗日運動の多大な犠牲の代償として獲得した朝鮮人の声だった事実は見過ごすわけにはいかない。朝鮮語の新聞自体，それまで「武断政治」を推し進めてきた日本が，1919年に起きた三一独立運動を契機に「文化政治」へと統治方法を大きく転換したことによってもたらされた言論の権利なのである。厳格なばかりの統治に対する抵抗運動に危機を覚えた朝鮮総督府は，斉藤實の朝鮮総督就任と共に朝鮮人に一定の文化的自由を容認する「文化政治」つまり，懐柔策への転換を図った。それまで陸軍大将が就任し続けていた朝鮮総督を，文官にも登用の道を開くことで総督武官制度を改め，憲兵警察制度を名目上撤廃，制限付きで新聞，雑誌の発行や団体の結成などを認めた。その結果として，1920年1月に東亞日報，朝鮮日報，時事新報の3つの民間新聞の創刊が実現したのである。もちろん，それが本当の意味での言論の自由ではないことは誰の目にも明らかだった。総督府は東亞日報の発行権こそ民族主義者である李相協に与えたが，朝鮮日報は親日的な大正実業親睦会の芮宗錫に，時事新報は新日本主義を標榜した国民協会の閔元植にそれぞれ与えている。ありていにいえば，3紙が創刊されたとはいえ，朝鮮人の立場や主張を代弁しうる言論機関は唯一東亞日報のみに過ぎなかったのである。無論，東亞日報とて総督府の監視下では，必ずしも朝鮮人の主張を代弁することは容易ではなかった。しかし設立の三大主旨として「①朝鮮民衆の表現機関を自認，②民主主義を支持，③文化主義を提唱」を唱え，いずれも解釈次第では日本の植民地支配に対する挑発とも取れる文言をうたってはばからなかった。このような経緯から誕生した東亞日報によるユンノリ大会が，単に販売拡張や余暇の提供にとどまるものだったとは思い難い。

同じ頃，東亞日報は様々な民俗遊戯の大会を開いている。なかでも度々ユンノリと一緒に行われていたものに，「歌闘大会」があった。ここでの歌は時調という朝鮮伝来の定型詩を指す。歌闘大会とは日本のかるたにならって，一人が時調の全文を読み下る間に，最後の句が書かれたカードを早く取ることを競うゲームである。時調は古く三国時代から作られ，朝鮮を代表する形式だったが，朝鮮時代の末ごろから衰退の一途を辿っていた。それが，1920年代の中ごろからその復興が盛んに叫ばれるようになり，復興運動の一環として開催され始めたのがいわゆる歌闘大会だった。当時朝鮮の民族主義者たちは，朝鮮古来の伝統文化である時調の復活を通して，朝鮮人としてのアイデンティティを確認し，朝鮮民族としての民族精神の覚醒を計ろうとしていた。この歌闘大会を通じた民族主義運動にもっとも積極的に呼応したのも，他ならぬ東亞日報だったのだ。植民地という特殊な環境下で開催されていた歌闘大会やユンノリ大会には単純に娯楽の場として以外の意味と機能が課せられていたことは明瞭である。

## 4 朝鮮総督府による弾圧

　言うまでもなく，ユンノリ大会は決して総督府に快く思われていなかった。東亞日報自らユンノリ大会の開催目的を，民族運動の一環などとあからさまに唱えることはなかったにも拘わらず，諸々の理由をもって朝鮮総督府に妨害されていた。

　禁止理由として，1つに治安妨害が上げられている。1905年に日本の警察が朝鮮半島に駐在を始めて以来，朝鮮人による集会は法的に禁じられていた。さらに1925年に日本国内で治安維持法が交付されると，勅令第17号をもって，それをそのまま朝鮮にも適用した。その適用範囲は「国体を変革し又は私有財産制度を否認」する社会主義運動が弾圧の対象だったが，朝鮮ではあらゆる民族運動が「国体を変革」するものとなり，ユンノリ大会もその対象だったのである。そして，治安妨害以上に直接的にユンノリ大会を弾圧したのが，賭博的だという理由である。その頃，朝鮮半島ではユンノリによる組織的な賭博が横行し，しばしば正月以外の時期にユンノリに関わる賭博組織が警察に摘発されていた。そして，その摘発は正月に行われていたユンノリ大会にも及ぶこととなった。それが本当に賭博の取締りだったのかどうかはともかく，少なくとも朝鮮人にとっては，民族文化の剥奪であり，集会を取り締まるための口実として映っていた。

## 5 ユンノリの歴史の創造

　このような度重なるユンノリ大会に対する弾圧を受けて，ユンノリは次第に民族主義的な文脈の中で語られるようになった。

　そもそも中国には樗蒲，別名「五木」と称される遊戯が存在していた。五木はその名称からも分かるように5つの釆を使用する遊戯である。日本でも10世紀以前に同じ名称の遊戯が行なわれ，「カリウチ」と称されていたことが知られている。万葉集がこの「カリ」に「折木四」や「切木四」などの漢字を当てていることから，日本の樗蒲は4つの釆を使用していたと考えられている。つまり中国では5つの釆を用いるので五木と記し，日本ではその釆が4つなので四木と記すというわけである。さらに日本では，両者を結ぶ文化の流れの上に，同じく4つの釆の朝鮮のユンノリが挙げられていた。

　このようなユンノリの起源を中国の遊戯に求める解釈は，かつては朝鮮においても認められた。朝鮮時代にユンノリに関する研究を進めたのはいわゆる実学派と類された学者たちである。彼らは清の考証学派の影響から正確で文献学的な論考を重んじ，朝鮮はもちろん中国の古今の書籍に通じていた。また使節として中国を訪れた経験を持つ者が多く，中国の樗蒲，つまり五木についての知識を得ていたと推測される。そのうえでユンノリを樗蒲，つまり中国の五木の類だとして考えていた。

　それが植民地期を境に，ユンノリの朝鮮固有性を強調する民族主義的な言説が台頭してきたのである。ユンノリは朝鮮固有の伝統的な風俗であるという主張が，東亞日報はもちろん，各紙の紙面を通して繰り返し語られることになった。その際に根拠の1つとしてあげられた説が「柶」の字義の違いである。それが中国では匙「さじ」の意味で使われるのに対し，朝鮮では「ユッ」つまりユンノリの釆の意味で使われていることをあげて，ユンノリは中国伝来ではなく，朝鮮固有のものであると結論付けられた。この「柶」の中朝間における慣用例の違いは，朝鮮時代末期において既に試論されていたものである。それが

この期に及んであらためて取り上げられ，ナショナリズムというコンテクストの中で展開され始めたのだ。ユンノリにまつわる民族性が，それを禁ずる警察当局，ひいては総督府の植民地政策に対する憤りとともに語られる。そして総督府がその朝鮮伝統の遊戯を取り締まれば取り締まるほど，その伝統や固有の信憑性にますます真実味が与えられるという事態が招かれたのである。以後，時と共に戦局が激化していく中，1940年にはついに東亞日報も廃刊になり，辛うじて命脈を繋ぎとめていたユンノリ大会も姿を消していった。

## 6 「われわれの文化」となったユンノリ

朝鮮総督府は1919年3月1日の三一独立運動を機に，総督武官制度，憲兵警察制度などを名目上撤廃しながら文化政治を統治スタンスとして取り入れた。それはある制限内での朝鮮文化を容認する形で，朝鮮人を懐柔しながら日本化へのソフトランディングを狙うものであり，その時代においてユンノリ大会は盛況に拡大していくことができた。しかしながら1929年に起きた光州学生運動を契機に事実上，文化政治は終わる。以後1931年に勃発する日中戦争によって国情が厳しくなるとともに，治安維持という名目の社会介入は終戦までとどまるところを知らなかった。その間，多くの朝鮮の文化とともに，民族主義的な運動と目されていたユンノリ大会は禁じられ抹殺されていった。そして日本によって弾圧されていたことが，ユンノリの朝鮮固有の文化なるものをひときわ強く印象付けることになり，ユンノリは他の遊戯とは一線を画しつつ象徴的に語られるようになっていった。

やがてユンノリの民族性は独立後の韓国において国定教科書の中に組み込まれ，学校教育を通して国民の常識の中で語られるようになったことで，ついに正典化をとげるにいたった。おそらく，このようなナショナリズムによる影響は韓国のどの民俗文化事象の起源を語る際にも多かれ少なかれ確認できるに違いない。それがユンノリという民俗遊戯に象徴的に表出するのは，ユンノリ大会が植民地時代に抗日活動の温床のように認識され，反体制的だと禁止された歴史が後の韓国人をして，より「われわれの文化」をそこに投影せしめたのであろう。

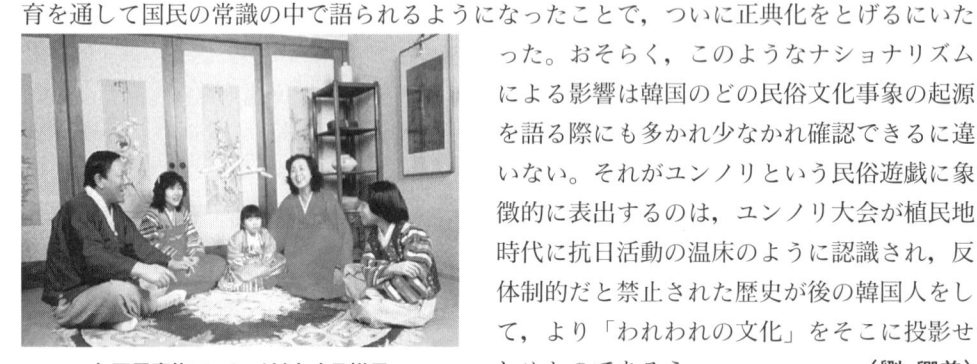

お正月家族でユンノリをする様子

（劉 卿美）

## Question

- 韓国の民族遊戯やスポーツにはどのようなものがあり，どんなナショナリズムの影響が見られるか調べなさい。
- 植民地となった国々の民族スポーツに，植民地化が及ぼした影響を調べなさい。

## 参考文献

葛城末治：万葉集に出でたる三伏一向及び一伏三起の意義に就いて．国語と国文学，第2巻第9号，1925．

劉卿美：ユンノリの起源説にみえる韓国のナショナリズム．遊戯史研究，13号，2001．

# 11 わが国の舟競漕の地域類型

## 1 舟競漕の分布

　舟競漕は世界各地に分布しているが，なかでも東南・東アジア地域はさかんなところである。わが国も例外ではなく，西日本を中心に広く分布している。とくに南西諸島（沖縄圏）や長崎市周辺はさかんなところで，それぞれハーリー，ペーロンと呼ばれて親しまれている。

　一般に，わが国の舟競漕は中国の影響を受けたものが多いとされているが，なかでも中国と地理的にも近く，歴史的に深いつながりのある沖縄や長崎はとくにその影響が強いとされている。しかしながら，中国の影響を受けているとはいえ沖縄・長崎双方とも競技の呼び方や形態はかなり異なっており興味深い。それは伝播の時期の相違もあるだろうが，双方の異なった風土によって受容のしかたが異なったためと思われる。このうち中国の舟競漕に近いものといえば，長崎であろう。沖縄は現在も土着の神事色が強く残っており，中国の影響を感じさせるものはあまりない。あるとすれば，行事が対岸の福建省同様旧5月4日におこなわれていることぐらいである。

## 2 舟競漕の起源（はじまり）

　では舟競漕はいつ頃からはじまったのだろうか。時代を特定することは困難であるが，おそらく舟が2隻そろえば競漕が成立したであろうことは想像される。かつて舟競漕がさかんであった長崎県対馬の郷土史家大山甫は，戦前の対馬の海辺の集落について「対馬では，朝に夕に，漁場に向かうとき，帰るとき，2隻の舟が並べば競漕になった。それは舟の大きさや櫓数が異なっても，男女の違いがあっても果敢に挑んだ。とくに磯の口あけの日にはよりよき漁場を目ざして村のすべての舟が一斉に全力疾漕した」[1]と記している。また江戸時代には，上方の酒や食料を江戸まで廻船という商船を使って，いかに多くの商品を早く届けるか競漕していた。このように，競漕は単に遊戯や労働成果を求めて，また神事の一環としてなど，時代を越えて，さまざまな形でおこなわれたものと思われる。

　次に文献上でみると，中国では紀元前5世紀にはすでに端午節の行事として『周處風土記』や『鄱陽記』，その後『荊楚歳事記』に「競渡」の文字を見ることができるが，わが国では10世紀まで待たねばならない。『倭名類聚抄』には「競渡」として「布奈久良倍（フナクラベ）」と記されている。また鎌倉時代に著わされた『伊呂波字類抄』にも「フナクラベ」とあり，漢字で

**ペーロン（長崎県大瀬町）**

は「舟競」とか「舟競ふ（フナキホフ）」と表記している。これらに「競渡」の表記があるように，10世紀頃には中国の影響を受けた競漕がおこなわれたことがわかる。しかしながら，中国の影響を受けたことは確かだが，舟競漕は中国では，河川や水路でおこなわれる農耕儀礼の行事であったのに対して，わが国では今日は大漁祈願や航海安全を祈願する漁業儀礼として海上でおこなわれるものが多い（かつてペーロ

櫂伝馬（広島県東野町）

ンは長崎市周辺では豊作や雨乞いの農耕儀礼としておこなわれていた。その影響を受けてか対馬でも雨乞い行事として舟競漕をおこなっていた）。さらに中国の競渡に関わりのある屈原は登場しないなど，内容はかなり異なっている。

なお，今日では，一般に中国の競渡は「龍舟競渡」といわれている。これは競漕舟の舳先に龍頭，そして艫に龍尾を設置するようになってからで，それはおよそ唐時代の中期以降からである。

## 3 競漕の推進具

一般に，舟の推進具には，竿，櫂，櫓，それに帆がある。このうち，わが国の舟競漕では櫂と櫓が多用されている。

櫂は推進具としては古くから用いられてきたものであるが，とくに短櫂（ペーロン系）は前向櫂漕法であり，簡易で漕法も容易なため，世界でもっとも広く用いられている。一方長櫂は逆向櫂漕法であり，舟に支点をもうけて漕ぐもので，櫂伝馬や舵などに用いられている。櫂は他の推進具にくらべて方向転換が容易なところが特徴である。

櫓は漢の時代に中国で考案され，わが国へは7世紀頃に入ってきたといわれている。櫓は当初，棹櫓と呼ばれて1本の木で造られていたが，16世紀末頃にはより効率的に漕ぐために二材をつないで漕ぐようになり，これを継櫓といった。以後，今日までこの二材を重ねた継櫓が用いられている。継櫓は漕ぎ手がつかむ部分を櫓腕，水をかく部分を櫓下とか櫓脚という。

櫓は長い距離を漕ぐにはもっとも効率のよい推進具であった。かつて朝鮮半島をはじめ大陸との往来には櫓が推進具として多用され，その技術も発展した。もちろんこの場合には帆も同時に用いた。しかし櫓の漕法は櫂にくらべて難しく，そのうえ今日ではほとんど使用されていないため，今日の若者らへの継承は困難になってきている。現に，現存する櫓舟による競漕は中・高齢者の漕ぎ手が目立っている。かつて，わが国の舟を象徴した櫓舟が消滅するのも時間の問題である。

櫓舟競漕（山口県萩市）

なお，かつての競漕では，櫂や櫓はそのほとんどが日常的に使用したものを使っていたが，対馬では日頃使用しない特別な櫓を用意した。つまり，日常のものと競漕のものを区別した。これは，祭礼時にみられるような神に奉納する儀礼であったかもしれない。対馬では，今日では櫓舟はほとんど消滅したが，櫓だけは現在も民家の軒先に保存しているところが多い。

さて，沖縄や長崎の舟競漕の歴史は古く，沖縄では15世紀，長崎では17世紀までさかのぼる。そして両地域は今日でも，わが国ではもっとも舟競漕のさかんな地域として知られている。この他，わが国では，これらの舟競漕とは異なるタイプの舟競漕も存在した。それは櫓を使ったタイプのものと，櫂伝馬といわれる長櫂を使ったタイプのものである。なお，くり返しになるが沖縄や長崎の舟競漕は短櫂（ペーロン系）で両手で水をかくタイプである。わが国の舟競漕はおよそ以上3つのタイプに分けられる。

## 4 舟競漕の地域類型

では次に，わが国の舟競漕を先にあげた3つのタイプ（短櫂（ペーロン系），長櫂，櫓）から見ることにする。

筆者は2000年に（財）海の博物館の依頼により，全国の舟競漕の分布調査をおこなった[2]。その結果，全国的には木造舟全盛の時代（第二次世界大戦まで）にくらべ，舟競漕の数が大きく減少した（その背景には船の役割・認識が減少したことがあげられる。つまり，わが国は海に囲まれた島国であるが，人や物資の輸送が海から陸や空へ移り，海（船）の存在が希薄になっている）。それでも，舟をFRPに替えたり，漕ぎ方を伝統的な櫓から櫂に替えるなどして競漕を細々と継承している地域もある。一方，沖縄県や長崎市周辺のように観光化にあと押しされ，ますますさかんになっている例外的地域もある。

では，1982年に柴田恵司らがおこなった調査[3]と今回の調査を比較しながら，わが国の舟競漕の動態をみることにする。図1のように柴田らの調査では，船祭は東北地方にも存在するが，舟競漕となると，日本海側では若狭湾の押櫓が北限であり，太平洋側では関東以南であることがわかる。なぜ北方に少ないかは気候・風土からもうなづけよう。そしてたとえ開催されたとしてもその時期は5〜10月と夏季を中心とした行事であった。

一方，今回の調査結果をみると，舟競漕は北は北海道，東北地方，佐渡にいたるまで広範囲で実施されている。そして，各地の行事のほとんどが7〜9月の夏祭り，ふるさと祭り等の名称でおこなわれており，かつての行事の復活というよりも，新たな地域おこし行事といった性格が強い。こうした傾向は東日本にかぎらず西日本でも同様である。したがって，推進具も全国的に広く用いられていた櫓が少なくなり，漕ぎ方の容易な短櫂やオールを使用する地域が多くなった。近年はじまった地域おこし行事としての舟競漕はほとんどこのタイプである。

**図1　わが国における競船および船祭の分布**
（数字は開催月を示す，柴田恵司他，1982）

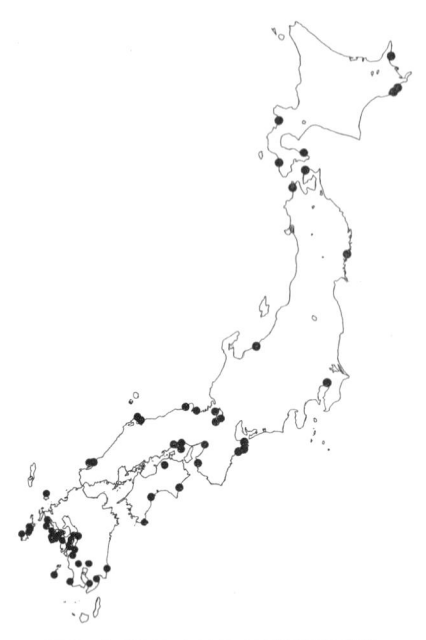

図2　わが国における短櫂競漕の分布

図3　わが国における長櫂競漕（櫂伝馬）の分布

　また櫂でも長櫂（櫂伝馬用）は短櫂のように簡単に漕げないため，活用の地域は限定されている。つまり長櫂は櫓と同様に比較的伝統的な祭礼として実施されているところで用いられている。
　では推進具のタイプから地域的分布をみることにしよう。まず，図2のように短櫂を使用する競漕は近年はじまったものは別にして沖縄・長崎などでは中国の影響を受けたものが多い。そして沖縄・長崎の周辺部にも広がっていった。南西諸島や有明海をはさんで天草諸島，熊本，長崎からもたらされた兵庫県相生市。これらとは異なった島根県美保関などがある。
　沖縄・長崎は観光のテコ入れもあって隆盛をきわめている。しかし，両地域とも競技志向に拍車がかかり，とくに長崎市周辺では7月末の「長崎国際ペーロン選手権大会」の予選化の傾向がある。舟の大きさ，櫂の大きさ，乗員数など大会規則に合わせたものになり，画一化されて各地の特色は消えてしまった。
　沖縄でも企業による冠大会が開催されるようになり，沖縄独特の櫂の型（水かき部分が細目のものからスコップのような広いもの）が変わろうとしている。この他，夏の行事，海の行事として東日本や全国各地でドラゴンボートが多くみられるようになった。
　図3のように長櫂を使用する競漕は櫂伝馬といわれ伝統的なものが多く，祭礼時におこなわれる。分布をみると，現存するのは瀬戸内海の芸予諸島や紀伊・熊野に集中している。双方に共通するのは，かつての村上水軍，熊野水軍の支配地域であり，水軍との関わりが強かったように思う。長櫂は瞬発力にすぐれ，方向転換も容易なことから水軍の舟（武器）としては適していたのではないか。特筆すべきは，熊野の古座・熊野川で競漕がおこなわれることである。川でおこなわれる競漕としては，わが国では他に例がない。
　また，瀬戸内海では競漕舟の舳先に女装のダイフリ，艫には剣櫂フリが乗り，芸予諸島では剣櫂フリは酒樽の上に乗るところが多い。現在，櫂伝馬競漕がさかんな広島県東野町ではダイフリ，剣櫂フリともに子どもである。しかし，熊野の櫂伝馬にはダイフリ・剣櫂フリはいない。

櫓は作業用として日常的にもっともよく使用され，全国各地に見られた推進具である。1丁櫓の伝馬舟から数十丁櫓の速舟まで，その用途は幅広い。図4のように櫓舟による競漕は，かつては西日本各地でおこなわれていたが，とくに九州西部，北部，山口県萩周辺，愛媛県津島周辺，瀬戸内，紀伊・熊野，伊勢周辺に分布していた。

　競漕は1丁櫓から数十丁櫓までさまざまであるが，なかには1丁櫓に3人の漕ぎ手が取りつく大きな櫓もある。

　櫓舟の競漕で興味深いのは，舳先に女装が乗り，競漕中に躍る姿を多くの舟でみることである。対馬をはじめ，山口県や愛媛県でこのスタイルがよくみられる。このスタイルは鯨舟とよく似ており，現存する地域もかつての捕鯨基地と符合する地域が多い。

**図4　わが国における櫓舟競漕の分布**

　わが国の舟競漕は伝統的な競漕が減少し，今日的な夏祭り行事の一環としておこなわれるものが多くなった。かつて，舟競漕は西日本だけであったが，徐々に東日本にも広がりつつある。しかし，その技術は櫂など簡易な方向で推移している。かつて日本の海を縦横無尽に走った舟を支えた櫓の技術は風前の灯である。櫓こそ海国日本の伝統技術である。日本の伝統技術を継承できる社会であってほしい。

（安冨　俊雄）

## Question

・日本の舟競漕の基本類型は？
・日本の舟競漕における中国の影響について述べよ。

## 引用文献

1) 大山甫：舟ぐろう．美津島町教育委員会，1985．
2) 石原義剛，安冨俊雄：日本列島沿海における『船競漕』の存在分布調査報告書．(財) 海の博物館，2000．
3) 柴田恵司他：長崎ペーロンとその周辺．海事史研究，第38号，1982．

## 参考文献

周處：風土記（晋）
劉澄之：鄱陽記（南斉）
宗懍・守屋美都雄訳注：荊楚歳事記．東洋文庫324，平凡社，1978．
源順：倭名類聚抄．承平年間（931-938）
橘忠兼編：伊呂波字類抄．天養—治承年間（1144-1181）

# 12 民族スポーツ「博多祇園山笠」の社会組織

## 1 祇園祭りの由来と山笠

　祇園を冠した祭礼は日本全国に数多くみられる。それらはいずれも京都東山の八坂神社から祇園社を勧請し，その祭神を祀る奉納行事である。京都祇園祭は，いうまでもなくその盛大さ，華麗さにおいて日本でも屈指の祭りである。一方全国に勧請された3000を超えるといわれる祇園社は，その地方の習俗と習合しながら，それぞれの祭礼を執り行っている。これらの類似点の1つは，京都の山鉾巡行において特徴的にみられるように，華麗で壮大な「ダシ」を伴うことである。これらは地方によっては「ヤマ」，「ホコ」，「ヤマボコ」，「ダンジリ」，「ダイガク」ともいう。宮廷の大嘗祭に用いられた標山（しめやま）の転化したものと考えられている。

　博多祇園山笠（以下山笠）においても祭りの主要素は，その流れを汲むヤマ（山笠）の運行と陳列である。祭礼期間中数度運行される（表1参照）が，他の祇園祭に例を見ないほど，ヤマはスピードゆたかに，勇壮に疾走する。ここには明らかに競争行為もみてとることができるため，日本における代表的な競走系の民族スポーツとして山笠を取り上げてみたい。

## 2 博多祇園山笠の起源と変遷

　まず，博多とは現在の福岡市博多区の中でも古くから商業・貿易等を中心として栄えてきた地区のことである。山笠は，博多の総鎮守櫛田神社祭神の1つ，スサノオノミコトを祀る奉納神事である。1872年から1882年まで，1945年から1947年までの中断期間を除き，今日まで盛んに実施されてきた。

　山笠の起源については，以下のようないくつかの伝承がある。
①大嘗祭の会式に標山を引き回したことを模倣した。
②平安期天慶4（941）年，藤原純友の乱平定のため，追討使小野好古は，山城国祇園社に勧請し，スサノオノミコトを祀った。これ以降始められた。
③鎌倉期仁治2（1241）年，承天寺の開山聖一国師弁円は，当時流行した疫病退散のため施餓鬼棚に乗り，町人に担がせて町に水を撒き，清めた。この行為が転化した。
④室町期永享4（1432）年櫛田神社社祭で神輿の御幸が行われ，現在の山笠に類似したものが使用されたことによる。

　これらは起源説の代表的なものである。いずれも決定的とはいえないが，ともあれ京都祇園祭の影響と古い博多の伝承の中で作り上げられたものであろう。山笠の人形飾りについては，15世紀中頃京都から伝えられたことが知られている。

　山笠の運営は，「7流れ」という地区毎に分かれた組織が執り行う。このはじまりは，「太閤町割り」である。天正15（1587）年，九州を平定した豊臣秀吉は，荒廃した博多を検分

し，復興するために町割りを行った。「流れ」は数ヶ町ブロックの代表名称であり，山笠などの行事の運営単位である。これによって，東町流れ，呉服町流れ，西町流れ，土居流れ，洲崎流れ，石堂流れ，魚町流れ，の7流れが発生し，博多町衆生活の基本組織となった。

山笠数は，1455年それまでの12本から6本となった。1587年以降，7流れの内6流れが順番に6本の山笠をたて，1流れは能当番を勤め，櫛田神社に奉納してきた。山笠作成には人足銭を集めて全流れで行っていたが，争いが多かったために，1673年以降流れ毎に山笠を作るようになった。

1687年には，それまで休憩をとりながら悠長に行っていた山笠巡行に，町と町との争いが持ち込まれたことによって競走が始まったとされている。その年の3番山の土居流れを4番山の石堂流れが追い抜こうとし，これに誘発されて他の山も走り出したらしい。その結果，祭りのフィナーレを飾る「追い山」は始まった。

山笠の形態は，室町期以降次第に大きく，人形などの飾り物も豪華になっていった。山笠の装飾さえも流れ間の競う要素といえよう。江戸末期から明治期初頭にかけては，その高さは約16メートルもあった。1897年電線が架設され，また1910年路面電車が開通したことにより，山笠の高さを5メートル以下にしなければならなくなった。そのために，昔ながらの高い山笠をそのまま飾る「飾り山」と，実際に走らせる「カキ山」（博多では山笠を担ぐことを，ヤマをカクという）とが分離し，今日に至っている。

飾り山

カキ山

## 3 博多祇園山笠の実際

山笠の日程の概略は表1のとおりである。

この中でタイムレースが繰り広げられるのは，追い山ならしと追い山である。いうまでもなく最終日の追い山がメインの行事である。レースには2種類があり，1つは櫛田神社境内を1周することで，櫛田入りという。もう1つは櫛田神社から廻り止め（決勝点）ま

表1　山笠の日程

| 日　付 | 山笠行事 | 各流れ | その他 |
|---|---|---|---|
| 7月1日 | 注連卸し<br>当番町お汐井取り | 当番町直会 | 飾り山公開（－15日） |
| 2－8日 | | 棒締め<br>カキ山飾り付け<br>御神入れ | 子供山笠（2－6日） |
| 9日 | 全流れお汐井取り | 直会（－15日） | |
| 10日 | ※流れカキ | | |
| 11日 | ※朝山<br>※他流れカキ | ※追善山 | |
| 12日 | ※追い山ならし | | |
| 13日 | ※集団山見せ | | |
| 14日 | ※流れカキ | | |
| 15日 | ※追い山 | 山崩し・棒渡し<br>打ち上げ | 能楽奉納 |

※山笠が実際に動く

での約5キロのコースを駆け抜けるものである。所要時間は，前者が30数秒，後者が30数分である。

山笠の重量は約750kgといわれ，これにヤマの上に乗って指揮をとる「台上がり」の6名の体重を加えれば，総重量は1000kgを超えよう。直接担ぐのは28名，舵取り役の「鼻どり」が前後に4名，山笠を後ろから押す「あと押し」が数十名である。これらのポジションにはそれぞれにかなり高度な技術と強い体力が必要であり，入れ替わり方にも法則がある。一歩間違えば大きなけがをすることになるからである。1人前になるには10年を要する，といわれるわけである。

彼らは頻繁に入れ替わってヤマをカクために，各流れは1000人位の人数が揃うことになる。現在参加している7流れ（土居，大黒，東，中洲，西，千代，恵比寿）にとって，人員の調達は大きな課題となっている。

ゴール「廻り止」右脇に計時所

多人数が交替で山をカク

## 4　博多祇園山笠の組織と運営

発生期の7流れは，その後の町の盛衰や

都市化による町界町名整理などのため，若干変化し，現在に至っている。だが，山笠の運営には当初からの古い伝統が色濃く残っている。7流れが運営の主体となって，現在まで山笠などの地域の伝統行事を伝承してきているといえる。1流れは10前後の町から構成されている。流れでは毎年当番町が輪番で選ばれて，流れ内部の調整や外部との交渉にあたる。予算や日程の作成，警察や消防局との交渉，山笠の表題の決定，山笠終了後の山笠の解体，その他流れに関する運営の一切を当番町が行う。そのため，年頭から準備を開始していなければならない。

　昔の町内組織は子ども，若手，中年，年寄りに階級化されていた。そこで，これに対応するかのように山笠運営においての階級は，若手，衛生，赤手拭，取締，総代というように序列化されている。この段階は年数によるだけではなく，出場日数等や力量を考慮して決定される。誰でも赤手拭や総務になれるわけではない，権威のあるものなのである。この他，博多地区外からヤマをカキにくる人々を「加勢」という。

　流れには数名の流れ委員と1名の総務が選ばれる。総務は，当番町総代の中から選出されるのが慣行である。すべての流れを統括するのは，現在では1955年結成された博多祇園山笠振興会である。各流れとの連絡，企画立案，渉外，宣伝広報等を行っている。

　流れや町の違いは，法被の柄・文字や提灯で，役職は手拭いの色で区別されている。装束によって所属が判るようになっている。これは，町内部の教育には厳しいが，他の町や流れには干渉しないということの表れなのかもしれない。干渉しないということは，自治を重んじる博多の伝統ともいえよう。役職の職務と手拭いの色は表2のとおりである。

**表2　流れ，町の組織と運営**

| 役職名 | 手拭いの色 | 用務の概要 | 備考 |
|---|---|---|---|
| 流れ総務 | 絞りの赤白青 | 流れを代表し行事全般を統括　予算や日程を作成　山笠の標題を決定　振興会総会へ出席 | 当番町の総代の中から選ばれる |
| 流れ委員 | 赤茶青緑 | 総務を補佐　他の流れとの折衝　振興会総会へ出席 | 当番町と次年度の受け取り町の総代や旧役員から選ばれる |
| 町総代 | 赤白青 | 各町の統括　予算を決定 | |
| 取締 | 赤白 | 山笠活動の町責任者　他の町との折衝　山笠の組み立て | 取締のうち，1名が代表取締となる |
| 赤手拭 | 総赤 | 取締を補佐　若手を指導　直会の手配 | 若手から赤手拭になるには10年位の経験を要する |
| 衛生 | 青白 | 取締や赤手拭を補佐　衛生や危険防止に配慮 | |
| 若手 | 色柄は不一定 | 山笠の準備　直会の準備と後片付け | 実働部隊としてすべての雑務をこなす |

## 5　共同性からみた山笠

　7月9日のお汐井とり直後から15日の追い山まで，先述の行事終了後町内各所に設置されている会場で直会（なおらい）を催すこととなっている。酒食を参加した男全員でともにしながら，その日の反省と次の日の打ち合わせを行う。町内のコミュニケーションをとる場なのである。ここでも上下の序列は厳しい。若手は準備から後かたづけまでをしなければならない。酒の飲み方，目上との会話の仕方，立ち居・振る舞いまでも目上から指導を受ける。ここでは山笠の序列がすべてである。もっとも，料理を用意するのは女性陣である。各家庭から集まり，何十人分かの男達の料理を作りながら，ここが情報交換の場ともなっている。ここでは女社会の縦と横が築いていかれる。が，永らく「不浄の者入るべからず」という看板が男達の直会会場にかけられてきた。不浄の者とは，女性と不幸があった家中の者を指す。女性は裏方に徹するのである。

　若手から壮年までだけが山笠を運営するわけではない。幼児も年寄りもそれなりに参加する。しかも，追善山といい，山笠の功績のあった物故者を，山笠期間中供養することもある。故人宅前に山笠をカキ入れ，博多祝い歌を歌い，ヤマをゆすって故人の冥福を祈るのである。このように人間の一生が包み込まれたのが山笠であるともいえる。

　さて，山笠参加者のタイプをいくつかあげてみよう。まず，昔からその町内に住んでいるタイプ。第2に，博多地区外に居住しているが，博多地区出身というタイプ。第3に，他地区出身だが，現在博多地区に居住しているタイプ。第4に，他地区出身だが，現在博多地区で勤務しているタイプ。第5に，これらのいずれでもなく，ただ山笠を愛好して参加するタイプ。町内ではなくとも上層部に認知されれば，参加を許される。町内のどこかの家に預かってもらい，そこで法被や褌を着用し，その家のしきたりに従う。

　参加者構成は地元3割・加勢7割という現状ではあるが，昔の序列そのままに，上記2・3・4・5のタイプも山笠期間特有の仕掛けによって町内に組み込まれているといえる。都市部のドーナツ化現象によって減少した流れの人数は，こうして確保されている。

　長い期間，猛烈なエネルギー，莫大な費用，膨大な人数を必要としながら，流れ同士の激しい「競走」を行うことにより，現代都市博多は伝統の創造と再生産をしているのだといえよう。

（高野　一宏）

## Question

・競走系の民族スポーツは，他にどのようなものがあるだろうか。
・民族スポーツは，地域の共同体にどのような貢献をしているのだろうか。

### 参考文献

落石栄吉：博多祇園山笠史談．博多祇園山笠振興会，1961．
博多祇園山笠振興会：博多山笠．博多祇園山笠振興会，1985．
井上精三：どんたく・山笠・放生会．葦書房，1984．

# 13 ハイランドゲームスに見るエスニシティ

## 1 スコットランドのハイランド

　イギリスの北部，スコットランド北西部に荒涼とした山岳地帯がある。日本語では別名，高地地方とも呼ばれるその山岳地帯こそ，本項でテーマとするハイランドゲームスの名称にもなっているハイランド地方である。

　ハイランドゲームスとは，英語で Highland Games，あるいは Highland Gathering などと称される，スコットランドに伝わる民族スポーツ競技大会である。現在も5月から9月の半ばにかけ，一夏を通じてスコットランド全土の100を越える村で催されている。スコットランドの人々にとっては，年に一度の地域のスポーツ競技会であり，夏の一日，そこで催される民族スポーツやダンスなど，自らの民族文化を家族と共に楽しむ機会となっている。

　本項はハイランドゲームスをスコットランド人の伝統や歴史，民族といったコンテクストから見つめることで，民族スポーツの競技会とそれを伝える人々のエスニシティとの関わりについて論じたい。

## 2 ハイランドゲームスの現在

　競技会はたいてい村外れの広場がその会場となる。お祭りの縁日のごとく，広場には朝から様々な屋台やスタンドが軒を連ね，大きな村では仮説の遊園地も設置される。さしずめ，年に一度の村祭りを兼ねた運動会といった雰囲気だ。会場にはスコットランドの伝統楽器，バグパイプが鳴り響き，スコットランド国旗，セントアンドリュースの旗が風にたなびく。そこへタータンチェックのキルト，スコットランドの民族衣装を着た村人が集まるのだ。競技会は短距離走や自転車レースなどのトラック競技，ハイランドダンスコンテスト，バグパイプコンテスト，そして Heavy Events と称される重量競技によって構成されている。村によっては伝統スタイルのレスリングや，綱引き，さらにはマラソンなども催される。

　ほとんどの競技がどこにでもあるスポーツ種目であるのに引き換え，重量競技はスコットランドでのみ行なわれる風変わりな力比べばかりである。ハンマー投げ，丸太投げ，錘投げ，石運び，石投げなど，いずれもオリンピックなど国際スポーツ大会にはない彼ら独自の競技である。そのようなスコットランドの伝統競技が，民族衣装であるタータンチェックのキルトを着た大男たちによって競われるのである。

　わけても丸太投げはもっとも人気のある競技だ。丸太を投げるといっても，遠くに投げて単純にその飛距離を競うものではない。まず，長さ4〜5メートルの丸太を高く投げ上げ，逆さに着地させる。そして，そのまま前方へと，よりまっすぐに倒すことを競うのである。丸太が競技者の前方に向かって，まっすぐに倒れたものほど点数が高くなる技術と

丸太投げ

ハンマー投げ

錘投げ

力を要する競技である。また、ハンマー投げは、投げた距離を競う点でこそ現在の競技と変わらないが、そのハンマー自体がユニークな形をしている。陸上競技で使用されるハンマーは、丸い鉄球が鎖によって取っ手と繋がれ、本来の道具であるハンマーの面影はほとんど残していない。しかし、ハイランドゲームスのハンマーは工具の槌さながら、鉄の塊に木の棒の柄が付いたものである。このように、どの重量競技も、衣装、道具、ルール、いずれもユニークにスコットランドの文化に彩られているのだ。

スコットランド人がもっとも歓喜し、喝采を送る競技も、この重量競技である。では、丸太投げを始めとする重量競技は、なぜそのように熱い視線を集めるのであろうか。

## 3 競技会とスコットランド文化

たしかに大きな木を投げ上げたり、岩を持ち上げたりする様は爽快である。同じ人間の技としてそれらを目の当たりにする感動は言うまでもない。しかし、重量競技の魅力を理解する上で、それらがスコットランドの民族文化を表象している点を見逃すわけにはいかない。ハイランドゲームスで行なわれる数ある運動競技の中で重量競技の参加者のみが、必ずしも機能的とはいえない民族衣装のキルトを着用している。公式ルールで民族衣装の着用を義務付けているからである。つまり重量競技のみが、スコットランドのものとして他の競技と区別されているのだ。ハイランドゲームスの参加資格に、地域や年齢の制限は無い。しかし、ルールブックにも明記されたこの民族衣装の着用義務のために、普段スカートなど履いたことのないスコットランドの外の男たちは躊躇を余儀なくされるのである。

もとより、ハイランドゲームスで目にするスコットランドの民族文化は重量競技に限らない。ハイランドダンスしかり、バグパイプの演奏しかり、競技会全体がスコットランドの文化に包まれている。村人はその日一日ハイランドゲームスで繰り広げられる様々なイベントを通じて、多岐に渡る自らの文化を堪能することができるのである。

このようなスコットランド人の民族文化に寄せる視線は、彼らの歴史を知ることで、おのずと浮かび上がってくるのである。

## 4 スコットランドの歴史とハイランドゲームス

　日本語のイギリスという言葉は，とかくイングランドと同義のような誤解を招く。しかし，英語にすると United Kingdom of the Great Britain and Northern Ireland であり，一国王の君臨のもとに，スコットランド，イングランド，ウェールズ，北アイルランドの4つの国によって形成される連合王国（United Kingdom）なのである。スコットランドもイングランドも，現在でこそ連合を構成する一国に過ぎないが，過去においては，互いに独立した主権国家だった。当然文化も異なり，イングランドの母語である英語が取って代るまで，スコットランド人たちはゲール語によって生活していた。

　しかし，すべてが言語のように，イングランド化したわけではなかった。連合して久しい現在もなお多くの法律や行政を他の3ヵ国と共有しつつ，スコットランド独自の法律を有し，紙幣や切手も独自に発行している。さらに，1997年にはスコットランド議会を再開し，ロンドンのウェストミンスター議会から自治権の一部委譲を実現させたほど独立自治への憧れは根強いのである。

　スコットランドがイングランドと連合したのは，1707年のことである。それまで長い間独立を固守してきたものの，産業革命を遂げ，世界中に植民地を拡大しながら強大な近代国家へと変貌しつつあるイングランドの圧力に抗えず，ついにその年，経済的な利益を優先し連合を選択することになった。

　ところが，連合といいつつも，スコットランド議会は解散させられ，多くの社会制度がイングランドの様式によって席巻されるようになる。事実上は強大なイングランドに吸収されたのも同然だった。この不平等とも映る連合に異を唱え，頑なに抵抗するスコットランド人は少なくなかった。彼らは「ジャコバイト」と呼ばれ，あらゆる方法を使っては反乱を企て，執拗に独立運動を繰り広げた。この時にハイランドのクラン（氏族）の多くが，ジャコバイトに加わったのである。無論，当時の強大なイングランドにかなうはずもなく，ほどなくして抵抗が制圧されると，イングランドの押し付ける法によって次々と伝統的な文化を禁じられることとなった。氏族の族長のクラン支配権や，武器の携行，集会も禁じられた。のみならずハイランドの民族衣装やバグパイプの演奏など伝統的な文化も奪われてしまったのである。

　スコットランド内において適用された同法は，その後約35年間にわたって彼らを苦しめるが，それが返ってスコットランド人に民族文化に対する計り知れない愛着と郷愁を喚起し，ハイランドのイメージを野蛮からロマンへと変えていくことになったのである。やがてその波は，法の及ばないロンドンにおいて数々のハイランド文化の愛好会の組織化をもたらした。そのような愛好会の活動の渦中に，多くのハイランド文化が洗練され，あらたに創られていったのである。

　厳密に言うと，民族衣装とはいえ，タータンチェックという模様自体，はるか昔からの伝統だったわけではない。現在でこそ各クランごとにキルトの模様が定められているが，それすら19世紀以後に創出された様式なのである。ハイランドゲームスにしても，彼らが民族の伝統と唱えるほど長い歴史があるわけではない。スコットランドのそこかしこの村落に力石の伝承や，様々な力比べの逸話は残っている。しかし，史実として確認できる組織的なハイランドゲームスは，もっとも早いものでも，1820年代に過ぎないのだ。

　スコットランドを苦しめ続けた法が解かれた後，1822年にイングランド王ジョージ4

世がスコットランドを訪れるが，その時点で彼さえもキルトを着用して公式行事に臨んだほど，キルトは既にスコットランド文化として認知されていた。それは現在にいたるまで変わらない。毎年9月の第一土曜日にブレイマーという村では王室主催のハイランドゲームスが行なわれている。エリザベス女王以下，チャールズ皇太子など王室の面々が参席するが，その際も必ず揃ってキルトを着用している。彼らもキルトに象徴されるスコットランド文化に寄せるスコットランド人の思いを知っているのだ。このような競技会の主催を始めとする一連の王室の振る舞いに，イングランドに対する潜在的な反感を持ちうるスコットランド人たちを懐柔しようとするねらいが露見するようでならない。

## 5 ハイランドゲームスとエスニシティ

　ハイランドゲームスという民族スポーツの競技会は，スコットランド人にとって単なる運動会としては映っていないだろう。それは競技会がタータンチェックのキルトを始めとする様々な民族文化によって彩られていることに端的に物語られる。ハイランドゲームスは彼等に自らの文化を繰り返し再現し，その健在ぶりを確認する空間を提供しているのだ。かつて，スコットランド人はそうして集うことすら許されなかった。具体的な力をビジュアルに構成する重量競技は，強大な隣国イングランドにスコットランドの力を誇示するかのようである。だからこそ，超人的な力によって競われる重量競技ばかりが，彼等のものとしてキルトで装飾されるのではないだろうか。ハイランドゲームスや民族衣装のキルトが近代の産物であるという史実も，彼らが民族文化の遙かなる過去からの繋がりを語る上で，なんら妨げにはなっていない。

　現在ハイランドゲームスは，アメリカやオーストラリア，カナダなどでも行なわれている。いずれもイングランドとの連合以後，スコットランド人が移民した先で，祖国の文化に思いを馳せる末裔たちによって今日まで連綿と受け継がれて来たものなのだ。それらの地でも，もはや極めて限られた機会にしか着用しないキルトを着てスポーツを行っているのである。

　民族スポーツは贅沢にも刻印された民族文化ゆえに，ともすればエスニシティというコンテクストの中で人々の郷愁に訴え，その期待に応えることで隆盛し，命脈を保つことになるのである。

（木内 明）

### Question
・エスニックスポーツがそれを伝える民族の支持を得る理由を考えなさい。
・ハイランドゲームスと，ウェールズや北アイルランドの民族スポーツとの相違について調べなさい。

### 参考文献
エリック・ボブズボウム，レンジャー・テレンス編（前川啓治・梶原景昭ほか訳）：創られた伝統．紀伊國屋書店，1992．
Grant Jarvie：Highland Games The Making of the Myth. Edinbrugh University press, 1991.

# 14 バスク民族スポーツの観光化変容

## 1 民族文化と観光

　観光が文化人類学の研究対象として登場するのは1974年のアメリカ人類学会のシンポジウムといわれている。世界のグローバリゼーション化とともに，地域に存する文化が市場経済の影響を受け，観光化は主要産業としての意味のある存在になっている。

　本論で取り扱うバスク地方は，概ね「ピレネーの民」「ヨーロッパ先住民」が「伝統的な慣習に基づいて」住む地域という表現でイメージが固定されている。これは文化を語るときの「効果的な」常套手段の代表である。文化人類学の主たる語り方である文化相対主義が内包する問題点を指摘するには，フランス国境に近いスペインの都市フエンテラビアのバスク祭を扱ったグリーンウッドの言葉が適切であろう。

　「これはまさに決定的な邪悪である。文化の商品化は参加者の同意を必要とはしない。それは誰の手によっても可能なのである。一度動き出したら，その過程は元に戻せないだろうし，その巧妙さにより，影響を受けた人々がそれを止めるために明快な活動を行なうことは不可能となる。結局，バスク人の文化の尊ぶべき面の多くが，練り歯磨きやビールやボート乗りのような賞品となりつつあるのだ。[1]」

　ここでは，グリーンウッドの主張する観光化による文化の消滅が大問題であって，これは文化擁護論としての立場にある。オーセンティシティ（真正さ）をもつ文化の破壊を嘆くこの視点は，また自文化中心主義へと誘導するものである。山下の言葉で表現すると，「一見持ち上げているようでいながら，じつは本質的な世界へと閉じこめてしまうある種のオリエンタリズムに他ならない」とし，「伝統文化を無批判に美化するような語り口」という予定調和や懐古趣味に警鐘をならすことになる。そして日本においても文化変容論や同化論への批判として，「生成＝創造の語り」の必要性が説かれる。バリ文化に対する山下のこういった視点は，東洋 VS 西洋という図式に当てはめて考えることが可能であるが，少数民族であり西洋の中に位置するバスク民族のスポーツ文化は複雑な様相を呈している。

## 2 バスクの観光化とその展開

　バスク人について具体的な歴史記述が登場するのは，ローマのイベリア半島占領時からである。ローマ文化はパンプローナ（現在のナバラ県の都）を前進基地としてアラバからバスク地方に入っていった。また12世紀以降活発になるイベリア半島西端にある聖地サンチアゴ・デ・コンポステーラ巡礼の案内書にも登場する[1]。ピレネー条約（1659）でスペインとフランスに分割統治されてからは，それぞれ国民国家の一員として，かつまたバ

---

1　フランスからピレネー山脈を越えるルートはいくつかあるが，もっとも有名なルートはバスクを通過する。そして，プエンテ・デ・ラ・レイナ（女王橋）村でルートが一つになり，イベリア半島西北端にある教会まで続く。

スク人としての二重の性格を有する生活を強いられることになる。これらが観光を発達させる背景を形成しているのである。

　「観光」と「スポーツ」についての記述は19世紀まで待たねばならない。アギーレ・フランコは北部海岸の街ドノスティア（西名：サン・セバスティアン）が発展していく要素として観光を位置づけている[2]。とくに1845年8月1日スペイン女王イサベル2世は保養地としてドノスティアを選んだことも大きな影響を与えている。彼女の滞在が宮廷関係者，政府要人，貴族階級に影響を与え，のちにナポレオン3世，ビスマルクといった重要人物もこの街を夏季滞在地にした。1882年ガス灯設置，1886年夜間闘牛開始，1887年路面電車開通，1891年電話設置など，当時としてはモンテカルロ，スパ，ヴィシーなどと肩を並べるほどの近代化が進められた。北部海岸は海水浴，保養などとともに観光にも力点が置かれ，ドノスティア近郊の町や村はそれに対処するための準備が整えられ始めたのである。さらに内陸では多数の観光客の訪問でバスク文化が活性化し，イスラムとの歴史的事件までも祭のプログラムの中に組み込まれていった。バスクスポーツの代表であるペロタ[3]（ボールゲーム）は人気スポーツの1つであり，拠点となる街には多人数が観戦できるフロントン[4]が建築され始めた。加えてバスクスポーツ以外の近代スポーツ（1908年自動車レース）などもいち早く取り入れられた。19世紀後半のドノスティアの目覚ましい発展と平行して，バスクスポーツの賭に対する嗜好が変化し始めた。これは労働者としてバスクへ入り込んだ外部の人々が多大な影響を及ぼしたからである。二者間の賭であるバスクスポーツはまた，観客へ賭の機会をも提供していたのである。

　しかし20世紀に入って頻発する八百長，不正などに起因する争乱や暴動に対処するため，バスクスポーツの近代的組織化が検討された。そして1976年ギプスコア県のドノスティアで全バスクスポーツ連盟が設立されたのである。これを契機にスペインバスク全土へと組織化が浸透していくことになった。またフランスバスクへは地域レベルで進められた。この様に近代化をいち早く成し遂げ，それと連動して民族スポーツが変容していくプロセスは，ヨーロッパスポーツの近代化と同一歩調をなしている。ここには「伝統生活を遵守」するバスク人は登場しない。急速な変容をみせた都市部とその近郊，近代化とは無縁であった地域との差が，多様なバスクスポーツを残存させていくことになるのである。つまり山村部や海岸部では，旧来の方法でバスクスポーツが楽しまれていたのである。

## 3 スペインバスクとフランスバスク

　バスクは現在，スペインではバスク州（3県）ナバラ州（1県）で構成されており，フランスではピレネーアトランティック県の3地方からなる[5]。「4+3=1」という意味はいまだ健在である。国家から地方自治権を認められているスペインバスクは重工業を押し進

---

[2] アギーレ・フランコはドノスティアの様々な改革を引き継ぎ，観光案内所所長であった時代にバスクスポーツ連盟を立ち上げ，バスクスポーツを統一した。また，賭を残存させながら，近代スポーツの仲間入りを実現させた。
[3] 全部で22種目ある。おもに屋外広場で互いに向かい合って行うタイプ，壁に返球するタイプ，トリンケットという室内コート（クルトポームと同様）で四方の壁を利用するタイプがある。使用する用具やコートによってボールの大きさがことなり，ルールも多様である。
[4] フロントン（frontón）とは前壁があるペロタコートをいう。2つのチーム（シングルス，ダブルス）が一つのコート内に混在し，球技をおこなう。
[5] スペインは現在17州の自治州で構成されている。したがってバスク州は3県，ナバラ州は1県で形成している。一方，フランスではバスクは新たな区域に再編されており，3地方はアンシャン・レジーム期の地理的区分をいう。

めてきた結果，スペイン屈指の工業地帯を形成した。現在はその役割は終了しており，情報産業化への新たな転換を目指している。スペイン経済の一部を担っているバスクは，中央政府への発言力は衰えを見せていない。一方フランスバスクは政府の政策により，農業やサービス業などに限定されたのである。

スペインバスクにおける観光プログラムは7月初旬にパンプローナ市で始まるサンフェルミン祭の牛追いからであろう。ヘミングウェイ[6]も取り上げたこの牛追いは，日本でも紹介され，世界的に注目されている。民族スポーツは守護聖人祭のメインプログラムとして多くの観光客の来訪が視野に入れられている。いわゆるバスク民族スポーツは他の近代スポーツ競技と同様の連盟に加入し，専用の運営組織が競技日程などを計画している。プロ・アマを問わず年間スケジュールが祭のプログラムとして，またチャンピオンシップとして独自の競技場で開催されているのである。つまりペロタ，石かつぎ，石引き，など20種目あるバスクスポーツは，近代スポーツと同等の地位を獲得し存続をはかられているのである。したがって観光客にとって大都市以外で実施される祭や民族スポーツの情報入手には手間がかかる。地域の守護聖人祭は行政が住民へ向けての年に一度のサービス提供であり，観光客を見込んでプログラムを作成することに焦点をあわせていないのである。

**牛遊び**（スペインバスク港町の守護聖人祭。干潮時，脂を塗りつけた柱に5人の若者が人間トーテムポールをつくる。）

**石かつぎ**（バスクの英雄ペルレナと息子，フランスバスクのサレ村）

フランスバスクは中央政府の政策によって，スペインとはことなり独立に結びつく要素は極力排除されてきた。しかし地理的条件が観光業の発達に大いに役立ったのである。フランス南西部に位置する保養地ビアリッツ，サン・ジャン・ド・リュス，バイヨンヌなど夏季休暇をバスクで過ごすことは現在でもステイタスになっている。さらにフランスバスク観光代理店とバスク祭委員会の共同作業として，6月〜10月までの祭冊子を作成し，観光招致に力点が置かれている。もちろん中心のイベントはバスク民族スポーツである。

スペイン国境に近いサレ村の守護聖人祭は，祭パンフレット（9月）で簡単に見つけだすことができる。4日間のプログラムは，ペロタ各種，バスクスポーツ各種，バスク舞踊，バスク伝統音楽鑑賞などを，公共広場，フロントン，トリンケット，居酒屋の中とこ

---

6 ヘミングウェイはパンプローナを延べ9回訪れている。代表作「日はまた昇る（fiesta）」はこの牛追い祭りを中心とした物語である。この他，「午後の死」「危険な夏」とともにアメリカの人々はヘミングウェイの追体験をするのである。

の小さな村のあらゆる場所を利用して実施される。つまり村全体が観光客に対して非日常の時空間を提供していることである。ここでは観光客の期待する典型的なバスクを体験することができるのである。

## 4 選択としての観光化

　EU統合後10年あまり経過して，バスクの観光誘致はスペインやフランスを含めヨーロッパ各国に広がりを見せ，前面にバスクを押し出してきた。人口約400万人といわれるバスク人の生活を保障する手段として，バスク民族スポーツがグリーンウッドのいう「売り」に出されたのである。スペインバスクでは，前述したように伝統に固執することよりも，豊かな生活への模索がすべてにわたって変容をもたらしていることである。しかしバスク人の中には，民族色を維持させながら民族スポーツの近代化を進めていくことを模索している人々がいる。それはバスク民族としてのアイデンティティを失うことなく，近代化を押しすすめるというジレンマに直面することでもある。一方，フランスバスクでは観光からの収入が地域に潤いをもたらしていることは事実である。加えて民族スポーツ文化の伝承にも貢献しているのである。彼らにとって娯楽であった民族スポーツが，エンターテイメントとしての要素を含みながら，なおかつ自文化を生成していく手がかりをつかんでいるのである。スペインやフランスでの状況はことなるが，バスク民族スポーツが大きな転機を迎えていることは事実である。つまりバスク人にしかわからないスポーツの面白さを簡潔に他人に説明し，共感を得る努力が惜しみなく行われ，またサービス精神旺盛な歓迎は「伝統バスク」ではみられなかった光景である。常に二者間での競技であったバスクスポーツは賭であり，最後まで全力でたたかうのが常であった。それが力を抜いた見世物として大いに期待されているのである。バスク民族スポーツが観光化によって外部にその姿を晒したとき，バスク人の思考に変化が生じたのである。

（竹谷　和之）

> **Question**
> ・観光化によるスポーツ文化変容を，「消滅」と「生成」という観点からまとめてみよう。
> ・観光化としてとらえられる他のスポーツ文化を見つけてみよう。

### 引用文献

1) デイビッド・J・グリーンウッド：切り売りの文化．バーレーン・L・スミス編，三村浩史監訳：観光・リゾート開発の人類学，勁草書房，248，1991．

### 参考文献

Aguirre Franco, R.: *Guipúscoa 1883-1983 Guipuzkoa Historia Gráfica*, Diputación Foral de Guipúscoa,1983.
竹谷和之：ペロタの形態に関する研究．神戸外大論叢，神戸市外国語大学研究会，vol 38-5，1987．
山下晋司：バリ　観光人類学のレッスン．東京大学出版会，1999．

# 15 エスノサイエンスの身体
## —kewa 族の例から—

## 1 身体に関連する言葉と身体観

「ムカツく」は「腹が立つ」とも表現できる。では「腹が立つ」とき腹部が実際に「立つ」ような見た目の動きをするだろうか。もちろんそんなことはない。

「指切げんまん」をしても指は本当には切らないし，リストラで「首が飛ぶ」ときも首が現実に空中をさまようことはない。こうした身体は，現実の身体とは別の，文化のレベルで初めて存在する身体と考えることができる。

例えば「腰」について見てみよう。「腰が高い」は，腰の位置が高いという文字通りの意味の他に，横柄である，という意味もある。「腰を折る」は，腰の骨折ではなく，邪魔をして物事を途中で妨げる，という意味である。「腰がない」とは，そのままの状況は想像し難いが，度胸がないとの意となる。こうしてみると，「腰」は部位を指すだけではなく，何か物事の大事な部分や中心といった意味が付け加えられていそうである。つまり，我々は「腰」に関して，重要な部分といった身体への見方や考え方（ここではこれを身体観と呼ぼう）を持っている可能性が考えられないか。

我々はこのことをある意味当然と無意識に考えている。しかし，これは世界共通の認識であろうか。この文章では身体観の違いやそこから見えてくるものを考えてみたい。

ここに一本の論文がある[1]。これにはパプアニューギニアのある民族の身体観が書かれているので紹介したい。ぜひあなたの身体観と比べて欲しい。

## 2 キワ族の身体観

### (1) 階層構造

ニューギニア島に kewa（キワ）族という少数民族がいる。この論文は彼らの身体観を調べたものだ。著者のフランクリンによれば，キワ族は身体部位をいくつかの階層に分け，そして相互に関連づけてとらえているという。その身体観は図を用いるとわかりやすい。図1を見てみよう。キワ族は身体を5つの階層に分けて考えている。この図にはすべてではないが代表的な身体部位が示されている。

最上位のレベル1は人間で，レベル2ではこれを魂，肉体，精神に三分している。肉体はレベル3でまたいくつかに分かれる。頭，首，体幹上部，胃周辺，下腹部等である。さらにそれはレベル4，レベル5へとつながっていく。

### (2) 全体的な身体観

図1中のいくつかの部位の身体観を見てみよう。背中の機能は床や道路等での身体作業を助けることで，胸は貝殻とビーズによる装飾の中心であり，腕と手は物を作るためのものである。

心臓は胸の下位区分である（図にはなし）。心臓は「思考」の中心で，それには行動も含

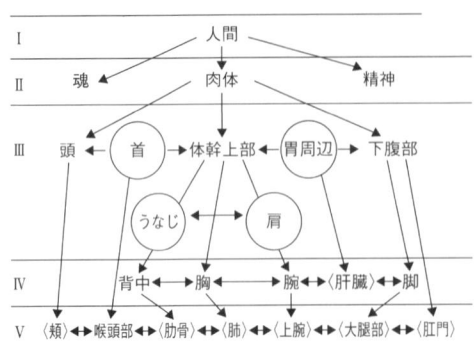

**図1 キワ族の身体観（全身）**
＊Franklin（1963）より出町作図
＜図の見方＞（図2も同じ）
・縦方向の矢印は階層関係を示し，横方向の矢印は対照関係を示す。
・円はレベル内／間の関連部位を示す。
・＜＞はある身体部位が別な身体部位の下位区分であることや，この身体部位が対立する身体部位の一グループであることを表す。また，ある身体部位の最下位レベルの要素を構成することを表す。

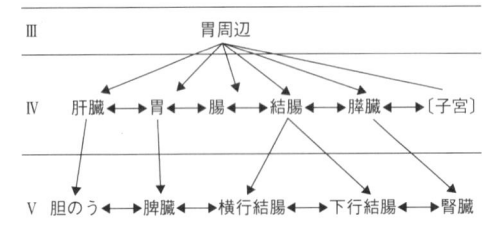

**図2 キワ族の身体観（胃周辺）**
＊Franklin（1963）より出町作図

**表1　肝臓に関する語の使用例**

| 直訳 | 意味 |
|---|---|
| 肝臓が失われる | 死 |
| 肝臓が悪い | 嫌い |
| 肝臓が立ち上がる | 興奮すること |
| 肝臓がつらい | 薄情な |
| 肝臓が腐っている | 同情する |
| 肝臓が甘い | 幸せだ |
| 眠っている肝臓 | 怠惰な |
| 肝臓を投げる | おびえる，どきりとする |
| 肝臓が血で汚れた | 疲れた |
| 肝臓を持ち上げる | からかう |

まれるという。しかしこのことは，狂人が思考の中心（すなわち心臓）にのみ問題があると考えることを意味しないという。彼は身体全体に問題を持っている，と考えるのである。そしてその「思考」は，生成後，額に進み，そして口に達すると考えられている。

また肺という語は「心臓の葉／花びら」を意味し，心臓に従属すると考えられている。横隔膜も同様で，またこの語は囲いを意味し，暖炉の囲いの意にも使われるという。

西洋医学的知見からすると，背中や腕や手の機能はさほど違いはない。思考はもちろん脳で生まれるが，キワ族では心臓と考えられるということで，位置づけがやや違う点が指摘できる。

**(3)「胃周辺」の階層と身体観**

図2を見てみよう。これは図1のレベル3の「胃周辺」を細かく見たものである。レベル4で胃周辺に関連するのは，肝臓，胃，腸，結腸，膵臓等がある。驚くべきことに，図2は同時に，情緒に関する主要部分をも示している。中でもレベル4の肝臓は，情緒の中心だという。それを示すものとして，肝臓関連の用語例を表1に示した。

キワ族では，肝臓関連語に様々な感情を込めて使っていることがわかる。つまり，これらは文化のレベルで存在する「肝臓」である。

西洋医学的には，肝臓の機能は主には炭水化物の貯蔵や代謝の調節，解毒作用等だが，この臓器に情緒的な意味づけを行なっているのが非常に興味深い。人体の分泌器官としてもっとも大きいことが関係しているのだろうか。

日本語では「肝（きも）」と言うと，肝臓を指す場合の他に，広く内臓の総称を意味することもある。さらに心，精神という意や，度胸が据わっていること，あるいは物事の重要な点という意もある。なるほど「肝が据わっている」，「肝っ玉」，「肝試し」，「肝を冷やす」等のような言葉は多数ある。この辺りの関連性は極めて面白いではないか。

さてキワ族に戻って，他の部位にはどのような身体観があるだろうか。レベル4では，胃は食物貯蔵と空腹の中心，腸は渇き／渇望の中

心，結腸は浪費の中心，膵臓は成長の中心，子宮は妊娠という身体観が記録されている。

実際には，例えば膵臓は主に消化関連機能と血糖値の保持の機能がある。これに「成長」という身体観が加わっていたり，また腸や結腸に「欲」が意味づけられている点が独特である。

レベル5では次の様である。胆のうは尿を作り，膀胱に送る〔実際には尿は腎臓で作られる〕。脾臓は組織の身体的サポートをし，胃を支える〔実際の脾臓の機能は循環血液の調節等〕。横行結腸と下行結腸は胃と腸の間の部位を結ぶ。腎臓は膵臓を支える。

こうして見ると，西洋医学的知見と合致する点もあれば，そうでない点もあることがわかる。この「胃周辺」がキワ族の身体観のもっとも特徴的なものの1つと言える。

## 3 エスノサイエンス

キワ族の身体観にどんな感想を持っただろうか。こうした独自の身体観/意味体系はキワ族に限らず色々な人々が各々持っているであろう。身体に限らず，このような，それぞれの土地の人々が集積している自然界や人間社会の様々な事象に関する知識や解釈の総体を，エスノサイエンスという。

そして「エスノサイエンス」の語には，もう1つの意味がある。それは，この「知識や解釈の総体」についての分析的，記述的研究のことである[2]。

換言すると，前者は対象としてのエスノサイエンスで，後者は方法論としてのエスノサイエンスとも言えよう[3]。対象としてのエスノサイエンスが扱った研究には，身体の他に植物や色彩，病気等様々なものがある[2]。一方，方法論としてのエスノサイエンスは，1950年代後半から1960年代初めにかけて，文化研究への言語学的方法論の適用として生まれた。それまでの民族誌に対する科学的客観性の不足という不満が，言語学を参照した新たな潮流を生んだ[3]。それは認識人類学と呼ばれる。認識人類学とは，個々の社会がもつ，事物や事象に対する主観的な分類と意味づけの体系を主な研究対象とし，対象社会に対し"内側の視点"をとり，"民族範疇"を重視することを特徴とする。

認識人類学では，研究者の解釈と対象としてのエスノサイエンスを区別することを重要なものとし，このずれを少なくしようとする。そしてその区別を明確にするため分類の論理形式が区分されるようになったのである[2]。エスノサイエンスは，この流れの中に位置づけられる。

## 4 もう一歩，前へ　～世界観にむかって～

次にこの論文を1つの「研究」として眺めよう。この論文で明らかになったこと，そうでないことは何だろう。ここではこの論文の課題を3点のみ簡単に述べて結びとしたい。

(1) イーミックとエティック

この論文では，身体部位は5階層に分類されたが，これは誰による区分なのだろう。キワ族ではなく，著者の概念により分類された可能性はないのだろうか。

この文章は全訳ではないこともあり，読者にどれ位伝わったかは不明だが，この論文をわたしが読む限り，著者は身体の知識や分類に関し，どこまでがキワ族のもので，どこからが著者のものかをはっきり区別し切れていない。その区分の必要性は前述の通りであ

り，これがこの論文の大きな課題の1つと言ってよい。

　一般には，研究者の分析概念をエティック（etic），被調査者の概念をイーミック（emic）という。これらは厳密に区別されなくてはいけない。

(2)「分類」は目的か，手段か

　(1)で述べた，分類が成功したかどうかの他に，「分類」に関し考えたい点がもう1つある。方法論としてのエスノサイエンスは，「それぞれの民族の典型的な知識と知覚のシステムを明らかにし，その総体としての文化そのものを明らかにしようという意図を持っていた」。つまりこれは「人々はいかに世界を見ているか，という問いである」[3]。フランクリンは，こうした狙いにたどりついたであろうか。

　「エスノサイエンスは，もっぱら当該文化におけるさまざまな分類の記載と分析という作業に集中した」ために，「分類中心主義的なアプローチは『あまりにも単純で機械的な，分類体系の抽出を至上目的とする研究を量産』」したことへの批判がある。つまり「分類すること」が「世界の見方」とイコールになってしまったことへの問題提起である[3]。仮に分類が成功していたとして，この論文によりキワ族の「世界の見方」は明らかになっただろうか。残念だが，わたしの見る限り分類に留まっている。これも課題として残されたと言えよう。

(3) 言語がすべて？

　著者は，身体の名称，つまり言語のみを分析対象とした。しかし，エスノサイエンスは「言語」に限らないのではないだろうか。また，とくに「身体」を扱うならば，非言語的要素，例えば踊り等の身体技法や儀礼も対象に考えられるのではないだろうか。

　キワ族の身体観，そして世界観にアプローチするには，この点も課題と言えよう。

（出町　一郎）

## Question

- 日本人の身体のエスノサイエンスにはどのようなものがあり，どのような世界観につながっているのだろうか。
- エスノサイエンス研究が分類で終わらないために，また非言語の要素を扱うにはどうすればよいだろうか。

## 引用文献

1) Franklin, Karl J.: Kewa Ethnolinguistic Concepts of Body Parts. Southwestern Journal of Anthropology, 19, 54-63, 1963.
2) 石川栄吉ほか編：文化人類学事典．弘文堂，104，563，1987．
3) 寺嶋秀明：フィールドの科学としてのエスノ・サイエンス―序にかえて．寺嶋秀明・篠原徹編著：エスノ・サイエンス，京都大学学術出版会，3-4，2002．

## 参考文献

レヴィ=ストロース，クロード：野生の思考．みすず書房，1976．
大築立志：手の日本人．足の西欧人，徳間書店，1989．
東郷吉男編：からだことば辞典．東京堂出版，2003．

# 16 アイルランドのスポーツと文化

## 1 2つのアイルランド

　2002年W杯で話題を集めたチームの1つにアイルランドがある。もちろん代表チーム自体の活躍もあったが，ビールを片手に明るく振る舞うサポーター，その彼らがアイルランドだけでなくアメリカをはじめ世界各国から応援に駆けつけたことが注目された。アイルランドは1845-47年にじゃがいもの大部分が菌類の被害に遭い大飢饉に見舞われた。この大飢饉で100万人以上の住民が死ぬか国外に移住し，1847年には，25万人以上が飢えや伝染病で亡くなり，20万人以上がアメリカに移住したとされている[1]。つまり，世界各国から集まったアイルランドサポーターの背後には，離散したアイルランドの人々の記憶が刻まれている。

　ところでここに言うアイルランド代表とは，アイルランド共和国代表のことである。この国の成立は1921年のイギリスからの分離・独立にさかのぼる。ただし，アイルランド島すべてがこの国を構成しているわけではない。地理的に言えばイギリスに留まった北アイルランドも存在し，現在も連合王国（United Kingdom）の一部を構成している。W杯予選には北アイルランドも1つのチームとして参加していることから，アイルランド島からは2つのチームが参加していることになる。ちなみに北アイルランドサッカー協会は，イングランド，スコットランド，ウェールズのサッカー協会とともに，唯一ルール改正に関する権限をもつ機関，国際サッカー評議会（IFAB）メンバーとなっている。

## 2 アイルランド人のアイデンティティ

　アイルランド人のアイデンティティは，非常に重層的なものとなっている。もっとも広いのはケルトとしてのアイデンティティである。これは，アングロ・サクソンと区別されるときに現れる。次にはアイルランド島に暮らす人，またアイルランド島に固有の文化（言語，宗教的伝統など）によって規定されるものがある。そして政治的枠組みである近代国家によって区別されるアイルランド共和国と北アイルランドである。

　最後にあげた自他の区別は，一般的に宗派的背景（カトリックとプロテスタント）と政治的背景（ナショナリストとユニオニスト）によるものと考えられている。アイルランドに暮らす人々の歴史は，隣接する英国との関係の元（支配＝被支配）にあったと行っても過言ではない。プロテスタントのウイリアム3世（オレンジ公）がカトリックのジェームス2世を打ち破って以来（1690年，ボイン川の戦い），アイルランドは英国の支配下に置かれ，内植民地化されていった。その結果多数を占めるカトリックに対する少数派プロテスタントの優位が政治・経済を含むあらゆる場面で構造化されていく。アイルランド独立運動は1916年のイースター蜂起を皮切りに独立戦争へと連なっていった。1922年にはアイルランド自由国（現在のアイルランド共和国）が独立を宣言するが，それはプロテスタ

ント住民が多い北部アルスター地方を英国に残したままの独立であった。現在の北アイルランドがそれであり，ここでは今尚，1つのアイルランドを主張するユニオニストと英国への帰属を主張するロイヤリストによって紛争が続けられている。

## 3 英国スポーツへの対抗とゲーリック・ゲーム

　アイルランド共和国独立前夜，ゲーリック・アスレティック・アソシエーション（以下GAAと略）がマイケル・キューザックによって設立された（1884年）。すでに英国出自のスポーツ（ラグビーやサッカー，クリケット，陸上競技等）がアイルランドでも普及していたが，GAAはこれらスポーツを「外国のスポーツ」として見ることや行うことを禁止し（the Ban），アイルランド固有のスポーツ文化（アイリッシュ・スポーツ）を提唱，普及させようと試みた。それは，階級や宗派の面で排他的な英国生まれのスポーツ組織との間に著しい対立を生んだが，英国の総督統治に対抗するナショナリズムと結合し，次第に勢力をアイルランド全土に広げていった。

　現在GAAによって統括されるゲーリック・ゲームには，ゲーリック・フットボール，ハーリング，カモーギー（Camogie），ハンドボールの4種目がある[2),3)]。ゲーリック・フットボールは，サッカーとラグビーをあわせたような競技である。競技場は長さ130〜145m，幅80〜90mで，それぞれのエンドにはH型のゴールがある。ゴールポストは幅6.5mで高さ2.5mのところにクロスバーがあり，サッカーのようにゴールネットがつけられている。クロスバーの下にはゴールキーパーもおり，ボールはサッカーボールと同様のものを使用する。得点は，クロスバーの上を通ると1ポイント，クロスバーの下を通ると1ゴール（3ポイントに相当）となり，合計のポイント数で勝敗を決める。ほとんどのゴール，ポイントは足で蹴って決められる。空中にあるボールは手で打ってもよく，サッカーで言うドリブルは拳で空中に突き上げながら行われる。手を使う点がゲーリック・フットボールの1つの特徴となっている。ハーリングは，同じ競技場，ゴールを用いて行われる。ただ，足の代わりにハーレイ（Hurley）と呼ばれるスティックを用いる。ボールは公式野球ボールに近い。ゴール，ポイントともゲーリック・フットボールと同じであるが，ボールが小さく，スティックで打ち込むのでスピードあるスポーツとなっている。カモーギーは女子のハーリングであり，ハンドボールは，素手で行うスカッシュのようなスポーツである。

**ナショナルスポーツといわれるハーリング**
（アイルランド政府観光庁提供）

　GAAが統括するゲーリック・ゲームのリーグ戦は，北アイルランドを含むアイルランド全島で行われている。そして交流試合はロンドンやニューヨークなど北米のチーム間や，類似したフットボールをもつオーストラリアとの間で行われている。

## 4 スポーツにみる＜分断／統合＞

　南北の分断，宗派的分断，そして政治的分断。アイルランドにはいくつもの断層があ

る。しばしばスポーツは社会を統合する装置として考えられるが，こうした断層が幾重にも走る社会においては，それが順機能的に働くわけではない。とくにアイルランドで行われているスポーツにこれを当てはめると，歴史的背景と現在のスポーツ組織や機構との関係から，代表チームや選手の選出は，スポーツ種目ごとに異なってくる。

　現在アイルランドで行われているスポーツは，ブリティッシュ，ユニバーサル，ゲーリック・ゲームの三者に分類されるという[4]。ブリティッシュ・ゲームは大英帝国との歴史的文化的繋がりをもったスポーツであり，現在でもコモンウエルスの国々で行われているスポーツ（クリケット，フィールド・ホッケー，ユニオン・ラグビー等）である。これらスポーツは，オール・アイルランド，南北をあわせた1つのアイルランドとして代表チームを編成する。全アイルランド型といってよい。ただし，オリンピックは例外で，北アイルランド出身選手は英国代表とアイルランド共和国代表のいずれかを選択することができる。ユニバーサル・ゲームは，世界各国で行われ，たとえ英国出自のスポーツであってもその文化的背景が限りなく漂白されてしまったスポーツをさす。ゴルフ，ボクシング，テニス，陸上競技，水泳のような個人種目，バスケットボールやサッカーがその例である。冒頭に述べたサッカーに見られるように，それは南北それぞれが協会を有し，独立した代表チームを編成している。分離統治型のスポーツである。第三のゲーリック・ゲームはアイルランド32州全土を舞台に行われるが，ブリティッシュ・ゲームとは対抗するアイリッシュ・ゲームである。前述したGAAが統括するものや，九柱戯[5]，ロードボウルズ[7]といった伝統スポーツがこれに相当する。それらは世界中のアイルランド人離散者（ディアスポラ）によって行われる。

　以上3つに分類されたスポーツが，いかなる人々を惹きつけていっているのかは，それぞれがもつ文化的，宗教的，政治的背景によって異なってくる。それは，現在も紛争がくすぶり続ける北アイルランドで顕著となる。

　ラグビー（ブリティッシュ・ゲーム）を例にとると南北統一チームが編成される。それは南北という分断を超えて統合的に働くことになる。英国パブリックスクールの伝統を引き継ぐこのゲームは，英国との連合を支持する人々（ユニオニスト）だけでなく，1つのアイルランドを主張するアイリッシュ・ナショナリストによっても支持されている。またカトリック学校でも実施されることから宗派に関係なくプレイされている。ただし，その伝統から階層的には比較的上層に位置する人々のスポーツという限界もある[6]。対称的にGAAのスポーツに代表されるアイリッシュ・ゲームは排他的にカトリック・ナショナリストによってプレイされる。これらはアイリッシュ・アイデンティティの構築と再生産に結びつけられる。1つのアイルランドやその文化的伝統の主張がここにある。政治的にはアイルランド共和国に親近感を抱き，その意味でブリティッシュ・ゲームに距離を感じている人々や，現在の北アイルランドを維持したいと考えている人々は，英国の伝統もアイルランドらしさも脱色されているように見えるユニバーサル・ゲームがもっともふさわしいものとなる。いずれの伝統をも表象せず，荷担しないという意味において，ユニバーサル・ゲームは北アイルランドで多くの愛好者を集めている。

## 5　北アイルランドでの取り組み

　こうしたスポーツの付置状況が，常に固定化されてきたわけではない。確かに，ナショ

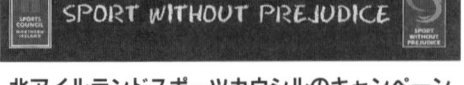

**北アイルランドスポーツカウシルのキャンペーンはがき**

ナリズムとユニオニズム，カトリックとプロテスタントの対立がスポーツの場に持ち込まれてきたことは事実である。その背景に学校でのスポーツ教育や若者のスポーツ選択がこれらの対立を構造化させるものとして，再生産するものとして機能してきたことも指摘されている。それだけに北アイルランドにおける紛争解決に向けた両者の和解プログラムや相互理解プログラムが若者を対象に繰り広げられている。宗派に関係なくラグビーやバスケットボールを行うことで相互理解を深める取り組みや，カトリック系住民以外にもゲーリック・ゲームを紹介する取り組みがなされてきている。北アイルランドスポーツカウンシルも紛争解決に向けたキャンペーンに乗り出した。競技場をはじめ，スポーツの場で互いに挑発する行為や言動をいさめるというものである。スポーツを通じて互いの偏見を乗り越えようとする努力，これが現在試されている。

（大沼　義彦）

> **Question**
> ・北アイルランドにおいて「アイルランド人」であることと「英国人」であることと，スポーツはどんな関係にあるか論じなさい。
> ・英国出自のスポーツとゲーリック・ゲーム，それぞれに結びつけられる象徴，記憶，共同体について調べなさい。

## 引用文献

1) ルネ・フレシェ著（山口俊章，山口俊洋訳）：アイルランド，白水社，1997．
2) Paul Healey : Gealic Games and the Gealic Athletic Association, Mercier Press, 1998.
3) 大林太良編：民族遊戯大事典．大修館書店，1998．
4) Alan Bairner : Sport, Nationalism, and Globalization : European and North American Perspectives, State University of New York Press, 2001.
5) Jim Ledwith : The Pitched Battle of SKITTLES : A traditional Sports in County of Fermanagh, CAUSEWAY, 1 (3), Summer, 1994-5, 15-17, 1995.
6) Michael Mull an : Opposition, Social Closure, and Sport : The Gaelic Athletic Association in the 19th Century, Sociology of Sport Journal, 12 (3), 268-289, 1995.

## 参考文献

石井昌幸：黎明期のゲール運動競技協会に関する覚え書き，スポーツ史研究9，49-57，1996．
John Sugden and Alan Bairner : National identity, community relations and the sporting life in Northern Ireland, in Lincoln Allison (ed.). The Changing Politics of Sport, Manchester University Press, 171-206, 1993.
海老島均：分断された社会におけるスポーツ：アイルランドにおけるスポーツのシンボリズムと文化的多様性に対する寄与に関する研究．スポーツ社会学研究6，97-102，1998．

# 17 タイの子どもにみる遊びの文化化

## 1 東北タイ農村の子ども遊び

　子どもにみる遊びの文化化を考えるに当たって，まず子ども遊びの実際を確認することから始めよう。ここでは1990年頃まで伝統的な遊びが確認できた東北タイ農村の子どもの遊びを事例として取り上げてみたい。表1は，東北タイのウボンラーチャターニ県のある農村の小学5年生に対して行った質問紙調査の結果である。1997年の8月（雨季）に実施した調査は，N村小学校の5年生全員を対象とした。男子28名，女子26名であった。質問は「起床してから学校へ行くまでの間（登校前）に，あなたはどんな遊びやスポーツをしましたか」であり，「登校前」のほか，「学校」「放課後」「夕食後」についてもそれぞれ同様の質問をした。「合計」はこの4つの時間帯を合計したものである。表中の数値は実施率を示している。

　実施率の高い遊びを順に第3位までみると，男子では「ルークケオ」と「サッカー」の実施率がほぼ同様に高く，これに「タクロー」が続いている。女子では「ゴム跳び」の実施率が高く，続いて「マークケップ」，「かけっこ」と「なわ跳び」が同率である。「ルー

**表1　東北タイ農村の子どもの時間帯別遊び（1997.8）**

| 男子 | 合　計 | | 登校前 | | 学　校 | | 放課後 | | 夕食後 | |
|---|---|---|---|---|---|---|---|---|---|---|
| 1 | ルークケオ | 225.0 | ルークケオ | 78.6 | サッカー | 75.0 | サッカー | 50.0 | ルークケオ | 39.3 |
| 2 | サッカー | 210.7 | サッカー | 57.1 | ルークケオ | 64.3 | ルークケオ | 42.9 | サッカー | 28.6 |
| 3 | タクロー | 96.4 | かけっこ | 46.4 | タクロー | 28.6 | かけっこ | 25.0 | タクロー | 14.3 |

| 女子 | 合　計 | | 登校前 | | 学　校 | | 放課後 | | 夕食後 | |
|---|---|---|---|---|---|---|---|---|---|---|
| 1 | ゴム跳び | 169.2 | ゴム跳び | 57.7 | ゴム跳び | 57.7 | ゴム跳び | 26.9 | ゴム跳び | 26.9 |
| 2 | マークケップ | 100.0 | かけっこ | 42.3 | バレーボール | 26.9 | かけっこ | 23.1 | マークケップ | 15.4 |
| 3 | かけっこ | 80.8 | マークケップ | 38.5 | マークケップ | 23.1 | なわ跳び | 23.1 | なわ跳び | 15.4 |
|  | なわ跳び | 80.8 | なわ跳び | 30.8 | かけっこ | 15.4 | マークケップ | 23.1 | | |

**表2　東北タイ農村の子どもの時間帯別遊び（1997.12）**

| 男子 | 合　計 | | 登校前 | | 学　校 | | 放課後 | | 夕食後 | |
|---|---|---|---|---|---|---|---|---|---|---|
| 1 | サッカー | 200.0 | サッカー | 63.0 | サッカー | 74.1 | サッカー | 33.3 | サッカー | 29.6 |
| 2 | かけっこ | 137.0 | かけっこ | 48.1 | タクロー | 40.7 | かけっこ | 33.3 | かけっこ | 18.5 |
| 3 | タクロー | 118.5 | タクロー | 33.3 | かけっこ | 37.0 | タクロー | 29.6 | タクロー | 14.8 |

| 女子 | 合　計 | | 登校前 | | 学　校 | | 放課後 | | 夕食後 | |
|---|---|---|---|---|---|---|---|---|---|---|
| 1 | かけっこ | 117.9 | ゴム跳び | 42.9 | バレーボール | 39.3 | バレーボール | 25.0 | かけっこ | 17.9 |
| 2 | バレーボール | 114.3 | かけっこ | 42.9 | かけっこ | 32.1 | かけっこ | 25.0 | かくれんぼ | 10.7 |
| 3 | ゴム跳び | 85.7 | バレーボール | 39.3 | ゴム跳び | 28.6 | かくれんぼ | 17.9 | バレーボール | 10.7 |

クケオ」とは「ガラス玉」を意味するタイ語で，交替しながら丸いガラス玉を弾いて当てたり，穴に入れたりして遊ぶ日本の「ビー玉」とよく似た遊びである。「タクロー」は東南アジアスポーツ「セパックタクロー」であり，2チームに分かれてタクローボールをネット越しに蹴り合うスポーツである。「ゴム跳び」は輪ゴムをつないで作ったゴムひもを，高さと跳び方を変化させながら跳ぶ，難度を競う遊びである。「マークケップ」の「マーク」とは「駒，石」，「ケップ」は「拾う，集める」を意味するタイ語で，5個の小石を使う「お手玉」遊びの一種である。これらの遊びを時間帯ごとにみると，「登校前」と「学校」時間帯の実施率が高く，「放課後」「夕食後」の実施率は順に低くなっていることから，子どもたちは「登校前」と「学校」の時間帯によく遊んでいることがわかる。「登校前」の遊び実施率が高いことは，農村に生活する子どもの起床時間が早く登校までの時間にゆとりがあること，さらに集落内に位置する学校までは距離が近く通学時間が短いことが影響していると考えられる。また，「放課後（学校から帰宅後夕食まで）」の遊びの実施率が低いことは，学校が午後4時に終了すること，帰宅後は家庭内労働実施によって遊び時間にゆとりがないことなどが考えられる。

「ルークケオ」「マークケップ」「ゴム跳び」「なわ跳び」は，アンダーソンが指摘した季節周期との関係から説明することができる。これらは，狭い空間でも実施が可能な遊びであり，雨季に実施率が高くなる傾向にある。激しい夕立が毎日続く雨季には，グランドはぬかるみ，草が生い茂る。そのため広い戸外を駆け回る遊びは敬遠され，雨の影響を受けにくい小スペースでの遊びが選択される。たとえば，高床式住居の階下部の乾いたスペースを探して「ルークケオ」をしたり，屋内で「マークケップ」をするなど，狭い空間が子どもたちの遊び場となる。

子どもの遊びを時間帯別に分析してみると，すべての時間帯が全体と同じ傾向を示すわけではなく時間帯ごとに異なっている。とりわけ，学校における遊び実施がその他の時間帯と異なっている。男子では「サッカー」の実施率が75パーセントと「ルークケオ」の実施率を上回り，タクローが第3位となって，学校でのスポーツの実施率が高くなる傾向にある。また，女子でも「バレーボール」の実施率が「マークケップ」を上回るなど，学校においてはスポーツの実施率が高くなる理由があるものと推察される。

ゴム跳びをする子ども　　　　　　　　　　タクローをする子ども

## 2　伝統的な遊びの文化化

なぜ，時間帯によって子どもの遊び実施に差異が生じるのだろうか。この現象を遊びの

文化化の視点から検討してみたい。文化化とは，「一定の社会に生まれ育つ個人が，その社会の文化を習得していく過程」であり，子どもは文化としての遊びをその社会の文化もろともに習得する。すなわち，子どもは遊びという文化を学習するとともに，その遊び文化を支持する社会やその社会を構成する文化を同時に学習するのである。子どもは遊びを通して，彼らが暮らす社会の実に多様な文化を習得しているのである。

　まず，「ルークケオ」「ゴム跳び」「マークケップ」などの伝統的な遊びの文化化について分析してみよう。伝統的な遊びとは，村人の誰もが子ども時代に経験した遊びであり，その地域の生業や生活と密接に結びついた遊びである。ビー玉や輪ゴムの伝播以来，どの世代も両親や周りの大人から直接教わらなくとも，少し上の兄姉の真似をしながら，また，遊び集団に加わりながら遊びを習得した。単に遊びの名称やルール，遊び方だけでなく，道具の獲得の仕方や流行の時期など，その遊びを取り巻く多様な文化の総体を程度の差こそあれ共有している。習い，教えるという伝承関係を支える構成員として，とぎれることなくその役割を等しく果たしてきた。どの世代も遊びの適齢期を迎えるごとに，また，季節を迎えるごとに，生活に密着した場所で弟妹の世話をしながら，家事手伝いの合間を見つけては没頭し，競い合いながら繰り返してきたのである。それらは，土地土地の生活と結びついており，遊び空間が学校であったとしても，学校文化とは無関係である。現在では，学校で実施されるよりも学校以外の時間帯に，家の周りなどの学校以外の空間で行われている。子どもは遊びを通して，伝統的な地域社会の価値や行動様式をも学習するのである。

## 3　学校が奨励する遊びの文化化

　次に学校においてよく行われる遊びに注目してみよう。学校において「サッカー」がよく実施される理由は，サッカーゴールの備わった広い運動場があること，仲間が多いこと，道具となるサッカーボールが備わっていること等が考えられる。しかし，学校がサッカーを奨励していることを忘れてはならない。学校は，教科体育として子どもたちにサッカーの知識と技術を学習させ，また学校行事としてスポーツシーズンに近隣小学校との対校競技会を開催する。競技会での勝利は勝者を賞賛し，賞品の授与によってその価値を強化する。学校という公的制度による表彰は，スポーツにおける勝利を単なるゲームでの勝ちにとどめず，権威ある勝利へと押し上げる。それは，参加者が互いにゲームを楽しむ伝統的な遊びにおける循環する勝利とは異なり，勝者と敗者を明確に区別する絶対的で揺るぎない競争の勝利とするばかりか，記録として永く学校の名誉者リストと教師生徒の記憶に刻印するのである。

　そもそも学校とは国民教育を推進する文化的装置であり，相応しいタイ国民を養成することを目標とした政府の教育計画に基づいて子どもを教育する。体育は健康な身体の発育発達と豊かなパーソナリティの形成に寄与する。また，国際的なスポーツ文化を学習することが，世界中の青少年とスポーツを通じて交流し，競技することを可能にする。学校がサッカーなどの国際スポーツを教材として取り扱うことは，タイ国民として世界に共通するスポーツ文化を習得することが必要であるとの考えによる。子どもはスポーツを学習することによって，スポーツにおける競争の文化的価値やスポーツマンシップなどのスポーツ規範，競技会において勝利することの国民的期待について学習する。「サッカー」を支

持する文化的特徴はタイ国（ナショナル）を超えた国際スポーツ（インターナショナル）にあり，伝統的な遊びが有する文化とはまったく異質な性質を帯びている。タイとマレーシアの伝統スポーツから創作された「セパックタクロー」においてさえ，国際スポーツとなった今日においては，伝統的なスポーツが有するローカルな文化性とは既に異なっていると言わざるを得ない。

## 4 子ども遊びにおける文化バランスの変容

　子どもは数あるレパートリーのなかから，その時々の条件にあったもっとも面白い遊びを瞬時に選択して遊ぶ。その結果，「ルークケオ」や「サッカー」，「ゴム跳び」や「マークケップ」，「バレーボール」を選択して遊ぶのである。子どもにとってはどれも面白い遊びであるが，その文化的特徴は多様である。伝統的時空間のなかでは伝統的な遊びを選択する傾向が強く，学校時空間では学校が奨励するスポーツを選択する傾向が強い。また，テレビによって大量に送り出させるスポーツ情報が子どもたちをスポーツへと駆り立てている。さらに，ビデオゲームという巨大な商業的遊び文化が東北タイ農村の子どもたちの心さえも確実に捕らえようとしている。子どもの暮らす地域社会のなかで学校とテレビという2つのメディアの影響を受けながら，子どもの遊び文化が多様化している。地域社会における伝統的な価値の減退とともに，伝統的な遊びが衰退・消失の道を辿り，スポーツやビデオゲームなどが勢力を拡大している。地域社会における伝統文化，学校文化，商業文化の文化バランスは常に一定ではなく，徐々にそして確実に変容している。子ども遊びの文化化に，文化間のせめぎ合いを見て取ることができる。

（佐川　哲也）

> **Question**
> ・日本の子どもたちの遊びの実際について調べてみよう。
> ・日本の子どもたちの遊びには，どのような文化的背景があるか検討してみよう。

### 引用文献

1) 祖父江孝男，米山俊直，野口武徳：改訂文化人類学事典，ぎょうせい，209，1982．

### 参考文献

Anderson, W. W. : Ecological and Sociocultural Determinants in Thai Children's Game-playing Event, John Loy ed., The Paradox of Play, Leisure Press, 167-175, 1982.
佐川哲也：タイ国ウボン県における子どもの伝統遊びの消失とスポーツの普及，体育学研究36 (3) 209-218，1991．

# 18 北米先住民のボール・ゲーム（球戯）の分布と特性

## 1 ボール・ゲーム（球戯）に関する先駆的業績

　今日，すでにその多くが変容，衰退，あるいは消滅を余儀なくされてしまった北米先住民族のボール・ゲーム（球戯）について論究しようとする場合，拠となるのは19世紀後半から約1世紀間にわたって集中的に進められた当該民族に関する文化人類学（民族学）的調査・研究である。わけても，キューリン（Culin, Stewart）編集の遊戯研究書（Games of the North American Indians, 1907）とカトリン（Catlin, George）の調査報告書（Letters and Notes on the Manners, Customs, and Conditions of the North American Indians, 1842）とは，この方面（遊戯民族（俗）学）の先駆的研究で大変貴重な手掛かりとなる。なぜなら，当時の文化人類学が（後に）「サルベージ（salvage）人類学」と呼ばれる研究スタイルであることからも明らかなように，近代国家建設のため交通・運輸網を拡充し，産業革命や移民の大量流入，領土的膨張がより一層進むアメリカ合衆国にあって，一方で近代（＝ヨーロッパ）文明の圧倒的な影響のもとに急速に「滅びつつある」「原住民（北米先住民族）」および「原住民文化（ボール・ゲームなどの）」を「調査する機会は日々少なくなり，永久に失われつつある」として，「遅きに失する前に」わずかに残っている断片的資料（過去の残存物）を洗いざらい「すくい（救い＝掬い）上げ」（サルベージし）て，その様子を可能な限り記録に書き留めることを急務としていたからである。

　このような状況の中で，アメリカ合衆国では1842年に現住未開民族の調査研究機関として民族学局（Bureau of American Ethnology）が設立され，膨大な北米先住民族の個別部族の実態調査と物質文化の収集作業とが本格的に進められていった。収集・蓄積された多大なデータ（民族誌）を基に，やがて関連の研究書（誌）がアメリカ文化人類学界で盛んに発表されるようになり，キューリンやカトリンが教えてくれているような北米先住民族の多種多様な遊戯（ゲームやスポーツ，ダンスなど）に関する詳細な情報がもたらされるようになったのである。例えばキューリンの著作は，全846頁にも及び，221部族36種類のゲーム，スポーツに関する活動が体系的に分類，記述されている。本書は，それまでの民族学者や役人，宗教者らによって発表されたりあるいは未発表のままの北米先住民族の遊戯に関する研究・報告と自身の観察記録とを加え編集したもので，ゲームで使用する道具の鑑定と記述についてはスケッチ，計測，使用部族名，ルール（得点方法等），わかっている場合にはその神話的起源までも，さらにはプレイヤーや諸道具に関する数多くの図版も含まれており，民族（俗）遊戯の研究を進めるにあたって欠くことのできない文献として，これまで高い評価を得ている。一方，カトリンも消滅しつつある北米先住民族の文化の記録を残そうと，1832年から8年間にわたって北米大陸の大平原地帯に居住する50近くの先住民族（約40万人）を訪ね，土着の服をまとった先住民族の肖像画や彼らの住む集落の風景画など約600枚を越す絵を描いている。それらは詳細な民族誌的説明を

ともない，今日すでに消滅してしまった部族や風習などを知るための重要な資料の1つとして挙げられている。ここでは，こうした調査研究書に写し出されている北米先住民族のボール・ゲーム（球戯）の地理的分布の特徴（地理的相違，地域特性）についてみていくこととしたい。

## 2 ボール・ゲーム（球戯）の種類

　キューリンによれば，調査した122部族195例のボール・ゲーム（球戯）は概ね次のように分類整理される。すなわち，① Racket（38例）：ボール保持部に網を張ったラケットを用いてボールを操作するもの，② Shinny（57例）：スティックやクラブ（曲杖，棒など）でボールを打つもの，③ Double ball（29例）：2つのボールかまたは木片を紐で結びつけ，これをスティック（棒）で投げるもの，④ Ball race（19例）：ボールまたは木片を蹴りながら競走するもの，⑤ Foot ball（19例）：脚でボールを操作し，ゴールに持ち込む（蹴りこむ）もの，⑥ Hand-and-foot ball（8例）：数人が掌や脚でボールをパス（打つ，蹴る）しながら，地面に落とさずなるべく長く継続させるもの，⑦ Tossed ball（13例）：数人が互いにボールを投げ合い（輪をつくり），地面に落とさず長く継続させるもの，⑧ Foot-cast ball（2例）：脚の甲にボールをのせ，できるだけ遠くに蹴り上げるもの，⑨ Ball juggling（8例）：2～4個のボールを放り上げては捕球する，お手玉のようなもの，⑩ Hot ball（2例）：遠くに放り投げられ，着地した熱いボールを奪いに向かう（競走する）もの，の10群である。これらはラケットやスティック，クラブといった木製の打球具を用いてボールを操作するものから，掌や脚で直接操作するものまで多岐にわたり，使用するボールもまた，様々な材質と形状とからなる。袋状のものに詰め物をして創ったボール（詰め球）や動物の膀胱に息を吹き込み丸くしたボール（膨らませ球），さらには木や石を丸く切り出したボール（切り出し球），流動体にした材料を丸い鋳型に流し，固めたボール（鋳型球）などが創り出されているのである。

　このように試合の条件や用具などが異なる様々なボール・ゲームも，いくつかの共通する特徴を有している。つまり，①ゲームは双方同じ人数のプレイヤーからなる2つのチームによって行われ，プレイヤーらはボールをめぐって，フィールド（競技場）を左右にせめぎ合い，得点は相手ゴールにボールを打ち込むかあるいは貫通させることによって決まる。②勝敗は，あらかじめ同意された得点の合計点数に先に達した方のチームを勝者とする。③単なる「遊び」ではなく，当該部族の宗教観や宇宙観，世界観と深く切り結び，「儀礼」として成立している，点などである。とくに，部族間の不測の事態（戦）に対処できるよう，ボール・ゲームを「戦争」に見立て，戦術・戦法の会得や身体鍛錬（トレーニング）の機会に充てたり，病気治癒のためにシャーマンによって執り行われ，ゲームの行方（勝敗）でその生死を占ったり，あるいは豊かな恵み（食料など）を与えてくれる大地（自然）に感謝を表す祝祭（春秋季）の一部として組み込まれるなど，「儀礼」としての機能を有しながら当該社会に存在しているケースが多く見受けられる。

## 3 ボール・ゲーム（球戯）の分布の特徴

　10群に分類整理されるボール・ゲーム（球戯）の地理的分布は広範にわたり，同じボ

チョクトー族（南東部地域）のボール・ゲーム（Racket）の様子（カトリン画）

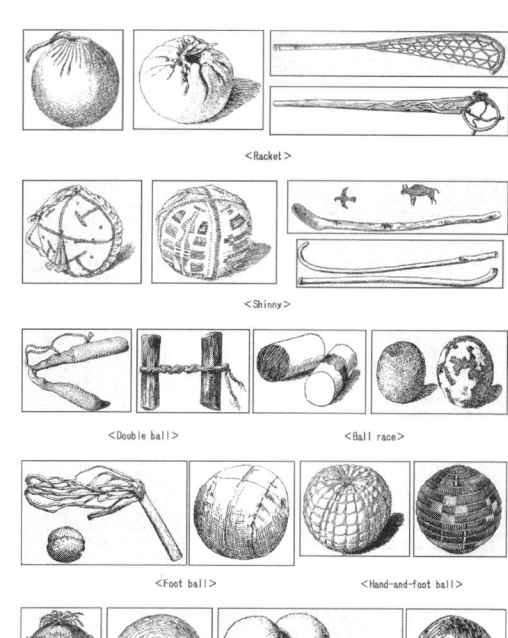

北米先住民族のボールと打球具の例

ール・ゲーム（群）で，かつ同様の社会的機能（儀礼性）を有するものであっても，これを行う部族（地域，文化領域）によってその構造（試合の条件や用具など，ルールの詳細）に違いが認められる。ボールや打球具のつくり（形状や材質），フィールドの大きさ（規格），プレイヤーの人数や性別・年齢など，ボール・ゲームは土地土地によってそれぞれ構造上の諸特性を帯びているのである。

　例えば，ラケット，スティック，クラブといった木製打球具は，短い夏と長い冬に特徴づけられ，樹木が繁殖しないような凍土地域においては創出される可能性は低く，したがってこれを用いるようなボール・ゲームの発生・成立も考えにくい。実際，カナダ，アラスカなどの北極・亜北極地域では掌や脚でボールを直接操作する Foot ball が盛んに行われ，ラケットやスティック，クラブなどの打球具を要する Racket, Shinny, Double ball はわずかに確認されるだけである。しかもこの場合の打球具は，先端のわずかに曲がった若木を利用するだけの簡単なもので複雑な細工は施されていない。また，ボールは石を丸く切り出した「切り出し球」やアザラシ猟を生業とする部族がこの地域に多いことと関連して，詰め物をアザラシの皮で覆った「詰め球」が用いられている。

　これに対して，大陸中央部の温暖な平原地帯（北西台地，グレート・ベーズン，南西部，大平原地域）では，平坦な地形を利用して大きなフィールドが確保され，多くのプレイヤーの参加が可能なフィールド・ゲームが頻繁に出現する。掌や脚で直接ボールを操作する Foot ball, Hand-and-foot ball, Ball race も好んで行われるが，それ以上に盛んなのが Racket, Shinny, Double ball といった木製打球具を用いるフィールド・ゲームで，これらは当該部族の生業形態の段階（レベル）に応じてそれぞれ発生・成立している。Racket はネット（ボール保持部分）を上向き，または横向きに張った精巧な打球具（ラケット）を用い，主に農耕（トウモロコシ栽培など）を生業とする部族にみられるもので，Shinny や Double ball は先端が二股のフォーク状に分かれた若木か，もしくは先端の曲がった若木に丸かもしくは四角の打突面を備えた簡単な打球具（スティック，クラブ）を用い，狩猟や採集によって生計を立てる部族の間で行われるゲームである。この辺

りのボール・ゲームでは，赤粘土や石膏，粘土を使った「鋳型球」や木片（マホガニー材），乾燥させたカボチャを利用した「切り出し球」，あるいは動物の膀胱による「膨らませ球」など，様々な材質と形状のボールが創り出されている。

　また，Racket, Shinny, Double ball は西海岸（北西部，カリフォルニア地域）や東海岸（南東部，北東部）一帯の部族の間でも大変人気のあるボール・ゲームで，それぞれの地域（部族）で特徴的なつくり（形状や材質）の打球具，ボールが作製されている。カシやナラの混じる落葉性混合林，亜熱帯性森林に覆われる西海岸一帯（北西海岸，カリフォルニア地域）は，堅果類を中心とした採集からシカやクマなどの狩猟，さらには北部海岸線でのサケやマス，クジラ漁が盛んで，打球具やボールのつくり方（加工技術）もバラエティに富んでいる。打球具としてボール保持部分を上張りの網（ネット）かまたは，バスケット（籠）状に編んだラケットを作製したり，あるいは若木の湾曲部分を打突面にしただけのスティック，クラブを用いたり，さらにはボールとしてシカ皮で覆った「詰め球」か，もしくは木や石あるいはクジラ漁を生業とする部族の間ではその軟骨を使って「切り出し球」が創り出されている。他にもこの辺りには，Tossed ball, Foot-cast ball, Ball juggling, Hot ball など，北米大陸全土を見渡してもあまりみられない珍しいゲームが点在する。一方，東部海岸一帯の森林地帯（南東部，北東部地域）の部族が行う

| ボール・ゲーム<br>地域（文化領域） | Racket | Shinny | Double ball | Ball race | Foot ball | Hand-and-foot ball | Tossed ball | Foot-cast ball | Ball juggling | Hot ball | 計 |
|---|---|---|---|---|---|---|---|---|---|---|---|
| ① 北極 | 0 | 1 | 0 | 0 | 5 | 0 | 0 | 0 | 2 | 0 | 10 |
| ② 亜北極 | 1 | 1 | 0 | 0 | 1 | 0 | 0 | 0 | 1 | 0 | 4 |
| ③ 北西海岸 | 2 | 7 | 0 | 0 | 0 | 0 | 2 | 0 | 1 | 0 | 12 |
| ④ カリフォルニア | 6 | 10 | 9 | 4 | 5 | 0 | 1 | 2 | 1 | 2 | 40 |
| ⑤ 北西台地 | 1 | 4 | 1 | 0 | 0 | 0 | 1 | 0 | 0 | 0 | 7 |
| ⑥ グレート・ベーズン | 0 | 4 | 2 | 4 | 1 | 0 | 2 | 0 | 3 | 0 | 12 |
| ⑦ 南西部 | 0 | 7 | 2 | 7 | 14 | 0 | 0 | 0 | 0 | 0 | 32 |
| ⑧ 大平原 | 7 | 12 | 16 | 4 | 0 | 1 | 1 | 2 | 0 | 0 | 38 |
| ⑨ 南東部 | 6 | 4 | 7 | 0 | 2 | 5 | 2 | 2 | 0 | 0 | 9 |
| ⑩ 北東部 | 16 | 4 | 3 | 0 | 5 | 1 | 0 | 0 | 0 | 0 | 31 |
| 計 | 38 | 57 | 29 | 19 | 19 | 8 | 13 | 2 | 8 | 2 | 195 |

北米大陸の地域区分（文化領域）とボール・ゲームの分布状況

Racket は，上張りのネット（網）を備えた 2 本の打球具（ラケット）でボールを操作することが特徴で，これは他の地域の同様のゲームにはみられない傾向である。また，先端の曲がった若木か，あるいは先端部分がこぶ状の木を利用した簡単なクラブやスティックを用いる Shinny や Double ball の他にも Foot ball, Hand-and-foot ball, Tossed ball など掌や脚でボールを直接操作するゲームが僅かにみられ，ボールにはシカなどの動物の毛皮を巾着状に詰め込んだ「詰め球」か，あるいは動物の膀胱を膨らませた「膨らませ球」が多く用いられている。

　このように，北米先住民族は実に様々なバリエーション，つまり機能（儀礼性）と構造（試合の条件や用具の形状・材質）とからなるボール・ゲーム（球戯）を有し，これらは当該部族（地域）の自然環境の差異（地理的特性）に従って発生・成立していることが理解される。

（荻　浩三）

> **Question**
> ・ボール・ゲーム（球戯）の他に北米先住民族はどのようなゲーム（遊戯）やスポーツを有していたのだろうか？
> ・現在（いま），北米先住民族の伝統的なゲーム（遊戯）やスポーツはどのようになっているのだろうか？

**参考文献**

S. Culin : Games of the North AmericanIndians. New York, 1907.
G. Catlin : Letter and Notes on the Manners, Customs, and Conditions of the North American- Indians. New York, 1842.
J. C. Eaglesmith : Native American ball game. SPORT IN THE SOCIOCULTURAL PROCESS, 493-505, 1976.

# 19 祝園神社「居籠綱引」の信仰基盤

## 1 「居籠綱引」とは

　京都府相楽郡精華町祝園では，毎年1月の中の日から3日間にわたって，「風呂井の儀」「松明の儀」「綱曳の儀」から構成される「居籠祭り」が実施される。「居籠る」とは，具体的に祭事中，全村消灯し，物音を立てずに家の中に「籠もる」ことであり，斎戒沐浴精進潔斎として行われる。祭礼中には音はもちろんのこと，火の使用も禁止される。別名，「天下の奇祭」「音なしの祭り」とも呼ばれている。

　この「居籠祭り」を構成する「綱曳の儀」において，綱引きが実施される。使用される綱の形態は地域独特であり，「邪鬼を象ったもの」「蛇の頭」などとも称されている。これらの言説から，祝園地区の人々の持つ何らかの信仰が綱の形として表象されているとみることができるとともに，地域の人々と密接に関わって実施されていると考えられる。

　そこで本稿では，「綱曳きの儀」が実施される「居籠祭り」全体を視野にいれながら，綱引きの信仰基盤について考察を加えるものである。綱引きは，正確には「綱曳きの儀」として行われるものの，「居籠祭り」で行われる綱引きということから，本稿では「居籠綱引」と称することとする。

## 2 京都府相楽郡精華町祝園の概況

### (1) 相楽郡の地理的位置と歴史的背景

　精華町がある京都府相楽郡は，京都府の南部に位置し，多くの古墳や遺跡が散在している。さらに，古代から今の京都，奈良，大阪の3都を結ぶ重要な交通の要地であった。

　現在の相楽郡は，山城，木津，加茂，笠置，和束，精華の6町と南山城村の1村から構成されており，6町の中央には木津川が流れている。木津川は，これまでに氾濫を繰り返し，地域に甚大な被害をもたらした。とりわけ，正徳2（1712）年，享和2（1802）年，昭和28（1953）年8，9月の4回の大洪水は，大被害を与えたとして地域の人々に伝わる。

　昭和63（1988）年には京都府，大阪府，奈良県の3府県6市2町にまたがる地域で展開される関西文化学術研究都市の建設計画（約15万ha規模に約41万人の人口が想定された壮大プロジェクト）が発表され，現在も祝園地区を含めた精華町の都市整備計画が進められている[1]。

居籠綱引の風景

## (2) 精華町の人口推移及び産業形態の変化—祝園地区を中心に—

　現在の精華町の人口は，33,226人（2003.12.1現在）であり，相楽郡6町1村の中で2番目に多い。昭和40（1965）年には1万人に及ばなかったのが，この40年間で3倍以上も伸びた。こうした傾向は，西北，東，中，南の4つの区から構成されている祝園地区でも同様にみることができる。昭和40年には，2千人弱だった人口が平成6（1994）年には，4千人弱と倍増した。内訳は，西北，東，中区の人口変化が少ないのに対し，南区は昭和40年代後半から現在にかけて3倍以上増加した。これらは，学研都市計画にともなう地域整備の結果の現れといえるが，地域整備と人口の急激な流入は，地区の産業構造にも変化を及ぼした。これまで農林業などの第1次産業が中心を占めてきたが，地域整備が進む中で第2，3次産業従事者が増加し，現在では第1次産業従事者は全体の1割程度である。

## 3　「居籠祭り」の実際と運営組織

### (1)「居籠祭り」の実際

　祝園神社には，「人皇第十代崇神天皇の御代，第八代孝元天皇の皇子，武埴安彦が朝廷に反逆を企て遂にこの地に於て討伐されたが，亡魂，柞ノ森に止り，人民を悩ませしを第四十五代聖武天皇神亀年中に，これを撲滅せんとするも鬼神の所業なれば，人民にては如何ともなり難く，後年四十八代称徳天皇の御代，神力を以てこれを撲滅せよとの勅命により直臣大中臣池田六良広綱，宮城七良朝藤が，祝部となり，神護景雲四年一月二十一日春日の大神を御勧請し創祠された。而して斎戒沐浴精進祈願により，神力の擁護の基に遂に悪霊撲滅の難業なり，広綱，朝藤の功と相俟って漸く悪病平癒，人民安堵，農家の繁栄，商工業の隆盛を見るに至った。」[2]とする由来があり，これ以降，「居籠祭り」が行われたとされ，現在では京都府無形民俗文化財として指定されている。「居籠祭り」は表1のスケジュールで実施される。

　1月に入り，「居籠祭り」の第1日目の朝，各地区から2名ずつで浄砂を神社から「風呂井」までの道と「幸の森」までの道に撒く。「風呂井の儀」の前には世話役と呼ばれる人々が「風呂井」前の交差させた鉾をはずす。この儀は，望見が許されておらず，一切見ることはできない。

　第2日目の「御田の儀」では，宮司と「当日奉仕者」（世話役や助人・道具・囲いなどの役につく人々をまとめて呼ぶ）が実際に儀

表1　祝園神社の「居籠祭り」行事表

| 祭　　日 | 儀　礼 |
|---|---|
| 1月の申の日（＊） | |
| 　（第1日目） | 風呂井の儀 |
| 　（第2日目） | 松明の儀 |
| 　（第3日目） | 綱曳の儀 |

（＊）月に申の日が3回ある時は2回目，2回ある時は1回目の申の日

礼を行い，当日奉仕者は松明を持った経験のある者から選ばれる。松明を持つ人は「松明奉仕者」と呼ばれ，儀の最後に五穀を各区に配る。松明奉持者は毎年1名が各区から輪番制で選出される。

　第3日目の「綱曳の儀」では，綱作りに各区から2名ずつ選出されるが，2名のうち1名は氏子総代のため，各区からは1名ずつとなる。選出基準はとくに設けられておらず，各区での話をまとめると「氏子総代が頼んだり，希望者がくればお願いするようにしてい

る」という具合で選出される。「綱曳の儀」の詳細については後に詳述する。
**(2)「居籠祭り」の運営組織**

「居籠祭り」は祝園神社の氏子組織によって運営され，氏子組織は祝園地区に居住する人々を氏子として，代表役員である宮司，役員である氏子総代5名で構成される。氏子総代は西北，東，中，南の各区から選出されるが，旧祝園地区が西，北，東，中，南の5地区に分かれていたことから，西北からは2名の氏子総代が出され，任期は3年である。

氏子組織の他，祝園神社には，「居籠祭り保存会」（以下，保存会と呼ぶ）がある。保存会は昭和54（1979）年に発足し，会長，副会長，会計，会員から構成され，3役は氏子総代から1名ずつ選ばれ，会員は全員氏子である。したがって，保存会と氏子組織は，形式上の区分がなされているものの，構成員はまったく同じであることから，二重組織といえる。

さらに，各区の氏子総代は，表2にみるとおり，それぞれの選出基準が設けられている。各区の共通事項は「男性で責任ある人物」が基準となる。これらをまとめると，責任を持って仕事が遂行できる，年齢は60歳以上，ある程度時間的余裕のある人ということになる。これは，厳密ではないにせよ年齢階梯制が原理になっているとみることができよう[3]。

表2　各区の氏子総代選出基準

| 区名 | 選 出 基 準 |
|---|---|
| 西北 | 氏子総代は区の役員会時に選挙を行う。 |
| 東 | 前氏子総代から指名される。年齢は60歳程度。 |
| 中 | 前区長と現区長が次期氏子総代候補を推薦。年齢は70歳程度。 |
| 南 | 氏子総代は区の役員会時に選挙を行う。 |

## 4　綱の形態と「居籠綱引」の実際

**(1) 綱の材料と形態**

綱引きで使用される綱は，竹と藁を材料にして作られる。竹と藁で丸く形作った輪に6本の竹を左右3本ずつ咬ませたこの綱の形態は，一般的な綱の形態と比べ極めて珍しく特徴的であるといわれる。また，地域に伝わる綱引きに関する口頭伝承には，綱は「邪鬼を形作ったもの」「蛇の頭」などといったものが残されている。

**(2) 綱の作り方**

特徴的な綱の形態

「居籠綱引」で使用される竹の綱は，第3日目の朝に作られる。作り手は，先述したように各地区から選出された8名である。朝8時頃から神社に集まって作業を開始する。

まず神社横と裏の竹薮に入り，適当な竹を切り出す。綱作りは大きく3つの作業に分かれる。1つのグループは竹の皮を剥ぐ作業，もう1つのグループは竹の根元を焼いて，三角形に曲げる作業，そして残るもう1つのグループは綱の中心部分となる輪

を作る作業である。これらの作業の振り分けは，長年同じ仕事をしたり，得意であるといった基準で行われる。

竹の皮を剝ぐ作業は，竹の葉の部分を切り落とし，竹を縦に 8 等分に割る。割った竹の皮と芯の間に鉈を入れて皮を剝いでいく。

竹を曲げる作業は，まず竹の根元辺りの 2 カ所を火で炙る。その後，炙った箇所を木槌で叩いてならして曲げる。この作業を 2 回繰り返して三角形を作り，形が崩れないように縄で縛り，これを 6 本作る。

綱の中心部分になる輪を作る作業は，藁の束を徐々に繋げて輪の形を作り，出来上がった輪の外に竹の皮を包むように巻いていく。竹を巻いた後，切り落とした竹の枝を輪に差し込みながらその上に巻いていく。最後に竹の皮で輪を螺旋状に巻いて輪の中心は出来上がる。その後，輪に先ほど曲げた竹を左右に 3 本ずつ咬まして，綱は完成する。

出来上がった綱は，鳥居の真下に輪の中心がくるように置かれ，鳥居には注連縄が張られた状態で「綱曳の儀」まで置かれる。

(3)「居籠綱引」の実際

こうして作られた綱は，鳥居を中心にして北側に西北区，南側に東・中・南区に分かれ，図 1 のようにして 3 回引き合われる。居住地区を単位とした分かれ方は，明治中頃から始まったとされるが，現在では厳密に分かれることもなく見物人も参加できる。

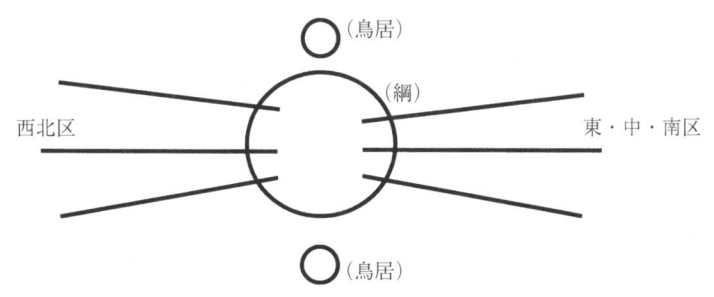

**図 1　綱の形態と引き手の分かれ方**

とりわけ，この綱引きで注目されるのは，邪鬼に象った綱に身体を擦り付けることによって，自己の病魔（悪病）を委譲し，その病魔と引き合うことで病気に勝つと意味付けられる点である。つまり，無病息災を願うのである。また，勝った側はその年万事吉であるともされ，五穀豊穣祈願としての意味も付与されている。勝負の後は，「出森」（武埴安彦破斬旧跡）へ引いて行き，綱は適当な大きさに切られ，各家庭の正月の注連縄などと一緒にまとめて焼かれる。すべて焼けた後，人々は三々五々家路へ着き，居籠綱引は完了する。

## 5 「居籠綱引」の信仰基盤

「居籠祭り」は，氏子組織と保存会の二重組織によって存続しており，当該組織には年齢階梯制原理を読みとることができ

「出森」（武埴安彦破斬旧跡）

る。そして，この組織によって支えられる「居籠綱引」には，多くの説話や伝承が残されており，祝園神社の氏子たちに脈々と受け継がれ，毎年実施されている。

とりわけ，武埴安彦の説話と綱に付与される蛇の話は，八岐大蛇伝説の構造に近似しており，「居籠綱引」を五穀豊穣を祈願するための装置とみることができる。それは，「綱曳の儀」で「無病息災」「五穀豊穣」が祈願されていることからも窺い知ることができる。

近年では人口増加や産業形態の変化から，こうした信仰も薄れているといわねばならないが，それでもなお，「無病息災」「五穀豊穣」が居籠綱引の信仰基盤となり，実施されているといえよう。

(本稿は平成8（1996）年に実施したフィールドワークで得た資料に基づくものである。)

（田簑　健太郎）

## Question
・「居籠綱引」の綱は，何を象徴しているのか。
・「居籠綱引」を支える信仰は何か。

## 引用文献

1) 精華町史編纂委員会：精華町史本文篇．精華町，863，1996．
2) 精華町史編纂委員会：精華町の史跡と民俗．精華町，69，1993．
3) 田簑健太郎：京都府相楽郡「居籠祭り」の構造と変容―綱引きの文化人類学的研究の一環として―．日本体育大学平成8年度修士論文，107，1996．

## 参考文献

井上頼寿著：京都民俗志．岡書院，1933．
竹谷和之：京都山城地方のエスニック・スポーツ―祝園神社・居籠祭の綱引―．日本体育学会第41回大会号B，スポーツ人類学シンポジウム，1990．
寒川恒夫：祝園神社「いごもり祭り」の綱引．みんなのスポーツ第15巻第6号，日本体育社，1993．
伊東久之：居籠り祭り．探訪神々のふる里6平安京の神々，小学館，1982．
高橋純一：宮座の構造と変化．未来社，1978．

# 20 モンゴル相撲「ブフ」のシンボリズム

## 1 ブフの二大主流とは

　モンゴル相撲「ブフ」はモンゴル民族の文化的諸段階と深く関わりながら，今日まで綿々と続けられてきた伝統文化であるが，その起源はかならずしも定かではない。少なくとも紀元前3—2世紀には匈奴などの北方騎馬民族の間で現在のブフに近い格闘技が盛んだったようである[1,1)]。『モンゴル秘史』には，チンギス・ハーンが力士を利用して，対抗勢力を巧みに鎮圧した記述がある。現在ではモンゴル民族が分布する地域において数種類ものブフが並存している。その中で，モンゴル国の国技ハルハ・ブフと中国領内の内モンゴル自治区におけるウジュムチン・ブフは現存諸ブフの二大主流である。両者はそのスタイルやルールなどにおいて異なるところがあるものの，遊牧文化を基盤とし，その儀礼性・象徴性において共通の意味世界を呈している。
　本小論では，上記のブフの二大主流を取り上げ，古来のシャマニズムと遊牧・牧畜文化との密接な関係の中で，力士の身体表現を中心にして両者に共通する象徴性を抽出し，ブフ文化の一端を提示したい。

## 2 力士の身体表現

　まず上述の2つのブフの特徴について簡単に述べておこう。
　ハルハ・ブフのコスチュームは，ジャンジン・マラガイ（帽子），ゾドグ（長袖のチョッキ），ショーダグ（パンツ），ゴタル（ブーツ）の4つからなる。頭，肘，膝，背中のいずれかが先に地面についた方が負けとなる。足を取る技が認められる。毎年7月11—12日に開催される国家祭典・ナーダムのブフ大会（512名によるトーナメント戦）で16位以上に入賞した力士にはすべて国家称号（オルスィーン・ツォル）が授与される[2]（表1）。
　称号は力士の成績を示すだけではなく，それ以上に力士の強さをたたえ，力士をシンボル化する役割がある。称号に猛禽や猛獣の名前が多く使われるのはそのためであろう。称号力士には3・5・7回戦ごとに対戦相手を指名できる特権が与えられ，また当該回戦が始まる際に介添人（ザソール）によって，東西最高称号力士の勇壮なさまを独自のメロディーで吟じる「ツォルロホ」儀式が行われる。その際，力士の出身地，称号および飾り称号（チメグ），そしてその並外れた力強さや勇壮なさまが吟じられるのである。
　一方，ウジュムチン・ブフでは，上半身にはゾドグ（縁に銅製の鋲をはめ込んだ短い袖の革製のチョッキ），下半身にはバンジル（だぶだぶの布製の白いズボン）を着用し，そ

---

[1] 1950年代末ごろ中国陝西省長安県で匈奴人の角抵図と思われるバックルが出土した。
[2] この称号制度は，2003年6月19日から実施された「国家大ナーダムに関するモンゴル国の法律」によって改定されたものである。従来の称号には，ハルツァガ，ガルディはなかった。また，従来の制度では，先に称号を取った力士がその後の成績と関係なく指名権が優先されたが，新法律では力士を刺激するため成績を優先させている。

表1　ハルハ・ブフにおける力士の国家称号制度

| 称号 | 意味 | 授与条件 | 備考 |
|---|---|---|---|
| ナチン | ハヤブサ | 5回戦進出（16位） | ①称号は国家の大ナーダムでのみ授与。<br>②当該力士が同様の成績を再達成すれば，さらに飾り（副）称号が送られる。<br>③アヴァラガが優勝を重ねていくと，ダライ（偉大な），ダヤン（世界の），ダルハン（聖なる）という飾り称号が授与される。行政レベルによって力士称号が一階級ずつ下がる。 |
| ハルツァガ | 大鷹 | 6回戦進出（8位） | |
| ザーン | 象 | 7回戦進出（4位） | |
| ガルディ | ガルーダ（伝説上の巨鳥） | 準優勝 | |
| アルスラン | ライオン | 優勝 | |
| アヴァラガ | 巨人 | アルスラン力士が再優勝（二回優勝） | |

　の上からさらにトーホー（さまざまな模様をほどこした後開きのズボン）と皮で縛った頑丈なブーツをはく。そして腰にはレブル（ホルメブチとも呼ぶ）という青・赤・緑三色の絹製の飾りをつける。レブルの三色は，それぞれ父なるテンゲル（天神），母なる火と大地を象徴している。足の裏以外の部分が土につけば負けとなる。足を取ることは認められない。すぐれた成績をあげた力士はジャンガー（さまざまな色の絹リボンを結んだ首飾り）を付けることができる。

　ジャンガーの持つ象徴的意味は，オボー祭りにおけるセテルレホ儀礼と同じである。セテルレホ儀礼とは，天地神およびノトック（遊牧共同体が共有する土地）の守護霊に家畜をいけにえとして捧げ，その家畜の首に赤・緑・青・黄・白の絹リボンを付けて聖別する，シャマニズム的儀礼である。聖別された家畜が老衰すると同じ毛色の家畜を選んでセテルを取替える儀式を行い，その生命力を強化する。後述するように，力士は一般に当該ノトックの生命力の象徴として認知されるため，ジャンガーには力士を聖別する意味がある。当該力士が引退する時，同じノトックの有望な若い力士にジャンガーを譲る再生儀礼が行われる。

　両者における力士の身体表現はデヴェルト（デヴェーとも称する）という入場や勝利の舞に集中的に現れている。

　ハルハ・ブフの力士に典型的な身体表現は鷹の舞のデヴェルトである（次頁左写真）。力士の「手の動きは猛禽のはばたきを，胸はライオンをイメージする」という[2]。その他にも，力士の入場から退場するまでの一連の所作において猛禽と猛獣が統合された所作は多く見られる。たとえば，入場した力士は，まずはばたきながら着地する鷹の所作をするが，体全体は発情期の種ラクダをイメージし，さらに取組み前の構えが種ウシの角突きの動きを模している。このような所作を「同時的合体型」と呼ぶことができよう。一方，ウジュムチン・ブフでは猛獣または強いイメージのある動物の所作が中心的である。力士が小走りで入場することを「種ラクダの小走り」といい，両手と両足を交互に上げて飛び跳ねる所作を「ライオンの跳躍」という（次頁右写真）。内モンゴルのバルガ地方では，力士は「鹿の跳躍」から「種ウマの跳躍」へと変化する所作をする。このような，力士の身体が一連の動きの中で猛獣から別の猛獣へと統合されていく所作を「経時的合体型」と呼ぶことができる。しかし，オイラートおよびブリヤート・モンゴルには，「種ウシの角突き（ボホ・ノーロルドン）」や「種ラクダの闘い（シャルボル・ブフ）」などのように，特定の動物名称を用いる非合体

ハルハ・ブフの力士が介添人に称号を吟じられながら鷹の舞のデヴェルトをしている

ジャンガーをなびかせながら「ライオンの跳躍」で入場するウジュムチン・ブフの力士たち

型の土着のブフもある。

　上述のように，力士の身体表現に猛禽や猛獣のほかに日常的に家畜の群れといっしょに放牧されている種ラクダなどの種畜が多く登場するのは遊牧文化と密接な関係があるからである。猛禽や猛獣の獰猛さ，破壊力に対して畏怖の念を抱き，また狼などの天敵から群れを守る種畜の勇猛さとエネルギー源としての家畜の恩恵をたたえる遊牧民の精神的営みがブフを通じて具現されているといっても過言ではなかろう。というのも，モンゴル系諸民族において，特定の動物を祖獣とする伝説が多く，また神聖視する山や湖などの守護霊を動物と関連づけて考えるなど，家畜は遊牧民の生活において重要な社会的文化的意味を持っているからであろう。

## 3 ブフの意味論

　北アジア・中央アジアの諸民族の年祭と同様の性格を有するモンゴルの伝統的なオボー祭りにおいて「角抵や競馬などが単なる遊戯あるいは見世物ではなく，おそらく本来は勝負する者を神霊それ自身，あるいはその憑依者と見」なしたであろうという指摘は重要である[3]。オボー祭りは，ノトックの守護霊を祭り，集団の幸福，家畜の繁殖，無病息災を祈願する祭祀である。オボー祭りでは，ブフ，競馬，弓射競技が行われるが，ブフ大会では当該ノトックの力士の優勝が約束されなければならず，よその力士は決勝戦で勝負を譲ることが慣習となっている。それはノトックの守護霊を喜ばせるためであろう。

　ノトックとは，遊牧共同体が共有する「土地」と共同体それ自体をも意味する概念である。モンゴル民族は古来英雄や聖なる山，大樹などを当該ノトックのシンボルとして崇めてきた[4]。力士はもちろんノトックのシンボルである。ここでいうシンボルとは「生命力」(アミ・スゥルド)の意味である。ノトックのシンボルたる力士が年を取ることはノトックの「生命力」の衰退を意味するため，引退儀式で若くて強い力士にジャンガーを受け継がせて，「生命力」を強化する必要があったのである。自分たちのノトックに強い「生命力」を再生するため，よその地の名力士の屍を盗んでくる風習は広く存在した。また優勝力士の汗を体に付けると体力増進に効くと信じられている。近年まで名力士の遺骨などが寺院に祀

られることも少なくなかった[3,5]。それはノトックの生命力としての力士が超自然的存在としても認識されていることを物語っている。そのほかに，力士がよその地のブフ大会に行く際に，邪霊の呪いにかからないようノトックの神像や仏像や砂・砂利をお守りとして肌身離さずに持ち歩いたという[6]。それは，ノトックの守護霊の力にあやかりたいという願いであろう。

## 4 今後の展望

本小論では，モンゴル民族の伝統的ブフのシンボリズムについて，力士の身体表現を遊牧文化と古来のシャマニズム的儀礼とのかかわりにおいてとらえる試みをした。それはブフの社会的文化的機能としても理解できる。しかし，そうしたブフの伝統も時代の流れの中で新たな展開を見せはじめている。モンゴル国内では，ハルハ・ブフのプロ化の傾向が強まっているのに対し，内モンゴルのウジュムチン・ブフには国際化を目指す動きがある。つまり，両者ともブフの近代スポーツ化を図ろうとしているのである。いずれも伝統の保持と発展を目標とすると唱えている。今後は変化に富む現代社会のなかで，ブフ文化を動態的にとらえる視点が必要であろう。

（富川 力道）

> **Question**
> ・伝統的ブフにおいて，力士はどのようにシンボル化されているのか。
> ・ブフ文化において，遊牧共同体ノトックと力士の関係性はどんな意味を持っているのか。

## 引用文献

1) 金啓孮：中国式摔跤源出契丹．蒙古考．漢南集，内蒙古大学出版社，138-182，1991 [1979]．
2) Г. Эрдэнэ：Барилдах ур. Улаанбаатар хот, 20, 1992.
3) 江上波夫：ユウラシア古代北方文化．全国書房，246-247，1951．
4) W. Sayinčoγtu : Ami-yin sitülge. Öbür mongγol-un arad-un keblel-ün qoriy-a, 100-101, 1998.
5) Γalingdara : Sünid baraγun qosiγun-u böke-ün teüken tobči. Sünid böke, 34, 1997.
6) J. Damdin : Mongγol böke. Öbür mongγol-un soyul-un keblel-ün qoriy-a, 7-22, 1983 [1971].

## 参考文献

バー・ボルドー（富川力道）：狼と力士―モンゴル相撲における再生儀礼に関する一試論―．和光大学人間関係学部紀要，6号，125-134，2001．
バー・ボルドー（富川力道）：モンゴル相撲と遊牧文化．MUSEUM KYUSYU―文明のクロスロード―，74号，36-41，2003．

---

3 内モンゴルのシリンゴル盟アバガ旗のハイン寺本堂に，13世紀の名力士ブフ・ベルグテイの頚骨が1960年代中ごろまで祀られていたほか（筆者のフィールドノートより），同じくシリンゴル盟スニット右旗の名力士ラタガの遺骨が西ウジュムチン旗のフレー寺院本堂に祀られていた（ガリンダル「スニット右旗におけるブフの概観」『スニット・ブフ』1997　スニット右旗文化体育局）。

# 21 スコットランド・フォークフットボールの文化

## 1 生き残ったフォークフットボール

　スコットランド北部，オークニー諸島にあるカークウォール（Kirkwll：人口約6000人）では，年に2回クリスマスと元旦に町の一大イベントであるバー（Ba'："ball"から派生したスコットランド特有の呼称）と呼ばれるゲームが行われている。それは，サッカーおよびラグビーの原型とされ，総称してフォークフットボール（民俗フットボール），あるいはストリート・フットボールとも呼ばれている。

**ストリート上で形成されたスクラムの様子**

確認した限りでは，この種のフォークフットボールと称されるゲームは，現在，英国国内において16箇所の町や村で行われている。

## 2 チームの区分と帰属意識

　ゲームは，セント・マグナス教会を境にして，その山側あるいは海側のどちらで生まれたかによってアッピーズ（Uppies；山の手）とドゥーニーズ（Doonies；海の手）に分かれ，町が二分されて争われる。チームを区別するユニフォームなどなく，町の人にはプレイヤーがどちらのチームなのか区別はつくが，よそ者にはわからない。かつて，ゲームの勝利は，アッピーズには農作物の豊作を，ドゥーニーズには豊漁もたらすと言われ，それを目的に争った。両者のテリトリーが明確に区別され，その帰属意識もかなり強かったことから，相手のテリトリーに侵入するにはかなりの危険をともなったとも言われている。その後，町の都市化にともなう人口の移動や産婦人科医院が山の手に建設され，出生する子どもがすべてアッピーズになることなどから出生地だけによるチーム区分に問題が生じることになった。現在は，親の住んでいる場所や家族の信条によって生まれてきた子どもの所属が決まり，また，初めて町に入ったルートが海側からか山側からかによってその所属が決まる。カークウォール以外に住む者でもゲームに参加することができ，例えば山の手に位置する空港から町に入った場合はアッピーズになり，もしフェリーで町に上陸したならばドゥーニーズになる。長老たちからは，かつては明確であった両者の社会的境界が今では曖昧になってきているという声も聞かれる。

## 3 ゴールの意味と勝者の栄誉

　両日とも，午前10時30分に少年のゲーム（ボーイズ・バー；Boys' Ba'）が開始され，午後1時に大人のゲーム（メンズ・バー；Men's Ba'）が開始される。ゴールおよび勝敗の決し方に少年と大人の区別はない。アッピーズのゴールは山の手にある民家の壁，ドゥーニーズのゴールはハーバーの海の中である。相手チームのゴールにボールを運ぶという現代のボールゲームとは異なり，それぞれ自分たちのゴールへボールを運ぶ。これは，かつては太陽の象徴とも言われ，現在は勝者（winner）の勲章になるという価値を付与されたボールを自分たちの陣地（ゴール）へ引き寄せることであり，そこにはテリトリーの意識が強く生きている。ゴールの大きさの違いだけではなく，ボールが投入される教会からそれぞれのゴールまでの距離も平等ではない。アッピーズのゴールまでは約520ヤード，ドゥーニーズのゴールまでは約494ヤードと言われており，これらのことは，両チームの間で議論にはなるものの，それが変更されるまでには至っていない。このような不平等な条件に対する寛容さは，葛藤はありながらも，伝統を重んじるがゆえに成り立っている。勝敗は，これも現代スポーツに採用されている複数得点制とは異なり，1点先取で争われ，数分で終了することもあれば，8時間近くかけて夜まで争われることもある。時間に制約されず，また見る者のことなど当然ながら考慮されていない。

　チームの勝利が第一とされ，次に勝者が各ゲームで決定される。勝者にはその栄誉の印としてゲームで用いられたボールが授与される。勝者に選出されるには，そのゲームで最後にボールをゴールすればよいというのではなく，そのゲームを含めて長年チームの勝利に貢献し，人格的にも優れ，チームのメンバーから勝者にふさわしいと支持される人物でなければならない。またそれには年齢も重要な要素となり，30歳前半のプレイヤーが選出される。勝者に選ばれるということは，プレイヤーにとって最上の誇りとなるだけでなく，町に住む者として生涯にわたって名声を博し，その名を残すことになる。勝者に与えられたボールは，その証として家の中に陳列されている。

**勝者に選ばれたアッピーズのプレイヤー**

## 4 ゲームの概要

　教会前のマーケット・クロス（Market Cross）からボールが投入されたとたん，両チームのプレイヤーがボールに群がり，おしくらまんじゅう状態のスクラムが形成される。密輸プレイ（smuggle）という戦術によってスクラムが分裂し，そのままゴールすることがたまにあるが，多くは大きな人の塊が徐々に一方のゴールへ進んでいく展開となる。ボールはほとんど人の手でホールドされた状態にあるが，時折地面に落とされキックされることもある。

　これがルールであるという明文化されたものは存在せず，地元の人たちからルールなどないと返事が返ってくる。しかし，ルールと規定されていなくても，彼らの中ではゲーム

の決まり事や約束事，例えばゲームの開始
時間，参加できる年齢，ゴールの場所や勝
敗の決し方などは了解事項として存在す
る。事細かに何をしてはいけないとか，何
か不都合が起こった場合はこのように対処
するなどのマニュアルなど持たなくても，
その場で自分たちで解決すればよいと考
え，トラブルが生じると年配者やチームメ
イトによって解決される。彼らはそのこと
に不都合を感じるどころか意味を見出して
いる。

**ボーイズ・バーでボールが投入された直後の様子**

　ボーイズ・バーには，7歳から15歳までの少年たちが参加し，メンズ・バーには，16歳以上の男たちが参加する。ボーイズ・バーは，メンズ・バーでプレイするために求められる身体的，技術的，戦術的内容を学習する場となる。つまり，少年たちは伝統文化の担い手として，ボーイズ・バーでプレイする中で文化化されていく。加えて，両ゲームの違いを認識し，大人の力強さ，逞しさを知り，大人に対する敬服の念を養う。ボーイズ・バーは，このように大人への通過儀礼的役割を持っている。

　参加人数の制限はなく，年によってばらつきはあるが，現在プレイヤーの数は，両チーム併せておよそ200人。過去には，50人くらいに減少したこともあったが，テレビに放映されるなどメディアの力により参加者が500人くらいに膨れ上がったこともある。第二次大戦中，ゲームは中止されたが，代わって1945年のクリスマスと1946年の元旦の2回だけ，ウィメンズ・バー（Women's Ba'）という女性のみによるゲームが行われた。しかし，そのゲーム中で見られた女性の荒々しい姿や激しい格闘を理由にして，男性たちによって女性だけのゲームは中止されてしまった。過去に何度か女性がボーイズ・バーに参加したことがあるが，女性の役割は，声援を送ること，そして，まれにスクラムを外からプッシュするぐらいである。基本的には，バーは男性のゲームである。

　ゲームで使用されるボールは，バレーボール大で，牛の革片を縫い合わせた中にコルクくずが詰められている（約2.3 kg）。バー委員会から指名されたボール・メイカーが約1ヶ月かけて1個のボールを完成させる（トータル35時間近く費やすとのこと）。ボール・メイカーによってその製法は異なり，その表面を染めるデザインもボール・メイカー自身のアイデアに任される。それは黒と茶色の二色のみを用いることに限定されてはいるが，そのデザインによって誰の作品かわかる。ゲームの勝者のみがそのボールを獲得し，それは家宝として家の中に飾られることから，ボール・メイカーを務めることは，勝者と等しく名誉なこととされている。

　フォークフットボールの多くが，過去そして現在も告解火曜日（shrove Tuesday）に行われているのとは異なり，カークウォールでは，ゲームはクリスマスと元旦に行われる。以前はクリスマスは休日ではなかったことから元旦のみ行われていたが，ゲーム開催の要望が強く，クリスマスにも行われるようになった。クリスマス前から元旦までの間，町はゲームの話題一色となる。町全体がゲームのコートになるため，民家，商店やオフィスの窓や扉にはゲームによる破壊の備えとして数日前から太い板でバリケードが張られる。カークウォールのバーについては，ゲームの開催日を除いて宗教的部分を受け止める

21　スコットランド・フォークフットボールの文化　　185

ことは難しい。

## 5 伝統の存続

　スポーツ研究者の多くはフォークフットボールをサッカー，ラグビーという近代スポーツへの発展史の脈絡の中でとらえる。しかし，カークウォールの人たちは，バーはあくまでも過去から引き継がれた伝統文化（記録によると，およそ1650年ころからプレイされている）であり，それがサッカー，ラグビーの原型であるととらえようとはせず，別物と考えている。バーには，独自の目的，独自のプレイの楽しみがあるとする。伝統行事一般に対して言われる町おこしや観光収入の期待はあるものの，彼らには伝統の維持とともに，よそ者の参加を認めた中でアイデンティティの維持が重要とされている。しかしながら，勝敗の結果に対する意識や相手チームのプレイヤーの尊重などについて世代間に意識のギャップが生まれてきているのも確かで，加えて，（カウンシルとの間で）ゲームによって発生した損害賠償の問題が発展し，ゲームの存続が危ぶまれるという事態も生まれている。

　町民の伝統維持の努力がゲームを現在まで存続させてきたが，一方で，地元の資産家であり，バー委員会の長を任された人物がカウンシルとの調整役，またメディアとの交渉役に精力的に取り組んできた。このように，町の有力者によってゲームの存続が支えられてきたことも忘れてはならない。

（吉田　文久）

## Question

・中世に行われたフォークフットボールにはどのような役割や意味があったのか。
・多くのフォークフットボールが消滅した理由とは何か。

### 参考文献

チャールズ・カイトリー（澁谷勉訳）：イギリス祭事・民俗事典．大修館書店，1992．
エリク・ダニング，ケネス・シャド（大西鉄之祐，大沼賢治共訳）：ラグビーとイギリス人．ベースボールマガジン社，1983．
Lyle, Emily : Winning a Ba'. TOCHER, No.53, 197-214, School of Scottish Studies, University of Edinburgh, 1998.
マグーン，F. P., Jr.（忍足欣四郎訳）：フットボールの社会史．岩波新書，1985．
Robertson, John : Uppies & Doonies, Aberdeen, IN : Aberdeen University Press, 1967.

# 22 ナーダム祭の競馬文化

## 1 夏の祭典・ナーダム祭

　モンゴル国の夏は，ナーダム祭の季節である。モンゴル相撲と弓射，競馬の三種の競技を行うこの祭典は，モンゴルの人々にとって，もっとも心踊る一大イベントなのだ。牧畜作業が一段落するこの季節は，モンゴル国各地で，このナーダム祭が行われる。しかし，その中でも，名実ともに最大なのは，国家主催の「イフ（大きい）・ナーダム」であろう。これは，首都ウランバートルで7月11・12日に行われる。モンゴル国各地から，ラクダやウマ，トラックなどを乗り継いで（時には1ヵ月以上もかけて来る人もいる），続々と参加者や見学者が集まってくる。このころ首都は，ナーダム祭一色に染まるのだ。

　その中で，人々が心待ちにしている競技のひとつに，競馬がある。砂埃を上げながら，草原を疾走するウマを見ると，心に熱いものがこみ上げてくる，と多くの人々が言うのであるから，それはまさしく，故郷の原風景そのものなのであろう。

　疾走するウマに対する人々の熱い思い——それを支えるナーダム祭の競馬文化とは一体，どのようなものであるのだろうか。それを考察するために，ここでは，競馬に出場するウマ[1]の存在に注目したいと思う。そこで，この競馬ウマが，①どのように鑑定，調教され，ナーダム祭の晴れ舞台に出場するのか②ナーダム祭に出場することによって，どのような存在であると認識されるに到るのか，について述べることで，モンゴルの競馬文化の一端を提出しようと考える[2]。

## 2 ナーダム祭の競馬

　ナーダム祭競馬の最大の特徴は，以下の表に示したように，長距離競走であるということだろう。何十kmにもわたる草原を，一直線に駆け抜けるのである。よって，少しでもウマに負担をかけないように，騎手は子どもが務めるのである。

　ナーダム祭には，ふつう300から400頭のウマが参加する。それらのウマは，まずゴール地点に集合し，騎手がチベット仏教の経文「ギンゴー」を吟じながら，国旗の周囲を廻る。出場する競馬ウマがすべて，輪となったところで，速足でスタート地点に移動する。スタート地点に到着すると，Uターンして，もと来た道を駆け，競走するのである。よってウマは，距離にすると実際の倍の道のりを走っていることになり，ウマの体力の消耗は非常に激しい。ゆえにゴール地点で，命を落とすウマもめずらしくないほどの過酷なレ

---

[1] モンゴル国では，競馬に出場するウマを単に「モリ（去勢馬）」もしくは，「ホルダン・モリ（駿馬）」と呼び，競馬に出場するウマに対し，特別な名称を与えていない。しかし本論では，競馬に出場するウマに着目する必要から「競馬ウマ」と証し，他のウマと区別することにする。「競走馬」という名称を用いないのは，ヨーロッパ産のサラブレッドとの混同をさけるためである。

[2] 本論は，モンゴル国における1995年から1998年に渡る6度のフィールドワーク調査に基いている。

表1　年齢別競馬レース

| 年齢別出場馬 | 競走距離 | レースの特徴 |
|---|---|---|
| 6歳以上（イヒナス） | 約30 km | イヒナスとは6歳以上（成馬）の去勢ウマの総称。ただ，6・7歳のウマは，成長過程で重要な時期と考えられているため，実際，競馬に出場させることはほとんどない。一般に，8歳から再び出場させることが多い。 |
| 5歳馬（ソヨーロン） | 約25～28 km | ソヨーロンとは犬歯が生えるという意味。もっとも力が充実しているとされる年齢。疾走中の砂埃をかぶったり，レース後の汗をなめたりすると，1年の幸福が約束されるといわれている。 |
| 4歳馬（ヒャザーラン） | 約20 km | ヒャザーランとは，乳隅歯が永久歯に生え替わる時期という意味がある。 |
| 3歳馬（シュドレン） | 約15～20 km | シュドレンとは，乳門歯2本が永久歯に生え替わる時期という意味がある。 |
| 2歳馬（ダーガ） | 約10～15 km | 「今年の最後は来年の先頭」という諺が伝承され，最終着のウマも表彰される。去勢前の幼いウマの将来性に期待する配慮といえよう。ダーガの場合は，調教完了後のレースというより，レースも調教の一部であると考えられている。 |
| 種牡馬（アズラガ） | 約25 km | モンゴル国の牧畜文化においてウマは2歳で去勢されるが，そのときに種牡馬として選ばれたウマをアズラガという。このレースは，荒々しいものとなり，上記のソヨーロンとならび，人々の関心が集まる競走となる。去勢ウマがたてがみを切りそろえられるのに対し，アズラガは伸ばしたままであるのが特徴である。 |

ゴール直前のデッドヒート

ースになるのである。

　ゴール地点では，参加したウマの約6割に，順位を記した木札が渡され，それ以外は着外となる。先頭の5頭は，「アイラグ（馬乳酒）の5頭」と呼ばれ，頭や背から馬乳酒をかけられ祝福されるのである。

## 3　競馬ウマの鑑定法と調教法

　競馬ウマは，「オヤチ」と呼ばれる遊牧民が調教する。ただオヤチは，調教の専門家ではあるが，他の家畜（ヒツジ・ヤギ・ウマ・ウシ・ラクダ）も同時に牧畜している遊牧民でもある。よって，競馬ウマであるといえども，一年の大半を他の家畜のウマと共に過ごしている。その点が，サラブレッドなどの競走馬と大きく異なる点である。すなわち競馬ウマも家畜の一員と見なされているのである。そして，ある一定の時期のみ，競馬ウマとして調教され，ナーダム祭に参加し，そ

の期間が過ぎると,また,一般の家畜の群れに戻されるのである。

　では具体的に,オヤチはどのように競馬ウマを鑑定し,調教しているのであろうか。そのわざは,本来,親族間で伝承されるような秘儀であり,オヤチによって独特の手法をもつことも多いのだが,ここでは,筆者がフィールドワークで得た資料をもとに,あるオヤチのわざを一例として紹介したいと思う。

**少年騎手とオヤチ**

　競馬ウマは,自らの家畜の中から選ぶ場合と,名馬の産地とされる地域から購入する場合がある。ただ,大きなナーダム祭の競走となると,より血統のよいウマを求めて購入することが多い。その時には,事前に血統を調べた上で,以下の観点から鑑定を行うという。具体的には,①眼の上のくぼみ(オハルハイ)が深い②鼻が野生鹿(ハンダガイ)のような形をして,鼻全体および穴が大きい③目が大きい④眉が太い⑤唇が厚い⑥耳が大きい⑦アマン・フズー(頭部と胴体を繋ぐ最初の頸骨)の幅が広い⑧骨盤が広く,高い⑨肋骨が太くて丸くて大きい⑩尾の骨が長く,尾自体が太い⑪臀部が高い(上に突き出している)⑫背筋が弓のような形をしている⑬足がまっすぐで後ろ足の間が広い⑭足が太くてがっしりしている⑮アキレス腱と骨が離れている⑯肛門が奥深い,などである。ほかにも,泣き声や,仕草など,ウマの動作にも注意を払うとされている。

　そうして鑑定したウマは,ナーダム祭が近づくまで,他のウマ畜と共に,群れの中で放牧される。他のウマと共に自然の中で過ごさせることは,競馬ウマにとって非常に重要なこととされ,力強さがそこで育まれるといわれている。そうして,ナーダム祭の約10日前になると,群れから住居(ゲル)の前に繋がれ,調教が始まる。ただ,これは,1頭1頭のウマの年齢や性格に応じて,繋ぐ期間や方法など,臨機応変に対応しているというのが,現状である。

　一年の大半を自然の群れで過ごしたウマは,「再野生化」しており,鞍や鐙をつけることはおろか,人を寄せつけようとしない。そうしたウマを力ずくで捕まえ,轡をはめ,馬繋ぎ場に繋ぐことは非常に重労働であり,調教の重要な第1段階と言えるであろう。それが成功すれば,手綱を引きながら,歩くことに慣れさせていく。それから徐々に距離を伸ばし,ナーダム祭が近づく頃には,全速力で何十kmも走ることができるように調教していくのである。

　再野生化したウマが,人を乗せることを許し,人の指示に従い,全力疾走するまでになる――それを短期間でやってのけるところに,モンゴルの人々の遊牧民としての経験の深さを感じ取れる。ただ,そうした調教が,恒常的に人の支配下においてなされるのではなく,ナーダム祭期間に限って,ウマ本来の能力が高められる形で行われているところに注目すべきである。

## 4 神聖視される競馬ウマ

　先に見たように競馬ウマは，オヤチの経験と知識によって，特別に調教される。そうした競馬ウマは，一般の家畜のウマとは異なり，神聖視される存在となるのである。

　それは，競馬ウマを世話する際に，必ずハダッグと呼ばれる布を用いることでも分かる。ハダッグとは儀礼用の絹布で，モンゴルで尊いとされる青もしくは白色をしており，仏を包んだり仏壇に飾る布でもある。これで競馬ウマの目や体を拭いたりするのである。また，そのハダッグを，レースで好成績をあげた競馬ウマに飾ったりもする。まさしく，競馬ウマが信仰の対象であることを表す事例である。

　さらに，騎手が調教中やレース中にウマに聞かせる「ギンゴー」というお経は，チベット仏教の信仰対象である「天の馬（ヒーモリ）」，いわゆる馬頭観音に唱えるものであるとされている[1]。これを競馬ウマに対して吟じるということは，競馬ウマがヒーモリ（馬頭観音）として認識されていることが考えられる。また，もっとも競馬ウマとして力が充実しているとされる5歳馬には，走った後の砂埃を被ると1年の幸福が約束されるという伝承がある。さらにレース後の汗をなめたり体に塗ると縁起が良いとされるため，5歳馬がゴールすると，その汗を求めて，人が取り囲むこととなる。ここでも，5歳馬が聖的存在と認識されていることが伺えるのである。

　それがまれにみる駿馬となれば，なおさらである。レース後，先頭の5頭は，馬乳酒をかけられ，「ツォル」と呼ばれる即興詩で祝福され，人々の尊敬を集める。また，駿馬が亡くなるとその頭蓋骨をオボーと呼ばれる土地神を祀る塚に葬られる。他の家畜が「屠殺」を前提とした生きた財産であると認識されている[2]ことを考えると，屠殺ではなく自然死をもって生涯を終えさせ，それを信仰の対象であるオボーに供するというのは，注目すべきである。

　このようにオヤチが，儀礼用の布で世話をし，経文を聞かせることで，競馬ウマは神格化することとなる。また，オヤチの調教によって駿馬へと成長すると，さらに聖性が高まり，信仰の対象となるのである。ただ，ここでもう一度思い起こさなければならないのは，オヤチの調教法である。ウマは，決して恒常的に人の支配下に置かれることなく，ウマ本来の能力を引き出す形で，調教されてきた。こうしたモンゴル遊牧民の独自の世界観が背景にあるからこそ，競馬ウマは，神格化するに到ったと考えられるのである。あくまでも人間の力の及ばない存在であるからこそ，人々はそこに聖性をみるのである。

## 5 ナーダム祭の競馬文化の世界観

　ナーダム祭の競馬では，オヤチが，1頭1頭のウマの系譜と性格に応じて，遊牧民の経験を背景に，調教を施していることを本論では述べた。そこでは，恒常的に人間の支配下に置かれることなく，自由に放牧されており，ウマ本来の力を発揮させるかたちで調教されていた。また，ギンゴーという経文を聞かせ，ハダッグという儀礼用の布で世話することをとおして，ウマは競馬ウマとして仕上げられていく。このような方法によって調教が成功し，競馬ウマとしての能力がすべて引き出されたときに，そのウマは，聖性を付与され，神格化されることになるのである。

　こうして，オヤチのわざにより神格化された競馬ウマは，ナーダム祭でそのハレの姿を

披露する．しかし，その聖性は永久に持続させられるのではなく，ナーダム祭が終わると，再び，一般の家畜同様に放牧される．それは，モンゴル国の遊牧民の間に伝承されてきた世界観と，そこから形成されてきた伝統的な生活に基いた，競馬ウマの神聖化のサイクルが存在していることを示している．それは，まさしく，モンゴルの暦に位置づくナーダム祭のサイクルに規定されているのである．

このように，人間界と自然界の存在を認めた上で，必要に応じて，競馬ウマを行き来させることで，ナーダム祭の競馬は成り立っているといえるだろう．ウマを恒常的に人間の支配下に置くことのないこうしたやり方には，人間と自然の共存をはかるための思想が反映されていると考えられる．こうした競馬ウマのあり方の思想が，ナーダム祭競馬の文化的背景のひとつと考えられるであろう．

(井上 邦子)

## Question
- サラブレッドが出場するヨーロッパ産の近代競馬と比較し，ナーダム祭競馬の独自性は，どこにあるだろうか．
- ナーダム祭競馬には，モンゴル国のどのような世界観が影響しているだろうか．

## 引用文献

1) サロールボヤン・J（尾崎孝宏編訳）：セチェン＝ハンの駿馬──モンゴルの馬文化，礼文出版，2000．
2) 小長谷有紀：モンゴルの家畜屠殺をめぐる儀礼．畑中幸子・原田煌編：東北アジアの歴史と社会．名古屋大学出版会，303-333，1991．

## 参考文献

モンゴル人民共和国ナーダム，騎馬民族のスポーツ祭典．ベースボール・マガジン社，1975．
モンゴルのスポーツ．ベースボール・マガジン社，1978．

# 23 ペーロンの身体技法

## 1 長崎の歴史と社会

長崎ペーロン選手権大会（長崎港）

　長崎は，元亀元年（1570）の開港とともに町建てが始まり，翌元亀2年（1571）からはポルトガル船の入港によって，海外との交流が開始された。そして，200年以上にもおよぶ鎖国政策がとられていた江戸時代においては，唯一わが国で海外との交流が認められた場所である。天然の良港としてオランダ船や中国船が頻繁に出入りした長崎港は，外来文化の窓口として当時わが国における新しい文化の起点となっていた。その中には，この地において民衆に大いに親しみ受容され，長崎特有の文物として伝承されてきたものが少なくない。体育・スポーツに関わる事物においてもその例外ではなく，今日においても年中行事として実施されているペーロンは，その代表的なものの1つといえるであろう。ペーロンは，13m余りの細長い船に約30名の乗組員が乗船し，銅鑼や太鼓のリズムに合わせ，前向きに座って両手で持った櫂を漕ぎ，遅速を競う船競漕である。わが国の競船行事（船祭）は，西日本一帯でその多くの分布を見ることができるが，ことペーロンに関して見れば，大多数の分布はこの長崎地方に集中している。

　長崎県は，九州の西北部に位置し，変化の多い海岸線を持った海岸地帯という地域特性を有している。長崎市は，長崎半島と西彼杵半島を結ぶ時津—長崎地峡の南岸に位置し，水深く風波の患いのない天然の良港といわれた長崎港が，約4kmにわたって細長く延びた入江の奥に開けている。長崎のペーロンの主要な舞台となってきたのがこの場所である。

　気候は夏は多湿でやや暑いこともあるが，比較的温和で凌ぎ易い。

　産業は，これまで造船業と水産業を中心に発展してきたが，ここに観光産業も加わり，大きな産業構造の変革を遂げながら新たな発展の扉を開こうとしている。

## 2 長崎のペーロンのはじまり

　長崎におけるペーロンのはじまりは，1655年（明暦元），唐人たちが何等かの理由で足止めになった時催した船祭りの際に，端船によって競渡を実施し，その後長崎の人々がそれを見習って行うようになったというものである。そして，海手の町36町の人々によって年々盛んに行われるようになっていった。ペーロンは長崎の町ばかりでなく，次第に長崎に近い周辺の浦々へも伝わり，豊穣を祈る農耕儀礼や各地の生業の弥栄をねがう儀式と，雨や水に関わる雨ごいや龍神信仰，海上平穏，水上安全などを背景に，各々の地域においても実施されていくようになったのである。そして長崎のペーロンは，江戸中期にその最盛期を迎え，天草から遠く八代海沿岸にまで及んだのであった。当時のペーロンは，

出発点が決まっていなかったように決勝点もなく，勝船が負船を抜いて船先を横切り，コースを奪ったら，勝利を占めたということになっていた。つまり今日のペーロン競漕のように，一定の距離を定められたスタート地点からゴール地点までで競い合うというものではなかったために，沖合いまで3里も4里も漕ぎ出ることがあったというのである。

### 3 ペーロン船の変遷とその特徴

長崎でペーロンがはじめられた当時は，鯨船などの比較的軽快な漁船を代用して競漕を実施していたが，次第に競漕専用の船型が考案され，その際に用いられるようになったといわれている。

図1は，江戸時代から現在までの長崎のペーロン船の船型の変遷を示したものである。

①は，1814年（文化11）に建造されたとみられている8尋小船である。この船は，江戸期漁舟の基本的船型であった天卜船を細長くし，高速力を狙ったインコロ船に近い船型である。

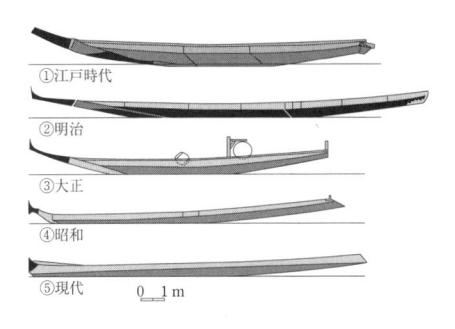

**図1 長崎ペーロン船の船型の変遷**[1]

②は，明治の10尋ペーロン船である。この船は，特に高い旋回性能を有したペーロン専用船として，船型的に改良されたものである。

③は，大正のペーロン船で長さは11mである。1915年（大正4）を最後に10尋級の大型ペーロン船が長崎から姿を消し，7尋級の中型ペーロン船の時代に入った。

④は，1977年（昭和52）に建造された長さ約12mのペーロン船である。船首材（身押）を立てて極端に太く短くし，船尾戸立の下端を従来とは逆に後方に突き出した構造にして，艫航を長くする工夫がなされている。

⑤は，近年のペーロン船の主流となっているものである。速度の速い船にするため，より長い水線長（吃水線）を得ることを目指して，恰も舳を前からぐっと押し込んだような船型になっている。

ペーロン船の特徴は，全長に対する船幅の比からみても，他の漁船などに比べて大変スマートなバランスを有していることであり，高速性を重視する競漕船として，非常に抵抗の少ない優秀な船型をしていると評価されている。またペーロン船のもう1つの特徴として，胴航と艫航の長さがほぼ等しいということがあげられる。これは，今日のペーロンにおいては浮標を旋回する往復路による競漕が多く，直進速度の必要性はもとより，それと同様に高い回頭速度を要求されることに起因するものである。

### 4 ペーロン競漕の実際

現在長崎県内で実施されるペーロンの催しの中で，もっとも盛大な大会は7月下旬に長崎港内で実施される長崎ペーロン選手権大会である。この大会には長崎市内はもとより周辺の町や，遠くは五島，熊本（苓北町，津奈木町），沖縄（玉城村），兵庫（相生）などからの参加もある。年によっては，中国やシンガポールなど海外からの出場チームを迎え，国際大会として実施されることもある。

この大会は，長崎市ペーロン協会が中心になって運営しており，長崎市ペーロン協会競漕規則によれば，大会はトーナメント方式によって進められ，競漕の距離は沖の浮標を左旋回してくる往復1500 m以内とされている。ペーロン船に関する規定は長さ（13.636 m，45尺）のみで，原則的には，参加するチームが自ら使用する船を各々で用意することになっている。ここに，各チームが船の改良を検討する動機づけがある。船への乗船員は，漕手26名以内，舵取1名，銅鑼1名，太鼓1名，あか取り1名の計30名以内とし，漕手以外の4名は必ず乗船させることとされている。

　競漕の距離については，かつては4 kmから12 km以上にも及ぶ競漕を展開していた地域でも，昨今では2 km以内の比較的短い距離で競うという事例が少なくない。第1回の長崎ペーロン選手権大会が1900 m（往路1000 m，復路900 m）の往復路で実施され，その後港内の事情によって年々競漕距離が短くなる傾向にあることが，このことと無関係ではないと思われる。また，競漕距離の短縮化傾向は，必然的にレースの高速化を助長することとなり，ペーロン漕法自体にも，これに伴った変化が生み出されているのである。

## 5 ペーロンの漕法

　ペーロンの推進力は，進行方向に向いた漕手が櫂によって水を加速することにより，水から櫂に働く力を得て生じるものである。これは人類が発見した推進形式の内でも極めて原始的な手法であり，順漕法といわれている。ペーロンでは，最前端の漕手から，1番櫂，2番櫂というが，この2人は船首の形状のため1列に横向きに座って漕がなければならない。3番櫂以後の漕手（振り分けという）は，両側の舷に沿って並列に位置することとなる。また，最後尾の者を刎櫂というが，船首部の漕手と刎櫂は，反りのある船型の関係から柄のやや長い櫂を使用しなければならない。そのため彼らは，他の振り分けに比べて大きな労力を要することとなる。

　江戸時代のペーロン船は現代のものに比べて深さが随分深い構造になっており，当時の船が今日の船よりも大きな乾舷とより優れた凌波性を持っていたことを示している。しかしながら，漕手が両手で櫂を持ち，腰を降ろして漕ぐペーロンの漕法からすると，当時の漕手は現代よりも長い柄の櫂を使用せざるを得なくなり，今より約30〜40％増しの労力を費やしたと考えられている。ここに，ペーロン船の構造的な改良のもう1つの可能性が表れてくる。すなわち，港内の比較的穏やかな海面で競漕をする場合には，多少凌波性を犠牲にしても乾舷を小さくして漕ぎやすくし，高速性を追求する工夫がなされることになったのである。

　逆に，波の高い外海の地域におけるペーロンの漕法には興味深い特徴がみられる。写真は，角力灘に面した西彼大瀬戸町の昭和50年代のペーロンの様子である。この前漕ぎ漕法（横漕ぎともいう）は，外海であるために乾舷の大きな船を使わざるを得なかった地域で行われていたもので，絶えず中腰で前傾したまま漕ぐために，大変腰に負担のかかる重労働な漕法であったとい

大瀬戸町のペーロン大会（前漕ぎ漕法）[2]

われている．かつては，天草灘に臨む茂木（現在長崎市）や野母崎町樺島でも，このような漕法が見られたのであるが，古式漕法の1つとも考えられているこの形式でペーロン競漕を実施する所は，現在長崎周辺にはなくなってしまった．

　ペーロンの漕法のもう1つの特徴は，「其形状百足の如く，矢よりも速に走る」[2)]ところであろう．細長い船体から非常に狭い間隔で何本もの櫂を出し，しかもそれらが乱れることなく，スタートからゴールまで正確に動かし続けられる．但し，ペーロン船では漕手同士が接近しているだけに，1人の拍子の狂いはその前後の漕手に即座に影響するばかりではなく，船全体の遅速においても致命的な痛手を負わせることになってしまう．そこで，僅か80〜90cm弱の間隔に配置された漕手は，太鼓と銅鑼の各地域毎に特色のある拍子に心を合わせ，漕櫂のピッチや強さを的確に調整するのである．

　近年の高速化に対する各チームの対応には1つの傾向が見られる．それは，カナディアンカヌーを参考にした比較的短いストロークを早い調子で漕ぐ，所謂ピッチ漕法の活用である．昔からこのような早拍子といわれる漕法を用いる地域もあったようではあるが，長距離で勝敗を競い合っていた頃には，この漕法はなかなか主流にはなり得なかったと思われる．一方それに対して，各地域では独自の漕法を伝えているところもある．できるだけ櫂を前へ突き出して「先潮をとる」，深く底から「底潮をとる」，あるいは，港内では櫂打ちすることを「かく」というが，外海では深く掘るように櫂を打つのが特徴で「掘る」という．さらに，体をやや斜めにして「櫂を船底へ大きく深くかき込む」，そして，体を横に倒して「船底から潮をかき出す」ように漕ぐ，といったこれらの漕櫂表現の中には，櫂操作の合理性はともかくとして，体を充分に使いながら大きく深く櫂を操る，ストロークを主体としたペーロン漕法の形式を感じ取ることができる．

　各地で開催されるペーロン大会においても，今後ますます進んでいくであろう競技化・高速化の波の中で，ペーロン船自体の改良への取り組みとともに，櫂の効率的な漕ぎ方の工夫と，それを支える体力の強化がより一層求められていくことになると思われる．

（熊野　晃三）

## Question

- 各地域で開催されているペーロン行事は，どの様な祭祀儀礼行事にともなって実施されているのであろうか．
- ペーロンとその他の船競漕とを比較して，ペーロンの特徴を明らかにしてみよう．

## 引用文献

1) 西日本新聞，1994年7月12日付．
　　①〜④は柴田恵司，⑤は原田大道による．
2) 新長崎風土記刊行会：長崎県の自然と生活，創土社，59，1981．

## 参考文献

柴田恵司他：長崎ペーロンとその周辺．海事史研究，38，1981．
長崎市役所編：長崎市史　風俗編．長崎市役所，277-313，1925．
小松原濤：天草ペーロン志．天草民報社，1956．

# 24 傀儡子相撲の伝承組織

## 1 問題の所在

　我が国の伝統芸能の1つに，えびす舁きや人形浄瑠璃といった，操り人形劇が存在する。中世には，これらの原型となる人形は傀儡子，人形劇は傀儡子（傀儡）と呼ばれ，傀儡師という芸能集団によって伝承されていた。傀儡師とは，芸能を生業とした人々であり，平安時代には戸籍外の漂泊民とされ，平安後期より宿駅などで人形を舞わし，室町期から寺社に隷属し，散所と呼ばれる地域に定住して寺社に奉仕していたとされる[1]。

　福岡県吉富町の八幡古表神社では，傀儡子は今もなお，神事芸能として，4年に一度行われている。そこでは，傀儡子による舞および相撲が行われ，今日では国指定重要有形・無形民俗文化財に指定されている。八幡古表神社において傀儡子は神として崇められており，傀儡子の舞は細男舞と称され，傀儡子による相撲は神相撲と称されている。

　かつて八幡古表神社は宇佐神宮の末社とされ，宇佐神宮の散所に定住していた傀儡師が，末社である古表神社に奉仕していたと考えられている[2]。宇佐神宮においては古くから特殊神事放生会が行われており，宇佐神宮放生会に古表の傀儡子が出仕し，海上において伎楽を奏していた[3]。しかし，今日では，宇佐神宮放生会への出仕は行われておらず，八幡古表神社独自に傀儡子神事を行っている。本稿では，八幡古表神社の傀儡子相撲に関わる伝承組織に注目し，操り手が今日如何なる経緯で保存会へと継承されたか，また操り手の変化が神事に如何なる影響を与えたかについて検討したい[1]。

## 2 傀儡子相撲の伝承組織の変遷

### (1) 史料にみる傀儡子の操り手

　傀儡子の操り手に関しては，元和三年（1607年）に宇佐神宮放生会が細川忠興によって復興された際に記された「宇佐宮放生会出仕傀儡子禰宜人数注文」[4]に見ることができる。そこには，傀儡子の舞を示す「仏舞」の操り手として「正森源兵衛」と「たかせ兵部」の名が挙げられており，その他「ほこ」「御はこ」「調拍子」として「たかせ」姓の8名の名前が挙げられている。このことから，現在の中津市高瀬に居住していた人々が，かつては傀儡子を操っていたとされる。

　また，後年の史料[5]には，「高瀬村」に加え，「唐原村」の人々も傀儡子神事に携わっていたことが記されており，両村の人々によって操り座が構成されていた。

### (2) 宮司家の交代にともなう操り手の変化

---

1　本研究を進める上で，筆者は，平成11年6月22日並びに7月16日に福岡県築上郡吉富町八幡古表神社において2度の聞き取り調査を行った。また，本研究において主に用いる文献史資料は，1899年に元八幡古表神社社司湯谷基守氏が作成したと考えられる「県社御昇格請願書類」，大分県史料刊行会および大分県教育委員会によって編纂されている「大分県史料」，並びに吉富町教育委員会による「吉富町文化財調査報告書第二集」が挙げられる。

明治期になると，傀儡子の操り手は先述の村人から八幡古表神社の宮司家を中心とした神職関係者に委ねられることになる。それには，宮司家の交代と明治政府による社会制度の改革が関与している。

現在，八幡古表神社の宮司家は熊谷家が司っているのであるが，明治初期までは渡邉家が八幡古表神社の大宮司家を司っていた。渡邉家は，伝説において八幡古表神社の開祖とされている玉手翁を祖先とし，およそ1300年の間大宮司家を司っていたとされている。

八幡古表神社

渡邉家系図によると，明治初期に八幡古表神社の宮司を務めた人物として，第三十六世渡辺重春とその弟であり後に重春の猶子となる重石丸が挙げられる。同家系図より両名の経歴を追ってみると，重春は明治5年に八幡古表神社をはじめ，その他三社の宮司を兼務し，中津中学校の十等大教授をも兼務している。そして，明治6年には，式部寮から召還を受け，廣田神社の大宮司に任命され，中津を離れて京都に移り住んだ。一方，5歳年下の重石丸は明治5年に教部省より十二等出仕考證掛を命じられ，同6年には皇學講師を経て千葉県の香取神宮の少宮司となっている。

このことから，渡邉家は明治6年には郷里を離れ八幡古表神社の大宮司家を免れていることが窺え，実質的には，この年に八幡古表神社と渡邉家との関係が途切れたのではないかと考えられる。そして，渡邉家が八幡古表神社から退いた後は現在の中津市に居住していた湯谷家が当社を一時的に預かることとなった。湯谷家が八幡古表神社の神官を務めている間は，傀儡子の操り手は従来の高瀬村や唐原村の人々に委ねられていたとされる。

この後，八幡古表神社は湯谷家から熊谷家へと委ねられ，傀儡子相撲の伝承組織も交代することになるのであるが，宮司家の交代には明治政府による廃藩置県と近代社格制度の導入が関与している。

明治4年7月に廃藩置県が実施された当初，八幡古表神社は中津県に属しており，八幡古表神社も湯谷家も同じ県内に属していた。しかし，明治9年8月に，山国川が福岡県と大分県の県境と定められ，近代社格制度により神社が県単位で掌握されるようになってからは，八幡古表神社は福岡県の管理下に置かれ，湯谷家は大分県へ属することとなった。そのため，現宮司家である熊谷家が湯谷家に代わりその役を負うことになった。熊谷家は，それまで，現在の福岡県築城町に鎮座する岩戸見神社の神主をしており，現宮司の曾祖父である房重が福岡県側の代表となり，祭事に際して岩戸見神社より出向いていたようである。その後，明治41年に房重の子房義が八幡古表神社の傍らに住居を構えて移り住み，宮司を務めることとなった。そして，この宮司家の交代を期に，傀儡子の操り手は，大分県に編入された高瀬村や唐原村の人々から新たに宮司家となった熊谷家を中心とした神職関係者に委ねられることとなった。

(3) 細男舞・神相撲保存会の設立

熊谷家が八幡古表神社の宮司となって以来，傀儡子の操り手は宮司家を中心とする神職関係者が務めていたのであるが，傀儡子の操り手は昭和46年に細男舞・神相撲保存会へと委ねられることとなる。その背景には，昭和43年頃からそれまで傀儡子を操っていた

**神相撲の取組み**（住吉大神対祇園大神）

神職関係者の男手が減り始め，傀儡子神事を完全な形で行うことが危うい状態となったという事情があった。そのため，氏子の中から操り手を募り，保存会が結成された。

保存会が結成され，昭和58年には細男舞・神相撲が国から重要有形・無形民俗文化財の指定を受けたことにより，細男舞・神相撲の伝承は安泰の様相をみせたが，この年に保存会は解散状態に陥ることとなる。

昭和58年に保存会が一時解散状態になったのは，保存会自体が危うかったわけではなく，保存会の人々が非常に重要な神事を司っているため，発言力が強くなり，神社総代会による祭事についての決定を保存会が覆そうとするなど様々な問題を引き起こしていったことに端を発したといわれる。そして，神社総代会と保存会とが対立した場面において保存会の名誉会長でもある宮司が総代会の意見を尊重したため，自分たちの神様を思う気持ちが通じなかったとして，当時の年輩者のおよそ3割が脱会することになった。また，残された会員も気まずさを理由に辞めることとなったが，会員の一部には復帰したいといった声があったためほとぼりを冷ます意味で1年ほど空白期間をおくこととなり，保存会はそこで1度解散したようである。このような経緯で保存会は一時解散されたのであるが，再び結成されることとなる。今日の保存会が発足するにあたり，昭和61年のテレビ局による取材がその契機となり，テレビ局の取材において，傀儡子神事を実演するため，元会員に役場の職員を加えて10日間ほど練習をし，取材に応じた。そして，同年に，テレビ局の取材において傀儡子を操った人々で保存会が再結成された。

## 3　保存会結成が傀儡子相撲に与えた影響

伝承組織が細男舞・神相撲保存会へと委ねられてからは，傀儡子相撲の取り組みやその他の演劇表現に変化がみられるようになった。それは，昭和46年に操り手が一般の人々で構成される保存会へと移行することにより，練習量が増えたことおよび会員の恣意により表現に工夫がもたらされたことに起因する。また，操り手の恣意により，傀儡子に加工が施され，傀儡子相撲の取り組みが益々巧妙になったといわれる。この結果，以前より滑稽に面白可笑しく演じられるようになったといわれるが，神官である宮司はこれらの傀儡子相撲の表現に関する変化を必ずしも良いこととはとらえていなかった。宮司は，傀儡子はあくまでも神像であり，神事とは恣意によって変えていってはならないものととらえており，神像が加工されたり表現が巧妙になったりすることに葛藤を感じていたようである。そして，この葛藤は，先述の保存会の一時的な解散の一因となった。

**神相撲の取組み**（押合相撲）

そのため，今日の保存会では，練習に先立ち，細男舞・神相撲についての勉強会が実施されている。勉強会では，細男舞・神相撲の式次第および登場する神の出自や神格といった神道に関する基礎知識を記した資料が配られ，資料に基づいて宮司による講義が行われている。つまり，今日では，操り手の恣意による表現への工夫を防ぎ，あくまでも神事として傀儡子相撲を実施するために，傀儡子を操る技術のみならず，傀儡子を操る上での心構えが保存会の会員に伝えられているのである。

## 4　伝承組織の変容

　本稿においては，八幡古表神社の傀儡子相撲に関する担い手の変容について，検討を試みた。傀儡子相撲の伝承組織の変容については，次のような説明が可能である。

　傀儡子の操り手は，特定地域の人々から宮司家を中心とする神職集団へ，そして，神に仕える立場の宮司と宗教上の繋がりの薄い一般の人々で構成される細男舞・神相撲保存会へと委ねられた。

　操り手が，特定地域の人々から現宮司家を中心とする神職集団へと変化したことに対しては，宮司家の交代および明治維新にともなった社会制度の改革が影響を及ぼしている。

　加えて，昭和46年に操り手が一般の人々に委譲されると，操り手の恣意によって表現上の工夫がもたらされた。換言すると操り手の変化は傀儡子を操るための技術に変化を与えたといえる。そして，この表現に対する工夫がもたらされたことは，傀儡子神事がそれまで保持してきた「神事性」を揺るがすこととなった。換言すると，神社との精神的な関わりを持たない人々が神事の一端を担うことが契機となって，傀儡子神事に敢えて神聖さを付与しなければならないという状況が招かれたということができる。

（藤本　章）

### Question

- 神事と相撲が結びついていることには，どういった意味があるだろうか。
- 傀儡子相撲をスポーツ人類学的な視点からとらえると，伝承組織の他にどのようなことに関心が寄せられるか。

## 引用文献

1) 大塚民俗学会編：日本民俗学事典．215-216，弘文堂，1994．
2) 松尾隼一：豊前地方の被差別部落成立史（二）．52（北九州市同和問題啓発推進協議会編：論集　いぶき．39-69，1984　所収）
3) 「八幡宇佐宮放生会縁起」（大分県史料刊行会　「大分県史料2　北和介文書」1959　所収）
4) 「放生会出仕傀儡子禰宜人数注文」（大分県史料刊行会編　「大分県史料7　小山田文書」1953　所収）
5) 「県社御昇格請願書類」

## 参考文献

吉富町教育委員会編：吉富町文化財調査報告書第二集．1988．
小田富士雄監修　吉富町史編さん室編　吉富町役場：吉富町史．1983．
寒川恒夫編著：スポーツ文化論．杏林書院，1994．
寒川恒夫編著：相撲の宇宙論．平凡社，1993．

# 25 アイヌのからだ文化

## 1 アイヌ文化とからだ

### (1) 動物のからだへのまなざし

　アイヌ文化は北海道，千島列島，カラフト南部などの地域で育まれた。一般に彼らの文化は，狩猟，採集民族のものとして説明される。中でも飼い熊送り儀礼は，アイヌ文化を特徴づける重要な要素の1つである。

　この儀礼では，小熊を2-3年飼い，それを殺す。この儀礼において「殺す」とは，この熊を元の世界へ丁重に「送る」ことを意味する。この儀礼にあたり，熊は解体される。その解体は精緻な解剖学的方法で行われる。このような経験からアイヌ語には，筋肉や脂肪組織，内臓などを詳細に識別することばが豊富に存在する。もちろんこれらは，動物の身体名称ではある。しかし，このような経験は，アイヌ文化のからだに対する意識を独自のものにするだろう。

### (2) アイヌ文化のスポーツとからだ

　アイヌ文化の狩猟，採集民族的な特徴は，動物のからだに対するまなざしのみにみられるのではない。アイヌ文化には，宗教的な意味を持つ踊りや，宴の際に皆で楽しむ踊りなどが豊富にある。さらに，子どもの遊びに目を向けると，狩猟のトレーニングをかねた，輪投げ，棒高跳び，幅跳びなどのスポーツが用意されている。これらは現代の陸上競技を想起させる。

　伝統的に，このようなスポーツに親しむ文化的な経験もまた，アイヌ文化的なからだの動きを形成すると思われる。さらにいうならば，これらの動きが形成される中で，姿勢や歩き方，走り方，あるいは上肢，下肢の使い方といった，アイヌ文化的な動きの意識が培われるだろう。

## 2 文化的な背景を持つからだ

### (1) アイヌのからだ文化

　上で述べた「からだに対する意識」「からだの動きに対する意識」は，アイヌ文化における経験や考え方を背景に持つ。先の棒高跳びや幅跳びなどは確かに興味深い。しかし，これら具体的なスポーツの種類を紹介することだけで，アイヌのからだ文化を考えるのは充分でない。本稿では，アイヌ文化における，これら個々のスポーツ，からだに関する宗教的な考え方，経験などから育まれた，からだに対する意識を問題にしたい。そして，本稿では，このからだに対する意識を「アイヌのからだ文化」と呼ぶこととする。

### (2) ことばにみるからだ文化

　意識という抽象的な事柄をどのように考えればよいだろう。本稿では，この問題を考えるにあたり，ことばに着目する。例えば日本語を例に採ると，「腰」や「腹」という語彙

図1　棒高跳び　　　　　　　　　　　　図2　輪取り

（図1，2の出典は，大塚和義監修（1991）『蝦夷風俗圖式　蝦夷器具圖式　解説書　谷元旦記』安達美術/分類番号図1：A-11，図2：A-12　※ページ数は記載無し）

がある。両語には「腰を落とす」「腹に力を入れる」など，からだや，その動きの意識をあらわす表現がある。

「腰」や「腹」という語彙は特定の箇所をあらわしていない。ゆえに，これらの表現は，からだのどの箇所をどのように動かすのかは，具体的にあらわさない。しかし，これらの表現は，その動きの意識を明確に伝える。つまり「腰」や「腹」は，具体的なからだではなく，日本語話者が持つ文化の意識の上での身体名称である。次項では，アイヌ語を手がかりに，アイヌ文化における意識の上でのからだを検討する。

## 3　アイヌ語における身体名称

アイヌ語には，人間のからだを自然と重ね合わせている用法がみられる。以下では，胴体，下肢，上肢の順にその用法を紹介する。アイヌ語の訳語には「」を付した。用例はアイヌ語辞典および口承文芸を参考とした。

(1) 木の幹，川の本流としての胴体

「からだ」「胴体」をあらわす語彙に netopa, tumam がある。netopa がからだ全体をあらわすのに対し tumam は日本語でいう「胴体」に近い。netopa は ni-netopa という語彙を作る。ni は「木」をあらわし，逐語訳すると ni-netopa「木のからだ」となる。この語は「木の幹」と訳される。

一方 tumam は pet-tumam，nay-tumam という語彙を作る pet，nay は，ともに「川」をあらわす（両語の相違については川の大小とする説や，方言差とする説がある）。この語は「川の胴体」つまり，「川の本流」をあらわすことがわかる。

これらの用例から，人間のからだを木の幹，川の本流と重ね合わせる意識が読みとれる。この幹，本流の考え方は「からだ」「胴体」だけではなく，次に述べる上肢をあらわす語彙にもみられる。

(2) 木の枝，川の支流としての上肢

アイヌ語で「手」をあらわす語彙に tek がある。この語彙は ni-tek という語彙を作る。ni は先に述べたように「木」で，ni-tek を逐語訳すると「木・手」となる。この語彙は「木の枝」をあらわす。つまり tek「手」とは，木の幹から分岐したもの，からだで言えば胴体から枝分かれしたものとしての意識を持つ。

tek は，間接的に川の支流をあらわす場合もある。アイヌ語の地名には，川の上流，支流など，川との位置関係からつけられるものがある。口承文芸の用例の中には，川の支流にある村の位置をあらわす叙述として tek が用いられているものがある。
　胴体から枝分かれしたものとして上肢という意識は，指先へと続く。tek に pet「〜の裂片」がついた tek-pet「手の裂片」は「指」をあらわす。つまり「胴体」から分岐した「上肢」，そこからさらに分岐した「指」という連続する意識がある。
　また，この連続性は，木や川のみではなく，人間の血縁関係にも重ね合わせられる。すなわち胴体から枝分かれしたものである tek「手」という語は，san「前の」という語彙が付いて san-tek「前の・手」という語彙を作り，上肢の中でも肘から先をあらわす。この語彙は「子孫」をあらわす。つまり，血縁関係において枝分かれした末端を，子孫と考えていると解釈できる。後述するが，同種の血縁関係をあらわす用例は，下肢に関する語彙にもみられる。
　このように，アイヌ語では，からだを川や木と重ね合わせ，その本流や幹を「からだ」「胴体」，その支流や枝を「上肢」とする意識が読みとれる。

(3) 根としての下肢
　アイヌ語の下肢をあらわす語には cikir「脚」ure「足」などがある。これらの語には上肢のような木，川に投影される用例が少ない。
　しかし胴体から下肢への分岐点である cin「股」には，このような用法がみられる。cin「股」に kew-sut「骨格・根本」という語の付いた cin-kew-sut「股・骨格・根本」は「足の付け根」をあらわす。これに kina「草」などが付いた場合は kina cin-kewsut「草の根もと」をあらわす。このように cin は，語根となって「植物の根」をあらわす。また cin は「草」だけではなく，「山のふもと」もあらわす。
　先述したように cin は人間の血縁関係とも重なり合う。cin-kew-sut の sut「根本」をとった形 cin-kew「股・骨格」という語は「先祖」をあらわす。上肢の tek が「子孫」であることを考えると，人間の血縁関係を植物の立つ様と重ね合わせ，根が「先祖」，枝が「子孫」ととらえる意識がみえる。アイヌ語における下肢は，植物の根として認識され，それは，血縁関係のはじまりである「先祖」として意識される。

## 4　アイヌのからだ文化―幹としてのからだと自然認識―

(1) まとめ
　ここまで，アイヌ語の身体名称を通して，アイヌのからだ文化を概観した。これらの語彙の用法からは，人間のからだと自然の木や川を重ね合わせる意識が読み取れる。ここにはアイヌ文化における自然と人間との関わり方がみてとれる。
　さらに詳しくみると，人間のからだは，幹としての胴体，そしてそこから分岐する上肢，また根としての下肢という意識が読みとれる。そして，根，幹，枝という連続性は，祖先から子孫へという血縁関係の連続性とも重なり合う。アイヌのからだ文化は，自然と重ね合わされた，からだに対する意識であり，具体的には，幹としての胴体と，枝としての上肢，根としての下肢である。

(2) 問題提起
　上でみたアイヌのからだ文化は，アイヌ文化における，からだと自然との関係である。

では幹としてのからだ，枝としての上肢，根としての下肢という考え方は，自然認識の問題のみに限定されるのだろうか。

本稿冒頭で，日本語の「腰」「腹」について述べた。両語は，意識の上での部位でありながら，日本語話者が持つ文化的な動きを明確に表現する。こう考えると，本稿で取り上げた幹としてのからだ，枝としての上肢，根としての下肢という意識は，自然認識だけではなく，アイヌ文化的な動きを表現するという仮説が立てられる。例えば，上で述べてきたような幹としての意識を，身体軸を想定したような動きの意識としてとらえることはできないだろうか。

本稿では，アイヌ文化におけるスポーツの具体的な様子や実際の動きの検討は行っていない。ゆえに，本稿で検討したアイヌのからだ文化が，アイヌ文化的な動きをどれほど表現できるのかいうことは，実証できていない。スポーツ人類の研究対象がスポーツである限り，ことばの世界と現実のスポーツの世界を連結させる研究を行う必要がある。

（美山　治）

## Question
- 日本語の腰や腹は，からだのどこにあるか。
- からだ文化を考える方法には，ことば以外にどのようなものがあるか。

## 参考文献

光延明洋：普遍的範疇の諸相と身体部位語彙．合田濤編：現代のエスプリ別冊，現代の文化人類学，認識人類学．至文堂，73-106，1982．

齋藤孝：身体観感覚を取り戻す腰ハラ文化の再生．日本放送出版協会，2000．

久保寺逸彦：アイヌの遊戯とスポーツに就いて．日本人類学会・日本民族学協会第10回連合大会紀事，113-118，1955．

# 26 柔道のルールと文化

## 1 問題の所在

　柔道（正式名称：日本傳講道館柔道）は，明治15（1882）年に教育者の嘉納治五郎（1860-1938）が江戸時代の柔術を基にして興したものである。それは，すでに明治・大正時代を通して徐々に海外に知れ渡っていたが，昭和20（1945）年の大戦終結後，とくに昭和39（1964）年の東京オリンピックでの正式種目採用を大きな契機として急速に世界に普及した。

　このように，戦後における柔道の普及発展は「競技」を中心になされたが，グローバルな競技大会であるオリンピックへの仲間入りを果たし，またそれを継続するためには，他のオリンピック種目と同様に，競争条件の平等化や勝敗の客観化・合理化などの点から，より「ルール」を整備することが求められた。

　その求めに組織として応じてきたのは，今日では180を越える国・地域が加盟する「国際柔道連盟（International Judo Federation；以下，IJFという）」である。IJFは昭和26（1951）年にヨーロッパを中心に発足したが（日本はその翌年に加盟），当初の加盟国数はわずか17に過ぎず，しばらくの間は，日本がすでに明治時代から有していた「講道館ルール（試合審判規定）」を「お手本」にしていた。IJFによる「国際ルール（試合審判規定）」は昭和42（1967）年に制定されたが，その骨子は当時の講道館ルールを英訳したものであったし，その制定に至るまでの世界選手権（第1回：昭和31年〜第5回：昭和42年まで）や東京オリンピックでは，講道館ルールがほぼそのまま適用されていた（もちろん講道館ルールも国際ルールが制定されるまでの間に，世界的な動向を意識して幾度か改変された）。しかし国際ルールの制定以降，それは独自に改変されていき，徐々に講道館ルールとの乖離が進んだ。その過程において，グローバル・スタンダード（世界標準）としての国際ルールが，ローカルと化した講道館ルールに影響を与えるという，いわば「逆伝播」の現象が起こっていく。そして日本では，講道館ルールと国際ルールとの関係をどのようにとらえるかについて，様々な摩擦や葛藤が生じてきたのである。最新の平成7（1995）年の講道館ルールの改変で，その内容はかなり国際ルールに近づいたが，「講道館ルールは本来の柔道を守るためにある」[1]というように，それらの間にはまだまだ微妙な（ある面ではかなりな）違いがある。

　そこで以下では，両ルールの特徴的な相違を取り上げ，グローバルな「JUDO」との相互関係によって揺らぐ，「柔道」の文化的様相をみてみることとしたい。

## 2 技の評価

　表に示すように，現行の講道館ルールでは，「技の評価」は「一本・技あり・有効」の3つの基準からなっているが，国際ルールでは，昭和48（1973）年以降，「有効」の下位

表　国際ルールと講道館ルールの比較

| | 国際ルール（審判規定） | 講道館ルール（審判規定） |
|---|---|---|
| 技の評価 | ①「効果」<br>↓<br>②「有効」<br>↓<br>③「技あり」<br>↓<br>④「一本」 | ＊（「効果」なし）<br><br>①「有効」<br>↓<br>②「技あり」<br>↓<br>③「一本」 |
| 罰則規定 | 例：「立ち姿勢において，全く攻撃動作を取らないこと」（約25秒間）<br>↓<br>＊「教育的指導」なし<br><br>①「指導」<br>＋<br>②「指導」<br>＋<br>③「指導」<br>＋<br>④「指導」＝「反則負け」 | 例：「積極的戦意に欠け，攻撃しないこと」（約30秒間）<br>↓<br>①「教育的指導」（1回目は反則ではない）<br>＋<br>②「教育的指導」＝「指導」<br>＋<br>③「教育的指導」＝「注意」<br>＋<br>④「教育的指導」＝「警告」<br>＋<br>⑤「教育的指導」＝「反則負け」 |

（両規定ともに2003年現在）

に「効果」が設けられている。国際ルールに「効果」が設けられたのは，できるだけ「時間内で勝敗を決する」ために「僅少の差」も客観化するという考えによるものである。一方，日本で「効果」が採用されない主な理由には，「何が何でも勝負をつければいい，試合のための試合という審判の点数かせぎのための試合では，何の味も魅力もなくなり，柔道の本質をだんだん失っていく」[2]といわれるように，本来の柔道はあくまで相手を完全に制する「一本」を目指すものとされ，その「完結性」に美的価値が置かれることにあろう。ちなみに戦前では，「一本」以外による勝ち（すなわち優勢勝ち）は存在しなかった。そして注目すべきは，「技あり」を2回とれば「合わせて一本」としたのは，「技あり」を極めて「一本」に近い「八分九分の技」とみなすからであり，決して「一本の半分」ではない，という点である。さらに「有効」については，すでに大正時代に「六分や七分位の技」を何回重ねても「一本」には至らないとされていた。このような技の「質的な評価」の観点は，今日までのところ両ルールともに保たれている（現行では国際ルールの「効果」も，それを何回重ねても「有効」には至らないとされている）。

だが，例えば一時期ヨーロッパから発想されていた，「一本を15点，技ありを8点，有効を5点」とすれば，「有効」を3回とれば「一本」相当となって試合が終了するというような数量化による「累積制」や，日本においても「よほど力の差がないと一本で勝てないのが最近の競技柔道である。『効果』2つで『有効』と累積するのはそれなりの意味がある」[3]という意見があるように，今後も技の「質的な評価」がどこまで保持されるかについては，予断を許さない状況となっている。

## 3 「罰則規定」

一方で，「罰則」については，今日では両ルールともに「累積制」をとっている。例え

**2000年シドニー・オリンピック100kg超級の決勝戦**

（ダビド・ドュイエ選手（仏・左）の果敢な「内股」に対して，篠原信一選手（日本・右）の一瞬の「返し技」が発揮された。篠原選手の「一本」かのようにもみえたが，判定はドュイエ選手の「有効」となった．写真提供／読売新聞社）

ば「指導」が積み重なって「反則負け」に至れば，その時点で競技は終了する（先の「表」を参照）。罰則には，「危険な技に関するもの」や「柔道精神に反するもの（例えば，相手の人格を無視するような言動）」など様々あるが，なかでも実際に多いのは，いわゆる「消極的な柔道」に与えられるものである。そして，「消極的な柔道」に対する罰則が強化されてきた主な背景には，IJFが求める「ダイナミックなJUDO」という発想があり，そこには多分に競技を「見て面白くする」という観点が含まれている。

しかし，「ダイナミックなJUDO」の下では，日本柔道が長らく得意にしてきた，「外見には派手な動きはないが内面には秘めたる闘志をもつ」ような戦い方（例えば返し技をねらうなど「後の先」と呼ばれるもの）はなかなか評価しづらい。

そのため，「後の先」の戦い方を幾分かでも許容するものとして，講道館ルールにのみ，「積極的戦意の欠如」に対する罰則ではない「教育的指導」が残されている（ただしそれも2回目以降は罰則の「指導」として累積される）。

また，この「教育的指導」には，それを「罰則ではない」とするところに，「自らを律せよ」という日本流の教育観の残滓をみることができる。本来，「積極的であるか否か」は競技者自身の態度の問題であり，それ自体はおそらく柔道が競技を開始して以来問題にされてきたことであろうが，日本ではあくまでそれを暗黙の了解にあるもの（別言すれば「恥」）ととらえ，長らく罰則として明文化しては来なかった。戦前にはもちろんその種の罰則規定はみられず，例えば戦後初（昭和26年）の規定においても，「見苦しい試合をした時」に与えられるものと，極めて抽象的に表現されていたに過ぎなかった。

実はこの「教育的指導」は一時期国際ルールにも採用されていたが，その必要性がグローバルな競技の場では十分に理解されなかったために削除されたものである。このような経緯にも，競技を「教育の一環」として捉えてきた「日本」と，それを単に「勝敗を競うもの」ととらえる「世界」との違いがみられよう。そして「世界」の側からみれば，「日本は教育，道としての柔道とスポーツの柔道の区別ができていない」[4]と批判されるのである。

ともあれ，「消極的な柔道」の罰則化に限らず，近年の「敗者を無視して延々と行われるガッツポーズ」や「礼法の軽視」等をみれば，「自らを律する」というこれまで日本が暗黙の内に柔道に求めてきた精神性が消失しつつあるのは，「世界的傾向」として確かなことであろう。

## 4 体重制

「体重制」は，日本においてもすでに定着したかのようであるが，よく観れば，全日本

選手権に代表されるように今だ「体重無差別」で行われる各種の大会も多く存在している（ちなみに世界選手権では「無差別級」が残されているが，オリンピックでは昭和63年のソウル大会以降廃止された。なお，「体重制」は，正確には礼法等と同じく競技運営上の「コード（Code）」として規定されているが，ここではそれも含めて「ルール」とみなす）。体重制の導入にはやはり東京オリンピックへの参加が契機となっているが，日本では，戦後の早い時期からそれに対する賛否両論が渦巻いていた。

まず，賛成派の意見には，「ボクシングやレスリングが世界的に体重別になっている以上，同一形態の柔道を分ける意見が出るのは当然である。」[5]というように，国際スポーツとしての合理化という観点から体重制を望むものが多かった。また，「体重の軽小なる者が優勝を喜ぶ機会を持ち得ないとするならば，世の軽量者を柔道から遠くへ押し離してしまうことになる」[6]というように，体重制が軽量者の勝利への機会を平等化し，競技への参加意欲を高めることも強調された。

平成2年の全日本選手権の決勝は，約130kgの小川直也選手と約70kgの古賀稔彦選手が戦った　©フォートキシモト
（結果は小川選手が勝ったが，決勝までに幾人もの巨漢に競り勝った古賀選手は多くの人から賞賛された。）

一方で，否定派の意見には，「柔道は体重制を超越した技術的なもので，決して力と力の対決ではない」[7]というように，「相手の力を利用する（柔よく剛を制す）」という伝統的な技術観によって体重制を不要とみなすものが多かった。さらに否定派の意見には，体重制は柔道の教育・道徳上の理念に反するというものがある。嘉納によって創られた柔道理念に「精力善用・自他共栄」があるが，彼が「社会生活を営みながら精力を最善に活用しようと思えば，相助け相譲り自他共栄するということが必要となってくる」[8]というように，それらは最終的には「生き方」の理念として学ばれるべきものであった。そのことから，体重制は「精力善用の理に制限を加える」ものであり，「勝ちさえすればいいのだということになってしまう」[9]というわけである。

以上のような体重制に対する実践者の見方・捉え方から，日本における「体重制」と「無差別」の併用（混在）にも，グローバル・スポーツであるためへの柔軟な「適応」と，伝統的な技術観や教育観の「保持・継承」との交錯をみることができる。

以上でみたように，講道館ルールと国際ルールとの相違にはとくに「教育的価値観」の有無が大きく関わっている。そして，講道館ルールは今後ますます国際ルールへの「同化」を迫られるであろうが，一方では，IJFの規約・第一条にもJUDOは嘉納によって

創設された「教育システム」であることが認められており，それゆえ，世界へ向けてのモデルとして，「教育」を重視したルールを新たに生成・創造していくこともまた日本柔道界の課題としてあるように思われる。

（永木　耕介）

> **Question**
> ・平成9（1997）年以降，オリンピックをはじめとする主要な国際大会において選手の一方が「ブルー」の柔道衣を着ることとなったが，世界のJUDOがそれを必要とした理由や，日本はどのような点からそれに反対したのか等について調べてみよう。
> ・本稿で取り上げたルール以外の視点から，「グローバルなJUDO」と「日本の柔道」に相違がみられるようなことはあるだろうか？

## 引用文献

1) 嘉納行光：柔道新聞．平成8年1月1日付1面．
2) 武田力：柔道新聞．昭和50年11月10日付2面．
3) 日本柔道新聞社記者：柔道新聞．平成9年4月1日付1面．
4) アントン・ヘーシング：朝日新聞．平成15年9月10日付夕刊1面．
5) 伊集院浩：柔道新聞．昭和27年4月30日付3面．
6) 大瀧忠夫：柔道新聞．昭和36年9月20日付4面．
7) 丸山菊男：柔道新聞．昭和34年1月1日付7面．
8) 嘉納治五郎：柔道の発達．1926.〈講道館監修：嘉納治五郎大系2巻，本の友社，30，1987所収〉
9) 西文雄：柔道新聞．昭和29年1月1日2面．

## 参考文献

尾形敬史，小俣幸嗣ほか：競技柔道の国際化―カラー柔道衣までの40年―．不昧堂，1998．
竹内善徳監修：詳解・柔道のルールと審判法．大修館書店，1999．
永木耕介，入江康平：戦後柔道の体重制問題にみる競技観の諸相．武道学研究35(1), 1-13, 2002.

# 27 サッカーにみるブラジル文化

## 1 スポーツ人類学によるサッカー研究

　スポーツ人類学は，未開社会や伝統的社会のスポーツだけでなく現代社会におけるスポーツも視野に入れたスポーツ研究である。スポーツ人類学の目的が「通文化的視点からスポーツを体系的に研究する」にとどまらず，「そこから得られた成果をスポーツと関係する社会問題の分析に応用する」ことに求められるように，研究の射程は私たちが今日身近に親しんでいるスポーツにも及ぶのである[1]。

　サッカー（Association Football：Soccer）は，1863年にイギリスで誕生後，19世紀末から世界各地へ伝播し，受容され，土着化した近代スポーツの典型的な例である。ルールのわかり易さ，ボール1つあればゲームが成り立つ手軽さなど，このスポーツが急速に普及し広く人気を獲得した理由はしばしば議論されるが，この伝播，受容，土着化というプロセスを通じて，各国各地のサッカーに人々の伝統的価値観やプレー・スタイル（身体技法）が刻み込まれていった。

　「すべてのサッカー・ファン，そしてスポーツにあまり興味のない多くの人々まで，南米サッカーとりわけブラジル・サッカーに関してはあるイメージを持っている。」[2]――イギリスのスポーツ史家T.メイソンが指摘するように，20世紀屈指のサッカー大国ブラジルでは，世界に咲き揃う様々なサッカー文化の中でひときわ異彩を放つ個性が育まれている。スポーツ人類学では，その個性（ブラジルらしさ）をどのような方法で探ることができるのだろうか。

デニウソンのドリブル（2002年W杯日韓共催大会）
(Isto é Gente 誌，2002年7月5日号より)

## 2 「社会・文化劇」としてのサッカー

　ブラジルにおいてサッカーはなぜ絶大な人気を博するのだろう。ブラジル人がプレーするサッカーにはどのような意味が込められているのだろうか。ブラジルの文化人類学者R.ダマータは，だれもが口にするこの問いかけに象徴人類学でいう「演劇化（ドラマティゼーション）」概念を用いて答えている[3]。この概念によれば，サッカーというスポーツは日常生活から明確に摘出されることのない関係性，価値，思想などに人々の注意を向けさせ，いわば社会・文化の「透かし窓」のような性質をもつと解される。では，サッカーを通してどのようなブラジル的なドラマが見えるのだろうか。

### (1)「運命（ドラマ）」の劇

　1950年に自国開催されたワールドカップ（W杯）において，初優勝が確実視されていたブラジル代表チームは決勝でまさかの逆転負けを喫した。「マラカナンの悲劇」として知られる歴史的敗北である。この敗戦後，社会に根差していた人種主義がまるで宿命論のように再燃した。決勝戦にゴールキーパーやディフェンダーとして出場した黒人選手が敗戦の象徴とされたのである。

　一方，黒人選手ペレらの活躍によって1958年，1962年に続いて1970年に勝ち取ったW杯3度目の完全優勝は，社会が人種差別を克服し「人種デモクラシー」を達成した劇的な瞬間であった。1950年の敗北の瞬間，ブラジル中が静まり返った現象とは対照的に，人々は勝利を祝うカーニヴァルで狂喜乱舞した。

　4年に一度めぐり来るW杯は，人智の及ばない「運命」にブラジル人を対峙させる。貧困に喘ぐ民衆は，代表チームの試合に一喜一憂しながら，ふだんは接することができない国家的シンボルと親密に交わり，国家のまとまりある総体，スター選手が代表する大衆の価値，そして先進国を次々と打ち破っていく自分たちの完璧な勝利を，サッカーを通して可視的に体験するのである。

マラカナンの悲劇（1950年W杯ブラジル大会）
（Perdigão, Paulo: Anatomia de uma derrota. Porto Alegre: L & PM, 268, 2000 より）

W杯3度目の制覇（1970年W杯メキシコ大会）
（Medeiros, Alex（org.）: Todos juntos vamos: memórias do Tri. Rio de Janeiro: Palavra & Imagem, 96, 2002 より）

### (2)「普遍原理（ドラマ）」の劇

　ブラジル社会は多様かつ複雑なディレンマを抱えているという。伝統と近代，地方と都市，非合理と合理，無秩序と秩序が社会の中に混在する。植民地時代に遡る伝統的な階級的不平等が存在し，血筋，肩書，権力，私的な癒着関係がまかり通り，政治経済や司法

のシステムさえ時として不正に変更されてしまう。貧富の差やヒエラルキーの厳しさが，民衆の社会上昇を阻む。そのような社会に位置するブラジル・サッカー界も同様の構造的ディレンマを抱えている。

しかしサッカーそのものは，ひとたび試合が始まれば，万人に透明な17条のルールの下に個人の才能と努力，真の実力とパフォーマンスの優秀さが保障される。ゲームの中では平等性，社会的公正，民主主義といった人間社会の「普遍原理」が劇的に映し出されるのである。

### (3) フッチボール・アルチ (futebol-arte)

R.ダマータは，ブラジル社会を生きていく上で必要不可欠とされる価値観や身体技法が，ブラジル人のプレー・スタイルに表出する点を指摘した。ジョーゴ・デ・シントゥーラ（*jogo de cintura*，腰でプレーする）やマランドラージェン（*malandragem*，臨機応変さ，抜け目なさ，機敏さ）という言葉は，困難な局面をしなやかに華麗に切り抜けるブラジル人特有の術（アルチ）として肯定的に評価されている。そのような即興性と自由な個人技に富んだサッカー・スタイルを，ブラジル人は自らフッチボール・アルチ（*futebol-arte*）と呼んでいる。

敵をかわすガリンシャ（1962年W杯チリ大会）
（Isto é Gente 誌，2002年7月5日号より）

## 3 ブラジル・サッカーの民族誌（エスノグラフィー）

かつてイギリスの人間行動学者 D.モリスは，サッカーを珍しい「部族」のように例え，そのなわばりの内に踏み込んで部族の起源・儀式・英雄・装飾・長老・随行者・言語について実地踏査を行った。その調査の結果，まとめられたのが THE SOCCER TRIBE（サッカー部族）と題するユニークな著書[4]であった。

サッカーが非常に盛んなブラジル社会の実態を明らかにしようとするフィールドワーカーは，ブラジル・サッカーをどのような視点で観察するのであろうか。

### (1) クラブの競合関係とファンへの注目

アメリカの社会学者 J.リーヴァーは，1967年から4度にわたるブラジル渡航の後に10年以上の歳月を費やして SOCCER MADNESS（サッカー狂）と題する著作[5]をまとめている。このアメリカ人女性社会学者の手によるエスノグラフィーは，記述の随所にアメリカの社会やスポーツとの比較考察が盛り込まれている点に特徴がある。そして，とくにリオデジャネイロという都市に共存する多様なクラブの競合関係とチーム支援者であるファンに注目し，広範なインタビュー調査を展開した点も評価されよう。

ブラジルでは，どの町にも少なくとも1つは教会とサッカー場がある。教会がなくても，サッカー場のない町はないという。大都市リオデジャネイロには社会階層，移民の出自，居住地区など様々なアイデンティティーを持つ多数のクラブが共存する。それらは会員制を基本とするがファンにも開かれた総合型地域スポーツクラブであり，スポーツ以外

の活動（ディナー，ダンスパーティー，演劇，映画，カーニヴァルなど）を催し，移民都市への新参者の適応拠点，地域社会の社交の中心としての役割を担っている。

　リオデジャネイロのプロサッカーの人気と実力は4つの名門クラブチーム，すなわち，フラメンゴ（庶民の人気クラブ），フルミネンセ（エリートのクラブ），ヴァスコ・ダ・ガマ（ポルトガル系移民のクラブ），ボタフォゴ（ボタフォゴ地区富裕層のクラブ）に集中しており，他の小クラブを圧倒する。都市住民は自らのアイデンティティーに適合するクラブやひいきのチームを熱心に支援し，諸クラブの激しいライバル関係ゆえに人々は団結心を強めるという構図がサッカー熱をさらに激化させている。

　ラテンアメリカ最大の移民国家ブラジルでは，この「競合による団結」の構図が，クラブ間，都市間，州や地域間，国家間の様々なレベルのサッカーに出現するのである。

**(2) 体系的・専門的な民族誌へ**

　ブラジルの文化人類学者 L. H.トレドは，近年，サンパウロ大学に提出した博士論文[7]の中で，サンパウロにおけるプロサッカーの民族誌を3つの分析対象に分けて書き綴った。その第1は選手，監督，クラブ幹部，審判員，コーチング・スタッフ，メディカル・スタッフなど競技実践の現場にいる「プロフェッショナル（*profissionais*）」，第2は新聞記者，解説者，アナウンサー，レポーターなどサッカーを専門に分析し報道する「専門的ジャーナリスト（*especialistas*）」，第3はそれらを外側から取り巻く「サポーター（*torcedores*）」である。

**競技場へ向かうサポーター**
（Souza, Jair de ; Leitão, Sérgio Sá ; Rito, Lúcia : *Futebol-Arte : a cultura e o jeito brasileiro de jogar* São Paulo : SENAC, 271, 1998 より）

　ブラジル・サッカーに通暁した L. H.トレドは，サッカーに関わる当事者たちをより体系的・網羅的に分析している点，および，競技に関する技術的・戦術的な専門性を有しているという点において，これまでのフィールドワーカーとは大きく異なっている。例えば，第1の分析対象「プロフェッショナル（*profissionais*）」について，国内で刊行されたサッカーの技術書を渉猟し，サンパウロ州プロフェッショナル監督組合主催の「サッカー監督養成コース」に参加し，また，コリンチャンス，サンパウロ，ポルトゥゲーザ，パルメイラスといった名門チームのトレーニングの現場に出入りして，「ブラジル的スタイルとは何か」といったテーマについて多角的に調べ上げている。

## 4　ブラジル・サッカーの文化複合

　これまで述べてきたことを寒川の「スポーツ文化複合」[8]の分析枠組みに照らし合わせてみよう。「サッカーにみるブラジル文化」とは何かを考える時，サッカーというスポー

ツを通してブラジル文化のどの文化要素（精神文化，社会文化，技術文化）を見ようとしているのかが問題となる。R.ダマータは，ブラジル・サッカーが劇(ドラマ)として人々に伝える精神文化要素を論じ，ブラジル的プレー・スタイルのような技術文化要素にもやはりブラジル人の価値観という精神文化要素が作用することを指摘した。J.リーヴァーは，本文で触れた内容について見れば，主にクラブやファンという社会文化要素に注目してフィールドワークを行ったことになる。L. H.トレドの広汎なエスノグラフィーはブラジル・サッカー文化複合のすべてを射程に入れていると言えよう。このような分析枠組みを用いれば，スポーツ人類学によって世界のサッカーの比較研究が可能となるであろう。

**リオデジャネイロの路地裏で**
(『サッカー人間学』小学館，115，1983 より)

ところで，かつて世界伝播と各地における受容・土着化のプロセスを経て多様化したサッカーに，近年，逆方向の現象が生じている。地球規模で加速する結果重視のサッカー，選手の商品化，メディアスポーツの発達によるサッカーの画一化という現象である。はたして将来，サッカー文化のどの要素がそれぞれの個性として残っていくのだろうか。

（山本 英作）

## Question

- 「ブラジル・サッカーらしさ」とは何か。
- 好きな国のサッカーを挙げ，その理由を述べよ。

## 引用文献

1) ブランチャード，K., チェスカ，A.：スポーツ人類学入門．大修館書店，212．1988．
2) Mason, Tony：Passion of the People？Football in South America. London：Verso, ix. 1995.
3) ダマータ，R.：社会の＜内＞なるスポーツ　国民劇・国民祭としてのフットボール．ターナー，V.・山口昌男編：見世物の人類学．三省堂，246-287，1983．
4) モリス，D.：サッカー人間学．小学館，1983．
5) リーヴァー，J.：サッカー狂の社会学．世界思想社，1996．
6) Toledo, Luiz Henrique de：Lógicas no futebol. São Paulo：Hucitec, Fapesp, 2002.
7) 寒川恒夫編：スポーツ文化論．杏林書院，18-24，1994．

# 28 人種とスポーツをめぐるアメリカの言説
―黒人は天性のアスリートか？―

## 1 黒人アスリートへの日米の視線

　私たち日本人にとってアメリカ人アスリートは黒い肌をしている，といっても過言ではあるまい。アメリカのスポーツ選手というと，まず黒人アスリートを想起する人は少なくないはずだ。実際，三大スペクテイタスポーツのプロ組織であるNBA（バスケットボール），NFL（アメリカンフットボール），MLB（ベースボール）についてみても，総人口比で12％強に過ぎない黒人が，それぞれ80％，67％，17％を占めるに至っている（表1）。比率のもっとも低いMLBでさえ，トニー・グイン，サミー・ソーサ，バリー・ボンズなど，私たちが名選手として思い浮かべるプレイヤーの多くは黒い肌をしている。2003年アメリカンリーグ新人王レースで，松井秀喜をおさえて栄冠に輝いたカンザスシティ・ロイヤルズのショートストップ，アンヘル・ベロアもまた黒人である。

　総人口でみると8人に1人に過ぎない黒人が，なぜメジャースポーツで抜きんでた位置を占めているのだろう。日本のメディア報道の場合，その謎を解く鍵は「身体能力」の高さにあるようだ。思い起こせば，2002年ワールドカップ報道でも，この言葉が氾濫していた。カメルーン，セネガル，ナイジェリアなどアフリカ勢ナショナルチームのプレイ解説には，この4文字が付きまとった。プレイのレベルの高さを説明する際に，「身体能力」が当然の如く評価され，しかもそこには，「生まれつき」とか「持前」といった天分的要素が含意されていたように思う。アナウンサー，解説者ともに黒人の運動能力を天性のものとする言説を惜しみなく生産し，視聴者である私たちも無批判にそれを消費していた。日本人にとって黒人は天性のアスリートで，異論の余地がほとんどないかの観さえある。

　しかし，アメリカにおける黒人の運動能力に関する論争は，はるかに多元的で複雑である。ジャーナリズムはもちろんのこと，社会科学，自然科学，人文学各分野でも，異なる立場から，異なる方法論によって，異なるイデオロギーの下で，矛盾し，正反対でさえある主張がなされ，結論が導かれている。本章では，この論争の全体像をとらえてみたい。

## 2 主題の設定：定義，歴史的背景，論争の枠組

　まず「人種」の定義に触れておく。「人種」という概念に，科学的あるいは生物学的な根拠があるのかについて，専門家は概ね「否」という答えをだしている（それゆえ，ここでは一貫して「人種」と括弧付きで表記する）。けれども，社会的意味での「人種」は厳然たる事実として，歴史上，そして現在でも存在している。

　次に，アメリカスポーツにおける「人種」の歴史を，白人と黒人の関係を軸として，簡単に振り返っておきたい。奴隷制度という負の遺産を背負うアメリカにとって，両「人種」の関係が，近代スポーツの成立と発展を左右する重要な要因であったことは，否定できない事実だからである。

19世紀末なると，アメリカ南部では厳格な「人種」分離体制が確立し，スポーツ界もそこに組込まれた。20世紀に入ると，スポーツ界の分離主義はアメリカ全土に及んだ。無論，白人スポーツの世界から黒人が完全に排除されたわけではない。1936年のベルリン・オリンピックで金メダルを次々と獲得したジェシー・オーエンスや，同じ頃，「褐色の爆撃機」との異名で恐れられたボクシングヘビー級チャンピオンのジョー・ルイスらは，黒人アスリートでもっとも輝いた成功例である。だが全体からみると，彼らの栄光も例外的エピソードに過ぎない。当時，スポーツに意欲を燃やす黒人の若者が目標とし得たものは，北部や西部にある一部の大学でアスリートとなるか，ベースボールのニグロ・リーグのような，「人種」分離を前提としたプロフェッショナル・スポーツに籍を置くことくらいだった。しかし，第二次世界大戦後にリベラリズムが高揚する中で，初のメジャーリーガー，ジャッキー・ロビンソンの誕生に象徴されるように，ベースボールを初めとするスペクテイタスポーツが，次々と黒人に門戸を開放した。その後1970年代や80年代になって，黒人アスリートの爆発的増加がみられ，現在に至っている。最近ではゴルフやテニスなどでも才能の開花が目立ち，水泳での黒人オリンピアンの出現が待望されている。

表1　1996年度アメリカメジャースポーツ関係者に占める黒人の割合

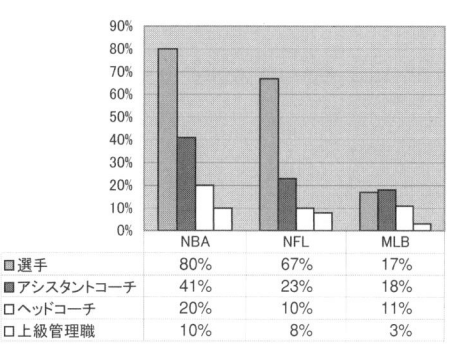

| | NBA | NFL | MLB |
|---|---|---|---|
| 選手 | 80% | 67% | 17% |
| アシスタントコーチ | 41% | 23% | 18% |
| ヘッドコーチ | 20% | 10% | 11% |
| 上級管理職 | 10% | 8% | 3% |

選手に占める比率は高いが，地位の高い管理職に占める比率は低く，「人種の壁」の存在を示唆している。
出典：1996 Racial Report Card, Center for the Study of Sport in Society

　このように，20世紀後半における黒人アスリートの急速な台頭が，冒頭で述べた論争の直接の原因である。スポーツ界において新参者である黒人が，短期間でかくも顕著なる成功を収め得たのはなぜか？　黒人アスリートはなぜ優秀なのか？　その答えをめぐる論争は，単純化を恐れずにいえば，2つの論陣の間での激しい攻防として要約することができる。その一方に，「人種」間には遺伝的に規定された運動能力の優劣が存在するとする，先天主義者がいる。遺伝的なアドバンテージゆえ，黒人は瞬発力や鋭い反射を必要とする種目で圧倒的に有利である，それゆえ国際大会でのメダル独占やベスト記録の保持が可能である，非黒人はいくら努力しても遠く及ばない等の主張がこの立場からなされている。そしてもう一方に，運動能力の発達は，知能同様，社会・文化的環境の力によって促されるとする，後天主義者がいる。曰く，アメリカ黒人のスポーツでの傑出は，長年の「人種」差別が他分野での成功機会を著しく制限してきた結果に過ぎない，差別が撤廃されれば，黒人の才能は多方面に分散され，スポーツでの傑出も目立たなくなるだろうと。

## 3　「身体能力」言説の重層構造

　上述のように論争の大枠を設定した上で，いくつかのレベルに焦点を当てたい。本節のタイトルを「重層構造」としたのは，先鋭な関心と問題意識が存在するにもかかわらず，それがいくつかのレベルに分断され，統一的な公の言説空間の成立を困難にしているから

である。一面においてそれは，この問題がタブー視されている風潮と深く結びついている。

その1つのレベルに，黒人アスリートがいる。例えば往年，花形フットボール選手として鳴らし，90年代に元妻とそのボーイフレンドを殺害した容疑で裁判にかけられ，全米の注目を浴びたO. J. シンプソンは，次のように語っている。「俺達はスピード用に作られているのさ。どんな学者とだってやりあう自信がある。スピードこそスポーツにとって重要だ，俺達には天性のスピードがある。」[1] イェール大学卒業後，ダラス・カウボーイズのランニングバックとして名を残したキャルビン・ヒルは，別の角度から自説を開陳する。「奴隷として運ばれてきた祖先の辛苦を考えてみろ。俺達はその子孫なんだ。苛酷な状況を生き延びた強者たちのな。」[2] 両者に共通するのは，黒人は優れた運動能力を生まれつき持っているとする信念である。最近の報道は，このような信念が今日なお根強いことを伝えている。

だが，同じことを白人も口にできるわけではない。かつてスポーツ界の大物が「人種差別」声明を出したとして，首を切られる事件が起きたことがある。1988年，CBSの常連解説者ジミー・スナイダーは，行きつけのレストランで食事中に取材を受けた。話は黒人の運動能力に及び，彼は，黒人は奴隷制時代に，優れたアスリートになるべく繁殖させられたと語ったという。これは，ヒルのコメントの焼き直しといってもいい。だが彼は，発言後ただちに，メディアによる批判の集中砲火を浴び，職を解任された。

実はこの事件には伏線があった。その前年，ロサンゼルス・ドジャース経営者のアル・カンパニスは，ABCの「ナイトライン」による，ジャッキー・ロビンソンのメジャー入団40周年記念番組に出演していた。その席で，黒人は天性のアスリートだが，球団オーナーや監督などの管理職を務めるための資質に欠けていると発言し，44年間務めたドジャースを解雇されたのである。両者とも，「人種」問題に敏感な社会環境の下，タブーに抵触したために「粛正」されたといえよう。

このような，「人種」差別に厳しい社会環境の形成に一役も二役も買ってきたのは，社会学者を中心とするリベラル派の陣営である。とりわけハリー・エドワーズは，公民権運動が隆盛を極めた1960年代以降今日まで，一貫してスポーツ界における「人種」的ステレオタイプの流布に対して，警鐘を鳴らしつづけている。エドワーズは，1968年メキシコ五輪ボイコット運動の提唱者としても知られる。同運動は，結局実りをみなかったが，その余韻覚めやらぬ中，当時喧伝された黒人を天性のアス

| 現代アメリカにおける4つの社会的状況 |
|---|
| 1. 「黒人男性の肉体」に関するステレオタイプを生み出す支配的人種イデオロギー |
| ＋ |
| 2. 黒人男性に与えられる社会経済的機会を制約してきた，人種分離と人種差別の長い歴史 |
| ＋ |
| 3. 人生で成功する機会が限られているという感覚が生ずる絶望感 |
| ＋ |
| 4. 特定のスポーツで上達し成功するために与えられた多くの機会と奨励 |

| 中間的結果 |
|---|
| 1. アフリカ系アメリカ人の一部は，特定のスポーツで成功することが黒人男性の，生物学的，文化的運命であると信じる。 |
| ＋ |
| 2. 若い黒人男性は，その運命を実現するのに必要な技能を上達させるために，あらゆる機会を使うよう動機付けられる。 |

| 仮説 |
|---|
| このような運命観が，特定のスポーツ技術を上達させるための動機と機会に結びつくことにより，特定競技における黒人男性アスリートの傑出したパフォーマンスが生まれる。 |

図1　黒人男性アスリートの優れた業績を説明するための社会学的仮説　(出典：Jay J. Coakley, *Sport in Society*, Boston: WCB McGraw-Hill, 257, 1998)

リートとする風説に対して，厳しい批判の矢を放った。「黒人が白人より生まれつき優れた肉体を持っているというのは，無知で，思考力のない，鈍感な大衆を標的とした，単なる「人種」主義イデオロギーに過ぎない」と宣言した[3]。

エドワーズの主張は，その後ジェイ・コークレーによって，体系的理論へと整理された（図1）。彼によるスポーツ社会学の教科書は，その後幾度も改訂され，今日も広く読まれている。ローレル・デービスは，黒人アスリートの運動能力論争は，「人種」を固定的で，明瞭な生物的現実と捉え，「人種」形成の政治的プロセスを一顧だにしない点で，前提からして「人種」差別的であるとする，先鋭な主張を展開している。

社会学者による一連の主張を要約すると，「人種」は可変的，文化的な構築物であり，それが固定的カテゴリーであると前提する段階で，既に偏見が入り込んでいる，むろん黒人に固有な能力や資質など存在しない，それを想定・志向するあらゆる議論は，白人の努力不足を隠蔽する方便に過ぎない，こうした「人種」主義に対抗する戦略は，社会や教育の場において，先天的「人種」差を前提とする議論を一切排除することである，などの諸点を指摘できるだろう。それは，「臭いものには蓋」的な姿勢であるということもできる。

## 4 変化の兆し

それなら日本でいう「ホンネとタテマエ」的な二元論なのかというと，ことはそう簡単ではない。黒人の運動能力論争に関する言説の第三のレベルとして，最近とみに研究成果を集積している，自然科学者によるものがある。そこから浮かび上がるのは，「人種」という人為的であるはずのカテゴリーで隔てられた人々の間に，科学的で統計的に有為な，集団的な差異が存在するかもしれないという可能性である。このような研究動向は，予想通り，タブーの縛りが強いアメリカ国内ではなく，諸外国，とくにカナダ，オーストラリア，南アフリカ，ヨーロッパ等の研究機関や教育機関に所属する，医学や生理学の専門家によって支えられている。その内容を2つの角度から瞥見してみよう。

その1つは，無酸素系運動である短距離走能力の優劣を，筋肉のタイプから判別しようとするものである。この分野の研究では，カナダのケベック大学研究班がよく知られている。その調査によると，筋肉は，短距離向きの速筋線維と長距離向きの遅筋線維の二種類に大別されるが，いわゆる「人種」として区別される人間集団間で，両線維の割合に違いがみられるというのである。同研究班の実験では，速筋線維の割合が，西アフリカ系黒人で平均67.5％，フレンチカナダ系白人で59％であったという。前者の方が，筋肉的に短距離向きであるという結論は，黒人が短距離に強いという私たちの印象を裏付けるものである（図2）。

もう1つは，対照的に，有酸素系運動である長距離走能力と関わっている。研究拠点はいくつもあるが，その1つ，オーストラリア，ケープ

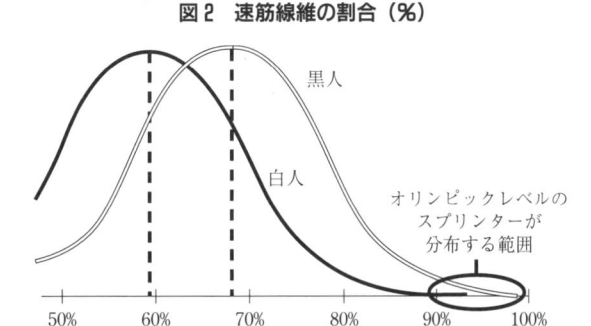

図2 速筋線維の割合（％）

黒人
白人
オリンピックレベルの
スプリンターが
分布する範囲

出典：P. F. M. Ama et al., "Skeletal Muscle Characteristics in Sedentary Black and Caucasian Males," *Journal of Applied Physiology* 61 (1986)

タウン・メディカル・スクールのスポーツ科学センターは，最大酸素摂取量での作業能力が，黒人の場合89％に達し，白人を10％近く上回るという実験結果を発表した。乳酸を基準として疲労の度合を測った場合も，黒人の方が低いという。一方，南アフリカとオーストラリアの専門家によるシドニー大学の研究班は，同様に，黒人の「走行の経済性」に注目している。同班によると，一定の速度で走る場合，黒人は白人より新陳代謝の効率がよいとのことである。さらにデンマーク，コペンハーゲンの筋肉研究センターも，スカンジナビア人とケニア人の比較から，類似した結論に至っている。筋線維を包む毛細血管数でも，酸素とグルコースを反応させ，処理してエネルギーに転換するミトコンドリアの量でも，ケニア人はスカンジナビア人を上回っている，というのである。疲労の進行を示す，アンモニアや乳酸の蓄積も，ケニア人の方が少ない。同班は，ケニア人はこれまで計測された中で，最高の有酸素運動能力を有していると主張する。

　こうした自然科学者の姿勢には，1つの興味深い共通性が観察できる。研究者の姿勢が真摯なものであるほど，研究成果の意味付けを限定された科学的事実に絞り，そこから波及しうる社会的，政治的意味合いへの言及を忌避する傾向がそれである。自分の研究は，もしかしたら「人種」をめぐる，より大きな舞台での論争の火付け役になる可能性を秘めるかもしれないが，その領域に立ち入るつもりはなく，単なる事実を提示するにすぎない，と言いたいかのようである。

　自然科学者の自分の殻に閉じこもる傾向に業を煮やしたのか，自然科学者による研究の量産と軌を一にするかのように，タブーに踏み込もうとする人文学者が出現し，注目すべき解釈や提言を行なった。デビッド・ウィギンズもその一人である。彼は1989年，主要スポーツ史雑誌に「スピードはあるが，スタミナがない」という，挑発的な表現を冠するタイトルで始まる論文を発表し，黒人運動能力に関する研究史を概観した。ジョン・ホバーマンは1997年，現代アメリカの「人種」問題への警告や，「人種」観の歴史的変容などを盛り込んだ大著『ダーウィンのアスリート』を上梓し，学界各方面に波紋を呼んだ。さらに2000年には，ジョン・エンタインが『黒人アスリートはなぜ強いのか？』を公刊し，ジャーナリストの立場から，広範な聞き込み調査の成果を駆使して，忌憚のない意見を述べ，タブーに挑戦した。エンタイン著は日本でも翻訳され，広く注目を集めている。

　これら三者を，先述の遺伝派対環境派という大枠に位置づけるとどうなるか。ウィギンズとホバーマンは環境派の立場から，遺伝派を告発しているとみることができる。逆にエンタインは，そのような環境派の議論にも理解を示しつつ，遺伝派の証拠の確かさにそれ以上の手応えを感じているようである。遺伝派の，少なくとも心情的な支持者といってもいいだろう。その意味で，前二者とエンタインの間には論争が成立しているといえるし，三著に目を通せば，主たる論点をおさらいすることも不可能ではない。しかしここでは，論理の応酬よりもむしろ，三者の共通点に注目しておきたい。すなわちそれは，先述した「臭いものには蓋」的な風潮，つまりこれまでアメリカ社会を緊縛してきたタブーを打破し，対話を奨励しようとする意欲であり，より正しい，深い理解のために問題を明るみにだし，正面から向き合うことで解決を志向する姿勢である。

## 5　論争の全体像と行方

　以上より，重層構造をなす言説の各レベルを次のようにまとめることができる。まず，

黒人，白人どちらにも広く共有されている，黒人を天性のアスリートとする俗説（これを「神話」と呼ぶ論者もいる）があり，それは一般的日本人にも馴染み深いものである。しかしこの俗説に真っ向から，学究的に挑む社会科学者の議論があり，他方論争への参加に消極的で，否定的でさえあるにもかかわらず俗説に科学的根拠を与えるかの印象を拭い得ない自然科学の学説がある。そして異なる言説空間を架橋し，真実への道を切り開こうとする人文学やジャーナリズムのスポークスマンがいる。

　アメリカにおいて黒人の運動能力は，1つの学術領域に収まる研究対象ではない。それは，狭隘な学問的縄張りを超越し，学界と一般社会をクロスオーバーする，まさに国家，世界規模の大論争の主題に他ならない。しかし，その規模にもかかわらず全貌が見え難いのは，発言者が分散し，分極化しており，専門を異にする集団間の対話が欠落しているからであり，また市民レベルでも，タブーゆえに公の対話が抑えられているからである。一部人文学者の対話を奨励しようという提案のねらいは，このような膠着状態を打開するところにあるといえるだろう。無論，対話が問題を解決する保証はない。とはいえ，20世紀末に出現した論者による主張を，新しい世紀にむけた，閉塞から脱出するための方向性を模索する試みとして高く評価すべきである。そしてその行方に注視することこそ，生理学，社会学，人類学などといった学問体系にとらわれずに，アメリカの文化と社会にかかわる探究を志す人々すべてにとって，重要な課題であるにちがいない。

（川島　浩平）

## Question

- 黒人の運動能力に関して，社会科学者，自然科学者，人文学者はそれぞれ，どのような立場でどのような主張をしているか？
- あなたはどの立場や主張を支持するか？

## 引用文献

1) O. J. Simpson : Black Dominance. Time, May 9, 57-60, 1977.
2) Martin Kane : An Assessment of 'Black Is Best'. Sports Illustrated, January 18, 76-79, 1971.
3) Harry Edwards : The Sources of the Black Athlete's Superiority. The Black Scholar, November, 39, 1971.

## 参考文献

エンタイン，ジョン（星野裕一訳）：黒人アスリートはなぜ強いのか？　その身体の秘密と苦闘の歴史に迫る．創元社，2003．
スミス，R. A.（白石義郎，岩田弘三監訳）：カレッジスポーツの誕生．玉川大学出版，2001．
レイダー，ベンジャミン・G（川口智久監訳）：スペクテイタースポーツ．大修館書店，1987．

# 29 高校運動部活動のフィールドワーク

## 1 現代スポーツ組織へのフィールドワーク

　スポーツ人類学の主要な方法であるフィールドワークは，ある地域や民族に特有のスポーツ（エスニック・スポーツ）に対しては盛んに行われてきた。またスポーツに限らず，文化人類学は研究者自らが所属しない文化＝異文化を対象としてきた歴史がある。その影響もあってか，スポーツ人類学においても，我々が普段特別に"文化"であると意識しないスポーツ組織（制度）に関わる実践者・生活者の生活世界の意味体系を丸ごと抜き出して理解する試みは，希少であったといっていい。しかし今後，スポーツ人類学をより味わい深いものにするには，現在／過去，自文化／他文化のいずれにも偏らない総合的な理解が求められよう。

　本稿ではその自文化理解の一助として，我が国の代表的なスポーツ文化「運動部活動」を事例に，現代スポーツ組織に対するフィールドワークの試みを紹介しよう。以下では，まずフィールドとなった組織の概況を踏まえ，次いでその組織に特徴的な行動様式に目を向け，それが部員たちによってどうとらえられ，組織においてどのような役割を果たしているかなどを見ていくことになる。結果として，統計調査にはない，フィールドワーク独自の有効性や面白さを感じていただければ幸いである。

## 2 フィールドの概容

　まずはフィールドとなった運動部のプロファイルから提示する。フィールドとなったのは都立V高校のサッカー部である。学区内でも（都立高校のなかで）1, 2を争う進学校であり，かつ，サッカーでは都でも五指に入る強豪校であった。毎年正月に行われる全国高校サッカー選手権大会の東京都予選においては，近年決勝まで勝ち進み，読売テレビによって放映された実績もある。これを機にサッカー部への入部希望者は飛躍的に増加し，部員は120名を超えた[1]。

　指導者は総勢で4人いた[2]。顧問の先生は東京都高等学校体育連盟でも有名な先生で，サッカー部の最高責任者である。コーチのうち2人は20代半ばの同部OBでサッカーの技術・戦術・コンディショニング等の指導を主に担当し，残る1人はもともとは学外者で，技術指導も行うが，練習試合の手配や練習場所の確保等，マネジメント面を一手に引き受けていた。経理関係は保護者の代表が処理し，部費の集金，コーチへの謝金の手配，遠征時の宿の手配，応援バスのチャーター等を取り仕切っている。また，基本的な活動資金は保護者が出す部費である。

---

[1] 学校自体が生徒全体の約8割，男子生徒においては約9割が運動部に所属するという特殊性を有しているが，この数字は，実に男子生徒の約1/3，全校生徒の約1/7がサッカー部員という状況を示している。
[2] 実際には指導者不足のため，シーズン半ばには筆者も練習試合の引率や技術指導を任されるようになっていた。

## 3 すべてをサッカーに

　それでは，部員たちの実際の生活を見てみよう。平日は，まず「朝練（アサレン）」から始まり，昼休みには「昼練（ヒルレン）」が行われ，そして正規の活動を放課後に行う。その内前二者については，サッカー部員がとくに義務的に参加しなければいけないというものではなく，「自主練（ジシュレン）」という形式で行われる。そこでは各部員の不得意なプレーの克服や理想のプレーがひたすらに追究され，中でもより厳しく追究する部員に対しては「あいつは朝練も昼練もやって，相当努力してる」，「ああいう奴に，レギュラーになって欲しい」などと肯定的な評価が部員の間で下される。競技力だけでなく，サッカーに臨む姿勢と実践が部員相互の尊敬に関わるのである。

　放課後は正規の練習である。学校教育に関わる正規の用事（委員会や係りの仕事，行事の準備など）を除いて，最優先される活動である。120人以上の部員が一斉に一ヶ所で練習することはできないため，また，調査当時の校舎改築工事の影響で学校のグラウンドが十分に使用できないという事情もあり，ホームルーム終了後直ちにグループごとに様々な活動場所（民間企業や公営のグラウンド，指導者同士の交流の深い高校のグラウンド，等）へ散らばることになる。市境をまたぐこともある移動であるにもかかわらず，どの活動場所でも練習開始まで30分を要しないのは，サッカー部員全員が1人1台の自転車を学校に置いていたからである。

　特筆すべきは，学校の試験期間中の土・日に「地域練（チイキレン）」が行なわれることである。「地域練」とは，近くに住む生徒同士が申し合わせて公園等に集まり，プレイフルなサッカーをすることである[3]。これは基本的には自主練だが，参加しない部員は「妥協（ダキョウ）」という言葉によって否定的に評価されるため，また正規の練習の真剣さとは一味違った楽しさを得るため，ほとんどの部員がどこかしらの地域練に参加する。

　こうしてみると，部員たちは生活時間中の自由時間のほぼすべてをサッカーに費やしていることになる。シーズン中は「腹が冷えて腰に悪い」と言ってアイス（氷菓子）も口にしないし，ヘアスタイルを華美にすることもない。一般的な高校生が楽しむであろう様々な行為の選択肢を退け，ここまで時間とエネルギーを捧げるのだから，何らかの大きな目標があるはずである。では，このチームの求める目標とはなんなのだろうか。

## 4 目標としての「感動（カンドウ）」

　もちろん競技においては「全国出場」が大きな目標なのだが，それだけではない。V高サッカー部においては，シーズン最後の公式戦に敗れて3年生の引退が決まったとき，ほぼ例外なくすべての部員が感涙に咽ぶ。それが毎年のように繰り返される。部員たちは主にこれを「感動」と呼び，例えば部員間では「お前，そんなところで妥協してたら最後に感動できないよ」などと使われる。指導者はトップの選手に「見てる人（公式戦のピッチに立てない部員）が，気持ちを乗り移らせることができるような，感動できるプレーをしよう」と指導する。「気持ちは変わらないが，体は動く者と動かない者がいる」，共に同

---

[3] 地域ごとにどのような内容を構成するかはそれぞれ異なる。また，正規の練習に比べて笑顔がこぼれる場面が多い。真剣勝負の場面ではタブーとされるような「軽いプレー」，例えば「ヒールキック」や「股抜き（マタヌキ）」など，成功率が低くトリッキーな技術を多用する。

量のハードトレーニングをこなしてきた部員たちが理想とするプレーを最良の形で表現することが，すべての部員にとっての感動につながる，と考えられているのである。

また，公式戦の時にしか出さない横断幕には「感動宅配便」の文字が配される。すなわち，「感動」が完全に意識的な目標として位置づいているのである。そして現実に，トップチームの選手たちのプレーにすべての部員が「気持ちを乗り移らせる」ことを可能にするような仕掛けが数多く存在する。その仕掛けこそが，他との差異を際立って示す，すぐれて文化的な営みとして現れてくるのだ。

「感動宅配便」横断幕（イメージ図）

## ５　流動性のあるチーム内構造

では，その仕掛けをいくつか紹介していこう。一般に運動部活動組織がスポーツ組織として競技力向上を目指すとき，練習する際のグループ分け及びその活動レベルの調整は極めて重要である。ここではその，活動グループの調整について見る。

グループ分けの基準は，多くの場合競技レベルが重視されるが，トップチーム（公式戦出場可能枠に近い20～25名）以外の100名前後は4～5つの競技レベルとして均等なグループに分けられることが多かった。また，公式戦まで日がある場合，トップチームまでも解体して，すべてのグループの競技レベルが均等になるように調整されることもあった。部員が活動場所や時間について混乱することがないよう，グループごとに場所，時間，試合であれば相手チーム，担当指導者が細かく書き込まれた一覧表＝「予定表」が配られ，それに従って行動する。予定表は約1ヶ月ごとに更新され，またコーチが逐一非常に柔軟な変更を部員に申し渡すために，チーム内部の流動性はかなりの程度保たれていると言っていい。このチーム内流動性を保つという行為は，逆に考えると活動グループごとの個別の一体感ができるのを防ぎ，より大きいチームという単位での一体感を意識させるものだ。他にも様々な運営形態が考えられる中，チーム内流動性を保ち，チームとしての意識を持つような運営形態が選択されるのである。

## ６　タブーと秩序の回復―「査問会（サモンカイ）」の機能

「遅刻」や「ユニフォーム忘れ」はチームのタブー（禁忌）にあたる。これらは万が一公式戦で出場選手に起こってしまった場合，戦力として実害を被る行為ではあるのだが，それが発展する形で別の意味を付与され，すべての部員にとって練習や練習試合の場合でも許され得ない行為となっていた。別の意味とは，「チームに対する責任感の欠如とみなされる」ことを指している。事が起こると，「査問会」と呼ばれる部員同士による合議が開かれ，事の重大さを確認しあうとともに，タブーを冒した部員に対する罰が決定される。罰は，その日の試合や練習に参加させてもらえなかったり，一定期間の雑用を命じられたりするものだ。さらに，チームの代表たるトップチームの選手が冒した場合，強い非難が集中する。トップの選手は競技力が高く，試合期に少しくらい遅刻したからといって戦力から外すわけにはいかないことがある。ゆえにその「責任感の著しい欠如」に対して相応の罰を与えることができなくなり，それだけにタブーとしてより強く意識されてしま

うのだ。その際，査問会はより大きく，時間をかけて行われ，チームの秩序回復にはより長い期間を要するのである。だが，チームがタブーを設け，常にそれに関するコミュニケーションを持つということは，すなわち，彼らにとって無意識のうちに大きなチームという単位を確認する作業を行っているのである。したがって，一見チームの秩序を攪乱するように見えるタブーも，チームをまとめる1つの仕組みとして機能しているのだ。

## 7 全員で戦う公式戦

普段の活動ではチーム内の差異が極力現れないように工夫されるが，どうしても避けられないのは，公式戦の場面である。公式戦では，レギュラーと非レギュラー，登録選手と非登録選手の差異がはっきりと出てしまう。チームとしては，この状況を何とか受容し，前向きなエネルギーに換えていくことが求められるだろう。以下に示すV校サッカー部の営みは，そのための仕組みと解釈することができる。

### (1)「付人（ツキビト）」制度

トップチーム以外の3年生がとくに多いのだが，トップチームの選手1人に対し1～2人の「付人」がつく。付人は，登録選手のユニフォームやレガース（脛当て）の管理，ウォーミングアップやストレッチの手伝いなどをする。この仕組みの意味づけについて3年生部員は以下のように語る。

「俺は，そういう（気持ちを1つにするという）気持ちが強かった。選手だけじゃなく，みんなで戦ってるって感じ。やるのは11人じゃん。だけど戦うのはチーム全員だから」

### (2) 校歌斉唱

キックオフの10分前には部員と若手コーチ2名が大きな1つの円となり，隣り合う者同士肩を組み，無伴奏で校歌を歌う。この時，「1つの円」ということが極めて重要である。調査したシーズンの前年度，選手権予選のある試合の前日に，士気を高めるために校庭で校歌を斉唱することがあったが，その時は円を二重にし，トップチームとそれ以外の選手を分けた。これが選手の一体感を阻害することになったという。当該年度はそのようなことが起きぬよう，スペースの有無や選手とスタッフ，学年，トップチームと応援する部員の別を問わず，すべての構成員が「1つの円」にならないことはなかった[4]。「1つの円」は始点や終点がなく，また，階層構造も有さないため，「気持ちを1つにする」象徴的意味づけを与えられたのだ。

### (3) 応援

応援は，登録メンバー以外の部員全員が，歌謡曲，あるいは他のスポーツの応援で使われる歌の替え歌を歌い，メガホンを使って叫ぶというものである。3年生部員2・3人が中心となり，太鼓を使って音頭をとる。公式戦のある段階が近づいてくると，昼休みを利用して応援練習が行われる。当日は，詰めかけた父母や同校の生徒・OBに歌詞カードが配られ，一緒に応援することができるように配慮される。服装は上半身にだけユニフォームを着る。ユニフォームは部員が正副2着を持っているため，自分が着ない方のユニフォームを，チームカラーのメガホンとともに，とくに同校の女子生徒に貸し出すようにしている。そうして，チームカラーで統一された一大応援団が結成される。

---

4 「ニモバン（荷物番）」や高体連の仕事につくものは除外される。

「全員」で戦った「公式戦」の勝利直後
「貢献」を讃えあうチームメイトたち。

　選手入場の際には，無伴奏の校歌が歌われる。ちょうどサッカー日本代表の試合の入場において，おきまりのテーマ曲が流れるのと同様の雰囲気を創り出すのである。これが味方／敵の区別を強調する機能を持つのは言うまでもないだろう。試合が始まると，中心人物の指示によって声を出し続ける。PK戦に至った試合では，生徒の1人が「肩を組んで気持ち1つにしよう！」と大声で叫び，校歌を歌ったときと同様，列ごとに肩を組む。ベンチの控え選手およびスタッフも一列になって手をつなぎ，1つになる意識を象徴する。試合が終わったときには，全員が声を嗄らし，くたくたに疲れ果てる。こうすることで彼らは文字通り，1つのチームとして共に戦ったという感覚を得るのである。これらの行為は，彼らにとっては「貢献」という言葉で表現される。試合に出場してチームの勝利に貢献できない多くの部員たちは，応援で貢献し，「付人」で貢献し，グラウンド設営で貢献する。他にも普段から，トップチームに選ばれなかった上級生は下級生の教育係としてチームに貢献する。そうして彼らは様々な活動を通して，トップチームのプレーに「気持ちを乗り移らせる」ための準備をしていくことになる。V高サッカー部では，部員同士の相互評価（貢献／妥協・無責任）を媒介に，部員自らがすすんで貢献するよう方向付けられていくのだ。

　本稿では，都立高校の強豪サッカー部を事例に現代スポーツ組織に対する人類学的アプローチを試みた。外から見える様々な文化的営みが組織内でどのような役割を持ち，組織の維持にどう機能しているか。そこで生活する部員たちにとって実際にどのように解釈され，どのような意味を与えられるのか。これらの問いについて解答を試みることは，すなわち，矛盾に満ちた現実世界の「不可思議さ」への挑戦でもある。そして筆者は，本稿で展開してきたようなフィールドワークという方法を採用することが，その挑戦の有力な契機となりうると考えるのだ。

　もちろん，本稿だけでは十分ではない。今後，自らの属するスポーツ文化を対象としたフィールドワークが蓄積されることでエスニック・スポーツへの洞察もより深まり，もってスポーツ人類学がより洗練されたものへと進化を逐げることが期待される。

（束原　文郎）

> Question
> ・我々にとって身近なスポーツ文化の理解には，他にどんな組織を対象としたフィールドワークが求められるだろうか？
> ・自らの所属する文化を理解することは，エスニック・スポーツを考察する際に，どのように役立つだろうか？

# 30 武道の身体

## 1　五百年の伝統がある武道

　日本の武道には，流派の形をとってから数えても四，五百年の歴史がある。師範職が早くから成立し，専門的な訓練法により高度な技法が追求され，理論書も著わされた。今日，伝統的な流派を受け継いでいる古武道もあるが，近代以降西洋スポーツの大きな影響を受けて様々に変容を遂げてきて，柔道，剣道，弓道，相撲，また大正期に沖縄から入った空手道等が主流となっている。他のエスニック・スポーツとは違って，武道は現在，世界的にも広まっている。

　武道と一口に言っても，時代により，種目により，また行う人によって，その内容も修練法も様々に異なっている。けれども西洋スポーツや中国武術等と比較するなら，そうした違いを越えて共通する独特のものが見られる。本稿では，伝統的な武道に一般的に見られる特徴を踏まえながら，修練の過程で窺われる武道の身体について考えてみる。

## 2　構えと基本的な技に見られる身体

　武道では，構えと基本的な技が非常に重視される。「基本に忠実に」と言われ，基本に反する個人的なやり方は最初の段階では厳しく否定される。

　古武道や剣道，弓道等の構えでは，前後左右偏らず，下腹部の「丹田」を意識して腰と腹を決め，上体の力は抜くように言われる。宮本武蔵は「惣体（全身）一同にして，余る所なく不足なる処なく，強からず弱からず，頭より足のうら迄，ひとしく心をくばり，片つりなき様に仕立る事」[1]と言っている。身体を内からとらえて全身に心を配り，偏りなく全身が無理なく一体となるように心掛けるのである。

　技も，力づくで行うことは否定され，全身一体で自然に動くことが求められる。弓道では，腕力で引くことは否定され，一旦

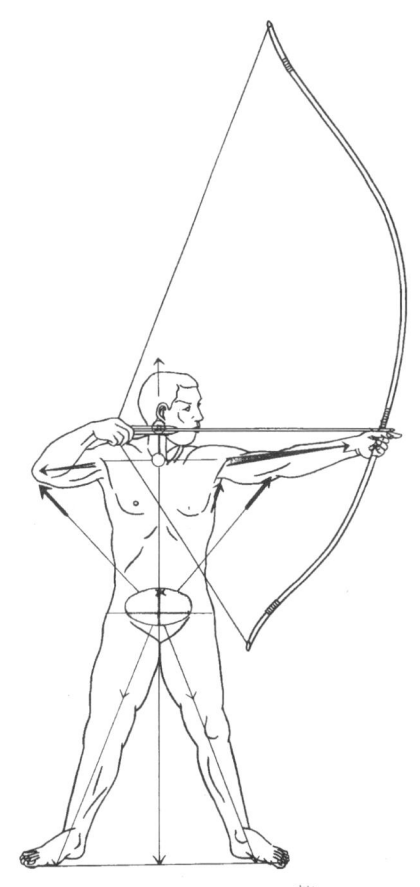

**図1　弓道の引き分けから「会」の状態**
（日本弓道連盟編『弓道教本』射法八節図解）

弓を上方へ打ち起こしから下ろすにつれ，身体全体が弓の中に入るように引き分ける。両足の踏む力に対して大地から反作用の力が生まれ，胴造りが決まっていれば，その力が丹田を通って左右の手に伝わり，全身一体で引き分けることになり，腕力だけでは引けない強い弓も楽に引けるのである（図参照）。剣道でも，腕だけの打ちは否定され，腕および肩の力を抜き，足遣いに合わせしなやかな上体で打つことが求められる。柔道では，相手と組んでも上体だけに力が入るということなく，どう動いても全身のバランスが崩れないようにせよと言われる。

　無造作に構えたのでは，偏りや個人的な癖が出てしまいがちで不安定である。弓を引き，竹刀で打ち，人と組むとなると，どうしても上体に力が入りがちである。武道の稽古では，最初の段階でこうした身体遣いが厳密に正される。

　スポーツでは使う部位の筋力トレーニングを徹底して行うが，武道では逆にある部分に力を入れることを否定し，「力を抜け」と言われる。そして「呼吸に合わせて技を行え」と教えられる。腹式呼吸で息を吸って下ろしていくと下腹に内圧がかかり，その中心の「丹田」が意識でき，これを中心に腰と腹が決まり，全身の力を発揮できる状態となる。武道の技は，息を吸って押し下げたところから始まり，多くの場合声を発して息を吐くとともに技を行い，残心で息を吸う。こうして技の流れにリズムが生まれる。動きのリズムは各人の呼吸によってほぼ決まってくる。むやみに早く動くことも，自然の流れやリズムなくして動き回ることも，武道では否定される。

　武道では，技を個々の動きに分解して部分の筋力を鍛えるということはせず，典型的な一連の動き方を基本の形として決め，それを繰り返し稽古することで，動き方の感覚を摑んで，よい流れとリズムを持つ質的に高次な動き方に次第に変えようとするのである。

## 3　道具と相手に応じた技と形稽古に見られる身体

　武道では，道具と一体となり，相手に応じて技をなすことが求められ，自分勝手に動く

**図2　武道の形の絵目録**
（塚原卜伝末後流の目録，寛永5年（1625）のもの）

ことは否定される。

　弓道の場合，力まかせに引くのではなく，引くにつれて刻々と変わる弓力に応じて力を身体全体で調整しながら引き分ける。剣道や薙刀においても，竹刀や薙刀と一体となった打ちが求められる。昔は，「軽い太刀は重く使い，重い太刀は軽く使え」と言われた。弓にしても，太刀にしても，握り締めないで，手の内に締めと遊びがあって，弓や太刀の力が発揮できるように使うのである。

　相手がある武道では，相手の動きに合わせて技を行う。柔道の場合，力づくで投げるのではなく，自分の体を相手に寄せ，相手を自分の体のどこかを中心とする円運動に巻き込んで投げる。捨て身技があるのも，他の格闘技にはない柔道の特徴である。剣道では，自分が一方的に動き回って打つよりも，相手に応じながら一瞬の隙に打ちが入るのがよいとされる。あらかじめ相手の動きを予測して作戦を立てるのではなく，その都度の相手の動きに合わせてその場で技をなすのである。

　相手に合わせた技を習得するために，剣道や薙刀等では打太刀と仕太刀，柔道等では取りと受けとの間で，典型的な攻めとそれに対する応じ方も合わせて決めた形稽古が行われる。こうした形ではあらかじめ攻め方と応じ方が分かっている分，技の流れの感覚，相手との間合や技を出すタイミングを摑むことに注意を集中できる。形を繰り返し稽古する中で，技の感じが分かってくると，打太刀や取りが同じ形でもスピードや間合を変え，さらに攻め方も微妙に変化させる。仕太刀や受けはそうした変化にも即応じられるよう努める。こうした稽古を積み重ねる中で，相手との間合やタイミングを摑んで技が出来るようになるのである。

　伝統的な武道では，形稽古を積み重ねてあるレベル以上になって初めて，自由に技を試みる「乱取り」や「互格稽古」が許された。これも，最初から競技にすると，ともかく打とう，投げようとしてしまい，相手に合わせて応じる技にはならないからであろう。

　さらに形稽古の中で，相手の技を出す気配が読めるようになれば，技の起こりを見抜き，相手が技を出せば即応じられる体勢を示すことにより，相手に技を出させなくすることも可能になる（「枕のおさえ」『五輪書』）。こうなれば，ほとんど動かぬまま最小限の動きで勝つことも出来るのである。老年期の剣道高段者が，体力ではかなわない壮年期の剣道家に楽々と勝てるのも，技を出す以前に抑え，自分の間合で戦えるからであろう。剣道高段者同士の立ち合いでは，外見上はあまり動きがなくても，技を出す以前の「気と気のやり取り」と言われるものが見られることがある。身体能力以上に，心の働きが問題になるのである。

## 4　「心技一体」――「無心の技」に見られる身体

　武道では「心技一体」「身心一如」と言い，「心気力一致」，「気剣体一致」の技が求められる。常に身体と心が1つとなった技が求められる。精神集中が強調され，道場では，礼法に則っとって振る舞い，稽古の前には静座して呼吸を整え，心を澄ませる。

　構えでも基本の技でも，全身に絶えず心を配ることが求められ，相手に応じて動く中でも心を澄ませ，動かぬ時にも内に気の動きはあるようにする。技を修練していく中で，身体も心も共に練っていかなければならない。むろん身体と心は別々のものではない。技が上達するにつれ，その技に精神性が表われるようになり，「風格」ある技になってくる。

武道には段位制度があるが，段位審査では，競技能力以上に技の内容が問われ，高段になるほど技の「風格」や「品位」が問題とされるのである。

　究極の技が「無心の技」である。意識して狙って技を出すのではなく，精神集中の極みで，おのずと技が出るようになるのである。

　弓道では，弓を引き絞った「会（かい）」から矢を発する時，意識的に弦を離すのではなく，「機が熟しておのずと離れが生じるのを待て，無心になれ」と教えられる[2]。無心の技か否かは外見的には微妙な違いでしかないので，技が緻密に練れてこないと何が求められているのか分からないが，一旦無心の技が体験されると，身心ともにそれまでとはまったく別ものであることが分かる。

　剣道では，意識せずに，スパーンと技が決まることがある。狙って打ったのとは明らかに違う感覚で，打ちが出てから自分でもはっと気づき，非常に気持ちがよい体感があるのである。

　このような無心の技は，深い精神集中の中で生じる。武道では，無心で技を行うことを目指して，技を一々意識しては出来ないところまで，肉体的な極限まで追い込む稽古がよく行われる。膨大な数をこなす「射通し（いとおし）稽古」や「立ち切り稽古」等の厳しい稽古がかつては行われた。肉体的には悪条件の暑中稽古や寒稽古で，集中的に稽古することもある。心が外の刺激にとらわれないようにし，全身の隅々にまで心が通っていなければならない。ああしようこうしようと意識したり，無心になろうすること自体，真の集中を妨げる。無心の技が出るようになるのは，非常に難しいが，その者の技量，身心の練り，内面の深さを見抜き，それに応じた的確な指導が出来る師の下で，ごまかしのきかぬ厳しい稽古を積み重ねていく中で，本人が思いもしなかった深い集中が現われ，自己を越えた，おのずからなる無心の技へと開かれるのである。

　形稽古によって，質的に高次な動きを身につけ，相手に応じた動き方を身につけると，意識せずとも身体が技を覚えしまっているから，精神集中の中で，無心の技が出るのである。弓道では「正射必中」，身体が正しく行えるならば，おのずから中たる。剣術でも「道理を得ては道理をはなれ，おのずから打ち，おのずからあたる」[1]と言われるのである。

　西洋スポーツでも，肉体の極限までの厳しい練習をした超一流の者には無心の技が生じることがあるであろう。しかし武道では，無心の技が特別な者にのみ偶然生ずるものではなく，修練を続けていけば誰もが達せられるはずのものとして目指されている点に相違がある。

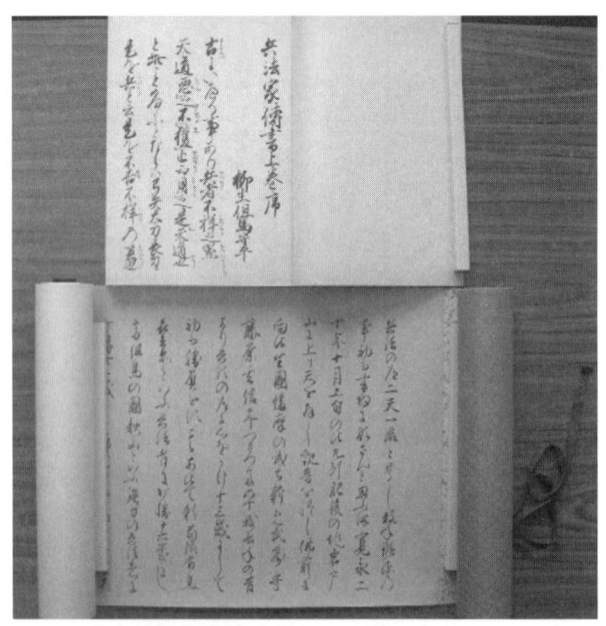

**図3　武道の伝書**（上は柳生宗矩著『兵法家伝書』，下は宮本武蔵著『五輪書』写本の複製）

無心の技で，自己を超えたものを体験する。その時，技は自分が行っているというよりも，おのずとさせられている感があり，大きく伸びやかで，澄んで清々しい感がある。「その後では正しい行為へと気分的に準備されている気がする」[2]。こうして技を行う中で無心を体験することにこそ，武道の意味があると強調されることがある。とくに伝統的な武道では，究極のところでは禅に通じるとされて，「剣禅一致」や「弓禅一如」が言われていた。

## 5 「術から道へ」——「人間形成の道」

無心の技が出る段階になると，これまで守ってきた形(かた)を破り，形を離れて独自の技を編み出すこともある（形の「守・破・離(しゅ・は・り)」）。技の個性が問われるのである。

さらに技を越えたところが問題にされてくる。もはや技術的なことよりも，技に表われる身心の練りの深さが問題となる。「術から道へ」と言われる段階に入るのである。

武道の技によって習得された，呼吸と合わせた全身一体の動きや，身心一如なすことや，自己を超えた無心の行い等が，日常生活の場でも行われるよう目指される。武道の場だけでなく，日常のその都度その場の振る舞い全てが問われるようになり，日常から身心を鍛錬すべきことが言われる。身心の修練は，生涯続けていくべきものである。こうして深めていくならば武道には引退ということはない。武道では「人間形成の道」（日本剣道連盟制定「剣道の理念」）という理念が高唱されるのである。

以上論じたことは，現在の武道の実態というよりも，伝統的に志向されてきた理念であり，理想である。今日の武道では競技化が進んでいるが，それでも「人間形成」の理念は持っており，そこに西洋スポーツに飽きたらぬ外国人を惹きつけるものがあるようである。国際化する中で，改めて武道独自の特性に思いを致し，長い間の伝統に学びつつ武道とは何か，いかにあるべきかを考える必要があるのではないか。

（魚住 孝至）

> ## Question
> ・武道をするには，どのような身体遣いが求められるのか？
> ・伝統的な武道において，形稽古が重視されていたのは，何故か？

### 引用文献

1) 宮本武蔵（魚住校注）：定本 五輪書．ぺりかん社，2004．
2) オイゲン・ヘリゲル（稲富，上田訳）：弓と禅．福村出版，1980．

### 参考文献

魚住孝至：宮本武蔵―日本人の道．ぺりかん社，2002．
魚住孝至：弓の道―オイゲン・ヘリゲルと師阿波研造．国際武道大学研究紀要，第5号，1989．

# 31 ハンガリーの舞踊文化

## 1　ハンガリーという国

　ハンガリーは中部ヨーロッパにある音楽，舞踊文化のいずれも豊かな国である。民族的にはマジャール民族といい起源は東アジアにあるとも言われほぼ9世紀に今の地に定住した。非常に親日的な国であることでも知られる。

　その歴史は，13世紀頃モンゴルの侵入，16世紀からは約2世紀にわたりトルコの占領，17世紀末にはオーストリアのハプスブルグ家の支配を経験し20世紀に入ってからも，ナチスやドイツやソ連などの圧政や干渉にさらされておりさまざまな苦難に彩られている。その後社会主義体制の枠内で政治の民主化や自由競争原理の導入による経済改革など独自の民主化路線を進めていたが，1989年にはベルリンの壁崩壊の先駆けとなって現在に至っている。

　冬の寒さは厳しいが農業国でもあるので食糧事情が比較的良いことが人心に安定感を与えている様でもある。80年代の初めころは物質的には日本と比べはるかに質素な生活ぶりであったが実質的には豊かな生活が送れた。

　若者たちは世界共通で，ジャズやロック，全世界で流行している音楽や踊りの影響を受けているものが多く，アメリカなど他の国々の若者たちと余り変わりないことが多いが，小さな国であることや東西の通路にあるという地理的な理由もあって上で述べたような他民族からの抑圧を受けることが多いためか，"マジャール人とは何か"という民族意識が極めて強く，自国の文化（音楽や舞踊など）に対する思い入れ，愛着は大変強いようである。

　たとえば1956年の民族蜂起（いわゆるハンガリー動乱）でソ連の武力介入で制圧された時に，遠く海を越えてまではソ連軍も追いかけてこないであろうと考え，イギリスまで逃げてきたという母と少年の親子も実在する。その後ずっとロンドンに暮らし孫がその当時の自分と同じような年頃である。それなりの地位も得，弁護士資格を取得し活躍しているものもおり，比較的まじめに生活を送っているものが多いということである。そのような人たちや，一時的に勉学や就労にロンドンにきている人たちが集まり，週に1回くらいの割りでハンガリー舞踊の練習をしてハンガリー人たちの集会や，地元の小学校のイベントなどでその成果を披露していた。

**図1　ハンガリーと周辺諸国**

## 2 ハンガリー舞踊―チャールダーシュ―

　ハンガリーの舞踊は比較的難度も高く即興性の強いものが多くある。従っていわゆるフォークダンス的なシンプルなものもあるが全体的にはその習得にある程度の訓練を要するものが多い。

　ハンガリーの舞踊といえば，マリウス・プティパ振り付け，チャイコフスキーの音楽で有名な「白鳥の湖」（初演 1877 年）の第 3 幕のハンガリーの踊り「チャールダーシュ」や，エーリッヒ・カールマン作曲のオペレッタ「チャールダーシュの女王」（初演 1915 年）などでよく知られている。

図2　1830年頃のカップルダンス Georg Opiz 作（歴史絵画館蔵）

　ハンガリー語で舞踊を表すのは tánc，動詞は táncol である。これはゲルマン語からきたもので，おそらく 13，4 世紀以降用いられたのではないかとされる[1]。それ以前は lejteni　ホップステップ，ugrani 跳躍という語であった。tombol 踊り跳ね回る，toporzékol スタンプする，がもともとの táncol の同類語であった。農民の間では普通 karikázó 円を作る，lepo ステップ，botoló 棒を持った，verbunk 募兵，csardas などと呼ばれていた。そして単にステップするのではなく，跳ね回り，踏み，拍を打つのがハンガリー舞踊であるとされていた。

　その他ハンガリー舞踊を形容する語としては，美しく，滑らかに，楽しそうに，情熱的に，軽やかに堅苦しく，誇り高く，大きく，尊大に，きびきびとなどが使われる。

　チャールダーシュ csárdás という名称は，csárda と呼ばれる居酒屋（馬車や車を方向転換したり飲食をする所，1775 年ごろよりあらわれる）で踊られるところからきているらしい[2]。踊る〈場〉が踊りの名称になっているのが興味深い。そして，もともとは「日曜日に低級な居酒屋で農奴（の娘たち）によって踊られたもの」[3]で，それを貴族たちが社交舞踊として取り上げ，チャールダーシュと名づけたというのが一般的な説である。

　そのほかの説でも大体 1840 年頃にはその名称が広い範囲で一般的になってきたようである。1846 年にはワルツ王と呼ばれるヨハン・シュトラウス 2 世（1825～1899）がペシュト（現在のブダペスト）で「ペシュトのチャールダーシュ」という作品をハンガリー人に贈っている。この時期ヨーロッパ中にワルツが広まっていたのだが，ハンガリーではそのかわりに，より自由で，規則の少ないハンガリー独自の踊りとしてチャールダーシュが広まったようである。1869 年には A・パターソンの著書[4]の中でハンガリーではチャールダーシュ以外は踊らないとされ，その特徴を，ゆるやかな行列から途中求愛場面を含み，急テンポの回転で終わること，各カップ

図3　1980.7. Forraskút にて　筆者写

ル毎に自由なフィギュアをすることなどが指摘されている。プティパやチャイコフスキーが，どのような経過で「白鳥の湖」(1877)の中でチャールダーシュを取り入れたかは不明であるが，少なくともその時期にチャールダーシュはすでにハンガリーを代表する舞踊だと認識されていたということであろう。また,「チャールダーシュの女王」作曲のE・カールマンはリスト音楽院でバルトーク・ベラと同級生であったという。バルトークは作曲家としても有名であるが，1900年代にコダーイ・ゾルターンらと共にハンガリー国内の農村にフィールドワークに行き各地に残る民謡や民族舞踊を収集・研究し，それらに立脚したハンガリー独特の作品，教育システムを生み出したことでも良く知られている。この収集・記録・分析の伝統はその後引き継がれて，現在では科学アカデミー民俗音楽研究所が中心となって活動が進められている。1947年にはすでにラバノーテーションによる記録もされている。ラバノーテーションとはハンガリー生まれのラバン(1879-1958)が考案した舞踊記譜法のひとつでかなり正確に細かい動きまで記録する方法である。

〈民族舞踊・フォルクスタンツ〉という表現を最初に使ったのはヨハン・フリードリッヒ・ライヒャルトで1782年とされている。村の踊り，農民の踊り，共同の踊り，田舎の踊り，素人の踊りといったものをさし，〈礼儀正しい踊り〉貴族の踊り，宮廷舞踊とは異なるものとされたのである。後者のほうが形式的にも整えられたもので，記録に残っているものが多い。両者は互いに影響を与えながら存続して後のクラシックバレエや社交ダンスなどへとつながっていくのである。

## 3 ハンガリー舞踊の歴史

ハンガリーの場合，建国の900年頃にすでに歌ったり踊ったりする習慣があったと記録があるがその詳細は不明である。その後教会の宗教的儀式としても取り入れられていた舞踊は他のヨーロッパ諸国と同様に何度か禁止されることとなる。しかし，たとえばラヨシュ2世（在位1516～26）は，"踊る王"と呼ばれその宮廷は有名な舞踏場であったという。そのラヨシュ2世は1526年オスマン＝トルコに敗れ国土はその後約2世紀の間トルコの占領下におかれることとなる。

この時期，階級化が進み（貴族・中産階級・農奴）貴族たちは西側の習慣を取り入れるようになり，舞踊もより規則的に順序正しく洗練されたものになっていった。一方，ハイドゥク（hajduk）と呼ばれる激しく勇ましいアクロバティックな男性舞踊も見られた。

18世紀から19世紀にかけて，ハプスブルグ家支配下になり，ハプスブルグ家の常備軍の募集のやり方にならった，ヴェルブンコシュ音楽・舞踊が登場する。ヴェルブンコシュというのはドイツ語のWerben＝募兵に由来するものである。初期のものは動きの豊かな男性舞踊で，後期になるとより規則化され見世物的になった。緩やかな部分からだんだん早くなる部分へと変化するという構成がここですでに見られる。これらのほかにも，少女たちの円形舞踊（körtánc, karaikázó），牧夫舞踊（pastortánc），跳躍舞踊（ugrós），若者舞踊（legényes），古いタイプのカップルダンス（régi paros tánc）などの舞踊がみられる。

## 4 ターンツハーズ運動舞踊の家

1972年頃からブダペストで始められた活動にターンツハーズ運動というものがある。

これはターンツハーズ (tanchaz) 踊りの家と呼ばれる地域の公民館やコミュニティセンターのようなところで，民族舞踊を踊るものである。最初の1時間が子供向け，後半の2時間ほどが青年，大人向けで，生のバンドがついて，踊りの練習をする普及活動である。

丁寧に指導してくれるのではじめての者でも楽しく踊れ，低料金で楽しく時間を過ごせるので愛好者が集まってひとつの社交の場にもなっていた。

図4 フォークフェスティバルにて（チャールダーシュ）

その踊りは，学者と振付家などが現地にフィールドワークに行って収集しかつ教わって習得したものであることが多く，さらに，新たに舞台用に最低限の手を加えそれが国立舞踊団のレパートリーとなっていくものもあった。主に振付家 Timár Sandór と科学アカデミーの Martin györgy 氏などが中心となって推し進めたものであった。彼らが率先してターンツハーズでも指導の手本を示していた。これにより都会の若者たちの間に次々と踊りの輪が広まっていったようである。若者にとって自国の踊りの文化を振り返り見直す機会にもなり，交流の場にもなっている。

その他国内及びヨーロッパ各地で毎年開催されるフォークフェスティバルでも，多くの国の参加者を迎えて歌や踊りの交流が盛んに行われている。本来「見せる」よりは自分たちが「踊って楽しむ」要素が強かった踊りも，大勢の人の前で披露する機会が増えるようになって，より見せることを意識するように徐々に変化してきていると見られる。

（添田 慶子）

> **Question**
> ・ハンガリー人にとって舞踊とはどのような意味を持つか？
> ・科学アカデミー民俗音楽研究所の役割はどのようなことか？

## 引用文献

1) Elizabeth Rearick : Dances of Hungarians. Teachers college, Columbia University N. Y, 43, 1939.
2) Magyar néprajzlexikon I, 464, 1977.
3) George Buday : Dances of Hungary, 10, 1950.
4) Martin györgy : A Magyar népitáncai. Corvina, 43, 1974.

## 参考文献

Kósa Lászlo, Szemerkényi Agnes : Ápárol fiúra, Móra Ferenc, 1973.
Blassa Ivan, Ortutay Gyula : Magyar néprajz, Corvina, 1979.
Information Hungary.
大澤慶子：ハンガリーの民族舞踊― csardas について―．お茶の水女子大学人文科学紀要第36巻，1983．

# 32 大衆化したサムライ文化「神旗争奪」相馬野馬追

　甲冑に身を固め，太刀を腰に差し，先祖伝来の旗差し物を背につけた騎馬武者が隊列を組んで戦場（祭場）に向けて出陣する。戦場では空中に上げられた「神旗」を追って数百騎の騎馬武者が争奪戦を繰り広げる。昭和53年に国の重要無形民俗文化財に指定された福島県相双地方に伝わる「相馬野馬追」である。

　本文中とくに注記のない箇所については，公式ガイドブックおよびウェブサイト（相馬市役所ホームページ，原町市役所ホームページ，鹿島町役場ホームページ，小高町役場ホームページ，浪江町公式ホームページ），および，聞き取り情報による。

## 1 相馬中村藩と野馬追

　相馬中村藩主相馬氏は，鎌倉時代以降，戦国時代や江戸時代を経て，明治4年（1871年）の廃藩置県にいたるまでこの地方を治めている。その間，幾多の領地存亡の危機にあいながらも，一度の国替えもなく約600年におよびその所領を守ってきた。

　相馬氏は，代々「妙見」を信仰しており，下総から奥州行方郡（現在の原町市）に移住した時に「妙見」を捧持し，これを祀った。これが相馬太田妙見神社であり，以後，本城を移すごとに，相馬小高妙見，相馬中村妙見神社を建立した。ところで，相馬氏が信仰した「妙見」は，一般的には北極星・北斗七星を神格化したものとされ，平安時代には民間に，中世には武士に軍神として，近世には商家や町人に諸願成就として信仰を集めたとされている。これらのことからも，相馬中村藩領における「妙見」信仰は武士のみならず，町民にまで浸透していったと考えられる。

　甲冑に身を固めた騎馬武者による行列と競馬，神旗争奪戦，野馬懸からなるこの祭礼は，相馬氏の始祖「平将門」が，良馬の育成と放牧した野馬を敵に見立て追い駆ける兵馬の鍛錬として始め，捕らえた野馬を妙見の神前に奉納したことに由来し，江戸時代に武田流軍学を取り入れ，武士道精神の涵養に勤めたと伝えられている。このように歴代藩主によって軍事訓練として実施されてきた野馬追も，藩政時代には幕府をはばかり，相馬の氏神の祭事として続けてきたとされる。

　明治4（1871）年の廃藩置県で相馬中村藩が消滅したことによって，相馬野馬追も中断されたが，明治8（1875）年には，住民の要望により再興され，現在に至っている。

**相馬野馬追における神旗争奪戦**

## 2　野馬追の概要

　現在,「相馬野馬追」は,妙見三社と呼ばれる中村妙見(相馬市),太田妙見(原町市),小高妙見(小高町)の合同祭事として,7月23日から25日の3日間にわたって原町市,相馬市,鹿島町,小高町,浪江町,双葉町,大熊町をあげて開催される伝統行事である。

　この祭りは,藩政時代の行政区である「郷」を構成単位とし,郷はそれぞれの妙見神社に供奉して実施される。藩政時代の「郷」と野馬追いの開催される現在の行政区は,「宇多郷：相馬市」,「北郷：鹿島町」,「中ノ郷：原町市」,「小高郷：小高町」,「標葉郷：浪江町・双葉町・大熊町」と重なり(図1),妙見三社に奉じる郷は,「中村妙見：宇多郷・北郷」,「太田妙見：中ノ郷」,「小高妙見：小高郷・標葉郷」となる。

　さて,祭礼は概ね次の日程で執り行われる(表1)。

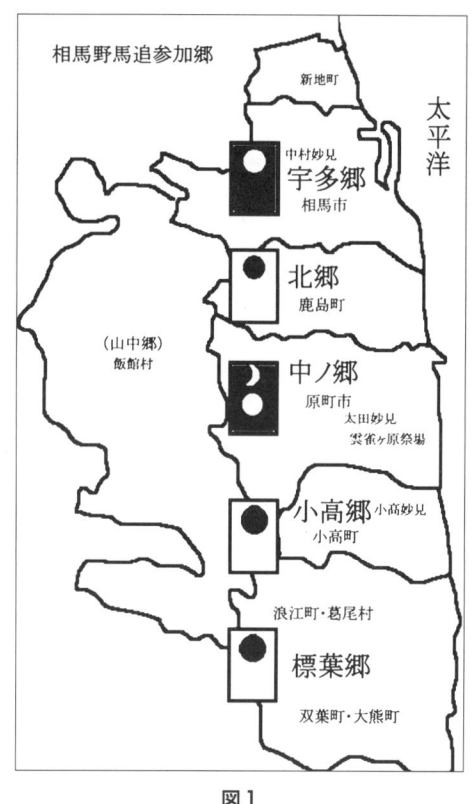

図1

　7月23日は総大将の出陣に合わせて,各郷から隊列を組んでの騎馬武者の出陣となり,それぞれの妙見神社の神輿を奉じて本陣山(原町市：雲雀ヶ原祭場)に陣を張る。その後,白鉢巻に陣羽織の騎馬武者による「宵乗り競馬」が行われる。

　7月24日は本祭で,各郷の全軍が揃い騎馬およそ500騎を含む総勢2,000名におよぶ騎馬行列に始まる。本陣での式典の後,「古式甲冑競馬」が執り行われ,次いで「神旗争奪戦」が繰り広げられる。この神旗争奪は,敵兵に見立てた野馬を狩ったことに由来するが,現在は赤(相馬太田神社)・青(相馬中村神社)・黄(相馬小高神社)に染め分けた三妙見社の旗を追って武装した騎馬武者500余馬による争奪戦となっている。花火20発,御神旗40本が打ち上げられると,本祭のメインイベントは終了となるが,その後,小高町で火祭り,標葉郷の三町では,凱旋後,各町内でミニ神旗争奪戦が行われる。

　最終日の25日には,古い野馬追の姿を残す野馬懸が小高神社で行われる。数頭の馬の中から神馬にかなう馬を捕らえて奉納する神事である。騎馬武者が馬を小高神社境内に追い込み,御小人とよばれる数十人の若者たちが馬を素手で捕らえる。奉納馬以外の馬は「おせり」にかけられるが,現在では形式化されており,実際に売買は行われていない。

　その後,例大祭式典・後祭が行われ,相馬野馬追は幕を閉じる。

## 3　受け継がれるサムライ魂

　野馬追いの総大将は,旧藩主相馬家の子孫が務める慣わしとなっている。数百年間にお

表1 主な役付き騎馬武者一覧

| | | | 妙見神社 | 中村妙見 | | 太田妙見 | 小高妙見 | | | |
|---|---|---|---|---|---|---|---|---|---|---|
| | | 中村藩行政区(郷)名 | 宇多郷 | 北郷 | 中ノ郷(山中郷) | 小高郷 | 標葉郷 | | | |
| | | 各郷の旗 | 赤地に白丸 | 白地に赤丸の旗 | 赤地に月と星 | 白地に黒丸の旗 | 水色地に赤丸の旗 | | | |
| | | 現市町村(保存会加入) | 相馬市 (新地町) | 鹿島町 | 原町市 (飯館村) | 小高町 | 浪江町 (葛尾村) | 双葉町 | 大熊町 |
| 野馬追日程（概略） | 7月22日 | 13:00 | 安全祈願祭 | | | | | | | |
| | | | 総大将戦陣改目 | | | | | | | |
| | | | 出陣祝い宴 | | | 墓前祭 | | | | |
| | | 17:00 | | 騎馬会前夜祭 | | | | | | |
| | 7月23日 | 8:00 | 御発輦祭 | | | | | | | |
| | | | 総大将出陣式 | | | | 出陣 | | 出陣 | 出陣 |
| | | | 閲兵式 | | | | 浪江町内行列 | | | |
| | | 9:00 | 御発輿 | | | 出陣式 | | | | |
| | | 10:00 | | 副大将出陣式 | | 御発輿 | | | | |
| | | 11:00 | | | 出陣式 | | | | | |
| | | 12:00 | | 総大将歓迎 | 御発輿 | | | | | |
| | | 13:00 | 行　列 | | 本陣山着 | 本陣山着 | | | | |
| | | 14:00 | 本陣山着 | | | | | | | |
| | | | 雲雀ヶ原祭場地　馬場潔の式 | | | | | | | |
| | | | 宵乗競馬 | | | | | | | |
| | | | ① | | | 10回(1回8頭立) | | 2回(1回8頭立) | | |
| | | | ② | | | | | | | |
| | | | ③ | 3回(1回8頭立) | | | | | | |
| | | | ④ 3回(1回8頭立) | | | | | | | |
| | | 17:00 | お上がり | | | | | | | |
| | | 17:30 | 原町市旭公園　軍者会 | | | | | | | |
| | | 19:00 | | 相馬盆踊りパレード | | | | | | |
| | 7月24日 | | 各郷御繰出し　サンライフ原町勢揃い | | | | | | | |
| | | 9:30 | 行列　中ノ郷を先頭に,小高郷,標葉郷,北郷,宇多郷の順 | | | | | | | |
| | | 11:00 | 雲雀ヶ原祭場地 | | | | | | | |
| | | | 式典　執行委員長挨拶　総大将訓示　「相馬流れ山」斉唱 | | | | | | | |
| | | 12:00 | 古式甲冑競馬 | | | | | | | |
| | | | ① 蝶役騎馬　1回12頭立て | | | | | | | |
| | | | ② 一般騎馬　9回12頭立て | | | | | | | |
| | | 13:00 | 神旗争奪戦 | | | | | | | |
| | | | 狼火 20発　御神旗 40本 | | | | | | | |
| | | 17:00 | | | | | ミニ野馬追 | ミニ野馬追 | ミニ野馬追 | |
| | | 19:00 | | | | 火祭り | | | | |
| | | | | | | 花火大会 | | | | |
| | 7月25日 | 9:00 | | | | 野馬懸 | | | | |
| | | 11:00 | | | | おせり | | | | |
| | | 11:30 | | | | 例大祭・後祭 | | | | |

(各市町のホームページより作成：平成14年2月)

よぶ相馬家の善政により，相馬家と市民のきずなは固い（福島民報，平成15年7月7日，相馬市文化財，保護審議会長の大迫徳行氏）。また，騎馬武者は，先祖伝来の鎧兜を着け，しきたりなどを受け継いで参加し，その気持ちは昔の侍と変わらないそうである（福島民報，平成15年7月25日，宇多郷騎馬会副会長の皆原正広）。

「古式甲冑競馬」では一番乗り，「神旗争奪戦」では，武勲の印である神旗をとった騎馬武者は，羊腸の坂を駆け上がり，本陣の総大将から妙見社の御礼と副賞を受ける。

また，主役となる騎馬武者は，藩政時代の支配階層となるために，野馬追を観戦する側も，敬意を表さなければならない。例えば，「騎馬武者の行列を横切ってはいけない」，「騎馬武者の行列を高所から見下ろしてはならない」等が挙げられる。

つまり，騎馬武者と観客とがそれぞれの身分を演じることによって，藩政時代を形作ることになる。

ところで，祭礼は，役付きの騎馬武者によって仕切られる（表2）。騎馬武者の肩には，名前と役付が書かれた名札がつけられ，総大将を頂点とした騎馬隊が組織されていること

表2 主な役付き騎馬武者一覧

| 名称 | 内容 |
|---|---|
| 総大将 | 旧相馬中村藩主相馬氏の子孫が総大将を務める。宇多郷より出陣。 |
| 副大将 | 北郷勢を率いる。本陣を張り，総大将を迎える。 |
| 軍師 | 野馬追いの運営を最高指揮官として取り仕切る。 |
| 副軍師 | 軍師を補佐し，実際の指揮をまとめる。 |
| 郷大将 | 中ノ郷，小高郷，標葉郷の各郷を率いる。 |
| 侍大将 | 各郷の騎馬武者をまとめる。 |
| 軍者 | 軍師，副軍師を補佐し現場の指揮をとる。 |
| 螺役長 | 郷ごとの螺役をまとめる。 |
| 螺役 | 祭の進行を陣螺で合図する。 |
| 勘定奉行 | 実務全般（経理，庶務，厩舎設営など）を担当する。 |
| 組頭 | 組をまとめる。 |
| 中頭 | 組頭の補佐をする。 |
| 御先乗 | 先導して安全を確認する。 |
| 御使番 | 全軍に指令を伝える。 |
| 武装取締役 | 甲冑，馬具の装備の指導や管理に当たる。 |
| 御神輿守護 | 三妙見神社の御神輿を守る。 |
| 供奉纏奉行 | 三妙見神社を示す纏を守る。 |

（各市町のホームページより作成：平成14年2月）

が確認できる。

「総大将」は藩主の子孫が務めることで，藩政時代のサムライ文化を象徴し，「副大将」以下の騎馬武者との関係において，役付きによる縦社会を形成する。

祭礼では「軍師」が総指揮官として進行を命じ，その指令は「御使番」によって伝えられ，「侍大将」から「組頭」，そして「中頭」の指示によって騎馬武者が動くことになるが，祭礼の進行や騎馬の動きは，「螺役」による神螺によって合図される。このように，そこには藩政時代の侍組織が継承されているのである。

## 4 大衆化したサムライ文化

明治維新後も士族によって執り行われてきた野馬追も，現在では，旧相馬中村藩内の五つの郷の騎馬会に加入することで参加資格が与えられている。騎馬会には，元士族の身分や出身地，居住地は関係なく加入することができるが，野馬追に参加するには，馬術の経験を積み，甲冑などの武具と旗差物，馬を用意しなければならない。馬を所有する家では，野馬追いと使役のために利用していた時代もあったが，現在では，ほとんどが野馬追のためだけに飼育している場合が多く，その数は減少傾向にあり，出場する人も減ってきている。しかし，とくに自前で用意しなくても，借用しての参加も認められている。したがって，条件さえ合えば，外国人でも参加することができる。また，参加者の年齢制限は

なく，馬曳きの付添いがいれば幼年者の参加も認められている。さらに，女性でも20歳までの未婚女性に限り参加することもできるようになっている。

さて，現在の騎馬武者の役付きは，総大将を除き，家柄や世襲ではなく，騎馬会の中で経験によって選ばれ，2～3年で交代するようである。

また，相馬野馬追の「行列」では，主役となる騎馬武者の他，鉄砲組や弓組，槍組などの足軽の姿が見られ，2,000名にもおよぶ「侍」によって構成されている。騎馬武者は騎馬会から，足軽には，小学生の参加や，中高生のアルバイトがあてられる。

騎馬会のほか，相馬野馬追を支える組織として，旧相馬中村藩領内にある2市6町2村などの自治体と騎馬会によって相馬野馬追保存会，祭礼の運営に当たる相馬野馬追執行委員会（保存会のメンバーとほぼ重なる），野馬追の将来を検討する相馬野馬追信仰対策検討委員会などが作られている。

執行委員会は，各市町村の首長や商工団体，騎馬会によって組織され，役員は，祭礼の中でも上位に位置付いている。藩政時代の運営組織には見られなかった役職である。

祭礼の運営費については，参加市町村の負担金や馬事文化財団等の補助金，本祭の観戦料等により予算化されている。その中には，出場奨励金として，騎馬一騎あたり5,000円の補助や「徒歩組」の謝礼も計上されている。その他，甲冑競馬や神気争奪戦の副賞は，企業からの提供によってまかなわれている。

相馬野馬追の継承は士族から騎馬会に移り，運営は現代の社会組織の下，執行委員会に委ねられている。また，平成15年には，相馬地方の任意合併の構想が検討され，旧行政区の郷を越えた合併の動きもみられる。

最後に，16年度の野馬追では，相馬市長が総大将を務めることが決定してる。

（佐久間　康）

## Question

・社会体制の変化と，野馬追の関係について考えよう。
・総大将を旧藩主の子孫が務めなくなった場合，どのようなことが考えられるか。

# 第3部
# 民族の生活とスポーツ

# 1 日本

　日本には古くから祭礼の中などで行われてきた競技が数多く存在する。武士や貴族といった支配階級ばかりか，一般庶民はその重要な担い手であった。とくに相撲は，江戸時代の庶民の絶大な支持を受けてプロスポーツ化した。また，沖縄はかつて「琉球国」という独立国家であり，日本の本土とは異なる独自の文化を持っていた。その独特の世界観，宗教文化は民族スポーツの中にも色濃く表われている。　　　　　　　　　　（一階　千絵）

「流鏑馬」　かつては武士の修練であったが，現在は神事として行われる[1]。

愛媛県大三島・大山祇神社の「一人相撲」　人間と目に見えない精霊が相撲をとる[2]。

長野県小県郡長門町の「高辻相撲」高い土俵が特徴的である[3]。

長崎県対馬の「フナグロ」（櫓漕ぎボートレース）[4]

埼玉県秩父郡横瀬町の「力石」かつては全国各地で見られた[5]。

福岡県博多市櫛田神社の「追い山」山笠（神輿）をかついで5kmを走り抜け，そのタイムを競う[6]。

240　第3部　民族の生活とスポーツ

広島県佐伯郡宮島町・厳島神社の「玉取り祭」
海中に立てられたやぐらに据えた玉を島内の男達が奪い合い、境内のゴールへ先にもちこむのを競う[7]。

沖縄県島尻郡与那原町の綱引き
雄綱・雌綱を棒で止め、組み合わせて引く[8]。

栃木県古河市の「提灯竿もみ」
20m近い竹竿の先につけた提灯を激しく打ち合い、相手の提灯の火を消す[9]。

「鷹狩り」 昭和初期の鷹匠の装束[10]。

秋田県仙北郡西仙北町刈和野の「大綱引き」[11]

東京都江東区の伝統芸能「力持ち」[12]

「沖縄角力」
柔道着に似た角力着を身につけ、帯をつかんで組んだ状態から始める[13]。

沖縄県国頭郡大宜味村の「ハーリー」[14]

新潟県三条市の「三条凧合戦」
空中で凧糸をからめあい、相手の凧を落とす、または凧糸を切ることを競う[15]。

1 日本 241

# 2 中国・少数民族運動会

　中国は人口の約92％を漢族，残りを55の少数民族が占める多民族国家である。全国少数民族伝統体育運動会は1953年の第1回大会以降，1982年より原則4年に1度，開催地を変えて行われている。少数民族という名を冠しているが，大会の歌「愛我中華」の歌詞が56の民族と始まるように，実際には漢族も加わった全民族運動会である。

（鈴木　みづほ）

力持ち（回族）[16]

吹き矢（ミャオ族）[17]

回転シーソー（イ族）[18]

鏑矢の的当て（ロッパ族）[19]

ドラゴンボートレース[20]

布拾い（チベット族）[21]

中華人民共和国50周年，チベット解放40周年を記念してチベットと北京で開かれた第6回大会　左はチベットのシンボル・ヤク牛，右は北京のシンボル・ツバメ[22]。

コマ競技[23]

ヤージャー（チベット族）首と腹に綱を通し，一対一でおこなう綱引き[24]。

獅子舞（チワン族）[25]　投绣球（チワン族）投げた球を輪にくぐらせるのを競う[26]。

ミャオ族の1本竹レース[27]

アヒル取りゲーム[28]

2　中国・少数民族運動会　243

# 3 朝鮮半島

　朝鮮民族は地政学的に大国中国の政治的影響を常に受けざるをえず，文化の面でも中華の高文明を早くから受容してきた。一方で，これに完全に同化されてしまわずに独自の伝統文化も保持している。このように朝鮮文化の特徴としてしばしば語られる二重構造は，伝統的なスポーツにもある程度反映されている。

(渡邉　昌史)

韓国のプロ・シルム　人気競技であるが，不況の波にさらされ，かつて8チームあったプロチームは1997年までに3チームに減った[29]。

江陵の端午祭り（重要民俗文化財）でおこなわれるブランコ　女性の代表的な遊びでもある[30]。

ノルティギ　正月，端午の節句などでおこなわれる若い女性の遊び[31]。

農楽踊り[32]

安東の車戦（重要民俗文化財）　材木と縄で作った御輿を担ぎ，それを激突させ押し合って，相手を地に倒すと勝ちとなる。年占いとしておこなう[33]。

石合戦で用いる投石用具[34]

蜜陽地方の蟹の綱引　蟹のからだのような丸いかたちのものに足を意味する綱を付け，これを首に掛けて引き合う[35]。

244　第3部　民族の生活とスポーツ

# 4 台湾

　台湾は17世紀後半以降，中国大陸からの漢族の移住・開拓によって，少数先住民をうちに含む漢族優勢社会が形成されてきた。今日，先住民の人口は40万人ほどで，総人口の2％を占める。台湾先住民はもともとインドネシア・フィリピン方面から渡来してきたとされ，山地に居住して独自の文化を形成してきた。そして，そのなかには祭祀を年間100日以上おこなう集団も多くあった。一方で漢族が増加してきた18〜19世紀に至って平地に住み漢化する集団も現れてきた。日本統治下においては「日本人」，そして中華民国政府の下では「中国人」としてアイデンティティの危機にもさらされるなど，政治・文化的な影響を受け続けてきた。特に1945年以降は著しい漢化が進んでいる。　　（渡邉 昌史）

アミ族の豊年祭　手をつないで踊ることが特徴[36]。

中国少数民族伝統体育運動会で披露されたアミ族の独楽まわし[37]

サイシャット族が矮霊祭でおこなうジャンプ競技[38]

ルカイ族の豊年祭でのブランコ　一本綱のブランコに女性が乗り，もう一方の綱を男性が引いて漕ぎ，男女の出会いの場でもある[39]。

パイワン族の竹竿祭　籐の球を投げ上げ，竹竿で突き刺すことを競う[40]。

漢族がおこなう中元搶孤　牛油が塗られ滑りやすくなっている円柱（高さ12メートルの）を5人1組で登り，頂上の旗を奪い合う[41]。

# 5 中央アジアの遊牧民

　中央アジアの遊牧民社会を代表するのは馬のスポーツである。競馬や流鏑馬，それに羊や牛の胴を奪い合う騎馬ラグビーのブズカシがある。また羊の距骨を用いた競技など，スポーツの中心に家畜がいる。

（渡邉　昌史）

ブズカシ　頭を切り落とした子羊（子牛）を奪い合い，自陣ゴールに投げ入れれば得点となる[42]。

競馬　子どもが騎手となり，草原数十キロメートルを駆け抜ける[43]。

中国・チベット族の曲馬[44]

チベット族の流鏑馬[45]

チベット族の銃による流鏑馬[46]

モンゴル族のシャガイ　羊の距骨を指で弾いて的に当て，得点を競う[47]。

# 6 メコン河流域の稲作民

　タイ・ラオス・カンボジア・ベトナムを縦断して流れるメコン河流域には，民族スポーツが数多く存在する。代表は，雨期が乾期に変わる9月から11月にかけておこなうボートレース。これは水の神を送る行事であり，稲作の豊穣を祈願する意味をもつ。現在においても，その信仰はメコン流域各地に残っている。

（橋本　彩）

ラオスのポロゲーム，ティーキー　首都ヴィエンチャンのタートルアン祭でのみ行われる[48]。

ラオスの約婚球戯　モン族のお見合儀礼で，キャッチボールをしながらお互いの好意を確かめあう[49]。

カンボジアのボートレース　雨期明けに首都プノンペンで行われる王の水祭り[50]。

ラオスの伝統的武術　試合を行うこともあれば，型だけを行うものもある[51]。

タイのキックボクシング，ムエタイ専用のラチャダムナン・ボクシング・スタジアムの正面入口の風景。観客は賭けに興じる[52]。

ラオスのロケット祭り　火薬を詰めたロケットを打上げて雨を祈願する。最も高方もしくは遠方に飛んだロケットが優勝する[53]。

# 7 オセアニア

　オセアニアには多くの民族集団が居住し，文化の多様性が認められる。また，伝統的生活様式はキリスト教の布教，貨幣経済の浸透，西洋式学校制度の普及などのいわゆる近代化によって，今日もなお大きな変化の途上にある。伝統的なスポーツも例外ではなく，植民地下の禁令や人々の価値観の変化などでおこなわれなくなったものも少なくない。その一方で，もともとは沿海移動用の浮きが波乗りの遊び道具となり，さらにサーフ・ボードとして国際化した例もある。

（渡邉　昌史）

ペンテコスト島のランド・ダイビングはバンジージャンプのルーツである。蔓を足首に縛り付けた男が高さ20メートルの櫓から，大地に向けてダイビングする。よいジャンパーには社会的威信が与えられる[54]。

オーストラリア・アボリジニの綾取り[55]

オセアニア全域でおこなわれていた水上移動用の「浮き」は，なかでもハワイで発達して波乗り遊び道具となり，さらに進化してサーフ・ボードとなった[56]。

ニューギニアのジャレ族少年の弓射競技　輪切りにしたバナナの幹を板の上から転がし，射る[57]。

ヤシの葉の腰蓑をつけて踊るメラネシアのバガ島の男たち[58]。

# 8 エスキモー（イヌイット）

　一年の大半を雪と氷の中で暮らすツンドラの民は，しかし豊かな自由時間と遊びに恵まれた人達であった。伝統的な狩猟生活を放棄した後，アラスカにすむエスキモー（イヌイット）は民族の自己主張のため1961年から「世界エスキモー・オリンピック」を催してきた。しばらくして彼らの南に住むインディアンも加わり，新しく，アラスカ先住民のアイデンティティを掲げ，大会名も「世界エスキモー・インディアン・オリンピック」に改めた。ここでは，そこで行われる競技を紹介する。

（一階　千絵）

両足蹴り　両足をそろえて飛び上がって前に吊るされたボールを蹴り，その高さを競う[59]。

フォーメンズ・キャリー　4人の人間を持ち上げて歩いた距離を競う[60]。

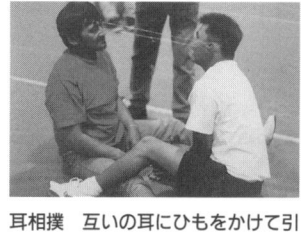

耳相撲　互いの耳にひもをかけて引っ張りあい，どちらが長く耐えられるかを競う[61]。

アザラシ跳び　地面に伏せ，拳で体を支えた状態で細かく跳びながら移動できた距離を競う[62]。

耳で錘運び　片耳に7kgのおもりを吊るし，どれだけの距離を歩けるかを競う[63]。

ワンハンド・リーチ　片手だけで体を支え，もう片手でどれだけ高いボールを触れるかを競う[64]。

# 9 カナダの木こり競技

　カナダ・ブリティッシュコロンビア州のスコーミッシュでは毎年8月に木こり競技がおこなわれる。1957年に地元の少数の木こり達によって始められたこの大会も，今日では国際化し，世界中から競技者と観客が集まる。カナダ入植者が創り上げたスポーツである。

（渡邉　昌史）

丸太乗り競争　先に水に落ちた方が負け[65]。

斧の的当て競技[66]

Speed Bucking　チェーンソーでの丸太早切り競技[67]。

Bucher Block Chop　直径約55センチの丸太を3人1組で斧によっていかに早く切るかを競う[68]。

Tree Topping　丸太の頂上部分をノコギリで切って，下りてくるまでのタイムを競う[69]。

柱の頭部を切り落とす早さを競う。板で足場を築くのが大変[70]。

# 10 中南米

　コロンブス以後に入植してきた人々（ラテン系ヨーロッパ人・アフリカ系黒人）と先住民インディオとの間で，大規模な血の混合が進行した。その結果，メスチソと呼ばれる混血集団が人口的・社会的に重要な中間層となって，新しい中南米のアイデンティティ作りに参加している。

　こうした状況に対応して，民族スポーツもティンビラ族の丸太担ぎリレーのようなインディオ系，カポエイラのようなアフリカ黒人系，闘牛のようなスペイン系といったように，出自別に分類できるが，さらに特徴的なのはパトのようなメスチソ系の民族スポーツが存在するところだ。新たな研究対象としても興味深い。

（山田　季生）

アマゾン・ティンビラ族の丸太担ぎリレー　長さ1メートル，重さ100kgを超える丸太を担ぎ，リレーをする。丸太は祖先の霊と考えられている[71]。

ブラジル，パレシ族のヘディングバレー[72]

ブラジル，カポエイラ[73]

アルゼンチンのパト　馬に乗ったままボールを奪い合い，ゴールに投げ込む。かつては，生きたアヒルを袋に入れてボールにしていた[74]。

トラチトリ　オルメカ，マヤ，アステカの時代から続くメキシコの伝統的ボールゲーム。4kgの生ゴムボールを腰で打ち合う[75]。

アマゾン・カマユラ族の女相撲[76]

## 11 アフリカ・エジプト

　アフリカの民族スポーツには儀礼や信仰と深く関係付けられたものが多い。アフリカで広い分布がみられる相撲を例にとってみると，ヌバ族では勝者にアカシアの小枝が与えられ，彼らはそれを焼いてできた白い灰の半分を全身に塗り，試合に臨む。彼らにとり灰は男らしい逞しさ，耐久力，永遠のシンボルと考えられているのである。また，残りの半分は牛の角に入れて死ぬまで保管し，死後は墓に納められる。肉体は滅びても，彼の魂はその灰の中に生き続けるという。

（瀬戸　邦弘）

ヌバ族の腕輪ボクシング　高く掲げた右手首にはめられた重い銅製の輪を隙を見て相手の頭部に打ち下ろす[77]。

ダン族の相撲　力士の前で交差された棒が引き抜かれて試合が始まる[78]。

ハウサ族のボクシング　お互いに大きく右半身に構えて闘う[79]。

ヌバ族の相撲[80]

エジプトのスティック・ファイト[81]

アフリカの竹馬は，しばしば宗教的儀礼において神や精霊の足として用いられる[82]。

エジプトの駱駝レース[83]

# 12 アルプス

　スイスからオーストリアにかけての山岳地帯をアルプスと呼ぶ。アルプスの民族スポーツの季節は，厳しく長い冬の終わりとともに始まる。冬の間，凍りつき，眠ってしまった「大地」を呼び覚ますのである。

（山田　季生）

シュビンゲン　スイス相撲[85]

ホルヌッセン　スイス野球　約 2.5 m の鞭のようによくしなる打球具で硬質のゴムボールを打つ。そのボールを受け手が大きな木製のうちわで叩き落す。落下地点までの距離が得点になる[84]。

桶割り　オーストリア　馬に乗ったまま，手にした短槍で桶を叩き割る競技[86]。

闘牛　首に着けられたカウベルが印象的[87]。

石投げ　スイス　石の重さは地方によって様々である[88]。

# 13 イタリア都市部

　現代都市の特徴としてトランスカルチャーが挙げられるが，イタリアの都市も例外ではない。世界中の文化が持ち込まれ，共存し，変容している。その中で，民族スポーツは盛んである。なぜなら，イタリア人が民族としての誇りを持つ場，アイデンティティを育む場が民族スポーツだからである。かつて世界の文化の中心であったという誇りは，今なお都市部のイタリア人に受け継がれているのだ。また，これらの民族スポーツは祭事として行なわれることが多く，観光立国であるイタリアにおいて重要な観光資源となっている。

（山田　季生）

カルチョ・ストーリコ　フィレンツェでルネッサンス期から行なわれる，古式サッカー。ある程度の暴力は許されていて，試合はとても激しいものとなる[89]。

クロスボウ　ウンブリア州のグッビオで石弓祭りが行なわれる。9月，石弓競技（サンセポルクロ）の競技者が中世の衣装を身にまとい，36メートルの距離から重い矢を放って的を射る[90]。

パリオ　シエナで行なわれる競馬パリオはシエナの貴族文化の象徴で，競技者や参加者は中世の衣装を着る。パレードも見もの[91]。

船上槍試合
海に落ちたほうが負けとなる[92]。

# 14 ゴトランド

　バルト海の中ほどに浮かぶスウェーデン最大の島・ゴトランドはヴァイキング時代と中世を通じて交易の中心地として繁栄した。島には様々な文化が流入し，それらが融合されて島独特の文化が育まれた。ゴトランドの民族スポーツにはそういったヴァイキング時代・中世の名残りが多く見受けられる。人々はそれら民族スポーツを実践することで島の歴史や伝統的な文化に触れ，自らのアイデンティティを再確認している。　　　（幸喜 健）

ペルク　攻防により移動する境界線を挟んで，ボールを素手で打ち合う，もしくは回数に制限はあるが足で蹴り合う[93]。

ゴトランドのレスリング（ryggkast）はカンバーランドスタイルで競われる。足をすくって倒すことは禁止されている[94]。

ヴァルパ
標的の杭めがけてアルミニウム製の金属円盤を下手で投げる[95]。

足相撲（spark'rovkrok）
掛けた足を下げることにより相手を後転させた方が勝つ[96]。

# 15 スコットランド

　スコットランドの北西部に広がる高地地方（ハイランド地方）では毎年6月〜9月までの夏季にハイランド・ゲームスと呼ばれる民族スポーツ大会が開催されている。ハイランド・ゲームスは，もともと高地地方の諸氏族が年に一度集い伝統的なスポーツや遊戯をおこなっていたものを競技会の形に整えたもので，ハイランド・ギャザリングとも呼ばれている。また，ハイランド・ゲームスとは呼ばれないまでも同様の競技会がスコットランド各地でおこなわれており，夏の風物詩になっている。

（幸喜 健）

錘を投げて高さを競う。片手で錘を持ち股下で振り子のようにして反動をつけ放り上げ，バーを越えさせる[97]。

ハンマー投げ　木製の柄に鉄球のついたハンマーを投げて飛距離を競う[98]。

ハイランド・ダンス　スコットランドで伝統的に踊られている踊り[99]。

ケイバー投げ　先端が地面について前方に一回転するように倒す。倒れた角度により勝敗が決する[100]。

錘投げ　錘を投げて飛距離を競う。身体を大きく回転させてその勢いで投げる[101]。

レスリング　Scottish back-hold Cumberland Style と称される伝統的なスタイルである[102]。

鎖のついた鉄球を投げて飛距離を競う[103]。

バグパイプ演奏のコンテスト[104]

# 16 バスク

　スペインとフランスの国境をまたぐバスク地方には，ヨーロッパ最古の民族といわれるバスク人が生活している。彼らは独自の生活を営み，バスク語を話し，そしてバスク民族スポーツを続けている。社会的に虐げられてきた彼らがアイデンティティを保持するためにも，民族スポーツは重要である。特徴として，力と持久力が必要とされる男性中心のスポーツであること，すべてが賭けの対象であること，格闘技がないこと，二者間での競技であること，キリスト教と深いつながりがあることが挙げられる。

　　　　　　　　　　　　　　　　　　　　　　　　　　　　　　　　（山田 季生）

石引き　牛に大きな石を引かせ，石畳の上を一定時間内に往復した距離を競う。祭りのときは必ず行なわれる人気競技[105]。

レガッタ　漁師の労働が競技に転化したもの。5，7，14人乗りのレースがある[106]。

戦いの舞　バスクには格闘技が伝承されていない。その代わり戦闘舞踊が盛んである[107]。

丸太の早切り競技　直径50cmの丸太を40本1時間余で切る過酷なレースもある[108]。

ペロタ・パラ　しゃもじ形の木製ラケットを用い，前後と左の壁でできたコートでボールを打ち合う[109]。

石担ぎ　大きな石を担ぎ上げ，首の周りを何度も回す。この他にも立方体や直方体の石を担ぎ上げる競技もある[110]。

## 17 相撲

　相撲とは，素手組み討ち格闘技のことで，もっぱら投げることによって相手を倒すのを競うスポーツであり，多くの民族によっておこなわれている。

　相撲のルールは実に多様である。たいていは立ち技で勝負を決するが，はじめる姿勢，組み手争いをするか否か，身体のどの部位をとって組み合うか，そして，どの部位を地につければ勝ちとなるのかといった点については統一がみられない。相撲をとる機会についても，日常の娯楽や競技会のみならず，新年祭，収穫祭，客人の歓迎，出産祝，成人式（割礼），葬式，神明裁判など多岐にわたる。また，男だけに限らず，女同士の対戦もあり，男と女が相撲をとるところもある。

(村上　良子，渡邉　昌史)

アマゾンにすむウラワピチ族のウカウカ　勝敗は相手の足を取るか，背中にまわって胸を相手につけるかして決める[111]。

トルコのヤール・ギレッシュ　革製の長ズボンだけを着し，全身に塗油して地に肩をつけるまで戦う[112]。

セネガルの相撲　単に二人の戦いではなく，背後から守護する精霊同士の格闘とみなされる[113]。

中国内モンゴル自治区のブフ　革製のチョッキを着用する。下半身への攻撃も認められている[114]。

スコットランドのカンバーランド・レスリング　相手の肩越しに手を組んでから始め，身体の一部でも地に着けば負けとなる[115]。

韓国のシルム　サッパ（腰帯）をつかんで十分に組み合った状態から始め，投げ技で勝負を決する[116]。

# 18 武器系・打突蹴系格闘技

　格闘技には，相撲，柔道，レスリングなど素手系の組討とちがって，武器を使ったり，あるいはパンチやキックといった打撃を用いたりするものがある。それらの中にはボクシング，空手，テコンドーのように国際スポーツとして行われるようになったものも多い。また，近年はこれらを組み合わせた総合格闘技が人気を博している。　　　　（菱田　慶文）

韓国のテッギョン　柔らかく曲線的な動きが特徴である[117]。

インドの伝統武術「カラリパヤット」[118]

インドネシア・バリ島の「ムカレカレ」　棘のある植物と籐の盾を持って対決する[119]。

女性が行うタイの「クラビ・クラボン」[120]

インドネシアの「シラット」[121]

インドのサリット・サラク[123]

インドネシア・スラウェシ島の蹴闘技[122]

# 19 ボールゲーム

　ボールゲームは人類にとって最もポピュラーなスポーツのひとつであり，各地で独特のものがおこなわれている。また，そこで使用されるボールも，動物の膀胱を膨らませたり，皮や布の袋に植物や動物の毛あるいは砂を詰めたり，硬い樹皮を球体に編んだり，生ゴムを固めたり，海綿に糸を巻いたりなど実に様々な素材と製法が用いられていて，それをおこなう社会や地域の生活が反映している。

（幸喜 健）

打毬　先が網になった毬杖を用いて毬をすくい上げ，毬門に投げ入れた数を競う[124]。（日本）

ハマ投げ　相手側から投入されたハマと呼ばれる木製の円盤を，ボットと呼ぶスティックで打ち返し得点を競う[125]。（日本）

タイのタクロー　ボールを地面に落とさないように蹴り上げ続ける。ボールは籐の細長い剝片を透かし編みにして作る[126]。

スペインのペロタ　対戦相手と向かい合って打ち合う，もしくは両チームが同一コート内で壁に向かって打ち合う[127]。

イギリスのクリケット　1イニングずつ10アウトになるまでボールを打ち合って得点を競う[128]。

メキシコのトラチトリ　生ゴムのボールを腰で打ち合う[129]。

# 20 ボートレース

　伝統的におこなわれる競漕として，まずあげられるのは龍舟競漕（ドラゴンボートレース）である。もともと南中国の旧暦端午におこなわれる年中行事であったが，インドシナ半島，台湾，南西諸島，西日本，朝鮮半島南部へと伝わった。伝播していった先々で土着の文化や信仰と習合して，さらにさまざまな形態を生み出して行った。龍舟競漕以外のレースも盛んである。

（渡邉　昌史）

糸満のハーリー　沖縄のハーリーは漁村においては漁撈儀礼として，農村においては農耕儀礼として，豊魚・豊作を期待する２つの意味をもっている[130]。

中国雲南省のタイ族の水祭りでおこなわれる龍舟競漕[131]

熊野川でおこなわれている櫂伝馬競漕　固定した櫂による漕法[132]。

台湾の奪標　先に奪った方が勝ちとなる[133]。

和船競漕「フナグロ」　櫓による漕法[134]。

インドネシア・セレベス島の帆掛け舟セディックのレース[135]

# 21 馬のスポーツ

　人類は古代より馬を飼い慣らし，食用，牽引用，軍事用などさまざまな役割を担わせてきた。なかでも騎馬の習俗は遊牧社会を遊牧国家にまで高め，その機動力によって東洋と西洋が交流し合う新しい時代の到来をもたらした。

　騎馬は政治システムにとどまらず，古代文化のあらゆる側面に自らを刻印した。こうした騎馬術を核にして形成された文化の総体は騎馬文化複合とよばれ，騎馬スポーツもその一部をなしていた。

（渡邉 昌史）

三重県・多度の上げ馬神事　神占で選ばれた少年騎手によって3メートルの崖を駆け上がる。成功によって豊作が約束される年占競技である[136]。

インドネシア・スンバ島の騎馬戦「パッソーラ」　馬上の男達が木の槍を投げ合う。実戦さながらの戦いに命の危険が伴う[137]。

相馬野馬追祭の甲冑競馬[138]

中国・ウイグル族の馬上相撲　相手を馬から引き落とせば勝ちとなる[139]。

北海道の「ばんえい競馬」　体重が1トンもある大型の輓馬が500kgから1トンの重量物をのせたそりを牽いて，障害が設置された200mのダートコースで着順を競う[140]。

中国のウイグル族がおこなう「娘さん追い」は，男がお目当ての女性を追う草原のラブゲームである[141]。

## 22 牛のスポーツ

　牛は乳や肉を供給するもの（畜牛），耕作や運搬といった労働力を供給するもの（役牛）として，古くから人間と生活を共にしてきた動物である。

　牛を用いた主な民族スポーツには，闘牛と競牛がある。闘牛には人と牛が対戦する形式と牛同士が対戦する形式とがあり，前者はヨーロッパと中南米，後者はアジアに多く見られ，とりわけ韓国では公営ギャンブル化している。また，競牛はインドからインドネシアにかけての代表的な民族スポーツである。

（一階 千絵）

メキシコのヌエボ・ラヒタスのロデオ[142]

新潟県小千谷市の「牛の角突き」[143]

インドネシアの競牛には牛車形式で行われるものもある[144]。

スペインの闘牛　人と牛とが対決する形式[145]。

そり形式で行われるインドネシアの競牛[146]

スペイン・パンプローナのサン・フェルミン祭の「牛追い」[147]

# 23 動物闘技

　動物どうしを闘わせるスポーツがある。その中でかつて世界で最も人気があったのは闘鶏とされる。闘鶏は鶏の家畜化と共に始まり，南アジアから東西へと伝えられた。現在行われる動物闘技には他に，闘牛，闘犬，闘羊，闘馬などがある。また魚や昆虫の闘いもこの範疇に含むことができる。タイの闘魚，日本のクモ合戦，中国のコオロギ相撲である。

（鈴木　みづほ）

闘羊[148]

コオロギ相撲（中国）[149]

闘犬[150]

闘鶏（バリ島）[151]

クモ合戦（日本）[152]

闘魚（タイ）[153]

闘馬[154]

# 24 おどり

　舞踊を持たない民族はいないと言われる。年中行事や祭礼，冠婚葬祭などのセレモニーに，また宗教儀式の一環としてなど，舞踊は民族生活と密着して様々な場面でおどられている。また，踊りの場面ではそのモチーフや音楽や衣装などに民族性が表われるが，振り，動きといった身体技法についても同じである。舞踊はスポーツ人類学の重要な研究テーマの１つなのである。

（一階　千絵）

ナイジェリア・グボンガンの市場での「エグングン」の踊り手[155]

ガーナ・アシャンティ族の踊り手[156]

韓国・全羅南道の「堂山クッ」[157]

ブラジル・リオデジャネイロのカーニバル　世界中から観光客が集まる一大国家イベントになっている[158]。

イエメンの「ジャンビア・ダンス」ジャンビア（イエメン独特の短剣）や銃を持って踊る男性の踊り[159]。

インド・ケーララ州トリチュル近くの寺院で演じられる「カタカリ」[160]

# 25 空のスポーツ

　スポーツを行う場は地上とは限らない。水中や空中で行うものも数多く見られる。気球，グライダー，飛行機などが発明される以前から，空中をフィールドとしたスポーツが行われてきた。人間そのものは地上にいる場合と，自ら空中に移動する場合とがある。

（一階　千絵）

新潟県白根市の「大凧合戦」空中で凧糸をからめあい，相手の凧を引き落とす[161]。

ネパールの回転ブランコ[162]

中国の「パーカン」（登り棒）[163]

朝鮮族のブランコ　高みにかけた鈴を一定時間内に何回鳴らせるかを競う[164]。

トランポリン　エスキモー（イヌイット）ではもとは狩の際の物見のために行われたといわれる[165]。

266　第3部　民族の生活とスポーツ

# 26 盤上遊戯

　盤上遊戯は古代の宇宙論が生み出したゲームである。駒は日月星辰，図形はこれら天体が動く軌道あるいは一年間の日数・月数を表わし，全体は天体の動きを記録するための天空図ないし星占盤に源をもっている。

　西アジアに発して，旧大陸と新大陸の諸古代文明を横断し地球上の広い地域に伝えられた。そして，伝播した先々で人々は想像力をはたらかせて遊び継ぎ，名称やルールのみならず，盤面，デザイン，用具の素材などをその地の民族に親しみのあるものに変化させている。

（渡邉　昌史）

アフリカ，中近東，東南アジアでひろく遊ばれている「マンカラ」くぼみの数にはさまざまなバリエーションがみられる。駒は一定数の穀物の粒や小石を用いる。これはインドネシアのもの[166]。

マンカラで遊ぶ人々（ガーナのアシャンテ族の作品）ゲームをリードしている左手の女性は，イスから推察して相当身分の高い人物である[167]。

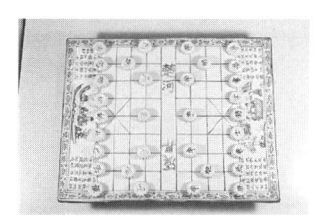

中国将棋　インドでBC 3世紀頃に遊ばれていた「チャトランガ」は東に伝播して中国将棋，朝鮮将棋，日本将棋となり，西に伝わってチェスとなったとされる[168]。

朝鮮将棋「ジャンギ」[169]

モンゴルのチェス[170]

ウズベキスタンのチェス[171]

中国のチェス[172]

天童市の人間将棋　鎧甲に身を包んだ武者たちが将棋の駒に扮し，プロ棋士が対局をおこなう[173]。

# 27 養生法・癒し

　東洋医学の基礎となる陰陽五行説では自然界を大宇宙，人間を小宇宙と考え，人体機能は大自然の法則に従っているとする。そこでは，「気」は宇宙や大自然を在らしめ，そして変化をもたらすエネルギーであり，生物が存在する上で欠くことのできない根源物質であるとされる。

　気は，人間の身体を絶えず巡っており，これがバランスよくスムーズに流れていれば体調も良く健康な状態を保つのであるが，気が乱れたり，身体のある部分でその流れが滞っていたりすると，体調を崩したり病気になるとされる。そこで，東洋の人間は古来よりさまざまな手法を用いて気を高め，整えてきた。

（渡邉　昌史）

インドのオイル・マッサージ[175]

タイ式マッサージ[176]

アジアは癒しに効く[174]

砂風呂[177]

ヨーガ[178]

露天風呂　滝からのマイナスイオンとの相乗効果が期待される[179]。

メディテイション[180]

**写真等の出典一覧**

1 稲垣正浩他編：図説スポーツの歴史．大修館書店，39，1996．
2 高橋秀雄・客野澄博編：祭礼行事・愛媛県．おうふう，65，1995．
3, 22, 25, 26, 47, 59, 60, 61, 62, 63, 64, 65, 66, 70, 71, 84, 85, 86, 87, 117, 122, 123, 135, 138, 150, 153, 164, 165, 174, 176, 178, 179, 寒川恒夫
4 寒川恒夫監修：写真・絵画集成日本スポーツ史 ①スポーツ前史．日本図書センター，78，1996．
5 寒川恒夫監修：写真・絵画集成日本スポーツ史 ①スポーツ前史．日本図書センター，170，1996．
6 高橋秀雄・渡辺良正編：祭礼行事・福岡県．桜楓社，20，1993．
7 高橋秀雄・神田三亀男編：祭礼行事・広島県．おうふう，22，1996．
8, 13, 14, 175 　早稲田大学スポーツ人類学研究室
9 重森洋志：関東お祭り紀行．無明舎出版，88，2000．
10 波多野鷹：鷹狩りへの招待．筑摩書房，73，1997．
11 高橋秀雄・須藤功編：祭礼行事・秋田県．桜楓社，13，1992．
12 江東区教育委員会：江東区の民族芸能．（リーフレット），2003．
16, 17, 19, 21, 23, 24, 29, 34, 37, 44, 45, 46, 50, 67, 68, 69, 93, 94, 96, 97, 98, 99, 100, 101, 102, 103, 104, 115, 116, 139, 166, 168, 169, 170, 171　渡邉昌史
18 稲垣正浩他編：図説スポーツの歴史．大修館書店，88，1996．
30 稲垣正浩他編：図説スポーツの歴史．大修館書店，235，1996．
31 平和のための平壌国際スポーツ・文化祭典．観光ガイド，北朝鮮，1995．
32 稲垣正浩他編：図説スポーツの歴史．大修館書店，34，1996．
33, 180　パンフレットより
35 季刊自然と文化42　東アジアの綱引，日本ナショナルトラスト，28，1993．
36, 53, 173　絵葉書より
38 台湾節慶，黄丁盛，木馬文化，台湾，144，2003．
39 台湾的節慶，黄丁盛，遠足文化事業有限公司，台湾，154，2002．
40 台湾節慶，黄丁盛，木馬文化，台湾，133，2003．
41 台湾節慶，黄丁盛，木馬文化，台湾，106，2003．
42 AERA，2002.2.25，朝日新聞社，94．
43, 140　馬の博物館
48 絵はがきより Blaise Kormann 撮影
49 Visiting Muong Lao July-August 2001, Vientiane, 32-33．
51 ラオスの切手より1982
52 橋本彩
54 稲垣正浩他編：図説スポーツの歴史．大修館書店，47，1996．
55 稲垣正浩他編：図説スポーツの歴史．大修館書店，54，1996．
56 稲垣正浩他編：図説スポーツの歴史．大修館書店，136，1996．
57 世界の民族1，平凡社，87，1978．
58 民族発見の旅　第1集，学習研究社，p.89，1976．
72 稲垣正浩他編：図説スポーツの歴史．大修館書店，61，1996．
73 ジェラルド・ジョナス著（田中祥子・山口順子訳）：世界のダンス．大修館書店，188，2000．
74 稲垣正浩他編：図説スポーツの歴史．大修館書店，227，1996．
75 稲垣正浩他編：図説スポーツの歴史．大修館書店，60，1996．
76 稲垣正浩他編：図説スポーツの歴史．大修館書店，64，1996．
77 レニ・リーフェンシュタール（写真），石岡瑛子（構成），ピーター・ビアード，虫明亜呂無（文）「NUBA by Leni Riefenstahl」PARCO出版，161，1980．
78 稲垣正浩他編：図説スポーツの歴史．大修館書店，74，1996．
79 稲垣正浩他編：図説スポーツの歴史．大修館書店，75，1996．
80 稲垣正浩他編：図説スポーツの歴史．大修館書店，72，1996．
81 A・D・トウニー，ステフェン・ヴェニヒ共著（滝口宏，伊藤順蔵共訳）：古代エジプトのスポーツ．ベースボール・マガジン社，「図版15.フェンシングする2人（上）」，1978．
82 稲垣正浩他編：図説スポーツの歴史．大修館書店，76，1996．
83 Wentworth Day, J. "SPORT IN EGYPT" Country Life Limited, London, 150, 1938．
88 稲垣正浩他編：図説スポーツの歴史．大修館書店，157，1996．
89 Artusi, L., Cini, G., Semplici, R.: IL Palagio dei Capitani di Parte Guelfa e il Calcio in Costume a Firenze, Sramasax, 1997.

| | |
|---|---|
| 90 | 稲垣正浩他編：図説スポーツの歴史．大修館書店，225，1996． |
| 91 | Falassi, A., Catoni, G. : Palio, Monte dei Paschi di Scena, 1982. |
| 92 | ゲームの世界，フレデリックV・グランフェルド編（清水哲男訳）：日本ブリタニカ，23，1978． |
| 95 | Leif Yttergren, "Ti Kast' Varpe" HLS Forlag, Stockholm, 100, 2002. |
| 105 | 稲垣正浩他編：図説スポーツの歴史．大修館書店，125，1996． |
| 106 | 寒川恒夫編：「スポーツ文化論」杏林書院，1994，86 |
| 107 | 稲垣正浩他編：図説スポーツの歴史．大修館書店，101，1996． |
| 108 | 稲垣正浩他編：図説スポーツの歴史．大修館書店，99，1996． |
| 109 | 「スポーツ文化論」杏林書院，87，1994． |
| 110 | 稲垣正浩他編：図説スポーツの歴史．大修館書店，103，1996． |
| 111 | 民族探検の旅　第8集．学習研究社，38，1978． |
| 112 | 稲垣正浩他編：図説スポーツの歴史．大修館書店，37，1996． |
| 113 | 稲垣正浩他編：図説スポーツの歴史．大修館書店，234，1996． |
| 114 | 最新スポーツ大事典．大修館書店，口絵，1987． |
| 119 | MUSEUM KYUSHU編集委員会：文明のクロスロード　Museum Kyushu．博物館等建設推進九州会議，78，2003． |
| 120 | 稲垣正浩他編：図説スポーツの歴史．大修館書店，90，1996． |
| 121，137，144 | カレンダーより |
| 124 | 八戸市観光課「はちのへ観光ガイドマップ」八戸市，1996.8 |
| 125 | 寒川恒夫監修：写真・絵画集成　日本スポーツ史　①スポーツ前史．日本図書センター，61，1996． |
| 126 | 稲垣正浩他編：図説スポーツの歴史．大修館書店，84，1996． |
| 127 | 稲垣正浩他編：図説スポーツの歴史．大修館書店，187，1996． |
| 128 | 稲垣正浩他編：図説スポーツの歴史．大修館書店，237，1996． |
| 129 | Archaeology, Septmber/October 2003 |
| 130 | 文明のクロスワード　MUSEUM KYUSHU，74，博物館等建設推進吸収会議，77，2003． |
| 131 | 最新スポーツ大事典，大修館書店，口絵，1987． |
| 132 | 祭礼行事　和歌山県．おうふう，125，1999． |
| 133 | 文明のクロスワード　MUSEUM KYUSHU，74，博物館等建設推進吸収会議，77，2003． |
| 134 | 稲垣正浩他編：図説スポーツの歴史．大修館書店，85，1996． |
| 136 | 祭礼行事・三重県．おうふう，19，1995． |
| 142 | 稲垣正浩他編：図説スポーツの歴史．大修館書店，126，1996． |
| 143 | 一階千絵 |
| 145 | 大林太良他編：民族遊戯大事典．大修館書店，135，1998． |
| 146 | 稲垣正浩他編：図説スポーツの歴史．大修館書店，82，1996． |
| 147 | 関哲行編：世界歴史の旅　スペイン．山川出版社，17，2002． |
| 148 | パンフレット「火把節の郷　普格」　中国・四川省大涼山彝族自治州普格県人民政府編　発行年記載なし |
| 149 | 瀬川千秋：闘蟋　中国のコオロギ文化．大修館書店，口絵，2003． |
| 151 | バリ島の絵はがき |
| 152 | 寒川恒夫監修：写真・絵画集成日本スポーツ史1　スポーツ前史．日本図書センター，137，1996． |
| 155 | ジェラルド・ジョナス著（田中祥子・山口順子訳）：世界のダンス．大修館書店，53，2000． |
| 156 | ジェラルド・ジョナス著（田中祥子・山口順子訳）：世界のダンス．大修館書店，105，2000． |
| 157 | 星野紘・野村伸一編著：歌・踊り・祈りのアジア．勉誠出版，201，2000 |
| 158 | ジェラルド・ジョナス著（田中祥子・山口順子訳）：世界のダンス．大修館書店，188，2000． |
| 159 | ジェラルド・ジョナス著（田中祥子・山口順子訳）：世界のダンス．大修館書店，115，2000． |
| 160 | ジェラルド・ジョナス著（田中祥子・山口順子訳）：世界のダンス．大修館書店，68，2000． |
| 161 | 寒川恒夫監修：写真・絵画集成日本スポーツ史1　スポーツ前史．日本図書センター，119，1996． |
| 162 | 稲垣正浩他編：図説スポーツの歴史．大修館書店，87，1996． |
| 163 | 鈴木みづほ |
| 167 | フレデリックV・グランフェルド編（清水哲男訳）：ゲームの世界．日本ブリタニカ，23，1978． |

# さくいん

## ア行

アイデンティティ …………11
アイヌ語 ………………201
アイヌ舞踊 ……………125
アイヌ文化 ……………200
アイリッシュ・ゲーム …163
アイルランド ……………161
遊び …3,6,25,68,83,84,88,165
遊び行動 …………………25
遊ぶ ………………………2
アフリカの舞踊 …………76
アマチュアリズム ………2
アメリカナイゼーション …29
綾子舞 …………………121
阿波おどり ………116,118,119
居篭綱引 ………………174
居篭祭 …………………174
イスラーム ……………96
イスラーム諸国 …………97
イスラーム諸国女性スポーツ大会 ………………96
イスラーム女性 …………96
イフガオ ……………31,35
イフガオ相撲 ……………34
イフガオ族 ……………29,30
イブパヤ儀礼 …………32,33
イーミック ……………160
イムパヤ祭 ……………32,33
違和感 …………………87
インド …………………103
宇宙 ……………………102
運動 ……………………2
運動学 ……………………13
運動競技 …………………2
エキゾティズム …………32
エコ・スポーツ …………11
エスケスタ …………78,79,80
エスニシティ …………11,60
エスニック・スポーツ …45,60
エスノサイエンス ………157
エティック ……………160
応用人類学 ……………16,52
沖縄 ……………………131
踊り ……………………75
おどり …………………106

## カ行

開発途上国 ……………15
神楽 ……………………126
過去スポーツ ……………3
学校教育 ………………72
カルチャーショック ……87
簡易スポットチェック法 …112
観光 ………………9,131,153
観光人類学 ……………29
観光民族スポーツ ………10
祇園祭り ………………144
北アイルランド …………163
共感 ……………………87
競技 ……………………2
狂言 ……………………123
競争 ……………………25,26
京都祇園祭 ……………144
儀礼 ……………………46
儀礼的スポーツ ………45,50
儀礼的綱引き …………48
キワ族 …………………157
近代国家 ………………58
近代スポーツ …………3,99
傀儡子 …………………196
黒川さんさ踊り …………127
グローバリズム ………29,65
グローバリゼーション …100
系統樹的起源 …………22
競馬ウマ ………………187
競馬文化 ………………187
ケチャ …………………10,92
ゲーリック・ゲーム ……162
高校運動部活動 ………220
構造機能論 ……………7
小歌踊 …………………122
小歌踊り ………………127
講道館ルール …………204
行動的同化 ……………53
国際スポーツ …………3,4,5
国際ルール ……………204
黒人アスリート ………214
国民国家 ………………58

コスモロジー …………102
ゴタッド祭 ……………32
国家統合 ………………58
古武道 …………………225

## サ行

サッカー ………………209
サルベージ人類学 ………18
残存 ……………………6,25
残存起源説 ……………6
散発的スポットチェック法 …112
参与観察 ………………14,87
ジェスチャー …………39
事件史的起源 …………22
質基準 …………………27
実践コミュニティ ………20
社会化 …………………8
社会的同化 ……………53
柔道 ……………………204
守破離 …………………4
狩猟 ……………………2
象徴論 …………………9
植民地支配 ……………58
新解釈 …………………27
進化史的起源 …………22
心技一体 ………………227
神旗争奪 ………………234
シンクレティズム ……54
人種 ……………………214
身心一如 ………………227
真正な文化 ……………18
身体 …………………3,12,38
身体技法 ……………3,20,38
身体技法研究 …………37
身体訓練法 ……………3
身体地図 ………………13
身体文化 ………………3
スコットランド ………149,183
ストリート・フットボール …183
スペインバスク …………154
スポーツ ……………2,7,26
スポーツ科学 …………2,3,15
スポーツ学 ……………15
スポーツ技術 …………7

| | | |
|---|---|---|
| スポーツ史 …………3,22 | 流れ …………145 | ペーロン …………139,192 |
| スポーツ社会学 …………3 | ナショナリティ …………11 | ペーロン船 …………193 |
| スポーツ人類学 …………2,16 | ナーダム祭 …………187 | 報復儀礼 …………32 |
| スポーツする身体 …………19 | 那覇大綱挽 …………132 | ボール・ゲーム …………169 |
| スポットチェック法 …………111 | 認識人類学 …………13 | 盆踊り …………116 |
| スポーツの起源 …………22 | ノトック …………181 | |
| スポーツ文化複合 …………16 | | **マ行** |
| 相撲 …………30,33,34,35,49 | **ハ行** | 舞 …………75 |
| 正統的周辺参加 …………20 | ハイランドゲームス …………149 | 真面目行動 …………25 |
| 世界エスキモー・インディアン・オリンピック …………70 | 博多祇園山笠 …………144 | 未開 …………24 |
| | 白豪主義 …………61 | 未開社会 …………15 |
| 相馬野馬追 …………234 | バスクスポーツ …………154,155 | 民族アイデンティティ …………5 |
| | バスク民族スポーツ大会 …………10 | 民族学 …………23 |
| **夕行** | バスク民族スポーツ …………153 | 民族誌 …………18,19 |
| タイ …………165 | 発展途上国 …………15 | 民族集団 …………60 |
| 体育科学 …………3 | ハビトゥス …………20 | 民族スポーツ …………4,5,18,72 |
| 体育学 …………3 | 囃子踊 …………122 | 民族的アイデンティティ 60,63 |
| 第三世界 …………15,58 | ハーリー …………131,139 | 民俗舞踊 …………125 |
| 体重制 …………206 | バリ島 …………92 | 無作為スポットチェック法 112 |
| タイム・アロケーション・スタディ …………110,111 | ハンガリー …………230 | メタ・コミュニケーション …26 |
| | ハンガリー舞踊 …………231 | モンゴル …………187 |
| 多文化主義 …………62 | 番楽 …………126 | モンゴル相撲 …………179 |
| ダンス …………75,103 | 表現行動 …………38 | |
| チャールダーシュ …………231 | 表現動作 …………38 | **ヤ行** |
| 中国少数民族伝統体育運動会 63 | フィールドワーク …………16,220 | 山笠 …………144 |
| チュンキー …………54 | フェアプレー …………7 | 山鉾巡行 …………144 |
| 通過儀礼 …………14 | フォークフットボール（民俗フットボール） …………183 | 融合 …………53 |
| 創られた伝統 …………4 | | ユニバーサル・ゲーム …………163 |
| 綱引き …………30,35,46,48,72,131 | 譜語法 …………40 | ユニバース・オブ・スポーツ 20 |
| 伝承 …………123 | 武道 …………225 | ユンノリ …………135 |
| 伝承学習 …………124 | 舟競漕 …………139 | 養生法 …………3 |
| 伝統 …………4 | ブフ …………179 | |
| 伝統スポーツ …………39 | 舞踊 …………3,39,75,106 | **ラ行** |
| 伝統文化 …………9 | 舞踊譜 …………107 | ラバノーテーション …………41,42,108,232 |
| 伝播 …………26 | ブラジル文化 …………209 | |
| 伝播研究 …………27 | ブランコ …………47 | ラポール …………17,88 |
| 同化 …………53,54 | ブランコ祭 …………47 | リジョナリズム …………65 |
| 闘牛 …………131 | フランスバスク …………154 | 龍舟競漕 …………4 |
| トゥゴ …………34 | ブリティッシュ・ゲーム …163 | ルール …………7 |
| 動作学 …………108 | 文化 …………83 | |
| トレーニング …………3 | 文化維持 …………67 | |
| | 文化化 …………8,67,167 | |
| **ナ行** | 文化人類学 …………2 | |
| 長崎 …………192 | 文化変容 …………27,52,67 | |

■ 編者
寒川恒夫　　早稲田大学教授，学術博士

■ 執筆者
寒川恒夫　　早稲田大学教授，学術博士　　　　　　　　　　（1部1章，3章）
宇佐美隆憲　東洋大学教授，博士（社会学）　　　　　　　　（1部2章）
熊野建　　　関西大学教授　　　　　　　　　　　　　　　　（1部4章）
波照間永子　群馬県立女子大学助手，学術博士　　　　　　　（1部5章）
瀬戸口照夫　鹿児島県立短期大学教授　　　　　　　　　　　（1部6章）
石井浩一　　愛媛大学助教授　　　　　　　　　　　　　　　（1部7章）
足立照也　　阪南大学教授　　　　　　　　　　　　　　　　（1部8章）
真田久　　　筑波大学助教授　　　　　　　　　　　　　　　（1部9章）
遠藤保子　　立命館大学教授，社会学博士　　　　　　　　　（1部10章）
田里千代　　日本学術振興会特別研究員，博士（人間科学）　（1部11章）
杉山千鶴　　早稲田大学助教授　　　　　　　　　　　　　　（2部1章）
荒井啓子　　学習院女子大学教授　　　　　　　　　　　　　（2部2章）
山口順子　　津田塾大学教授，教育学博士（Ph.D.）　　　　 （2部3章）
弓削田綾乃　お茶の水女子大学大学院博士課程　　　　　　　（2部4章）
金田英子　　長崎大学熱帯医学研究所助手，医学博士　　　　（2部5章）
中村久子　　徳島大学教授　　　　　　　　　　　　　　　　（2部6章）
中村多仁子　東海大学教授　　　　　　　　　　　　　　　　（2部7章）
近藤洋子　　国際基督教大学助教授　　　　　　　　　　　　（2部8章）
玉山あかね　沖縄県立芸術大学共同研究員　　　　　　　　　（2部9章）
劉 卿美（ゆうきょんみ）長崎大学助教授，人文科学博士　　（2部10章）
安冨俊雄　　梅光学院大学教授　　　　　　　　　　　　　　（2部11章）
高野一宏　　西南学院大学助教授　　　　　　　　　　　　　（2部12章）
木内明　　　立命館アジア太平洋大学講師　　　　　　　　　（2部13章）
竹谷和之　　神戸市外国語大学教授　　　　　　　　　　　　（2部14章）
出町一郎　　東京大学大学院博士課程　　　　　　　　　　　（2部15章）
大沼義彦　　北海道大学大学院助教授　　　　　　　　　　　（2部16章）
佐川哲也　　金沢大学助教授　　　　　　　　　　　　　　　（2部17章）
荻浩三　　　日本体育大学専任講師　　　　　　　　　　　　（2部18章）
田蓑健太郎　国士舘大学大学院助手　　　　　　　　　　　　（2部19章）
富川力道　　千葉大学，和光大学講師，学術博士　　　　　　（2部20章）
吉田文久　　名古屋短期大学教授　　　　　　　　　　　　　（2部21章）
井上邦子　　日本体育大学大学院無給研究員，体育科学博士　（2部22章）
熊野晃三　　長崎純心大学助教授　　　　　　　　　　　　　（2部23章）
藤本章　　　光市立室積中学校教諭　　　　　　　　　　　　（2部24章）
美山治　　　フィリピン国立博物館無給研究員，体育学博士　（2部25章）
永木耕介　　兵庫教育大学助教授　　　　　　　　　　　　　（2部26章）
山本英作　　高知学園短期大学専任講師　　　　　　　　　　（2部27章）
川島浩平　　武蔵大学教授，文学博士（Ph.D.）　　　　　　 （2部28章）
束原文朗　　東京大学大学院博士課程　　　　　　　　　　　（2部29章）
魚住孝至　　国際武道大学教授，文学博士　　　　　　　　　（2部30章）
添田慶子　　都留文科大学助教授　　　　　　　　　　　　　（2部31章）
佐久間康　　東京経営短期大学助教授　　　　　　　　　　　（2部32章）
渡邉昌史　　早稲田大学助手　　　　　　　　　　　　　　　（3部）
一階千絵　　早稲田大学大学院博士課程　　　　　　　　　　（3部）
幸喜健　　　早稲田大学大学院博士課程　　　　　　　　　　（3部）
瀬戸邦弘　　早稲田大学大学院博士課程　　　　　　　　　　（3部）
鈴木みづほ　早稲田大学大学院博士課程　　　　　　　　　　（3部）
村上良子　　早稲田大学大学院修士課程修了　　　　　　　　（3部）
橋本彩　　　早稲田大学大学院修士課程　　　　　　　　　　（3部）
菱田慶文　　早稲田大学大学院博士課程　　　　　　　　　　（3部）
山田季生　　早稲田大学大学院修士課程　　　　　　　　　　（3部）

## 教養としてのスポーツ人類学

©Sogawa Tsuneo 2004

NDC377 P280 26cm

初版第1刷発行　2004年7月20日

| | |
|---|---|
| 編　者 | 寒川恒夫（そうがわつねお） |
| 発行者 | 鈴木一行 |
| 発行所 | 株式会社 大修館書店 |
| | 〒101-8466　東京都千代田区神田錦町3-24 |
| | 電話03-3295-6231（販売部）　03-3294-2358（編集部） |
| | 振替00190-7-40504 |
| | ［出版情報］http://www.taishukan.co.jp |
| | http://www.taishukan-sport.jp/（保健体育・スポーツ） |
| 装丁者 | 倉田早由美（サンビジネス） |
| 本文一部レイアウト | サンビジネス |
| 印刷所 | 広研印刷 |
| 製本所 | 関山製本社 |

ISBN4-469-26552-7 Printed in Japan
Ⓡ本書の全部または一部を無断で複写複製（コピー）することは、著作権法上での例外を除き禁じられています。